東弁協叢書

法律家のための
行政手続ハンドブック

類型別行政事件の
解決指針

山下清兵衛

編著

ぎょうせい

推薦のことば

　行政手続に憲法の適正手続の保障が及ぶかどうかは、民主主義国家の国民にとって一番重要な問題です。国民の権利が存在しても、適正手続の保障がなければ、無いのと同じで、古来、「人権保障の歴史は適正手続保障の歴史と同じである」と言われて参りました。

　我が国において、国民に対し、適正手続の保障をなすのは、究極的には裁判所ですが、実際には、法律家が、国民の代理人として具体的な権利実現のための手続を代理することになります。救済人である法律家がいなければ、国民の権利は実現されないことが多いといえましょう。したがって、適正手続の保障とは、救済人である法律家が存在することであるといえます。本書は、行政手続を解説し、法律家が代理するべきビジネスモデルを紹介するものです。

　日弁連弁護士業務改革委員会は、法律家の行政手続関与の事業（行政弁護センター設置活動）を検討し、平成31年度は、かかる事業推進のために、全国に向けて租税・医療保険・生活保護など三分野に絞って、全国における研修を実施する予定です。

　本書は、かかる行政弁護センター設置事業の推進テキストとして、行政手続の解説をなすものです。第1部は、行政手続に法律家が関与することが適正手続の保障であることを解説し、第2部は、専門的な各種の行政手続を説明し、第3部は、具体的な専門手続において発生した専門的行政事件の解決指針を示しています。

　法律家は、本書によってこれらの行政手続の内容を理解し、ビジネスモデルを構築することができます。また、企業や国民は、本書の解説を読み、自ら権利の保全をなし、また、公法上の権利を実現する方法を知ることができます。

　令和元年5月吉日

東京弁護士会
　　会長　篠塚　　力
第一東京弁護士会
　　会長　佐藤　順哉
第二東京弁護士会
　　会長　関谷　文隆

発刊によせて

　この度、東京都弁護士協同組合員の弁護士を中心として『法律家のための行政手続ハンドブック』が上梓されたことは、誠に喜びとするところです。本書は、東弁協叢書の第18弾として出版され、組合員の専門家研修の一環として、行政手続の取扱要領が解説されています。

　東京都弁護士協同組合は、最大の組合員サービスとして、組合員に対し専門情報を提供することを考え、これを遂行する「東京都弁護士協同組合書籍出版事業プロジェクトチーム」を発足し、約7年が経過しました。

　単なる講義による研修だけでは、専門的知識が身につかないことが多いのですが、本書のような専門的解説書は、法律事務所に一冊保存されれば、行政事件を依頼された場合、臆することなく受任することができます。

　本書は、全国に多数生じている国及び自治体の行政事件をターゲットとして、法律家がこれに関与できる端緒とするもので、極めて有用な実務書といえます。

　さらにまた、本書は、法律家の行政手続関与を推進するガイドブックであり、弁護士の行政法分析力の向上に大いに役に立つものといえましょう。

　本書の執筆に関与された行政手続学会の山下清兵衛弁護士らの執筆者及び編集・出版にご尽力をいただきました株式会社ぎょうせいのご担当者に、あらためて謝意を述べる次第です。

令和元年5月吉日

東京都弁護士協同組合

理事長　長谷川　武弘

目　次

第1部　行政手続と適正手続保障

Ⅰ　行政手続における適正手続保障 ……………………………… 2

第1　適正な行政手続　2
第2　租税法分野における適正手続の保障について　4
第3　憲法31条（適正手続保障）と税務調査　7

Ⅱ　税務調査権の範囲に関する公正基準 ………………………… 10

1　一般的行政執行と税務調査　10
2　義務を課す行政行為と義務の履行を確保する行為　10
3　不作為義務と非代替的作為義務　11
4　行政上の義務の民事執行　11
5　民事執行の利用可能性　11
6　税務調査　12
7　税務調査の要件　14
8　事前通知と調査理由の告知　15
9　犯則調査と税務調査　16
10　税務調査の対象と限界　16
11　税務行政執行共助条約による税務調査　17
12　適用除外要件（課税減免要件）と立証責任　18
13　税務調査の問題点　19

Ⅲ　法律家の行政手続関与によって法治国家が実現される …20

第1　行政手続関与の基本論　20
第2　行政手続と行政活動統制　20
第3　法律家の行政手続関与の必要性　21
第4　行政手続と法律家の関与　22
第5　質問検査権行使の要件　23

目　次　　iii

Ⅳ　軽装備の専門的紛争解決システムの優位性 …………26

第1　行政 ADR　26
第2　総務省の行政相談と行政 ADR　28

Ⅴ　仕入税額控除否認と適正手続保障（事例研究）………33

第1　事案の概要　33
第2　本件における違法課税の主張　34
第3　消費税の課税要件（仕入実在の法理）　37
第4　課税庁の推計課税義務と真実調査義務　39
第5　期限を定めた具体的催告（履行機会の付与）　39
第6　憲法違反の主張　41

Ⅵ　組織における違法行為の是正 ……………………42

第1　はじめに　42
第2　株式会社における取締役の違法行為の規制　42
第3　地方公共団体における首長等による違法な財務会計行為の規制　45
第4　国レベルでの違法な財務会計行為の規制　52
第5　まとめ　57

第2部　行政手続と行政事件

Ⅰ　公文書利用の手続 ……………………………………60

第1　公文書管理と弁護活動　60
第2　公文書管理法制の全体像　62
第3　国の行政機関における行政文書管理手続　65

Ⅱ　公証人が提供する法的サービスの活用手続 …………75

1　はじめに　75
2　公証業務の活用のメリット　75
3　おわりに　80

Ⅲ　情報公開請求手続（審議検討情報と法人情報）………81

第1　情報の探究　81
第2　情報公開訴訟の概要　92
第3　法的問題点に関する分析　96

Ⅳ　公務員に対する不利益処分等の行政手続………101

第1　事案の概要　101
第2　審査請求　102
第3　措置要求　118

Ⅴ　公正取引委員会による調査等………121

第1　事案の概要　121
第2　公正取引委員会による審査　122

Ⅵ　電子取引規制手続と仮想通貨規制手続………136

第1　はじめに　136
第2　電子取引規制の歴史と各種規制法と弁護　137
第3　資金決済法と弁護　144

Ⅶ　医療保険法調査手続（医療保険法〜指導・監査問題）…153

1　手続の概略　153
2　弁護士の立会いの必要性・有用性　155
3　弁護士の立会いに対する行政庁の態度と問題点　156
4　弁護士の立会い実現のための方策　156

Ⅷ　行政調査と義務付け訴訟及び差止訴訟の活用手続……158

第1　はじめに　158
第2　義務付け訴訟の概要　158
第3　差止訴訟の概要　160
第4　当事者訴訟の概要　160
第5　参考裁判例（長野地判平成23年4月1日）　161

目　次　　v

第6　まとめ　164

Ⅸ　不利益処分差止請求・仮の義務付け申立手続　165
～最高乗務距離訴訟・運賃認可の仮の義務付け事件～

第1　道路運送法及びタクシー特措法による規制　165
第2　最高乗務距離規制をめぐる行政訴訟　166
第3　運賃認可の仮の義務付け申立事件　172

Ⅹ　税金還付請求手続　177
破産時の税金還付・仮装経理による過大納付税金の還付手続を中心に

第1　破産と還付申告　177
第2　仮装経理による過大納付税金の還付　178
第3　行政処分と不服申立て　184

Ⅺ　滞納処分の手続　185

1　概　論　185
2　滞納処分を規律する法律　186
3　債権者代位権及び債権者取消権　186
4　第二次納税義務　186
5　財産の差押え　187
6　差押調書　189
7　超過差押え及び無益な差押えの禁止　189
8　差押禁止財産　190
9　財産の調査（質問及び検査）　190
10　捜　索　190
11　捜索調書　191
12　換価の猶予　192
13　滞納処分の停止　193
14　不服申立ての期限の特例　193
15　滞納処分免脱罪　194
16　質問不答弁、検査拒否等の罪　194
17　両罰規定　194
18　職員の守秘義務違反に対する罪　194
19　電子メールの提出要求　195
20　報道機関対応　195
21　結　語　197

XII 外国人の在留許可手続 ································· 199

1 在留資格 199
2 外国人の上陸審査 199
3 在留資格認定証明書交付申請 199
4 在留期間更新許可申請 200
5 在留資格変更許可申請 200
6 出頭申告 200
7 退去強制手続 201
8 在留特別許可 202
9 外国人に在留の権利が保障されているか 202
10 法務大臣の裁量は無制限か 203
11 在留期間更新不許可処分に対する争い方 203
12 在留特別許可の性質 203
13 法務大臣の裁量逸脱濫用 203
14 在留特別許可が認められない場合の争い方 203
15 在留特別許可がなされる基準 204

XIII 入管法事件（フィリピン） ····················· 205

第1 フィリピン人の婚姻・離婚 205
第2 在留資格「経営・管理」について 208
第3 外国人創業活動促進事業（東京都） 210

XIV 風営法許可手続 ································· 212

第1 開業に伴う手続 212
第2 風俗営業許可取得の後対応すべき業務 222

XV 情報漏えい事件に関する行政手続 ········· 234

1 情報漏えい事件の増加 234
2 個人情報保護委員 234
3 個人情報漏えい事案における個人情報保護委員会の対応 235
4 弁護士の役割 235

XVI 国際取引の税務調査手続 237
（南洋材輸送取引における仲介手数料の交際費該当性）

第1 事案の概要 237
第2 関係法令 238
第3 裁決の概要 238
第4 法的分析と弁護のポイント 241

XVII 税関による輸入事後調査事件手続 243

第1 関税の課税価格 243
第2 輸入事後調査と帳簿書類の保存等について 244
第3 関税等の額の計算方法 245
第4 輸入（納税）申告に誤りがあった場合の手続 247
第5 加算税制度の概要について 247
第6 輸入事後調査における是正ポイント 248

XVIII 事前照会制度の利用手続 250

第1 事件事前照会 250
第2 事前照会の口頭回答 257

XIX 建築確認審査請求手続 259

第1 事案の概要 259
第2 本件審査請求 259
第3 本件裁決 261
第4 解 説 262

第3部 専門的行政手続と行政事件の弁護

I 建築確認事件の弁護 264

第1 事案の概要 264
第2 問題点 264
第3 法的分析と弁護方針 265

Ⅱ　行政指導是正要求事件の弁護 274

第1　事案の概要　274
第2　関係法令　274
第3　弁護方針　274
第4　関連裁判例　300

Ⅲ　住民訴訟（財務会計法違反）事件の弁護 303

第1　事案の概要　303
第2　法的検討　303
第3　弁護方針　306

Ⅳ　電子取引ディベロッパー査察調査事件の弁護 310

第1　事案の概要　310
第2　東京国税局査察部門へ出頭　312
第3　Ｃ社の主張　313
第4　査察部との協議　313
第5　日本Ｇ社査察事件の結末　314
第6　国境を越えた労務の提供に係る消費税の課税　315
第7　徴収共助　315

Ⅴ　建築業許可事件の弁護 316

第1　事案の概要　316
第2　問題点　316
第3　関係法令　316
第4　法的分析　317
第5　対　策　320

Ⅵ　保険医登録取消事件の弁護 322

第1　事案の概要　322
第2　問題点　322
第3　関係法令　322
第4　法的分析　322

Ⅶ　電気安全法違反事件の弁護 ⋯⋯⋯⋯⋯⋯⋯⋯⋯⋯ 327

第1　事案の概要　327
第2　法令の概要　329
第3　法的分析　329

Ⅷ　産廃許可事件の弁護 ⋯⋯⋯⋯⋯⋯⋯⋯⋯⋯⋯⋯⋯⋯ 332

第1　事案の概要　332
第2　問題点　332
第3　関係法令　333
第4　法的分析　333

Ⅸ　一級建築士免許取消処分事件の弁護 ⋯⋯⋯⋯⋯⋯ 335

第1　事案の概要　335
第2　問題点　335
第3　法的分析　336
第4　関連法令　337

Ⅹ　宅建業法違反事件の弁護 ⋯⋯⋯⋯⋯⋯⋯⋯⋯⋯⋯⋯ 338

第1　事案の概要　338
第2　法的分析　338

Ⅺ　介護老人福祉施設公募事件の弁護 ⋯⋯⋯⋯⋯⋯⋯⋯ 341

第1　事案の概要　341
第2　関係法令等　342
第3　問題点　343
第4　法的分析　343
第5　弁護方針　346
第6　その他の問題点　346

XII 開発事業承認申請の不受理事件の弁護 ………………… 347

第1 事案の概要 347
第2 問題点 348
第3 関係法令 348
第4 法的分析 349

XIII 農地賃貸借解除許可申請手続の弁護 …………………… 356

第1 事案の概要 356
第2 法的主張 358
第3 農業委員会への許可申請 361

XIV 士業法人の社員給与事件の弁護 ……………………… 365
（士業法人が社員に支払う給与の損金該当性）

第1 はじめに 365
第2 人件費に対する法人税法の考え方 365
第3 東京地判平成 29 年 1 月 18 日 368
第4 実務上の対応 370
第5 関係法令 374

XV 保険医療機関指定取消処分事件の弁護 ……………… 375

第1 本件決定の基本的事項 375
第2 本件決定の要旨 375
第3 法的検討 376

XVI 滞納処分と弁護 ……………………………………………… 378

第1 はじめに 378
第2 差押債権に基づく第三債務者に対する金員支払請求事件 378
第3 滞納処分停止事件 382

XVII 食品衛生法違反事件の弁護 …………………………… 385

第1 事案の概要 385
第2 前提事実 385

目 次　xi

第3 関係法令 386
第4 和歌山食品衛生法違反事件 387
第5 理由の提示について 388

XVIII 金商法違反（インサイダー取引）事件の弁護 390

第1 証券取引等監視委員会の勧告 390
第2 課徴金納付決定 390
第3 インサイダー取引と関連する金商法の規制条文 391
第4 審判手続（課徴金手続） 391
第5 取引推奨と重要事実の告知 392
第6 課徴金納付命令が取り消された事例 392

XIX ネット上誹謗中傷事件の弁護—ツイッターを例に挙げて 395

第1 はじめに 395
第2 インターネットの仕組み 395
第3 プロバイダ責任制限法に基づく発信者情報開示請求 397

　裁判例を示す場合、「判決」→「判」、「決定」→「決」と略した。また、裁判所の表示及び裁判例の出典（代表的なもの一つに限った。）については、次に掲げる略語を用いた。

　　ア　裁判所名略語

| 最大 | 最高裁判所大法廷 | ○○高 | ○○高等裁判所 |
| 最○小 | 最高裁判所第○小法廷 | ○○地 | ○○地方裁判所 |

　　イ　判例集・雑誌等出典略語

刑集	最高裁判所刑事判例集	訟月	訟務月報
民集	最高裁判所民事判例集	判時	判例時報
裁判集民	最高裁判所裁判集民事	判タ	判例タイムズ
行集	行政事件裁判例集	判例自治	判例地方自治
下民集	下級裁判所民事裁判例集	ジュリ	ジュリスト

第 **1** 部

行政手続
と
適正手続保障

Ⅰ 行政手続における適正手続保障

第1 適正な行政手続

1 適正手続保障

　適正手続の概念は英米で発達してきたものである。アメリカでは1946年連邦行政手続法が成立している。我国において、行政手続の適正性確保については、法治国家理念に求める学説と憲法31条に求める学説と、憲法13条などに求める学説の三つが展開されている。適正手続保障は、<u>国民の実体的権利の実効的実現に不可欠である</u>との認識を前提とする。「適正手続保障なければ権利なし」との理解が必要である。デュープロセスは、「適正な法に定める手続」によって、不利益処分がなされなければならないこと、又、「裁判所に救済を求める権利」を含むものである。

2 デュープロセスの内容

　アメリカでは、合衆国憲法の修正5条及び修正14条に「何人も法のデュープロセスによらずしては、生命、自由、もしくは財産ははく奪されない」と規定されている。これは、本来生命、自由、財産をはく奪するときは、<u>国の法に従って裁判所に召喚されることを保障したもの</u>である。合衆国最高裁判所の判例は、デュープロセスの権利とは、

① 国民が、生命、自由、財産をはく奪されるときは、国の適正な法に従って行われることと、裁判所に救済を求める権利が保障されること

② 行政機関に対して、告知聴聞・弁明の機会付与を要求すること

③ この権利は議会をも拘束し、議会の制定した法律の定める手続が不十分であればその法律が憲法違反となること

④ 合衆国最高裁判所の判例によると、<u>デュープロセスは一律の手続を要求するものではなく</u>、デュープロセスは柔軟なもので、個別的な判断によって必要な手続の内容が具体的に決定されること

として、その内容を確立したものである。

3 デュープロセスの法的根拠

　アメリカにおいては修正5条及び修正14条という具体的な憲法条項がデュープロセスの根拠とされている。一方ドイツは、適正な行政手続を要求する根拠は、法治国という国家原理に求めるのが通説的な見解である。又、ドイツの憲法である基本法は、その20条において、民主的、社会的法治国家を規定した条文を有している。アメリカ及びドイツにおいても、行政手続の適正を必要とする根拠は、

憲法の明文に求めることができる。しかしながら、我国の行政手続におけるデュープロセスは、日本国憲法に明文を欠いている。学説は、我国のデュープロセスの法的根拠について、基本的に次の三つに集約される。

① 憲法31条説
② 憲法13条説
③ 法治国家原理説

　憲法31条説は、刑事手続類似ないし刑事手続と結びついた行政手続の場合に限定して解釈される難点がある。適正手続の目的は、実体的な利益や権利を保護することである。しかし、保護に値する利益がないような場合であっても、適法性確保の観点から、手続的デュープロセスの保護が及ぶべきと考える必要がある。合衆国最高裁判所は、どの程度の手続が必要なのかについて、利益衡量によって決定している。告知聴聞が必要なのか、文書による意見提出の機会が必要なのか、弁護人依頼権や反対尋問権を保障するべきか、利益衡量によって決定されなければならない。

　一方、憲法13条説は、行政手続を広く射程に収めることができるが、導き出される効果が明確ではない。我国の裁判所が新しい権利の創出に熱心ではないことを考えれば、13条説も問題がある。

　法治国家原理説は、具体的憲法上の根拠はないとし、日本国憲法が採用している法治国理念が行政手続の適正性を要求していると考える学説であるが、条文上の裏付けがないから、司法審査の場面において難点があるといえよう。

　アメリカ合衆国において、元来、法律の執行とは検察官による起訴と裁判所による処罰、そして刑の執行が殆どであった。ところが、複雑な社会の発展に伴い、行政機関が設置され、行政機関に法律の執行が委ねられる時代となった。古くは、行政機関が法律を執行する場合には、裁判所に訴えを起こすことが原則とされていた。その後、裁判所に行かなくとも独立行政委員会が独自に命令を出すことが出来るようになっていったのがアメリカ行政権の歴史的経緯である。適正手続保障は、司法権の介入可能性の裏付けがあることによって実体的権利の実現に役立つものである。その意味で、適正手続保障は、国民の裁判を受ける権利と密接不可分といえよう。日本国憲法32条の裁判を受ける権利は、本質的に権利がはく奪される前にも裁判所の裁判を受ける権利を保障したものだと考えるべきであるから、司法権の介入が適正手続保障にとって不可欠であるといえよう（憲法32条説）。

　第四の考え方として、憲法32条説は、適正手続保障には、裁判所や法律家の法的手続関与が不可欠であることと整合する。

Ⅰ　行政手続における適正手続保障　　3

4　行政手続法と適用除外

　行政手続法は、憲法が定める適正手続保障を、法律によって具現化したものであるが、その適用範囲は非常に狭く、整備法において適用除外が広範に認められてしまった。しかしながら法律によって憲法上の権利を制限することは出来ないし、法律によって憲法上必要な手続を省くことは出来ない。議会は、憲法上必要なミニマムな手続を国民に保障しなければならない。法律によって憲法上必要なミニマムの手続以上の手続を与えることは、何ら問題ではない。

　行政手続法は、3条1項6号（犯則事件）、14号（情報収集目的の処分及び行政指導）において、適用除外を定めている。行政手続法の適用除外は極めて広範であるが、適正手続保障は適用除外の領域にも当然及ぶものである。

◉ 第2　租税法分野における適正手続の保障について
1　行政手続法適用除外

　行政手続において、憲法が定める適正手続保障が及ぶことは、成田新法事件最高裁判所判決（最大判平成4年7月1日民集46巻5号437頁）によって確立されたが、侵害行政の典型である租税法は、最も詳細な手続規定を定めており、これらが行政における適正手続保障の最先端レベルと考えられる。

　行政手続法3条1項及び国税通則法74条の14（改正前74条の2）は、租税行政手続について広範に行政手続法の適用除外を定めている。また、国税犯則取締法に基づく処分及び行政指導は、本来の行政権の行使ではないとして適用除外とされた。国税犯則取締法は廃止され、国税通則法11章に編入された（平成30年4月1日施行）が、これは、侵害行政の分野は刑事法の適正手続と同じレベルで保障されるべきものと考えられたからといえよう。

2　情報収集を目的とする処分及び行政指導

　質問検査権に関する手続については、行政手続法の適用除外とされている。これは、専門技術的な判断を必要とする事項として、権限ある税務職員の合理的な選択に委ねられているというのが最三小決昭和48年7月10日刑集27巻7号1205頁である。このように、広範な行政裁量は、租税法律主義の観点から問題があり、国民は法令そのものから自己のなすべき行為の内容を判断できなければならない。税務職員が、どのような法令の根拠に基づいて行動したのか、納税者に知らしめなければならないし、納税者はこれを知ったうえで行動したことに対してのみ、法的な責任を問われなければならない。

3　国税通則法74条の2（改正前）による適用除外

　行政手続関係法律の整備に関する法律（平成5年法律第89号）の64条により、国税通則法74条の2（改正前）が新設され、行政手続法の適用除外が規定された。

4　第1部　行政手続と適正手続保障

これによれば、

① 国税に関する法律に基づき行われる処分、その他公権力の行使に当たる行為に関する適用除外

② 租税行政指導に関する適用除外

などが定められている。これらの行政手続法の適用除外の個別的な理由は、

(イ) 国税に関する法律に基づく処分などについては、裁量の余地がないほど明確に通達が定められていること

(ロ) 処分には理由が付記されること

(ハ) 行政手続法自体が金銭に関する処分については、聴聞弁明の対象としていないこと（行政手続法13条2項4号）

があった。

　租税法律主義の内容として、課税要件明確主義があり、租税法規は一義的明確に定めるべきでなければならない。しかしながら、質問検査権規定は極めて不確定な概念や要件が用いられ、「出来る規定」が多く定められており、納税者側に対する透明性が確保されていない。通達は、内部規範であって国民を拘束するものではないし、議会の民主的統制を受けたものではない。申告が一般に大量反復的に行われる租税確定行為ではあるが、質問検査権の行使によって、税務資料が集められた税務調査は、大量反復的な行為とはいえない。更正処分は、限定的であるし、金銭賦課額が一般の行政処分よりもはるかに高額である。国民の財産権を侵害する重大な結果を引き起こすことになる課税処分に関しては、聴聞弁明手続が不可欠といえよう。

　その後、平成23年12月、74条の2は改正され、74条の14となった。行政指導に関する国税通則法74条の14第2項は、行政手続法32条の一般原則、33条、34条及び35条1項を、適用することを認めた。ただし、書面交付（35条3項）及び複数の者を対象とする行政指導（36条）の規定は適用除外としている。処分する前に、予定された処分内容や根拠法令、及び根拠事実を相手方に通知したり、これに対する聴聞及び弁明の機会を付与することは租税行政手続においても、納税者の権利利益を保護するために必要不可欠のものといえよう。

4　国税通則法74条の14による適用除外の例外

　平成25年1月1日以降に行われる処分その他の公権力の行使に当たる行為について、行政手続法8条及び14条が、「適用除外の例外」として、国税に係る手続にも適用されることとなった。これにより、「青色申告者以外の者に対する更正処分」（国税通則法24条）について、処分理由を提示しなければならなくなった。この改正により、消費税等の申告に対する理由附記が必要となった。

I　行政手続における適正手続保障　　5

5　租税法領域における適正手続保障（救済人なければ権利なし）

日本国憲法31条は「何人も、法律の定める手続によらなければ、その生命若しくは自由を奪はれ、又はその他の刑罰を科せられない」と定め、「自由」の中には、財産権行使の自由も含まれる。

同32条は、「何人も、裁判所において裁判を受ける権利を奪はれない」と定める。これは、行政事件については、何人も自ら訴訟を提起しうる訴権を有することを意味する。そして、行政処分が出される前にも司法権が及ぶことは条文の文言からも導かれる。

同81条は、「最高裁判所は、一切の法律、命令、規則又は処分が憲法に適合するかしないかを決定する権限を有する終審裁判所である」と定める。これは、裁判所が、一切の立法・行政・司法の作用について、違憲審査権を有することを意味する。当然、行政事件を含むすべての法律上の争訟について（裁判所法3条）、司法裁判所に出訴出来ることを示すものである。

同76条は、「すべて司法権は、最高裁判所及び法律の定めるところにより設置する下級裁判所に属する」と定める。司法権は、三権分立の原則の範囲内において、行政処分前の事前救済にも及ぶ（行政事件訴訟法における仮の差止・仮の義務付け・不作為の違法確認など）。

適正手続保障は、司法権によるサポートがあって光り輝くのであるから、憲法31条や13条を基礎としたうえで、憲法32条、76条、81条も根拠法として位置付けるべきと考える。更に又、適正手続保障は、司法権を道具として使い、納税者の権利保護を実現する法律家の存在が必要である。納税者の権利を絵に画いた餅としないためには、適正手続保障が必要であり、かつ、法律家の租税手続関与が不可欠といえよう（憲法37条3項参照）。

国税通則法は、平成30年4月1日から、税務調査と査察調査の両根拠法として機能することになったが、納税者から弁明を聴取する機会を付与する手続が欠落しており、法律家は、適正手続保障が、この両調査手続に及ぶことを課税庁や裁判所へ強く訴えるべきといえよう。

6　不利益事前告知と弁明聴取

国税通則法74条の11第2項は、調査結果の内容を納税義務者本人（同条5項）に説明しなければならないことを定めている。又、同法74条の11第2項は、当該職員は、納税義務者本人に「更正決定等をすべきと認めた額及びその理由」を説明しなければならないとしている。国税通則法の同条項は、税務調査における適正手続保障規定として極めて重要なものである。

● 第3　憲法31条（適正手続保障）と税務調査

1　憲法31条の意義

（1）　適正手続保障の内容

憲法31条は、「何人も、法律の定める手続によらなければ、その生命若しくは自由を奪はれ、又はその他の刑罰を科せられない」と定める。自由の歴史は大部分手続保障の歴史であった。かかる適正手続保障は、次の内容を骨子とする。

① 　手続が法律で定められること
② 　法律で定められた手続規定が適正でなければならないこと
③ 　実体もまた法律で定められなければならないこと
④ 　法律で定められた実体規定も適正でなければならないこと

（2）　「手続の適正」の内容

① 　法律化原則
　　手続を法律で定めること
② 　明確化原則
　　法律で定められた手続が明確でなければいけないこと
③ 　合理性原則
　　定められた手続が合理的なものでなければならないこと
④ 　実効性原則
　　定められた手続が権利を実現するために実効的なものであること

（3）　「実体の適正」の内容

① 　法律化
　　侵害規範の実体要件は、必ず法律で定める。
② 　明確性原則
　　犯罪構成要件や侵害規範は、明確でなければならない。また、表現の自由を規制する立法も明確でなければならない。
③ 　合理性原則
　　規制内容は合理的でなければならない。
④ 　罪刑均衡原則
　　犯した犯罪と制裁としての刑のバランスがとれていなければいけない。

2　告知と聴聞

憲法31条の適正手続の内容として重要なのが、「告知と聴聞」（notice and hearing）を受ける権利である。「告知と聴聞」とは、公権力が国民に刑罰その他の不利益を科す場合には、当事者に「予めその内容を告知」し、当事者に「弁明と防禦の機会」を与えなければならないというものである（最大判昭和37年11月28日刑集16巻11号1593頁）。適正手続保障の主要な内容は、「危険の事前予告」

Ⅰ　行政手続における適正手続保障　　7

と「弁明・防禦の機会付与」である。

3　憲法31条と行政手続

　憲法31条の適正手続保障は、税務調査などの行政調査のための事業所等への立入り調査等にも準用される。行政手続にも直接適用されると解する説も有力である。平成4年の成田新法事件において、最高裁判所は、「行政手続が刑事手続でないとの理由のみで、当然に31条の保障の枠外にあると判断すべきではない」とし、ただ、「同条の保障が及ぶと解すべき場合でも、行政手続は刑事手続と性質が異なるし、多種多様であるから、事前の告知、弁解、防禦の機会を与えるかどうかは、行政処分により制限を受ける権利利益の内容、性質、制限の程度、行政処分によって達成しようとする公益の内容、程度、緊急性等を総合較量して決定され、常に必ずそのような機会を与えることを必要とするものではない」と述べ（最大判平成4年7月1日民集46巻5号437頁）、真正面から憲法31条の行政手続への適用ないし準用を認めた。

4　税務調査と適正手続保障

　川崎民商事件において、最高裁判所は、憲法35条・38条は行政手続にも及ぶ（適用される）ことを原則的に認め、黙秘権は「純然たる刑事手続においてばかりでなく、それ以外の手続においても、実質上、刑事責任追及のための資料の取得収集に直接結びつく作用を一般的に有する手続には、ひとしく及ぶ」とした（最大判昭和47年11月22日刑集26巻9号554頁）。

　課税処分は、国民の財産を奪うものであるから、刑事処分と同様な適正手続保障が及ぶものといえよう。

5　租税法における不確定法概念と司法審査

　租税法は、国民から財産を奪う法規範であるから、租税法における不確定法概念は、すべて法の解釈として、その意味内容は、経験則に従って明確化がなされなければならない。経験則に従って明確に出来なければ、課税要件明確主義に違反するものとして、租税法律主義に違反する立法であるということになる。ドイツにおいて、侵害規範については、要件裁量が認められていない。

　税務調査は、納税者に多大な苦痛と迷惑を及ぼすものであるから、その手続要件も自由裁量の権限を課税庁に与えるものではなく、調査の必要性と納税者の利益を比較検討し、法規裁量行為として、税務調査は実施されなければならない。

6　救済人なければ権利なし

　人権保障の歴史は、手続保障の歴史であるといわれているが、行政手続において、国家と対等に協議出来る法律家が国民をサポートしなければ、国民の権利は無いのと同じことになる。

　適正手続保障の概念の主要部分には、法律家の行政手続関与が含まれなければ、

適正手続保障も又、絵に画いた餅となってしまう。

7　韓国の行政調査法

　韓国は、2007年5月17日、行政調査法を制定し、行政調査に関する基本法を制定した。これは、行政調査に関する基本法であり、行政手続法とは別に、行政調査法が必要であることを示唆するものといえよう。

　韓国行政調査基本法は、租税・金融・公正取引委員会に関連する行政調査については、適用除外としており、又、調査拒否に対して、罰則を定めていない。

［山下 清兵衛］

Ⅱ　税務調査権の範囲に関する公正基準

1　一般的行政執行と税務調査

　我国では、「民事執行」と「行政執行」は区別されている。前者は裁判所による強制執行であり、後者は、行政庁による強制執行で、裁判所が関与しない自力執行である。

　行政執行法は、人権侵害の弊害があるので、戦後全部廃止となった。したがって、一般的な執行罰や直接強制は認められないことになり、例外的に、個別法に制定されているのみである。税務行政調査では、直接強制は一切認められていない。ただし、質問検査権行使の拒否に対し、刑罰を科しうることとしているだけで、これは間接強制だけを認めるというものである。戦後、税務調査権は、私的自治を基礎とする申告納税制度の下において、納税者の租税債権確定権に劣後することになった。租税は、私法取引の結果に基づいて発生するものであるから、私法取引を所与のものとして、その後続問題である。税務行政調査に関して、納税者に課された公的義務について、課税庁は、履行の確保をするために、強制執行出来ない。

2　義務を課す行政行為と義務の履行を確保する行為

　義務賦課行為と義務履行確保行為は別であり、近代国家においては、それぞれの法律上の根拠が、別々に必要とされる。

　近代国家において、義務賦課行為（権利確定行為）と義務履行確保行為（強制執行）は全く別物とされ、人権擁護の観点から、別々に規制され、二重の制限がかかる。

　又、そもそも、法的義務のすべてについて、その義務不履行があれば強制執行やペナルティの賦課が出来るわけではない。厳格な法律上の根拠が必要である。租税債権の確定は、多くの税について、第一次的に納税者の権限とされている。確定した租税債権の強制執行は、国税徴収法により、課税庁の権限とされているが、租税債権の確定手続においては、課税庁に強制執行の権限は付与されていない。納税者の公的義務の不履行（質問検査権拒否）について、法律が罰金等による間接強制を促すだけである。租税債権の確定のために行われる税務調査において、課税庁に捜索・差押などの強制執行権を付与すれば、著しい人権侵害を多く発生させるから、近代国家ではそのような権限を課税庁に付与していないのである。

3 不作為義務と非代替的作為義務

　公的義務確定手続と確定した公的義務の強制執行手続とは、厳しく峻別されている。確定した行政上の義務が不履行であっても、法律の明確な根拠がなければ強制執行できない。

　行政上の義務の不履行があっても、強制執行出来ないのが原則である。しかし、例外的に、公的金銭債権について、強制徴収の方法が認められている場合がある（国税徴収法）。又、「代替的作為義務」について、行政代執行法の要件をクリアすれば、代執行が可能であるが、これも限定されている。

　「不作為義務や非代替的作為義務」については、履行を確保するための執行罰や直接強制は一般的に認められていないので、行政強制や間接強制（拒否に対する刑罰）によって義務履行を確保出来ない領域は多く存在する。

　租税債務そのものについては、公的債務であり、強制徴収の方法が認められているが、納税者の「その他の公的義務」には強制執行が認められていない。

4 行政上の義務の民事執行

（1） 民事執行利用

　行政上の義務履行を確保するため行政主体に民事執行（裁判所による強制執行）を認めることが出来るかについては、否定的に解されている。

　代執行又は強制徴収によって義務履行が確保出来る場合に民事執行の利用を認められるかについても、否定的に解されている。

（2） 税務調査における任意調査原則

　税務調査における納税者の義務（質問検査権に対する応答義務）は、強制執行出来ない。間接強制（罰金等の制裁）が出来るだけである。質問検査権に対する応答義務違反については、間接強制以外に強制執行やその他の行政制裁は認められていない。税務調査の現場において、調査官は、納税者の同意なく、その居宅へ入室したり、金庫から金銭等を取り出すことは出来ない。これは、罪刑法定主義・租税法律主義の当然の帰結であって、行政による人権侵害を防ぐ近代国家の基本的ルールである（任意調査原則）。又、私的自治が行われている社会では、申告納税制度が採られ、申告納税の誤りに対しては、制裁として、加算税が賦課されるだけである。もちろん虚偽申告の著しいものについては、刑事罰が科される（国税通則法126条1項）こともあるが、それ以外の制裁はない。

5 民事執行の利用可能性

（1） 行政主体が私法上の権限に基づいて活動する場合

　行政主体が私法上の行為（私的経済活動など）をなしうることに判例学説上争いはない。

（2） 行政主体が統治権行使として行政活動を行い、法律上、行政執行が認め

られていない場合、法律上行政執行の手段が認められていない（例えば、県知事がモーテルの建設中止命令を発したときなど）。

最三小判平成14年7月9日民集56巻6号1134頁（宝塚市事件）は、パチンコ店に対し条例に基づいて市長が建築工事の中止命令を発し、従わないので、裁判所に工事続行の差止を請求したケースである。最高裁判所は、「法律上の争訟」に当たらないとして、宝塚市の訴えを不適法とし、民事執行の利用可能性を否定した。

（3） 行政執行が認められている場合

ア 行政代執行と民事執行

行政代執行が認められている行政上の義務について、民事執行が認められるかについて、次の裁判例は、いずれも否定している。

- ・岐阜地判昭和44年11月27日判時600号100頁
- ・大阪高決昭和60年11月25日判時1189号39頁

イ 行政上の強制徴収が認められているときの民事執行の可否

学説・判例ともに否定説が多い。

最大判昭和41年2月23日民集20巻2号320頁は、行政上の強制徴収が認められている公的債権について、民事執行は認められないとしている。

（4） 強制徴収権が付与されている債権の代位行使

強制徴収権は、帰属する団体の専属的権利であるから、譲渡・差押えの対象と出来ず、債権者代位も出来ないと一般に考えられている。

ただし、国税通則法42条は、例外的に、詐害行為取消権の行使について、裁判所に請求することを認めている。

6 税務調査

（1） 税務調査の二種類

税務調査は、質問検査権行使として行われる場合（質問検査権調査）と、単なる行政指導又はその準備として行われる場合（行政指導調査又は純粋任意調査）がある。一般の税務調査は、純粋任意調査の形式で行われるものが殆どである。純粋任意調査は、法律上の根拠がないが、一般に行われている。一般の税務調査では、質問検査権の行使であることを事前に告知されることは殆どないから、純粋任意調査として行われているといえよう。純粋任意調査を肯定的に把握する者もいるが、税務調査自体が納税者の営業妨害や人権侵害の側面があるから、法律の根拠のない税務調査は認めるべきではない。質問検査権行使以外の税務調査は単なる行政指導の準備行為であるとしても、これが自由になしうると考えることは、税務調査という人権侵害行為を放任することになるから、質問検査権行使と同等の制約（客観的必要性要件）があるというべきであるし、応答拒否に対し、何ら

の制裁を課することは出来ないのは当然である。警察官職務執行法は、「挙動の不審」を職務質問の要件としているが、税務調査も同じく「不正申告の疑い」が要件でなければならない。

無限定の税務調査が許容されないのは、憲法31条（適正手続保障）や、その他の人権保障規定（国家から干渉されない権利）から導かれる。

（2）　任意調査の性質

調査拒否に対して、ペナルティを課すためには、質問検査権の行使であることを明示して行われた調査でなければならない。明示された質問検査権行使に対する応答拒否に対してのみ、罰金等の制裁を課すことが可能とされるだけである。質問検査権行使の応答拒否に対する制裁は、罰金等の方法だけであって、それ以外の制裁は、法定されておらず、又、税務調査において、強制執行の方法で帳簿等を押収することを許す法律はない。荒川民商事件の最高裁決定（最三小決昭和48年7月10日刑集27巻7号1205頁）は、「質問検査の必要があり、かつ、これと相手方の私的利益との衡量において社会通念上相当な限度にとどまる限り、権限ある税務職員の合理的な選択に委ねられているものと解すべ」きとした。最高裁も、税務調査の要件について、「必要性要件と合理性要件をクリアされなければならない」とする一応の公正基準を確立した。

（3）　事前通知と理由の告知

憲法31条は、適正手続によって不利益処分がなされることを要求するが、税務調査の事前通知と調査理由の告知は、適正手続の核心的内容である。国税通則法74条の9は、事前通知と事前説明を要求する。同条は、調査目的の事前通知を求めている。憲法31条が求める事前通知は、調査理由の事前告知のことであって、「税務調査したい」「所得金額の確認をしたい」などという一般的言動だけでは足りない。不利益処分には理由記載が必要とすることに争いはないが、税務調査という人権侵害行為の開始前に理由告知が同様に必要としなければ結局恣意的な行政調査を放置することになる。我国では私的自治の下で申告納税制度が採られているから事前通知したら調査に支障を生じるという立論はなしえない。申告納税制度は、納税者を信頼するものであり、かかる制度下で行われる税務調査も納税者の協力を得て行われることになる。

（4）　調査拒否と制裁

国税について、計算間違い等の申告があれば事後的に加算税や延滞税による制裁が課されるだけである。

① 　本人が最も多くの情報を有しているから、調査を円滑に実現するために事前通知が必要である。

② 　事前通知なしにいきなり検査妨害の罪に問うことは必要最小侵害の原則

（比例原則）に違反する（憲法13条）。

③　拒否妨害の罪に問う前に、推計課税による更正処分（所得税法156条や法人税法131条）や国税通則法132条による強制調査という選択をするのが比例原則の要請である。これを怠れば、憲法13条の比例原則違反やLRA基準違反が問われる。

（5）　調査拒否と直接強制

質問検査権行使に対する調査拒否や虚偽報告には罰則規定が設けられているが、直接強制することは出来ない。質問検査権行使以外の調査は、法的根拠がなく、その拒否に対しては、何らの制裁も課することは出来ない。

（6）　査察調査

犯則調査で、捜索・差押をなしうるには令状が必要とされているが、税務行政調査において、捜索・差押は認められておらず、間接強制の限度である。犯則調査は、刑事訴追を前提とする手続であるから、令状主義や黙秘権や弁護人選任権が認められなければならない（憲法35条、37条及び38条の保障）。

7　税務調査の要件

（1）　任意調査原則

税務調査は、行政機関が行政目的達成のために情報を収集する活動である行政調査の一類型である。実力行使は認められない。したがって、被調査者の同意なしに、帳簿等を手に取ることや持ち去ることは認められない。

（2）　間接強制の原則

質問検査権行使は、任意調査であるから、罰則によって間接的に協力を要請するもので、調査拒否があれば、罰則規定が設けられているので、間接強制調査といわれる。直接強制して、帳簿等の資料を捜索・差押をすることは出来ない（間接強制の原則）。

（3）　調査の必要性

ア　客観的必要性・具体的必要性

前記最三小決昭和48年7月10日（荒川民商事件）は、「諸般の具体的事情に鑑み、客観的な必要性があると判断される場合」に質問・検査が認められるとする。過少申告の疑いがある等具体的な必要性があるときに調査の必要性が肯定されるということである。予告なしに、調査目的も告げない乱暴な税務調査は許されない。

イ　反面調査の補充性

反面調査では、納税者の私的利益が優先され、調査の必要性はより慎重に判断されるべきで、取引先調査による不利益は重大である。反面調査においては、本人の不利益と反面者の不利益を区別して調査の必要性の判断が求められる。

反面調査は、本人から取引相手の情報を得られない場合に限定するべきで、無限定に反面調査を許すべきではない。

（4） 調査態様の合理性要件

上記最高裁決定は、「相手方の私的利益との衡量において社会通念上相当な限度にとどまる限り、権限ある税務職員の合理的な選択に委ねられている」とする。

しかし、行政調査には、公法規制に関する平等原則や比例原則やLRA原則が憲法13条や14条を根拠として、適用される。

調査の範囲は、必要な限度にとどめられるべきで、無断で店舗の中に内扉の止め金を外して中に入るなどは許されない（最三小判昭和63年12月20日裁判集民155号477頁）。

又、承諾を得ず、居宅部分である2階に上がった行為は違法で、違法に立ち入った場所での税務調査も違法である（大阪高判平成10年3月19日判タ1014号183頁）。

相手方に営業上の急用が出来たにもかかわらず、調査を続行した行為は違法であり、事前の連絡もせず出勤間際の時刻に訪問して調査を行おうとするのは税務調査の限界を逸脱したことになる（神戸地判昭和51年11月18日税務訴訟資料98号1頁）。

税務調査に関する公正基準は、行政調査のモデルになるもので、多くの裁判例の中で、次第に税務調査の公正基準が作られつつある。

8 事前通知と調査理由の告知

（1） 国税調査の通則

国税通則法7条の2「国税の調査」の条項に、税務調査に関する手続規定が一括して置かれることとなった（平成25年1月1日施行）。これにより、個別法の税務調査関連規定は削除された。

（2） 事前通知義務

国税通則法74条の9は、「調査の事前通知をすること」を要求する。

同条1項では、税務署長等は、調査対象者（納税義務者や税理士等）に対し、実地調査の開始日時・場所・目的・対象となる税目、期間・帳簿書類を予め通知しなければならないことが規定された。

（3） 事前通知不要調査

事前通知を要しないのは、調査妨害や帳簿書類等の破棄・隠ぺいといった行為を容易にしたり、正確な税額の把握を困難にするおそれがある場合、又、調査の適正な遂行に支障を来すおそれがあると税務署長等が認める場合に限定された（国税通則法74条の11）。

Ⅱ　税務調査権の範囲に関する公正基準　　15

（4） 調査結果通知義務

国税通則法74条の11は、「調査結果を通知又は説明すること」を調査機関に義務づけている。これは、原則として、納税者本人へ通知することが必要である（同条5項）。

（5） 荒川民商事件決定と国税通則法74条の9

税務調査では、事前通知及び調査結果の通知・説明が法定されたから、荒川民商事件最高裁第三小法廷決定が定立した事前通知の基準は、更に進み、事前通知や調査理由の説明は、国税通則法74条の9によって一律に必要となった。

9 犯則調査と税務調査

（1） 「偽り、不正の行為」により税を免れた場合、犯則調査がなされる。犯則調査は処罰の可能性を認識した情報収集活動であるが、税務調査は、一般の税額確定等を目的とする質問検査（国税通則法74条の2以下）である。

（2） 国税犯則調査には黙秘権の保障が及ぶ（最三小判昭和59年3月27日刑集38巻5号2037頁）。

（3） 公務員には犯罪の告知義務（刑事訴訟法239条2項）があり、又、税務調査の拒否は犯罪とされているから税務調査にも憲法35条や38条の保障が及ぶというべきであろう（前記最三小判昭和59年3月27日横井大三裁判官の意見）。税務調査によって取得した資料は、国税犯則調査に利用することは出来ない（国税通則法74条の8）。

（4） 税務調査の質問検査権行使において、不答弁は犯罪として罰せられる（国税通則法128条。1年以下の懲役又は50万円以下の罰金）。

不答弁罪で罰せられるとする脅しによって収集された供述を、刑事訴訟の証拠に利用することは、刑法35条（令状主義）や憲法38条（黙秘権の保障）を潜脱することになる（適用違憲）。

10 税務調査の対象と限界

税務調査は、本人に関する情報収集のみならず、取引先等に対する情報収集（反面調査）も認められる。

しかし、具体的な調査の理由が客観的に必要とされているから、調査の範囲は、調査理由との関係で相当因果関係にある情報に限定されるというべきであろう。私的自治の下における申告納税制度が採用されているのであるから、公権力行使として税務調査が実施される範囲は、必要最小限の原則（LRA原則）が働く。

無制限・無制的の税務調査（公権力行使）はありえない。本人に対しても、取引を特定した契約書等の提示要請でなければならず、期間や種類を特定しない情報提供の要請は一括提示として物理的に困難であるから、違法である。

本人の銀行口座情報の提供要請についても期間を限定するべきであり、親族の

銀行口座や関係法人の銀行口座情報を具体的な調査の必要性がないのに提出を求めることは違法というべきである。

11 税務行政執行共助条約による税務調査

（1）租税条約実施特例法

租税条約実施特例法（平成15年改正後のもの）により、条約相手国から情報提供の要請があった場合、税務署等の担当職員は、質問検査権を行使出来ることになった（同特例法9条1項）。質問検査権行使は、最高裁判所の判例（前記最三小決昭和48年7月10日）によれば、客観的な必要性があると判断される場合に制限されているから、共助条約による税務調査は、国内の質問検査権行使の権限の範囲内で行われなければならない。

（2）情報交換制度ではない

質問検査権行使にあたり、相手国・調査対象者・要請情報などを説明することが求められる（事務運営指針）ので、一般的な調査として、不特定の者や不特定の対象について情報収集を要請することは出来ない。税務行政執行共助は、一般的な税務情報交換制度ではなく、制限された公権力行使（質問検査権行使）の一場面に過ぎない。

（3）要請範囲

日本の国税庁が、共助条約に基づいて、締約国に税務調査を要請する場合、国内の質問検査権の範囲を超えて調査することは出来ない。国内質問検査権は、強制調査（自力執行）出来ないし、民事執行（司法手続）も利用出来ないから、海外の裁判所や税務当局を利用して、帳簿の捜索押収も出来ない。

日本の税務調査における質問検査権は、強制執行する権限が全くない。日本の国税庁は、自己の権限を超えた部分を海外の税務当局へ要請出来ない。したがって、海外で、日本の国税庁から要請を受けた外国税務当局は日本国税庁の依頼内容以上のことは出来ない。

（4）自国の保護レベルの維持

租税条約すなわち国際的課税法の領域において、「自国における納税者の法的地位より不利益な扱いは出来ない」とするルールがある。

日本国課税庁は、税務調査において、帳簿等の書類を強制執行によって持ち去ることは、国内法によって出来ないことになっている。したがって、日本国課税庁は、外国税務当局に対し、納税者やその取引先から帳簿や、会計資料を強制的に差押・押収したりすることを要請する権限がない。

（5）シンガポールの例

日本国課税庁が、日本の居住者Mの取引銀行シンガポール支店における、取引データの報告書類を、シンガポール課税庁へ要請することがある。

Ⅱ　税務調査権の範囲に関する公正基準　　17

日本国課税庁の当該納税者M（日本国居住者）に対する質問検査権の準拠法は、日本法である。シンガポール税務当局は、この日本国内で認められている質問検査権を根拠として、シンガポール税務当局へ調査要請するのであるから、同当局の日本国居住者Mへの調査請求権は、日本の質問検査権の権限範囲を超えることは出来ない。しかし、シンガポールの税務調査では、調査拒否があった場合、裁判所に対し、書類等の開示請求許可を求めることが出来る。シンガポール税務当局が行う裁判手続は、法廷地法が準拠法であるから、シンガポール法に従って処理されることになるが、日本国課税当局は、日本における質問検査権を基礎として、シンガポール課税当局へ要請するのであるから、日本の質問検査権の権限範囲（任意調査）を超えることは出来ない。

もし、シンガポール税務当局に強制執行による情報収集をさせたら、日本国内においては、違法と評価され、国家賠償請求の対象となるというべきであろう。東京高判平成25年5月29日税務訴訟資料263号順号12220は、シンガポールへの税務調査要請がなされたケースであるが、税務訴訟係属中に調査要請がなされ、わずか数日で調査結果が日本に送られたことが、事実摘示されている。

（6）オーストラリア人に対する執行

東京国税局は、贈与税を滞納していたオーストラリア人の男性から約81億円を徴収した。東京国税局は、オーストラリアの税務当局に対して代理徴収を要請し、同税務当局が当該滞納者の預金を差し押さえ、全額を日本へ送金したものである。

12 適用除外要件（課税減免要件）と立証責任

（1）　前記東京高判平成25年5月29日は、納税者に有利な課税減免要件（適用除外要件）を満たさないことを国が主張・立証する責任があると判示した。

その理由として、

① 課税減免要件の条文構造は、立証責任と結びつかないことは民法415条からも明らかであること

② 異例な税制を適用しようとする国に、適用除外要件を満たしていないことを立証させる方が制度趣旨に合致すること

③ 国は、納税者に質問検査権を行使し、税務調査を拒否した納税者に対し、刑事制裁を科すことが可能であり、又、租税条約や租税協定の情報交換を通じ、多くの情報を入手できるから、課税要件事実と同様に、適用除外要件を満たさないことを国に立証させても、特段の立証上の困難を強いるものとはならないこと

等が摘示されている。

（2）　税務調査と立証責任

課税処分は、不利益処分の典型であり、無償で金銭を請求する公権力の行使であるから、基本的に課税庁には、租税債権の成立について主張・立証責任がある。租税債権は、そもそも、納税者について課税要件を充足し、かつ、課税減免要件を充足しない場合に成立する。租税債権成立の要件事実は、「課税要件充足事実＋課税減免要件不充足事実」である。

したがって課税庁は、所得税の税務調査において、売上のみならず必要経費についても質問検査権を行使しなければならない。

又、課税庁は、納税者が、非課税要件を充足しないことまで主張・立証しない限り、租税債権の行使は出来ない。課税庁は、納税者に対し、申告義務・報告義務・届出義務を課し、その不履行の場合は、罰則等の制裁を課し、強力な質問検査権行使をなしうる。納税者の取引相手に対しても、同様に質問検査権を行使して、取引情報を入手しうるから、課税減免要件の不充足について、課税庁に立証責任があるとしても不都合はない。

13　税務調査の問題点

① 　税務調査は、課税処分のために実施されるもの（国税通則法74条の2）であるが、そもそも行政調査手続と弁明手続は別物である。国税通則法第7章（国税の調査）には、納税者の弁明を聴取する手続が欠落している。

② 　税務調査は質問検査権行使として実施されるが、課税庁は、国税通則法の厳しい制約を免れるため、行政指導により資料収集を行うことが多い。質問検査権の行使に対しては、その拒否が犯罪とされているが、行政指導による調査要請なのか、質問検査権行使による調査要請なのか、不明確なことが多い。

③ 　税務調査は、任意調査であるが、質問検査権行使の拒否は犯罪とされ、50万円以下の罰金又は1年以下の懲役刑が科されることがある。しかし、かかる間接強制をなしうるのみであるのに、税務調査拒否や取引資料の不保存を理由として、消費税の仕入税額控除否認をなし、莫大な制裁を課している。

④ 　重加算税の賦課が濫用されており、その賦課基準が不明確であり、租税刑事事件における刑事罰と二重処罰となっている。

[山下 清兵衛]

Ⅲ　法律家の行政手続関与によって法治国家が実現される

第1　行政手続関与の基本論

　国民が実体法上権利を有していても、これが実現されなければ、無いのと同じ
で、「救済機関なければ、権利なし」といえよう。法律家の行政手続関与によっ
て法治国家が実現される。日弁連は、今日まで、民事事件と刑事事件に関し、人
権侵害による被害者を救済してきた。しかし、行政による人権侵害について、被
害者を救済することを怠ってきた。日本国が、真に正義ある民主主義国家になる
ためには、行政被害者救済をなし、真の法治国家を実現しなければならない。三
権分立は、国民に対する人権侵害を防止するシステムであるが、国民が国政の三
権を監視しなければ機能しない。日弁連は、国民の代理人として、国政の三権を
監視する役割を果たすべきである。そのためには、行政事件解決を通じて行政を
監視しなければならない。行政は、公共サービスを給付する面と、違法処分など
人権侵害をする面がある。前者では、円滑な公共サービスの給付を求め、かつ、
違法な給付申請拒否の是正を求め、後者では、違法課税の取消しなどを求めなけ
ればならない。いずれの領域においても、法律家の関与が必要である。

　行政手続において法律家が関与するということは、法的三段論法を使って、行
政を説得するということである。弁護士が国や自治体の行政に関与するのは、違
法行政を是正・防止し、法律による行政の原理を実現するためである。

　行政訴訟事件は、死滅に近い状況であり、弁護士の行政手続関与によって、危
機的状況を克服しなければならない。

第2　行政手続と行政活動統制

1　行政手続法

　行政活動を規制する手続法を広義の行政手続法という。広義の行政手続法は、
行政調査・行政処分・行政執行・行政指導・苦情処理・不服申立・行政審判・行
政訴訟などに関する手続法が広く含まれる。

2　適正手続保障と成田新法事件

　歴史的には、行政庁の違法処分を防止するため「告知・聴聞の法理」（アメリ
カ憲法修正5条及び修正14条の適正手続条項）と法治国家原理（ドイツ基本法20条3
項）が確立されてきた。我国の最高裁も成田新法事件において、行政手続に憲法
31条の適用があることを認めたが、我国は、法治国家でありながら、国民の公
法上の権利実現に対する意欲に乏しく、法治主義は形骸化している。

弁護士の行政手続関与は、法治行政を実現することになる。

3　事前統制の必要性

行政活動に対する統制は、事後的統制だけでは不十分であり、事前統制が確立されることによって万全となる。行政事件は、裁判所の外に多く存在する。事前手続において、違法又は不当な行政処分を抑止することが効果的である。行政が高度専門化、複雑化する傾向にあり、司法が行政裁量を統制することが困難となっており、弁護士が事前手続に関与して行政を統制する意味は大きい。

4　告知・聴聞手続

告知・聴聞の法理は、法治行政を実現するための不可欠のフェアプレイ原則である。少なくとも法的不利益を与える処分について告知・聴聞の機会が与えられなければならない。告知・聴聞手続において、法律家が代理人として出席することが有益である。

5　行政手続法の適用除外

行政手続法は、行政処分・行政指導・届出・行政立法制度などに関する手続を定めている。行政運営における「公正の確保」と「透明性の向上」を図る法律である。しかしながら、個別行政法において、行政手続法の適用除外が定められていることが多い。国税通則法74条の14は、行政手続法の適用除外を定めるが、行政手続法の公正基準以上の基準を、個別法の特殊事情に応じて定めるという趣旨である。地方公共団体においては、行政手続条例が制定されている。

◎ 第3　法律家の行政手続関与の必要性

1　救済機関の必要性

権利が存在しても、これを実現してくれる代理人がいなければ、権利は実現されないことが多い。国民の権利は、殆どが裁判外手続で実現されている。又、弁護士が業務として行政手続に関与することは、国民の公法上の権利を、より実現することになるから、法治国家実現の不可欠の要素であり、これにより市民や企業の正当な権利を擁護することが出来る。したがって、法律家の行政手続関与は必要かつ有益である。

2　普及可能性と障害の克服

行政手続は、処分前手続と処分後手続がある。行政法領域における法律事件は、処分前の方が圧倒的に多い。行政処分後の法律事件の数は少ない。裁判所が取り扱う行政事件は処分後が殆どであり、極めて少ない。我国において、殆どの行政事件の解決は、裁判所の外で行われているが、その数は大量にあり、又、殆ど法律家が関与しておらず、法律家関与の普及可能性は極めて高い。ただし、法律家の行政手続関与には、行政機関による妨害が障害として予想されるので、これを

Ⅲ　法律家の行政手続関与によって法治国家が実現される　　21

克服しなければならない。

3 処分前の行政手続関与の必要性

　法律家が、行政処分前に行政手続に立ち会い、あるいはそこで行政との協議に参加することは、極めて重要である。行政処分は、処分がなされてからよりも、処分がなされる前の行政調査等の段階で、法律家が被調査者とともに立ち会い、代理・弁護活動を行うことが人権擁護活動に有効である。法律家が、行政手続、特に処分前の税務調査等の段階で代理人として関与する必要性は、極めて高い。

4 裁判所外における公正な事件解決

　法律事件の解決は、裁判所内におけるよりも裁判所外において、訴訟提起前に行われる方が、効果的であり、国民の負担は少なくて済む。行政庁も、行政訴訟手続に対応するよりも、訴訟前に解決する方が、費用の節約となる。我国において、行政訴訟の件数が少ないのは、行政事件の大半が裁判所外で解決されているからである。行政事件の裁判所外手続に法律家が関与することにより、公正な事件解決を実現することに資すると思われる。

● 第4　行政手続と法律家の関与

1　法律家が関与するべき行政手続

（1）　事前照会制度の利用

　私法取引等に行政法がどのように適用されるかについて、各省庁の事前照会制度を利用することが出来る。例えば、国税局の事前照会制度（国税庁HP参照）がある。

（2）　処分前の行政手続関与

① 申請に対する処分の事前対応

　　申請前・後の事前協議及び申請却下や申請棄却処分の回避業務がある。

② 不利益処分の事前対応

　　不利益処分前における弁明業務と回避業務がある。

③ 行政調査の立会い

　　行政処分前の事実上の調査に立ち会う業務がある。

④ 質問検査権行使への対応・立会い

　　正式な質問検査権の行使に対し、応答拒否すれば罰金等の制裁が課せられる。違法な質問検査権行使の防止をする業務がある。

⑤ 行政指導による調査・資料収集への対応

　　行政指導による資料収集は、一般に広く実施されている。違法な行政指導を是正する業務がある。

（3） 処分後の行政手続関与

① 不服申立手続代理

② 審判官や審理官による調査立会

（4） 訴訟提起後の行政調査への対応

行政訴訟提起後も行政調査は実施されている。

（5） 行政執行への対応

租税債権等について、行政執行（自力執行）がなされる。

2 不利益処分が予定される被調査者の弁護

（1） 立会権か代理権か弁護権か

行政手続において、立会権行使は監視行為（本人に付き添い違法行政の排除をする行為）であり、代理権行使は交渉行為（本人に代わって権利主張する行為）であり、弁護権行使は人権侵害の排除行為（弁明をなし、不利益処分を回避する）のニュアンスが強い。

（2） 任意調査における立会権

質問検査権行使は、応じるかどうかは任意とされるが、拒否に対し、罰金刑が科される。

（3） 強制調査における立会権と面会権

現状では、刑事事件において、捜査機関による逮捕後の尋問に弁護士の立会いは認められないが、接見する権利は認められている。

（4） 補佐人

税理士法は、税理士に対し、訴訟代理人を補佐する権利を付与している。

3 関与すべき行政手続

法律家が関与するべき行政手続には、下記のとおりの段階がある。

① 事前照会

② 事前協議

③ 許認可申請手続

④ 行政調査

⑤ 行政相談

⑥ 行政不服申立

⑦ 行政訴訟

⑧ 行政執行

● 第5 質問検査権行使の要件

1 質問検査権行使の法的性格

「行政行為は、国民の権利・義務を形成し、その範囲を確定する行為」であり

Ⅲ 法律家の行政手続関与によって法治国家が実現される 23

（最一小判平成21年11月26日民集63巻9号2124頁：横浜市立保育園廃止事件）、質問検査権行使は、それ自体で国民の権利・義務を形成するものではなく、事実行為とされている。

2　行政指導による資料収集

　行政指導による資料収集とは区別されている。税務調査は、質問検査権の行使とされ、行政指導による税務調査と区別され、必要性要件と合理性要件があるので、質問検査権行使ではなく、行政指導による資料収集が行われる傾向にある。

3　事前通知

　質問検査権行使の拒否は、重大な不利益が予定されることがある。罰金賦課のみならず、消費税法上、仕入税額控除の否認がなされ、所得税法上、青色申告承認の取消しなどがなされる。国税通則法は、事前通知を必要としている。

4　行政調査と質問検査権行使と行政指導

　国税庁は、税務調査と行政指導による調査を区別しており、前者は質問検査権の行使であると説明している。税務署による調査には、更正処分等を予定しない一般調査（報道調査など）もある。又、行政指導による証拠収集も実施されている。企業活動の国際化に伴い、条約により外国政府に対する調査要請も行われる。

5　報告調査と実地調査

　報告を求める調査と現場等に臨場する実地調査の二種類があり、根拠条文が異なることがある。長野地判平成23年4月1日は、報告調査の根拠条文を提示して、実地調査するのは違法であるとした。

6　弁護士の立会権・代理権

　弁護士の法律事件に関する立会権や代理権について、下記の法令等がある。

①　憲法31条（適正手続保障）、34条前段（身柄拘束者の弁護人選任権）

②　憲法37条3項（被告人の弁護人選任権）

③　税理士法2条1項1号（税理士の税務代理権）

④　行政不服審査法12条（審問代理権）

⑤　行政手続法16条（代理人選任権）

⑥　東京地判昭和49年6月27日行集25巻6号694頁（代理人の選任数に関するもの）

⑦　国税通則法107条（弁護士・税理士の代理人選任権）

⑧　刑事訴訟法39条1項（接見交通権）

⑨　刑事被疑者弁護援助制度（日弁連刑事弁護センター）

⑩　刑事訴訟法76条（国選弁護人選任権告知義務）

⑪　弁護士法3条1項（法律事件及びその他の法律事務を行う職務権限）

⑫　弁護士法72条（非弁護士の法律事務取扱いの禁止）

⑬ 民事訴訟法54条1項（弁護士の訴訟代理権）

⑭ 刑事訴訟法30条1項（被告人・被疑者の弁護人選任権）

⑮ 刑事訴訟法31条1項（弁護士の弁護人就任権）

7 行政調査における法律家の役割

国民の権利を実現する活動は、法治国家の実現活動とイコールであると考えられる。

行政調査において、法律家は、次の役割を果たすべきである。

① 調査官の違法行為の監視

② 不当発言に対する反論

③ 脅迫的言辞に対する反論

④ 証拠を発見し、将来の訴訟に備える

弁護士が、行政調査等の行政手続に立ち会うことは、国民に対する違法行政を排除し、真実発見に貢献し、国民の権利実現の実効的確保のために、不可欠のものといえよう。又、国民の裁判を受ける権利は、弁護士の行政手続関与によって実効的となるものであるから、憲法32条の「裁判を受ける権利」の中には、国民の弁護士選任権が含まれるといわなければならない。

8 行政調査拒否に対する制裁

行政調査立会いによって、違法不当処分を防止することが実現されるが、調査拒否によって、行政制裁や刑事制裁が予定されているものがあり、これらの制裁措置を回避することも大切である。

（1） 行政制裁を課すもの

所得税や法人税調査に対する拒否は青色申告承認の取消しがなされることがあり、消費税調査の拒否は、仕入税額控除が否認されることがある。

（2） 刑事制裁を科すもの

独占禁止法47条1項、94条などに刑事制裁規定がある。又、税務に関する質問検査権行使に対する拒否は、罰金を課すことが出来るとされている（国税通則法7章の2）。

[山下 清兵衛]

Ⅳ　軽装備の専門的紛争解決システムの優位性

● 第1　行政ADR

1　行政事件訴訟改正と行政ADRの必要性

　平成16年の行政事件訴訟法改正後も、原告勝訴率は10％以下であり、行訴法の法律改正だけでは行政争訟の改善はないことが明確となった。

　行政事件について、先進国では、協議・和解手続を法定し、大量の行政事件処理が、和解によって行われている。行政事件について、協議和解が出来るようにするための条項を行政事件訴訟法改正や行政不服審査法改正の目玉とすれば、行政ADR制度によって、行政争訟の活性化は飛躍的に向上するであろう。

2　行政が行うADRの3分類

　行政機関によって実施されるADRは、個別の法律を制定して行われている。

　分類は絶対的なものではないが、以下の3分類が一般的になされている。原因究明と責任裁定の両方を行うものについては、複数の型を具有しているものといえよう。

① 当事者間紛争調整型（公害等調整委員会）

② 違反行為監視型（公正取引委員会）

③ 不服審査型（特許庁や国税不服審判所）

　これらの紛争処理手続において、行政処分に該当する審判等がなされた場合、それらに対する不服申立ては、行政訴訟事件となる。

3　行政ADRの実施機関

　我国では、「行政活動の是正を求める紛争」と、「公法上の法律関係に関する紛争」を行政事件としている（行政事件訴訟法1条、4条）。行政事件に関する裁判代替紛争解決システムを行政ADRと呼称して以下論述する。

　紛争処理型（苦情処理）→違反行為監視型（行政監察）→不服審査型（紛争裁断）の順で行政ADRが歴史的に発展している。

① ドイツ型（司法手続）……主として専門裁判所で行う

② アメリカ型（準司法手続）……主として専門行政委員会で行う

③ 折衷型……両方の手続が存在する

4　事前手続と事後手続

　行政ADRには、事前手続として、聴聞・弁明手続がある。行政の意思決定過程に行政手続を活用するものは、違法な行政活動の防止に有益である。

　事後手続として、異議申立と審査請求手続がある。中立かつ独立した行政

ADR機関の権限を拡大し、行政不服審査への関与を広く認めることは、違法な行政から、国民を早期に救済するために必要である。

5　行政と民間の紛争解決

行政と民間の紛争解決について、行政機関が主宰する手続には、次のものがある。

① 行政苦情相談
② 許認可処分前の事前協議手続
③ 不利益処分前の弁明・聴聞手続
④ 行政処分後の不服申立手続
　a. 不服申立て（関係行政庁審理再考型）
　b. 行政審判申立て（第三者行政庁審判型）

行政と民間の紛争について、行政手続で解決する方法は、専門性及び迅速性において優れており、司法手続を補完するものとして増大してゆくことが予想される。公共利益の保護のため、処分の名宛人だけではなく利害関係のある第三者にも申立適格を認め、その範囲を拡大することも必要である。

6　行政ADR機関

（1）　既存の行政紛争解決機関

行政紛争解決機関として国税不服審判所、公正取引委員会、公害等調整委員会、海難審判所、特許庁等があり、行政公務員である審判官が裁断行為を行っている。

（2）　行政不服申立て

平成26年に全面改定された行政不服審査法では、審理員制度が採用され、行政庁から人材供給されることを予定しているが、少なからず民間からの登用もされている。

（3）　行政相談

総務省は「行政相談制度」を運営しているが、この相談員に民間人が多く登用されている。総務省HPによると、平成28年度は16万4,251件処理されたとのことである。

7　弁護士法72条との関係

弁護士法72条は法律事件に関する法律事務について、弁護士の有償独占を定めているが、特別法によって例外を認めることを許容している。同条は、事件性のある法律事務は弁護士の独占とする趣旨である。司法書士会はADR法に基づき、司法書士会調停センターを単位会毎に設置している（日本司法書士会連合会HP「司法書士会調停センターにおけるトラブル解決（ADR）」https://www.shiho-shoshi.or.jp/activity/var_consulting/参照）。しかし、これらはいずれも民事ADRであり、行政ADRではない。

8 士業による行政ADRの可能性

行政事件のADRは、個別法（建設業法・国税通則法・独占禁止法など）に定められている。

行政紛争について、行政相談・事前協議・聴聞弁明・不服申立て・行政審判・行政訴訟の順で重装備度と手続難易度が上昇する。

建設業など許認可・取消事件の事前手続と事後手続に士業が関与するニーズが大きい。入管法事件などの人権擁護事件や道路交通法違反事件など件数の多い事件も士業の関与するニーズがある。税金事件も件数が多く、又、社会保障事件も件数が多いので、士業関与の必要性が高い。

行政ADRの推進は、弁護士会の関心が低いので、全士業が共同で取り組むべきであるが、弁護士以外の士業は、基本的には、弁護士の取扱いが困難な専門行政ADRの代理権獲得を目標とすれば、士業間の摩擦を回避出来る。

9 事務代理と紛争代理

弁護士法72条は、紛争代理（紛争の解決のために行う交渉や不服申立手続代理や訴訟代理）を弁護士に限定している。そして、この例外を定める場合は特別法が制定されなければならないとしている。事務代理と紛争代理（法律事務）の関係について、大阪地判平成23年4月22日判時2119号79頁があり、弁護士は受任した法律事務に付随して税理士の事務を行うことができると判示している。しかしながら、その控訴審判決（大阪高判平成24年3月8日訟月59巻6号1733頁）は、弁護士が税理士業務を行うためには、税理士登録又は通知弁護士となる必要があるとした。一方、国は、税理士の出廷陳述権の範囲について、証人尋問権は含まれないとしている。代理人資格について、国税通則法107条1項は、「弁護士・税理士・その他適当と認める者を代理人に選任できる」とする。行政不服審査法13条は、代理人資格を制限していない。公権力の行使による国民の被害や国民の公法上の利益侵害に対しては、全士業がその能力に応じて協働するべきである。行政ADRの促進は、行政訴訟の活性化を飛躍的に促進することになろう。

● 第2 総務省の行政相談と行政ADR

1 総務省の行政相談案件

総務省は、国の行政全般について、苦情等の受付を行っている。行政相談の多くは、苦情相談である。行政相談は行政不服申立てとは異なる制度として運営されているが、近い制度であり、その架橋が速やかに行われれば、国民の早期救済に役立つであろう。相談は無料で、難しい手続は不要とされている。

総務省が所管する行政相談の案件は、次のものが多い。

① 医療・保険・年金

② 社会福祉

③ 警察関係

④ 税金

⑤ 雇用関係

⑥ 道路・交通

⑦ 身上相談

2 総務省の行政相談の件数

（1） 相談件数

地方分権一括法制定後、相談件数は減ったが、平成29年は15万6,178件あった。この６年間の統計によると、毎年約15万件以上の行政相談件数が存在する。

行政分野では、

① 登記・マイナンバー等

② 租　税

③ 保険・年金

④ 雇用・労働

⑤ 社会福祉

の順に受付件数が多い。

（2） 相談員数と取扱件数

行政相談委員は、全国に約5000人配置され、年間約10万件の行政相談を処理している。

（3） 国と地方の件数

国の事務に関するケースは1/3であり、地方の事務に関する相談件数の方が多い。医療保険、年金、道路、社会福祉、雇用、郵政、電波通信などが国に関する行政相談の内訳である。

3 相談窓口と申立人適格

全国50か所で、行政苦情110番、インターネット、一般窓口、特別窓口として、行政相談窓口が設置されている。行政相談の申立人適格に制限はない。インターネットによる行政相談は、匿名でもなしうる。

総務省行政相談センターは、「きくみみ」の名称で呼ばれ、行政苦情110番（電話：0570－090110）、インターネット行政相談（総務省ホームページ）、総合行政相談（デパート内など）、特別行政相談所（災害時の随時開設）として開設されている。

4 行政相談員

市町村の推薦が必要とされ、総務大臣によって委嘱される。

予算手当が5000人分として財政措置されているのは、市町村に一人配置する

と、合計すると定員5000人となるからである。

5　相談所

　東京駅八重洲口に相談所が設置されていたが、現在は廃止されている。その後、新宿西口広場で相談所が開設された。

　特別相談活動（被災のときなど）として、行われる場合もあり、東日本大震災のときは、東北に100か所以上相談所が開設された。

6　「苦情」「請願」「照会」の３分類

　行政相談は、次の三つに分類されている。

（1）　苦　情

　行政と国民間のトラブル案件を「苦情」という。

（2）　請願（陳情）

　国民から具体的な行政活動を要請するものを「請願（陳情）」という。

（3）　照　会

　国民が行政に対して、行政手続などの説明を求めるものを「照会」という。

7　他省庁に関する最近の行政相談

（1）　ハローワーク関係の照会案件

　雇用保険データは全国でとれるが、末端まで知られていない。全国でデータをとれることを周知させるアドバイスも行政相談で行われている。

（2）　マンション駐車場の外部使用案件

　マンション駐車場の課税問題について照会がなされ、その回答は、国税庁、国交省、総務省の連携で、国税庁HPに収益事業の範囲を掲載している。マンション内部の区分所有者やテナントへの駐車場賃貸事業は非収益事業とされた。

（3）　他の省庁の行政相談

　行政相談は、総務省だけではなく、他の省庁も実施している。他省庁の行政相談や自治体も含めると、100万件以上の行政相談の申込件数があると推定される。

（4）　平成22年11月30日関係庁申し合わせ（自治体を含めない）

　行政相談について、関係庁が集まり、協議が行われた。

（5）　オンブズマンを具備している自治体からの照会

　川崎市市民オンブズマン条例が平成２年７月11日に制定された。主として、行政に対する苦情の申立てがなされている。又、総務省は、オンブズマンを具備する各自治体からの行政相談や照会も受け付けている。

8　行政苦情救済推進会議

　相談内容によっては、有識者会議に諮問することもある。小早川光郎、高橋滋氏等が有識者として選任されている。

9　行政相談の根拠法

（1） 総務省の行政相談の根拠法

① 総務省設置法4条21号が根拠規定である。

② 同法6条1項　総務大臣の勧告権が定められている。

③ 同法6条7項　総務大臣の総理大臣への意見具申権が定められている。

（2） 行政相談委員法

行政相談の業務委嘱を可能とする法律である。

（3） 行政相談関係法

① 請願法

② 行政不服審査法

③ 行政事件訴訟法

④ 行政手続法

（4） 行政相談の歴史

① 昭和25年　経済調査庁が物価統制の苦情を聞くことを開始した。

② 昭和30年　苦情処理業務を開始した。

③ 行政相談は物価統制の苦情からスタートし、当時は公聴機能を有していた。

④ 行政管理庁設置法改正

　同法に行政相談に関する規定が設けられていた。

（5） 閣議決定

行政相談に関連するものとして、以下の閣議決定がある。

① 昭和20年11月13日　業務刷新決定

② 昭和21年3月15日　行政運営刷新決定

③ 昭和40年5月7日　行政事務運営の改善決定

（6） 行政苦情救済推進会議

平成14年1月31日〜平成23年10月21日　総務大臣決裁による基準が定められた。

10　制度の限界

（1） 行政相談では、説得を重ねるだけで強制力がない。斡旋の性格から限界がある。

（2） 年金記録確認第三者委員会

数十万件の年金記録の確認相談が行政相談で処理された。

社会保険庁に対する斡旋手続であった。これによって、行政相談の守備範囲が広がったといわれている。

（3） オンブズマン

昭和55年にオンブズマン制度の導入について議論が盛り上がった。総理大臣の犯罪を糺す必要からスタートした。行政の国民に対する権利侵害に対し、総務

大臣が行政機関へ勧告する機能を有するまで発展できるか議論された。

オンブズマンは、先進国にはすべてあるが、日本には同レベルのものはない。海外オンブズマンからの照会などの窓口は、総務省である。平成23年12月、アジアのオンブズマン会議があり日本がホスト国となった。

オンブズマンは、行政相談がコアとなっている。しかし、オンブズマン活動は、行政相談の限界を超える制度であるから、別途立法が必要と思われる。

11 行政不服審査法改正と行政相談

内閣府のチームで行政不服審査法の改正案が検討された。又、民主党の行政不服審査法改正案は、行政相談に触れており、行政相談と行政不服審査の架橋が試みられたが廃案となった。

12 総務大臣の行政相談に関する権限

（1） 権限規定

総務省設置法4条と6条に権限規定がある。

（2） 他省庁案件

他の省庁の所管事項についても総務大臣は勧告できる。かつてマンションの駐車場について収益事業かどうか国税庁HPに見解を出させたことがある。また、ハローワークへの照会についても斡旋したことがある（前記7(1)(2)参照）。年金記録問題も行政相談で第三者委員会が組織された。

（3） 教示義務と行政相談の関係

行政相談制度を設置する根拠として、公務員の説明義務や教示義務が考えられる。

（4） 裁判所の調停制度との違い

裁判所の調停や訴訟上の和解には執行力が付与されるが、行政相談における回答や指導には、執行力はない。

（5） 行政相談の範囲

行政相談制度は、行政評価、行政監視までカバーしており、その運用いかんによっては、この制度利用のみによって大きな成果を挙げることができる。

13 租税に関する苦情相談

国税局や税務署の職務行為に関する苦情については、納税者支援調査官が苦情を聴取し、適切に対応することになっている。

[山下 清兵衛]

Ⅴ 仕入税額控除否認と適正手続保障（事例研究）

　税務調査において、手続資料の保存不備を発見し、納税者の実体的権利を失権させる課税処分が少なからず存在するが、以下はその具体的なケースであり、その救済方法を検討する。

　本件は、税務調査拒否があったものとし、「帳簿等の不保存を擬制」して課税したもので、「課税対象の不存在」と「課税要件の拡大解釈」という二重の違法課税であり、仕入税額控除否認に関する租税公正基準を提言したい。

● 第1　事案の概要

1　税務調査の欠如

　H社は、税務調査を受けたが、代理人としてA税理士を選任し、対応させた。A税理士は、補助者としてB弁護士を指名し、T国税局に対し、調査理由の開示を求めて調査に応じなかった。税務調査の日程調整の依頼が数回なされたが、T国税局（調査庁）は、調査が出来ないとして、調査を打ち切ると説明して、B弁護士に連絡したが、B弁護士は、「T国税局ではなく、I税務署の調査なら応じる」と回答した。しかるところ、T国税局は、日程調整を打ち切り、税務調査を開始しないまま、I税務署長（処分庁）に仕入税額控除を否認して、約40億円の更正処分を出させた。

2　本人に対する調査結果の説明義務違反

　T国税局は、H社（納税者）に直接説明もせず、調査結果の説明の通知書も出さなかった。T国税局は、国税通則法74条の11第2項が定める税務調査の結果の説明（更正額と更正の理由の説明）をしなかった。又、T国税局は、納税者本人に対し、調査結果の説明をしなかった。

3　選択催告の欠如（重要な適性手続保障違反）

　「帳簿の提示をするか」「数十億円の更正処分を受けるか」の選択をする機会を付与せず、H社が帳簿等の保存がないとして、消費税について仕入税額控除を根こそぎ否認し、所轄税務署に更正処分をさせた。本件は、課税実体要件でない「帳簿不提示」を仕入税額控除否認の理由としたもので、課税要件法定主義に明白に違反するケースである。又、適正手続保障の主要な内容である事前の告知・弁明の機会が（選択催告）付与されなかったもので、憲法31条と84条に違反する。

4　追加法人所得課税の困難性

　H社は、売上の割には、法人所得が少なく、そもそも法人税の追加課税が出来ないケースであった。かかるH社のような会社に対しては、租税手続の濫用や消

費税の課税要件の違法拡大解釈をなして違法な課税処分がなされる。

本件は、追加法人所得課税が出来ない法人に対し、消費税法の違憲的な拡大解釈をして、消費税の課税要件（課税売上－課税仕入）の根幹を破壊するもので、違法の税務調査の典型といえよう。

5　理由附記の違法

消費税法30条7項は、帳簿等の「不保存」が仕入税額控除否認の要件（帳簿不保存要件）であると定める。本件は、それとは別の帳簿不提示を課税要件（「帳簿の不提示」を仕入税額控除の否認要件とするもの）として、更正処分の理由としたものである。本件更正処分の理由は、帳簿の不提示を課税要件としたものであるが、帳簿不保存の課税要件（消費税法30条7項）との違いを全く説明していない。本件更正処分は、消費税法30条7項の課税要件から離れたものであるが、課税の根拠（仕組み）を提示していない。

6　質問検査権行使の欠落

税務調査は、質問検査権行使によって実行され、行政指導による調査要請と異なり、税務調査の拒否は、犯罪とされている（国税通則法128条）。したがって、質問検査権行使をなすなら、その旨の事前告知が必要であり（同法74条の9）、質問検査を行う実地調査の「開始日時」、「調査場所」、「調査目的」、「調査対象税目」、「調査対象期間」、「調査対象物件」等を、予め通知しなければならない（同条1項）。

しかし、実際の税務調査開始は、日程調整からスタートするが、本件では税務調査がいつ開始され、いつ終了したかは不明であり、質問検査権の行使という意味の税務調査は、全く存在しない。又、行政指導による帳簿提出の催促も具体的になされなかった。本件は、課税庁が税務調査（課税要件事実に関する質問検査権の行使）を全くなさなかったケースである。

◉ 第2　本件における違法課税の主張

1　手続要件と手続的効果

我国が民主主義国家として後進国であると言われるのは、行政法や租税法領域において、適正手続保障がなされていないからである。我国の課税庁は、課税要件を充足しない課税を平気で行うし、手続要件のミスに対して、手続的効果を超えて実体権の失権的効果を与える賦課処分を平然と行う。手続要件の不履行には、手続的結果しか発生しない（東京高判平成7年11月28日行集46巻10・11号1046頁：木更津木材事件）。

本件課税処分は、適正手続違反（憲法31条違反）と租税法律主義違反（同法84条違反）のケースとして、租税法領域において、新しい指針となるべき判例を作

るべきケースである。本件は、脱税事件ではなく、納税した者に対する二重課税で、国家に金銭を奪われた事件である。

2 課税対象がない

消費税の課税要件（課税対象）は、「売上－仕入＝差額」である。

本件売上には、すべて仕入が存在しており、課税売上税額と課税仕入税額の差額は、完納されており、争いがない。消費税は、付加価値税であり、売上税ではないから、仕入税額控除は、必ずなされなければならない。帳簿等を確認できないときは推計で仕入額を確定しなければならない。消費税が導入されたとき、国は推計課税をなすべきものとして通達を定め、各税務署に対して推計課税をするように命じていた。課税対象のないところに課税するのは、法秩序の根幹を破壊するもので、かかる場合、裁判所は厳しく課税庁に是正を求めなければならない。

3 税務調査拒否による仕入税額控除否認以外に課税理由がない

① H社は、利益が少ない法人であり、法人所得について追加課税する根拠がなかった。

② 制裁・報復である以外に課税目的がない。

③ 本件は、明文による仕入税額控除否認の理由（消費税法30条7項）に該当しない。消費税法30条7項は、「帳簿付保存」を仕入税額控除否認の要件としており、「帳簿不提示」はその要件ではない。

4 調査終了時における弁明機会の欠落

（1） 事件において、具体的な「不利益の事前告知」と「期間を定めた催告をし、帳簿提示の機会付与」がない。国税通則法74条の11第2項は調査終了時において、課税庁は更正決定するときは、「更正決定額と更正理由」を説明しなければならないが、本件においてこれが欠落している。

（2） 調査結果説明通知は、文書でもなしうるが、本件ではこれがなされていないことは争いがない。本件は、帳簿が提示されたら逆に困ると判断し、H社に弁明の機会を与えないで、仕入税額控除を否認したケースである。

国税通則法74条の11第2項は、課税庁の「更正額と更正の理由を事前に説明する義務」を定めている。かかる事前説明通知義務は、更正処分前になされるべき説明義務であり、帳簿等の提示をするか、数十億円の課税を受けるか、納税者に選択のチャンスを与える意味がある。

（3） 税務調査の実務では、平成23年国税通則法改正前から、調査終了時において調査結果を説明し、更正処分を回避する機会は100％付与されてきた。平成23年改正後は、74条の11第2項により、明確な説明義務を課し、不利益処分回避のチャンス付与が課税庁の義務として明文化された。

（4） 本件における適正手続の内容は、「帳簿を提示するか」「数十億円の更正

Ⅴ　仕入税額控除否認と適正手続保障（事例研究）　　35

処分を受けるか」の選択する機会を納税者本人に付与することである（国税通則法74条の11第5項）。

5 納税者本人への説明義務と弁明機会の付与義務

本件は、代理人ではなく、納税者本人に適正手続が付与されていない。

更正金額等の説明は、不利益処分回避の機会を付与するためであり、帳簿提示のチャンスを付与する相手は、納税者本人でなければならない。国税通則法74条の11第5項は、納税者本人に説明することを義務付けており、本人の同意がなければ代理人に説明するだけでは足りない。

調査官は、代理人に当該説明をする場合、納税者本人の同意を得なければならない。税務手続の課税処分は財産を奪う著しい不利益処分であり、刑事手続と同様に納税者本人の地位は、代理人の権利とは別に十分に保護されなければならない。

6 実体要件と手続要件の区分（仕入実在の法理）

帳簿提示は、仕入実在を証明するための手続的要件であり、その不履行には手続的効果しかない。手続的効果しかないものに、権利失権の効果を与えることは、著しい租税法律主義違反である。

売上には、必ず仕入が実在するが、仕入率は、推計も可能である。

司法により、課税実務における正義を回復しなければならない。

7 手続違反と処分取消理由（帳簿提示か更正処分かの選択の機会付与）

手続違反が処分取消理由となるのは、当該手続が履行されたら処分がなされなかった場合である。

本件は、まさにこれに該当する典型的なケースである。すなわち、帳簿等の提示をするか、数十億円の課税処分を受けるかの選択を催告すれば、納税者は必ず帳簿等の提示をするはずである。

8 帳簿等提示拒否の判定基準日

課税庁は、消費税について仕入税額控除を否認する場合、税務調査の最終段階において、「帳簿等の提示拒否をするのか、数十億円の更正処分を受けるのか」の催告をしなければならない。税務調査の最終段階前において、帳簿等の提示拒否があったとしても、それをもって「帳簿等の不保存」があったことにはならない。帳簿等の提示は最終段階になされようとも、提示されれば不保存といえないからである。

9 理由附記の不十分（課税要件の違い）

本件は、帳簿提示拒否を理由とする課税処分であるから、法律が定める違反行為を特定して明示しなければならない。

消費税法30条7項は、帳簿等を「保存しない場合」仕入税額控除を否認出来

るとする課税要件を示している。

しかし、「帳簿等の提示拒否した場合に仕入税額控除を否認出来る」とするのは、別の課税要件であるから、この規範を明示し、その規範の根拠（最高裁判決など）とこれに該当する事実を明示しなければならない。

理由附記義務というのは不利益処分の適法性確保と被処分者の不服申立の便宜を確保するためであるから、本件では、消費税法30条7項のみならず、「帳簿等の提示拒否した場合にも仕入税額控除を否認できるとする規範」を明示しなければならない。

10　国税通則法74条の11（調査終了手続）に定める適正手続違反

国税通則法74条の11は次のとおり定める。

①　1項は、更正すべき理由がなければ是認通知を出すべきことを定めている。

②　2項は、更正すべき場合、更正処分をなす前に、更正額と更正理由の通知義務を定める。

③　3項は、修正申告の勧奨をした場合、不服申立と更正の請求の可否について、書面で通知すべきことを定める。

④　5項は、納税義務者の同意がなければ税務代理人に1項～3項の通知は出来ないことを定め、調査終了時における調査結果の説明は、納税義務者本人になすべきことを求めている。

本件では、上記②③④が欠落している。

◎ 第3　消費税の課税要件（仕入実在の法理）

1　消費税制度の本質

社会に存在する取引について、いわゆる仕入（費用）のないものはない。売上を確保するためには、何らの費用が必ず存在する。現行消費税制度は、消費税が売上高税ではなく、付加価値税の性格を有する。課税の集積を避けるために、前段階税額控除方式（課税売上に係る税額から課税仕入に係る税額を控除する方式）を採用し、課税仕入の税額控除を行うことを本質とする、累積排除型間接税である。

消費税の本質的構造から分析すると、消費税の実体的課税要件は、次のとおりである。

売上消費税額－仕入消費税額＝納付消費税額

したがって、仕入消費税額を売上消費税額から控除することは、不可欠の課税要件である。

2　消費税法30条7項の意義

消費税法30条7項は、帳簿書類を保存しない場合には仕入税額控除を適用しないとするが、上記の消費税制度の本質（累積排除型間接税）に反しない解釈と

V　仕入税額控除否認と適正手続保障（事例研究）　　37

適用が求められる。消費税法30条7項は、単なる証明手続を定めるものであるから、消費税の基本的課税要件を変更することはできない。

「保存」の解釈については、納税者の利益を侵害する拡張解釈は許されず、厳格に解釈すべきである。「保存」を、文字どおり、文理解釈すれば、物理的、形態的保存を指すものであって、「不提示」の文言が「保存しない場合」に該当するものでないことは明らかである。

「保存」は文理上、何ら不明確な要素はなく、「保存」と「提示」は、全く別の概念である。提示がないからといって、物理的、形態的な保存がないことにはならない。

3 証明要件（手続要件）

消費税法30条7項の規定は、実体的な課税要件ではなく、証明要件（手続要件）である。証明要件（手続要件）には、権利発生や権利消滅の効果はなく、手続的効果しかない。

すなわち、後に保存のあることが主張・立証されれば、仕入税額控除が適用になるのであり、本件においては、訴訟段階で帳簿書類の保存が立証されれば、仕入税額控除が適用されるべきことになる。

4 二重課税

仕入のない売上はないから、納税者は、実際には、仕入の際、課税仕入の税額を支払っているので、不提示によって仕入税額控除を否認することは、二重課税を強いることとなる。

また、仕入があるのにこれを強行すれば、担税力のないところに課税することにもなる。

5 憲法84条（租税法律主義）違反

（1）課税要件法定主義

消費税法30条7項の「保存しない場合」に不提示が含まれると解釈したり、不提示＝不保存とすることは、消費税制度の本質（累積排除型間接税）を破壊するもので、違法な拡張解釈であり、租税法律主義（憲法84条）の主要な内容である課税要件法定主義に反する。

（2）課税要件明確主義

また、「保存しない場合」に「課税機関の調査における不提示」が含まれるとすることについては、課税機関の調査の態様は、提示の求め方（口頭か文書か）、求めの相手方（本人か、代理人か）、求めの期間・回数、納税者側の都合、提示拒否の理由・仕方等、様々であり、いかなる場合に「保存しない場合」に該当するのか、極めて不明確であって、租税法律主義の要素である課税要件明確主義にも反する。

38　第1部　行政手続と適正手続保障

◎ 第4　課税庁の推計課税義務と真実調査義務

1　消費税の課税実体要件

　消費税は、売上税ではなく、付加価値税である。消費税の課税実体要件は、課税売上税額と課税仕入税額の差額である。

2　推計課税を国が行っていたこと

　消費税法が成立した直後、消費税に関して推計課税をなしうるものとする通達を定め、国は帳簿存在がない納税者に対し、消費税の推計課税を行っていた。

3　インボイス方式と帳簿方式の違い

　帳簿方式は、納税者の事務負担を軽減するシステムであり、帳簿記載があれば仕入の存在を推計するものである。帳簿等は仕入の存在の証明資料であるが、売上には必ず仕入が実在するから、仕入率によっても仕入額の証明は可能である。

4　仕入実在の法理

　売上には必ず仕入がある。帳簿提示拒否は、仕入税額控除を否認する理由とならない。

5　平成28年5月9日国税不服審判所裁決

　同裁決は、「消費税法も、消費税の課税資産の譲渡等の対価の額を、上記のような推計の方法により認定することを当然に許容していると解される」とした。

　この裁決の事案は、課税売上について推計したものであるが、課税仕入について推計を認めたものではないが、課税売上を推計するならば課税仕入も推計しなければ論理が一貫しない。

◎ 第5　期限を定めた具体的催告（履行機会の付与）

1　調査結果説明義務と税額・更正理由の告知

　国税通則法74条の11第2項は、調査終了にあたり、更正決定額と更正決定の理由を、更正処分前に説明する義務を定めている。

2　提示を求める具体的催告をしないことの違法

　憲法31条からすれば、不利益処分を課すにあたっては、不利益処分の具体的な告知ばかりではなく、履行遅滞の場合の契約解除について、相当期間にわたる期限を設けて催告を行うこととされているように、帳簿提示のチャンスを与えて仕入税額控除否認とならぬ機会を与える必要があり、履行のための相当期間にわたる期限を設けた催告をなすべきである。

　しかしながら、本件においては、仕入税額控除否認の仕組み（帳簿不保存ではなく、税務調査拒否が仕入税額控除否認の理由とされること）を知らず、帳簿保存しているが、不提示によって多額の課税処分を受けることなど知らずにいることを認識しながら、仕入税額控除否認の仕組みの説明教示や課税処分の具体的な告知

をせず、更には、「いついつまでに帳簿書類の提示をしなければ、金額いくらの課税処分を行う」とする、「相当期間の期限を定めて提示を求める」旨の催告も行わなかったもので、違法手続である。

不利益の内容を明示しない日程調整要求は、不意打ちの典型である。なお、納税者は、自らの行為について、課税当局から見て、違法・不当と認められる部分があるのであれば、あるいは、不利益処分が課されるのであれば、当然に、課税当局から、相応の警告・制止、告知・催告があることを期待し、信頼する。かかる期待・信頼は、憲法31条の下で保護されるべきである。

「危険の事前告知」と「期間を定めた事前催告」は、全く別の行為であり、適正手続の保障は、不意打ちを防止することであるから、両方が必要であるが、本件においては後者が全くなされていない。不利益を回避するチャンスを付与することが弁明の機会の付与、すなわち、適正手続であるから、後者の催告の欠落は、明白な適正手続違反である。これは、国税通則法74条の11第2項が、修正申告の勧奨を定め、又、更正をする場合は、「更正決定額と更正決定理由」を更正処分前に説明する義務を定めていることから明白である。

3　当初から多額の課税処分を目的としたものであること

国税局が、実務慣行、事務運営指針に反して、代理人・原告に対し、帳簿書類不提示による仕入税額控除否認の仕組みの説明教示や弁明機会の付与を行わず、形式的な提示要請を繰り返し、更には、課税処分の具体的な告知、期限を設けての提示の求めの催告もないまま、帳簿書類の提示がないとして、多額の課税処分をしたことについては、結局、当初から、帳簿書類の不提示を理由に、多額の仕入税額控除を否認することが目的であったとしか考えられない。そのほかに合理的な理由はない。

4　履行遅滞の催告と解消の機会付与

本件は、帳簿提示義務が納税者にあるとしても「履行不能」でも「不完全履行」でもなく、単に「履行遅滞」に過ぎなかった。かかる場合、納税者は不利益を告知（数十億円の課税処分）され、かつ、期限を定めた催告がなされたら、100％帳簿提示をしたはずである。民法541条は、法的義務の履行遅滞があれば、期限を定めて催告をなし、契約解除と不利益の事前告知をしなければならないと定める。本件における適正手続保障の具体的内容は、「かかる選択催告をなして、帳簿提示のチャンスを付与すること」であった。本件では、最後に帳簿提示のチャンスを付与する一挙手一投足の措置（本件における適正手続の内容）がとられるべきであった。

国税通則法74条の11第2項は、更正処分の前に、「更正金額と更正の理由」を納税者本人に通知しなければならないとしている。本件における適正手続の具体

的内容は、更正金額と更正理由を示して催告をなし、履行遅滞を解消する機会を付与することである。

5 本人への選択催告

国税通則法74条の11第5項は、課税庁に対し、税務調査結果の説明を納税者本人になすことを義務付けている。数十億円もの追加納税は、帳簿提示義務の履行を促す選択催告さえなされておれば、ありえなかったものであるから、調査結果の説明は、代理人の弁護士や税理士ではなく、納税者本人に直接なすべきものであった。本件における適正手続保障の具体的内容は、

① 「帳簿の提示をするか、数十億円の課税処分を受けるか」の選択催告をするべきであったこと

② この選択催告を納税者本人になすべきであったこと

である。

本件では、税務調査が全くなされていないから、そもそも更正処分が出来ないケースといえる。

◉ 第6 憲法違反の主張

消費税の仕入税額控除の否認は、税務調査拒否の場合のみならず、帳簿や取引資料の不存在を理由に、大きな追加課税のケースが頻発している。これは、手続のミスによって課税実体要件に該当しない課税を強行するもので、明らかに課税法律主義違反といえよう。上記事例における憲法違反の主張は、次のとおりである。

1 LRA原則違反

本件更正処分は、税務調査拒否の制裁として行われており、行為と制裁のバランスを欠く巨額な制裁である。

2 適正手続保障違反

帳簿提示か数十億円を支払うのかと事前に選択を催告すれば容易に数十億円の課税は避けられたが、課税庁は一挙手一投足の労を惜しみ、適正手続保障に違反した。巨額な不利益処分をする前に、納税者本人に対して弁明聴取の機会を付与するべきで、これがなされていない。

3 租税法律主義違反

課税庁は、課税売上のみならず、課税仕入についても真実を解明する義務があり、やむを得ない場合は、課税実体要件に従い、課税仕入についても合理的な推計をするべきであった。実存する課税仕入部分についても課税するのは、租税法律主義違反である。

[山下 清兵衛]

Ⅵ　組織における違法行為の是正

● 第1　はじめに

　本稿では、株式会社の株主、地方自治体の住民及び日本国の国民としての立場から、組織の違法行為（違法な財務会計行為）を是正する手段について述べる。

　国レベルでの違法行為（違法な財務会計行為）の是正については、未だ正式に法制化されてはいないが、日本弁護士連合会（以下「日弁連」という。）が提言している「公金検査請求訴訟（国民訴訟）」（2005年6月16日提言）制度が有用に機能すると考えられ、後記第4では、同制度の紹介と、この法案が実現した場合、どのような事案を訴訟制度で解決していくことが可能となるのか等も検討する。

● 第2　株式会社における取締役の違法行為の規制

1　株式会社

　株式会社は、営利を目的とする法人であり、営利企業組織である。

　したがって、様々な事業戦略を決定し、また、具体的にその事業決定を執行していく必要がある。

　その際、株式会社の機関に認められた権限が、適正に行使されていれば問題ないが、時に、違法に行使されることにより、会社は、刑事責任、損害賠償等の民事責任、行政上の制裁を負うだけでなく、レピュテーションリスク等様々なリスクにさらされることになる。このような事態を避けるためにも、事前若しくは事後の違法行為の規制が必要となる。

　近時、コンプライアンスという点からは、コーポレートガバナンスコードやスチュワードシップコードのようなソフトローも念頭に置く必要があるであろう。

　しかしながら、本稿では、会社法で定められた制度を取り上げることとし、また、会社法は、多種多様な機関設計（監査役設置会社、監査委員等設置会社、指名委員会等設置会社等）を認めているが、以下では、比較的伝統的な機関設計と考えられる取締役会及び監査役（会）を設置している株式会社（会社法2条7号及び9号）を前提とする。

2　会社の機関（取締役（会）・監査役）による監督・是正

　会社の機関である取締役の行為に対する監督、違法行為の是正は、後述のとおり、株主によっても行われるが、本来は、会社内部の機関により行われるべきであり、会社法も、内部機関による監督・是正の手段を規定している。

　なお、ここでは株式会社の機関構成についての説明は割愛する。

42　　第1部　行政手続と適正手続保障

（1） 取締役会による監督

取締役による監督を実効あらしめるため、代表取締役若しくは業務執行取締役は、3か月に1回以上、自己の職務の執行の状況を取締役会に報告しなければならない（会社法363条2項、372条2項）。

（2） 監査役による監督・是正

監査役には、業務・財産の状況の調査権限が認められている（会社法381条2項）。取締役会設置会社の監査役には、取締役会への出席義務がある（会社法383条1項）。

そして、取締役が不正の行為をし、若しくは当該行為をするおそれがあると認めるとき、又は法令・定款に違反する事実若しくは著しく不当な事実があると認めるときは、遅滞なく、取締役会に報告することを要する（会社法382条）とされ、また、取締役会の招集を請求し、自ら取締役会を招集する権限も認められている（会社法383条2項・3項）。

（3） 監査役による違法行為の差止め

さらに、取締役の法令・定款に違反する行為により会社に著しい損害が生ずるおそれがあるときは、監査役はその行為の差止めを、当該取締役に対して請求することができる（会社法385条1項）。

（4） 会社による責任追及

取締役による違法行為がすでに行われてしまった場合には、事後的に、違法行為により会社に生じた損害を賠償させることにより、会社の損害を回復することになる。

責任追及は、訴訟によらない場合もあるが、訴訟による場合、すなわち、会社が、その取締役の責任を追及する訴えを提起する場合には、監査役（会社法386条1項1号）が会社を代表することになる。

3　株主による違法行為の抑制―事前規制

上述のとおり、取締役の違法行為を規制するため、会社の機関による監督・是正手段が規定されているが、それが十分に機能しない場合もある。このようなことから、会社法は、事前の違法行為抑制手段として、株主による違法差止請求権を規定している。

すなわち、監査役設置会社における株主は、「会社に回復することができない損害」が生じるおそれがある場合、会社のため、その行為の差止めを取締役に対し請求することができるとされている（会社法360条3項）。

4　株主による違法行為の抑制―事後規制

取締役による違法行為がすでに行われてしまっている場合には、差止めの手段を取ることができない。また、取締役の責任が認められる場合に、会社が、責任

追及を行わない可能性もある。そのため、株主が、会社のために訴えを提起できるとしたのが株主代表訴訟である。

（1） 株主代表訴訟

ア　株主（公開会社においては6か月前から引き続き株式を有する者に限る）は、会社に対し、書面その他の方法により、取締役の責任を追及する訴えの提起を請求することができる（会社法847条1項・2項）。

請求の宛先は、監査役であり、監査役が、その訴えについて会社を代表することになる（会社法386条1項1号）。

イ　会社がその請求の日から60日以内に訴えを提起しないときは、その株主は、会社のため訴えを提起することができる（会社法847条3項）。

会社は、上記期間内に訴えを提起しない場合において、請求をした株主から請求を受けたときは、その請求者に対し、遅滞なく、その訴えを提起しない理由を書面等により通知しなければならない（会社法847条4項）。

ウ　訴訟の審理手続は、民事訴訟法による。

訴訟参加については、規定があり、株主又は株式会社は、不当に訴訟手続を遅延させることとなる場合等を除き、共同訴訟人として、又は当事者の一方を補助するため、責任追及等の訴えに係る訴訟に参加することができるとされている（会社法849条1項）。

なお、請求認容若しくは請求棄却にかかわらず、判決の効力は会社に及ぶ（民事訴訟法115条1項2号）。また、原告が敗訴した場合、株主に悪意があった場合にのみ、株主は、会社に対して損害賠償義務を負うことになる（会社法852条2項）。

エ　弁護士費用

株主代表訴訟において原告が勝訴した場合（一部勝訴を含む）には、訴訟に関して支出した費用（実費等。ただし、訴訟費用は除く）の範囲内、若しくは弁護士（法人）に支払うが額の範囲内で相当と認められる額につき、会社に請求することができる（会社法852条1項）。原告が勝訴した場合の弁護士費用については、地方自治法上の住民訴訟においても規定がある（後記第3、地方自治法242条の2第12項）。

（2） 事案・判例

ア　株主代表訴訟の事例としては、違法貸付や違法な債務保証、法令や行政規則違反の操業による事故の発生等、様々な事案がある。会社の規模や業務の内容により、会社が蒙る損害額は巨額のものとなることがあり、最近では、第1審判決（東京地判平成29年4月27日）で、約587億円もの損害額が認められたオリンパス事件や、現在（令和元年5月時点）も審理が継続している、東京電力に対

する株主代表訴訟（報道によれば、請求額は約22兆円である）などがある。

　　イ　蛇の目ミシン工業事件（最二小判平成18年4月10日判時1936号27頁）

①　そのような中で、金583億円の巨額賠償が認められたのが、蛇の目ミシン工業事件である。

　　蛇の目ミシン工業事件は、いわゆる仕手筋として知られるAが、大量に取得した同社の株式を暴力団の関連会社に売却するなどと脅迫し、同社が、売却を取りやめてもらうため、Aの要求に応じて、融資名目で、同社の関連会社から300億円の巨額の金員を交付し、また、Aの主宰するグループ会社の債務の肩代わり等を行った事案である。融資を受けたグループ会社は破綻したため、融資した金員の回収等ができず、同社は多額の損害を蒙ることになった。

②　このようなことから、株主が、取締役らの行為が、利益供与禁止規定（平成15年改正前商法294条の2第1項）等に違反するとして、株主代表訴訟を提起した。第1審（東京地判平成13年3月29日判時1750号40頁）及び控訴審（東京高判平成15年3月27日判タ1133号271頁）は、いずれも取締役らの責任を否定した。

　　これに対し、上告審は、会社から見て好ましくないと判断される株主が議決権等の株主の権利を行使することを回避する目的で、当該株主から株式を譲り受けるための対価を供与する行為は、「株主ノ権利ノ行使ニ関シ」利益を供与する行為である等とし、原判決を破棄して、東京高裁に差し戻した。

　　差戻控訴審（東京高判平成20年4月23日金融・商事判例1292号14頁）は、取締役らの責任を認め、約583億円の損害賠償の支払を命じた。差戻し後の上告審で、上告が棄却されたため、差戻控訴審の判決が確定した。

③　蛇の目ミシン工業事件は、改正前商法が適用された事案であるが、現行の会社の下でも、同様に取締役の責任は認められるであろう。

　　取締役個人が負うべき損害賠償額としては巨額ではあるが、会社が蒙った損害を回復するだけでなく、取締役の行為の違法性及び会社に巨額の損失が発生したことを明らかにした点でも、株主代表訴訟が、是正手段として一定の機能を果たした一例と考えられる。

● 第3　地方公共団体における首長等による違法な財務会計行為の規制

　次に、普通地方公共団体における首長や職員の違法な財務会計行為の是正手段について述べる。

　市民（住民）の側からの違法な財務会計行為の規制手段としては、地方自治法上の住民監査請求・訴訟制度（地方自治法242条～）がある。住民監査請求・住民

Ⅵ　組織における違法行為の是正　　45

訴訟は、財務会計行為を対象とするものであるが、財務会計行為の規制を通じて、地方自治体の違法行為を抑制する機能も有している。また、事後的な損害の回復だけでなく、違法な財務会計行為の差止めも認められている。

1 住民監査請求・住民訴訟制度

（1）　住民監査請求・住民訴訟制度（地方自治法242条～）は、第二次世界大戦後、米国の納税者訴訟にならって、昭和23年の地方自治法改正として導入された制度である。

　住民監査請求・住民訴訟制度は、違法に公金が支出された場合、損害を生じた地方公共団体の損害を回復させることを目的とするものであるが、違法行為の抑制手段としても機能する。対象は、財産の払い下げ、随意契約、給与・退職金の支払等多岐にわたる。

（2）　また、住民訴訟は、行政事件訴訟法5条、42条及び43条が定める民衆訴訟の代表的な例であり、客観訴訟の一つである。日本国憲法は、具体的違憲立法審査制を採用しており（最大判昭和27年10月8日民集6巻9号783頁（警察予備隊違憲確認訴訟））、抽象的に法令や公権力の行為の憲法適合性を審査する訴訟は認められない。

　そのため、憲法違反の行為が、公金支出を伴う場合、公権力の合憲性統制の手段としても、住民訴訟のような客観訴訟の制度が重要な役割を果たすことになる。

2 住民監査請求

（1）　制　度

　住民監査請求制度は、住民の請求により、行政の内部機関である監査委員が、財務会計上の不当若しくは違法な行為を是正させるための手段である。是正の必要があれば、監査委員は、地方公共団体の長等に対して、必要な措置を講ずるよう求めることができる。

（2）　住民監査請求前置主義

　住民監査請求は、申立人が監査結果に不服がある場合、その後、住民訴訟を提起することができるが（地方自治法242条の2第1項）、原告は、適法な監査請求手続を経ていることが必要となり、監査請求前置主義がとられている。

（3）　住民監査請求の対象

　住民監査請求の対象となるのは、当該地方公共団体の違法若しくは不当な財務会計行為である。地方自治法242条1項は、①「公金の支出」、②「財産の取得、管理若しくは処分」、③「契約の締結若しくは履行」、④「債務その他の義務の負担」、⑤「公金の賦課若しくは徴収」「を怠る事実」、⑥「財産の管理を怠る事実」を規定している。そのため、例えば、入札参加業者の指名処分などは、それ自体は監査請求の対象とはならない（金沢地判昭和58年6月3日判例自治1号26頁）。

あくまでも、「財務会計行為」であることが必要である。

ただし、先行行為の違法性ゆえに、財務会計行為も違法性を帯びる場合がある（最一小判昭和60年9月12日判時1171号62頁）。このような場合は、請求の対象となる。

（4） 手続

ア 次に、監査請求には期間制限があり、請求対象となる当該行為のあった日又は終わった日から1年以内に行う必要がある（地方自治法242条2項本文）。ただし、住民が相当の注意力をもって調査を尽くしても、住民監査請求をするに足りる程度に財務会計上の行為の存在や内容を知ることができない場合もあり、このように「正当な理由」がある場合には、なお、監査請求が認められる（地方自治法242条2項ただし書）（最一小判平成14年9月12日民集56巻7号1481頁）。

イ 住民は、上記の「財務会計上の行為」若しくは「怠る事実」につき、監査委員に対し、監査請求書を提出して、当該財務会計上の行為の防止、是正や、これにより当該地方公共団体が被った損害を補填するために必要な措置を講ずべきことを請求することができる。その際、これらを証する書面を添付することが要求される。

なお、監査委員は、監査を行うにあたり、請求人に証拠の提出及び陳述の機会を与えなければならない（地方自治法242条6項）。さらに、監査委員は、必要があると認めるときは、関係のある当該地方公共団体の長その他の執行機関若しくは職員又は請求人を立ち会わせることができる（地方自治法242条7項）。

（5） 監査結果

監査請求が適法に受理された場合、監査委員は、請求があった日から60日以内に、監査結果を出さなければならない（地方自治法242条5項）。請求に理由があると認めるときは、長その他の執行機関又は職員に対し期間を示して必要な措置を講ずべきことを勧告するとともに、勧告の内容を請求人に通知し、これを公表しなければならない。

一方、請求に理由がないと認めるときは、理由を付して書面で請求人に通知し、これを公表しなければならない（地方自治法242条4項）。

監査請求が要件を満たさないときは、請求は不受理若しくは却下される。

（6） 請求人の対応

上記の監査結果につき不服がある場合は、請求人は、監査結果等の通知が到達した日の翌日から30日以内に、原告として、以下の3で述べる住民訴訟を提起する必要がある。

VI 組織における違法行為の是正　47

3　住民訴訟

（1）　住民訴訟の対象と訴訟類型

　住民訴訟は、監査請求の結果に不服がある場合、違法な財務会計上の行為につき、訴訟によって、その損害回復等を求める訴訟制度であり、対象となる行為は、監査請求同様、財務会計上の行為に限られる（最一小判平成２年４月12日民集44巻３号431頁）。

　住民訴訟は、以下の四つの類型に分類される。

　　ア　差止請求（１号請求）（地方自治法242条の２第１項１号）

　１号請求は当該行為の全部又は一部の差止めを求めるものであるが、当該行為を差し止めることによって人の生命又は身体に対する重大な危害の発生の防止その他公共の福祉を著しく阻害するおそれがあるときはすることができない（同条６項。最三小判平成５年９月７日民集47巻７号4755頁）。

　　イ　取消し又は無効確認請求（２号請求）

　２号請求は、「行政処分たる当該行為の取消し又は無効確認の請求」であり、行政財産の使用許可（浦和地判昭和61年３月31日判時1201号72頁）等を争う場合がその例である。

　　ウ　怠る事実の確認請求（３号請求）

「当該執行機関又は職員に対する当該怠る事実の違法確認の請求」（同項３号）

　例としては、固定資産税の賦課徴収を怠る事実が認められるような場合に使われる。

　　エ　義務付け請求（４号請求）

①　「当該職員又は当該行為若しくは怠る事実に係る相手方に損害賠償又は不当利得返還の請求をすることを当該普通地方公共団体の執行機関又は職員に対して求める請求」（同項４号）である。

　　この４号請求は、平成14年改正前は、代位請求として定められており、原告（住民）は、地方公共団体に代位して、直接、地方公共団体の職員や取引相手方等に対して、損害賠償や不当利得返還請求を求めるものとしていた。

②　しかしながら、平成14年改正により、４号請求は、執行機関又は職員を被告として、すなわち、機関としての地方公共団体の長らに対して、損害賠償又は不当利得の返還の請求を義務づける訴訟として規定されることとなり、地方自治体が実際に損害賠償の支払を受けるためには、２段階の請求若しくは訴訟を経ることが必要となった。

　　すなわち、４号の義務付け訴訟において原告が勝訴した場合、地方公共団体の長は、当該判決が確定した日から60日以内に、損害賠償金又は不当利得の返還金の支払を請求しなければならない（地方自治法242条の３第１項）。

しかしながら、相手方が請求に応じなければ、さらに、地方公共団体が、この相手方を被告にして、損害賠償又は不当利得返還のための請求訴訟を提起する必要がある（同条2項）。

このように、現行の制度は、機関としての長を被告として、損害賠償等の請求を行うことを求める4号の本文訴訟と、判決確定後、賠償等を請求するために、個人としての地方公共団体の長や職員等を被告とする2段階の請求若しくは訴訟が必要となり、従来に比して迂遠となった。

（2）　出訴期間

監査に不服がある場合は、請求人は、監査結果等の通知が到達した日の翌日から30日以内に、住民訴訟を提起する必要がある（地方自治法242条の2第2項）。

（3）　原告適格と被告適格

　ア　原告適格

住民訴訟は、住民監査請求前置主義がとられているため、原告は、地方自治法242条の監査請求を適法に行った者でなければならない。納税者である必要はなく、有権者である必要もない。外国人にも原告適格が認められる。

　イ　被告適格

1号請求及び3号請求の被告は、「当該執行機関又は職員」である。

2号請求の被告は定められていないが、平成16年の行政事件訴訟法の改正により、当該行政行為をした行政庁の所属する地方公共団体が、被告適格を有することになる。

4号請求の被告は「執行機関又は職員」となる。

（4）　審理手続・その他

　ア　住民訴訟の手続については、地方自治法242条の2第11項により、行政事件訴訟法43条が適用され、準用になじまないものを除き、行政事件訴訟法の抗告訴訟等に関する規定が適用される。さらに、行政事件訴訟法7条により、民事訴訟の例によるとされているため、民事訴訟法上の規定により手続が進められる。

　イ　手数料

住民訴訟の費用は、民事訴訟費用等に関する法律3条により、「訴訟の目的物の価額」に応じて収入印紙を貼らなければならないとされている。訴額は、同法4条2項の「財産権上の請求でない請求」に準ずるものとして、160万円とされる。

　ウ　弁護士費用

民衆訴訟である住民訴訟は、他の住民を代表して、地方自治体の違法な財務会計行為を是正するのであり、その利益は、地方自治体全体に関わる。したがって、

Ⅵ　組織における違法行為の是正　49

衡平の理念からは、地方自治体が弁護士費用を負担すべきである。

　そのような点から、住民訴訟を提起した者が勝訴（一部勝訴を含む）した場合において、弁護士報酬を支払うべきときは、当該普通地方公共団体に対し、その報酬額の範囲内で相当と認められる額の支払を請求することができる（地方自治法242条の2第12項）とされている。

　ただし、地方自治体が弁護士報酬の支払に応じない場合、報酬支払請求のために、新たに訴訟を提起することになる。また、会社法上の株主代表訴訟と異なり（会社法852条）、訴訟等に要する実費（ただし、訴訟費用を除く）は含まれておらず、これらの点については、改正が望まれる。

（5）　損害賠償請求権の放棄と平成29年改正

ア　議会の議決と損害賠償請求権の放棄

　いわゆる4号請求の住民訴訟提起後、地方公共団体が、地方自治法96条1項10号に基づき、請求認容判決が確定後、若しくは訴訟係属中に、損害賠償を放棄する議決を行う場合がある。また、条例制定により、損害賠償請求権を放棄、若しくは責任を免除する場合もある。このような責任の免除が許されるかについては、争いがあった。

イ　平成24年の三つの最高裁判決

　平成24年4月の3件の最高裁判決（最二小判平成24年4月20日民集66巻6号2583頁（神戸市）、最二小判平成24年4月23日民集66巻6号2789頁（栃木県さくら市）、最二小判平成24年4月20日裁判集民240号185頁（大阪府大東市））は、いずれも、放棄が有効であることを認めた。

　このうち、大阪府大東市事件の平成24年判決は、放棄の議決の効力につき「……普通地方公共団体による債権の放棄は、条例による場合を除き、その議会が債権の放棄の議決をしただけでは放棄の効力は生ぜず、その効力が生ずるには、その長による執行行為としての放棄の意思表示を要するものというべきである。」として、損害賠償請求権の放棄は、議会の議決だけでは足らず、長の執行行為としての放棄の意思表示が必要であると判断した。

　その上で、放棄に当たっての実体要件については、「地方自治法においては、……その議会の議決及び長の執行行為……という手続的要件を満たしている限り、その適否の実体的判断については、住民による直接の選挙を通じて選出された議員により構成される普通地方公共団体の議決機関である議会の裁量権に基本的に委ねられているものというべきである。もっとも、……当該請求権の発生原因である財務会計行為等の性質、内容、原因、経緯及び影響、……住民訴訟の係属の有無及び経緯、事後の状況その他の諸般の事情を総合考慮して、これを放棄することが普通地方公共団体の民主的かつ実効的な行政運営の確保を旨とする同法の

趣旨等に照らして不合理であって上記の裁量権の範囲の逸脱又はその濫用に当たると認められるときは、その議決は違法となり、当該放棄は無効となる」とした。

すなわち、基本的に、実体的要件については、議会の裁量権に委ねられているものの、その議決が、議会に裁量が委ねられた趣旨に反する場合には、裁量権の逸脱又は濫用に当たり、その議決が無効になると判断した。

ウ　損害賠償の免除（平成29年改正）

従来、改正前の4号訴訟については、違法な財務会計行為への抑止効果があるとされる一方、長や職員への萎縮効果が生ずること、また、国家賠償法との不均衡が生じている等の指摘があった。

このようなことから、平成29年の地方自治法の改正では、損害賠償の請求額につき、長等の責任が、いわゆる軽過失（善意でかつ重大な過失がないとき）による場合には、条例により、職責その他の事情を考慮し、政令で定める額以上で当該条例で定める額を控除して得た額につき、その責任を免除することが可能となった。

ただし、この条例の制定又は改廃に関する議決につき、あらかじめ監査委員の意見を聴かなければならないとし、意見の決定は監査委員の合議によるものとされた。

（6）　住民訴訟の事案・判例

次に、住民訴訟が認められる具体的事例であるが、土地の払い下げ、用地の買収、随意契約、給与の支払、退職金の支給、補助金の交付、その他、政教分離原則に反するなど憲法違反の行為等多くの事例がある。

ア　土地の払い下げ

① 地方公共団体が所有する土地は、住民や地方公共団体のために利用されるべきであるが、そのうち、普通財産については、売却が認められており（地方自治法238条の5）、企業誘致等の一定の目的のために、私人に払い下げられることもある。

ただし、学校法人森友学園への土地払い下げに見られるように、その払い下げの経緯や、特に土地の取得価額の算定について、公平さを疑わせる状況が生ずることもある。土地の払い下げは、住民訴訟でも多く争われる事案である。

② 普通財産の売却は、適正な価格以外での譲渡、貸付等については、議会の議決が必要とされる（地方自治法237条2項）。

ここにいう「適正な対価」とは、基本的には時価を指すとされ、算定にあたっては、不動産鑑定士の鑑定等が要求される場合が多いと思われる。

最一小判平成17年11月17日判時1917号25頁は、議会の議決については、

Ⅵ　組織における違法行為の是正　　51

当該譲渡等が適正な対価によらないものであることを前提として審議がされたうえで譲渡を認める議決がなされたことが必要であり、単に譲渡等の対価の妥当性の審議と譲渡について議決があっただけでは足らないと判断している。

　イ　憲法訴訟（政教分離原則）

①　上述のとおり、住民訴訟は、憲法訴訟の手段として利用されることもある。

　最大判昭和52年7月13日民集31巻4号533頁（津地鎮祭事件）は、その例である。津地鎮祭事件は、平成14年改正前の4号訴訟によるものであるが、津市が市体育館の起工式において、市主催の地鎮祭が神社神道形式により行われ、市が起工式の費用を支出したことが、憲法20条3項に定める政教分離原則に違反するとして争われた訴訟である。

　第一審（津地判昭和42年3月16日）及び上告審（最大判昭和52年7月13日）は、その目的が専ら世俗的なものと認められ、その効果が神道を援助、助長、促進し、又は他の宗教に圧迫、干渉を加えるものとは認められないとして憲法20条3項に反せず、また、憲法89条、地方自治法138条の2に反するものでもないとした。

②　これに対し、控訴審（名古屋高判昭和46年5月14日）は、本件地鎮祭は、宗教的行為に当たるとして、一部、控訴人（原告）の請求を認め、被控訴人（被告）は、津市に対して、金7663円と遅延損害金の支払を認めた。

　結果として、上告審では請求は認められなかったが、控訴審では、損害額の認定は少額であったものの、地方自治体の行為について違憲であることが認定されており、住民訴訟が、憲法適合性を確保するための手段として実際に機能した一場面であると考えられる。

● 第4　国レベルでの違法な財務会計行為の規制

　最後に、国レベルでの違法行為の規制につき述べる。個人としての権利・利益が侵害された場合には、国家賠償請求が可能となる。しかしながら、個人の権利・利益の侵害を離れて、違法行為を是正する実効的な手段がない。特に、違法な財務会計行為がある場合、普通地方公共団体では、住民訴訟制度が認められているのに対し、国レベルでは、国民の側から、これを是正する手段が法制化されていないのは不均衡である。また、法治国家において、これを放置することも許されないはずである。この点で、日弁連が提言した、違法是正手段としての公金検査請求訴訟制度は有用であると考えられるので、以下、日弁連提言の公金検査請求訴訟について述べる。

1 日本弁護士連合会提言「公金検査請求訴訟法案（国民訴訟法案」〜違法な財務会計行為の是正〜

（1） 提言の趣旨

いわば、国レベルでの住民訴訟制度として、日本弁護士連合会が提言したのが「公金検査請求訴訟」制度である（「2005年6月16日・日弁連・公金検査請求訴訟制度の提言」）[1]。

上記提言は、「地方自治法においては、普通地方公共団体の住民が、その財務行為の違法性をチェックし、損害を回復する訴訟として、『住民訴訟』が認められている。……ところが、普通地方公共団体以上に多額の税金が支出されている国については、違法な財務行為が明らかになっても、国民がこれを正す訴訟は認められておらず、そのため、たとえば、公共事業談合が発覚しても、国の損害は放置される事態となっている。このような事態は、普通地方公共団体と比べて明らかに正義に反するものである。」、このようなことから、「当連合会では、国レベルでの住民訴訟制度として、公金検査請求訴訟法案（国民訴訟法案）を提案する」と述べている。

（2） 制度の概要

このように、日弁連の公金検査請求訴訟制度は、住民監査請求・住民訴訟制度にならった制度であり、会計検査院を住民訴訟における監査委員と位置づけて、「公金検査請求」ができるとし、また、住民訴訟と同様、会計検査院の検査の結果に不服があるときは、司法審査を受けることができるとしている（国民訴訟）[2]。

いうなれば、公金検査請求・国民訴訟は、国版の監査請求制度・住民訴訟であり、同訴訟法案（以下、単に「法案」という。）の【制度概要】によれば、「会計検査院は、検査を行った結果、違法な財務行為があると判断した場合には、関係者に対し、損害回復等の必要な措置を勧告するもの」とされ、「国民からの検査請求に対して、会計検査院が勧告措置を取らない場合、あるいはその勧告措置が十分なものではないとして納得できない場合には、国などを被告として必要な措置を取るよう請求する訴訟を提起することができる制度」設計とされている。

2 「公金検査請求訴訟法案（国民訴訟法案）」の内容

以下で、法案の内容を俯瞰する。法案は全部で16条からなる。

なお、法案内容についての説明は、上記提言を引用する部分もあるが、見解は、

---

[1] 山本哲朗「公金検査請求制度実現に向けた取組みの現状と課題」『自由と正義』2014年 Vol.65 No.8［8月号］16頁。

[2] 解説・条文（https://www.nichibenren.or.jp/library/ja/opinion/report/data/2005_41.pdf）

執筆者個人のものであり、日弁連としての見解ではない点はご留意いただきたい。

（1）　法案「第2章」「公金検査請求」

　　ア　第2章では、会計検査院を、住民訴訟における監査委員のような位置付けとし、会計検査院に対し、「公金検査請求」ができるものとしている。

　　法案3条は、「国民は、国等に勤務する者が違法な財産上の行為をしているときは、それを証する書面を添えて、会計検査院に対し、当該行為の防止若しくは是正又は当該行為により国等が被った損害の塡補に必要な措置を請求することができる」として、基本的に、「当該行為のあった日又は終わった日から1年」以内に、これを行うこととする一方、「相当な理由」がある場合には、例外を認めることとした。

　　イ　この請求を受けた場合には、会計検査院は「直ちに」、当該請求に関わる調査を行わなければならないとしている（法案4条）。

　　ウ　会計検査院は、請求があった日から2か月以内に、請求者に対して意見陳述及び証拠提出の機会を与えなければならず（法案5条）、また、調査のための意見陳述等につき、必要があれば請求者及び国等に勤務する者を立ち会わせることができるとしている（法案6条）。

　　さらに、請求を実効あらしめるため、「相当な理由」があるときは、手続が終了するまでの間当該行為を停止すべきことを勧告することができるとして、会計検査院に中間の措置を取る権限を認めている（法案7条）。

　　エ　会計検査院の措置（法案8条）

　　会計検査院は、調査の結果、住民監査の場合と同様、いずれかの措置を取るべきこととされている。

　　まず、請求に理由がないと認めるときは、理由を付してその旨を請求者に通知するとしている（法案8条1項）。

　　一方、請求があると認める場合には、国等に対して期間を示して必要な是正措置を講ずべきことを命じなければならないとし、会計検査院は、当該命令の内容を請求者に通知すべきものとした（法案8条2項）。

　　いずれの措置についても、迅速な処理のため、措置は、請求があった日から6か月以内に行うべきものとされた（法案8条3項）。

　　オ　国等の措置についての報告（法案9条）

　　法案8条2項に措置命令が出された場合、国等の機関は、その命令に従って執った措置を会計検査院に報告しなければならず、また、会計検査院は、その措置を請求者に報告するものとした。これは、その命令に従わず、国等の機関が、何らの措置を取らない等の事態を防ぐためである。

（2）　法案「第3章」「国民訴訟」（公金検査訴訟）

上記「第2章」での会計検査院の措置（命令）、また、措置命令に基づく国等の措置が取られた場合であっても、措置が十分なものとはいえず、不服がある場合がある。その場合は、裁判所に対し、法案10条に掲げる類型の請求ができるものとした。訴えを提起できるのは、法案3条の請求をしたものであり、住民訴訟と同様、措置請求前置主義が取られている。会計検査院若しくは国等の機関による措置に対して、取消訴訟が可能であったとしても、勝訴判決により、必ずしも請求が実現されるものではなく、裁判所に請求を実現するための訴訟提起を可能としたものである。

ア　訴訟類型

訴訟類型は、以下のような3類型とされている。

① 当該国等又は当該職員に対する当該違法な財産上の行為の差止め、取消し、無効若しくは違法の確認（法案10条1号）

② 当該国等に代位して行う当該職員に対する当該違法な財産上の行為に係る損害賠償請求又は不当利得返還請求（法案10条2号）

③ 当該国等に代位して行う財産の管理を違法に怠る事実に係る相手方に対する損害賠償請求その他の必要な請求（法案10条3号）

いずれについても、出訴期間を設け、①会計検査院の措置に不服があるときは、同条3項の規定に基づく通知があった日から6か月以内、②会計検査院の措置命令に基づく国等の措置に不服があるときは、9条後段の規定に基づく通知があった日から6か月以内等と規定している（法案11条1号及び2号）。

イ　審理手続

民事訴訟法142条と同様、二重起訴の禁止から、同一の事案についての別訴は禁止される（法案12条）。

裁判管轄については、原告の普通裁判籍の所在地を管轄する裁判所に提起することができるものとした（法案13条）。

また、法案に定める国民訴訟は、民衆訴訟であるため、行政事件訴訟法43条の規定の適用があることを定めている（法案14条）。

ウ　弁護士費用

地方自治法上の住民訴訟と同様、弁護士費用についても定めがある。

上記第3の3（4）ウのとおり、住民訴訟も国民訴訟も、原告が勝訴した場合（一部勝訴、和解、認諾、訴訟外における賠償金の支払等を含む）、国の違法行為が是正され、国としての損害が回復されたのであるから、広く、国民の利益に資することになる。したがって、国がその弁護士費用を負担すべきことから、法案15条は、国等に対し、その報酬額の範囲内で相当と認められる額の支払を請求する

ことができるものと規定している（法案15条）。

（3） 公金検査訴訟制度を適用し得る事案について

　上述の公金検査請求訴訟（国民訴訟）が立法化されることにより、国レベルでの違法な財務会計行為を争うことができ、住民訴訟の場合と同様、土地の払い下げ、給与の支払、退職金の支給、補助金の交付、その他、政教分離原則に反する憲法違反の行為等の事案が考えられる（上記第3の3（6））。

　具体的には、平成29年2月以降、国会でも論じられるようになった、近畿財務局長による学校法人森友学園に対する土地払い下げ問題が考えられるであろう（ただし、買戻権の行使により、現在は、再度、国有地となっているため、設例事案としては、買戻権行使以前の状態を前提として論ずる）。

　同事案は、近畿財務局が、学校法人森友学園に対し、大阪府豊中市野田町の面積約8770.43m²の土地を払い下げるに当たり、地中ゴミの撤去費用を金819,740,000円とする大阪航空局の見積もりを考慮することを条件として鑑定評価を委託し、結果として、金134,000,000円という金額で、同土地を、森友学園に売却したというものである。しかしながら、地中ゴミの撤去費用見積もりに関しては、疑義があり、平成29年11月の会計検査院法第30条の3に基づく報告書「学校法人森友学園に対する国有地の売却等に関する会計検査の結果について」においても、「大阪航空局が算定した本件土地における処分量19,520t及び地下埋設物撤去・処分概算額8億1974万余円は、算定に用いている深度、混入率について十分な根拠が確認できないものとなっていたり、本件処分費の単価の詳細な内容等を確認することができなかったりなどしており、……地下埋設物撤去・処分概算額を算定する際に必要とされる慎重な調査検討を欠いていたと認められる」と指摘されている（同報告書110頁以下）[3]。

　本件での土地払い下げは、近畿財務局長による払下げ処分であるため、現在の法制度の下では、住民監査請求及び住民訴訟の対象とならず、国民の側から是正を求める手段がなく、払下げ処分が地方自治体によってなされた場合と比較すると、著しく不均衡であることは明らかである。しかしながら、公金検査請求訴訟（国民訴訟）が立法化されれば、司法の場で、訴訟として、財務会計行為の違法性を争うことが可能となる。地方自治体レベルでの会計行為との不均衡を解消するためにも、公金検査請求訴訟法の一日も早い立法化が望まれる。

　本件を一つの設例と仮定して、公金検査請求訴訟法案を適用した場合、第10条2号訴訟、すなわち、代位請求により、近畿財務局長らを被告として、国に対する金819,740,000円の損害賠償の支払を求める訴訟を提起することになるであ

---

[3]　http://report.jbaudit.go.jp/org/pdf/291122_zenbun_1.pdf

ろう。

● 第5　まとめ

　以上述べてきたとおり、組織における違法行為の是正手段は様々であり、内部機関による是正手段も存在するが、それが機能しない場合、組織の構成員が、個々の個人の権利・利益の侵害とは離れて、訴訟により、これを是正若しくは差し止める手段は、最後の砦としての重要な手段となる。

　ただし、上述してきた株主代表訴訟、住民訴訟のような行政事件訴訟においては、原告と被告は対等の当事者とは言い難く、証拠の偏在や、訴訟遂行、証拠収集の能力についても格差がある。その意味で、通常の訴訟以上に、原告側に、弁護士の法的知識やアドバイスが求められると考えられる。また、裁判所も、行政事件訴訟法23条の2の釈明処分を発動するなどして、充実した審理を行うべきである。これらの訴訟制度を、真に有効に機能させるためには、法曹実務家が、これらの訴訟制度本来の趣旨を尊重した訴訟活動、審理に努めていくべきであろう。

[石川　美津子]

第 2 部

行政手続
と
行政事件

Ⅰ 公文書利用の手続

第1 公文書管理と弁護活動

　処分取消訴訟、国家賠償をはじめとする行政事件においては、証拠資料の偏在が問題になる。原告側としては、行政の諸活動の違法性を主張・立証したいところであるが、そのために必要な資料は、行政が保有していることが多い[1]。また、行政訴訟以外であっても、行政が保有している申請書、調査書、報告書、記録票、各種図面、議事録等が、その主張・立証活動において有用である場合が少なくない。

　行政が保有する資料を入手する方法としては、文書提出命令（民訴223条）等の裁判上の手続や、弁護士照会制度（弁護士法23条の2）が一般に用いられているところであるが、情報公開制度・個人情報保護制度も、行政が保有する資料の入手手段として位置づけることができる。

　大阪弁護士会情報問題対策委員会編『実例でみる公文書の訴訟活用術―文書提出命令と情報公開―』（大阪弁護士協同組合、2005年）62頁によれば、情報公開制度は、他の手段と比べて以下のような利点を有するとされている。

① 　公開請求の理由の明示が特に必要ではないので、前提資料獲得の手段として有用である。また、費用が安価である点からも、獲得する必要性いかんにかかわらず、資料収集が容易に行える。

② 　事案の解決にとって有益な資料が得られる見込みが不明である場合でも、いわばある程度探索的に利用することが可能である。

③ 　特に一般民事事件等においては、公開請求を行っていることを相手方には知られずに行うことができる。

④ 　行政機関の非開示の基準が定められているので、恣意的な運用が行われにくい。資料が開示されるかどうかについての予測が立ちやすい。

　もっとも、行政機関の保有する情報の公開に関する法律（以下「行政機関情報公開法」という。）3条に基づく開示請求や、行政機関の保有する個人情報の保護に関する法律（以下「行政機関個人情報保護法」という。）12条1項に基づく自己を本人とする保有個人情報の開示請求をなしたとしても[2]、対象文書が不存在で

---

[1]　証拠の偏在を主張・立証責任の分配上の考慮要素としたものとして、最一小判平成4年10月29日民集46巻7号1174頁（伊方原発訴訟）がある。

[2]　地方公共団体が保有する資料については、それぞれ、情報公開条例、個人情報保護条例に基づくことになる。

あることを理由として不開示決定がなされることがある[3]。この不存在には、以下の類型がある。

a. 作成・取得してないから不存在
b. 作成・取得したが、廃棄・移管したから不存在[4]
c. 作成・取得し、存在しているが、情報公開・個人情報保護制度の対象となる文書に該当しないから不存在[5]
d. 探したけれども見つからないから不存在[6]

　行政機関情報公開法2条2項によれば、行政文書とは「行政機関の職員が職務上作成し、又は取得した文書、図画及び電磁的記録（電子的方式、磁気的方式その他人の知覚によっては認識することができない方式で作られた記録をいう。以下同じ。）であって、当該行政機関の職員が組織的に用いるものとして、当該行政機関が保有しているものをいう」とされている。したがって、ア．職務上作成・取得したものであること、イ．組織共用状態にあること、ウ．当該行政機関が保有していること、という三つの要件を満たす必要がある。

　先に述べた不存在の理由a.～d.とア～ウの要件との関係は、以下のようになる。

a. 作成・取得してないから不存在　　　　　……ア
b. 作成・取得したが、廃棄・移管したから不存在……ウ
c. 作成・取得し、存在しているが、情報公開・個人情報保護制度の対象となる文書に該当しないから不存在……ア（職務関連性がない）
　　　　　　　　　　　　　　　　　　　……イ（個人の手控えにすぎない等）
　　　　　　　　　　　　　　　　　　　……ウ（個人の手帳等）
d. 探したけれども見つからないから不存在……ウ

　これらの不存在の理由は、いずれも文書管理に関わる事項である。つまり、a.は文書作成義務・取得義務[7]と、b.は保存期間の設定と、c.のイは組織共用状態にすべき文書の範囲の設定と、c.のウは行政文書として取得すべき文書の範囲

---

[3]　開示決定がなされたが、他にも請求対象となるべき文書が存在することが疑われる場合（文書の特定が不十分である場合）にも、当該開示決定は「他の文書は存在しない」という判断を潜在的に含むものであると解されよう。

[4]　後に触れるが、行政文書は保存期間満了後、国立公文書館等に移管するか、廃棄される。もっとも、保存期間満了前であっても誤って廃棄されてしまうケースもある。

[5]　行政機関情報公開法に基づく開示請求の対象となるのは行政文書（同法2条2項）であり、行政機関個人情報保護法に基づく開示請求の対象となる保有個人情報（同法2条5項）も、この行政文書に記録されているものに限定されている。したがって、解釈上これに該当しない場合は、存在していても不存在となる。

[6]　この類型について言及されることはあまり無いが、行政実務上散見されるものであるため、あえて挙げておく。一般的な文書不存在の類型については、野村武司「情報公開と公文書管理（1）」『現代法学』（東京経済大学現代法学会誌）33号230頁参照。

I　公文書利用の手続　　61

の設定と、d.は文書の整理・検索可能性と、それぞれ関係する。そのため、文書の不存在を理由とする不開示決定を争う場合には、文書管理に係る手続について習熟しておくことが必要となる。

以下、このような観点から、我が国における公文書管理の手続について概観する。

● 第2　公文書管理法制の全体像

一般に「公文書」という用語が使われるが、実はその意義は法分野ごとに異なる[8]。本稿では、行政が管理する（すべき）文書を「公文書」と総称する。

公文書管理に関わる法は、文書を管理する主体ごとに定められている。また、公文書等の管理に関する法律（以下「公文書管理法」という。）のように法律レベルで制定されているものにとどまらず、様々な法令や内規によって定められているのが通例であるため、その詳細を把握するためには、複数の法令等に当たる必要がある。公文書の管理主体ごとに関係する主な法令等を挙げると、以下のようになる。

1　国の行政機関（公文書管理法2条1項）の行政文書（同条4項）

（1）　作成・整理・保存、移管・廃棄等

ア　公文書管理法4条〜10条

イ　同法施行令

ウ　行政文書の管理に関するガイドライン（平成23年4月1日内閣総理大臣決定。最終改正：平成29年12月26日。以下「行政文書ガイドライン」という。）

エ　各行政機関の長が定める行政文書管理規則（公文書管理法10条）

オ　各行政機関の長等が定める文書取扱規則[9]

カ　各行政機関の総括文書管理者が定める行政文書ファイル保存要領、秘密文書管理要領[10]

（2）　開　示

ア　行政機関情報公開法3条〜17条

イ　行政機関個人情報保護法12条〜26条

---

[7]　後に取り上げる「公文書等の管理に関する法律」には、取得義務に関する条文はない。一般に、行政に対して文書を提出することができる／しなければならない旨の定めがあれば、その裏返しとして行政側には取得義務があると解してよかろう。

[8]　「公文書」という用語の多様性については、拙稿「文書の管理と法」『大宮ローレビュー』5号57頁を参照されたい。

[9]　法令上制定が義務付けられているわけではないが、行政文書管理規則をより具体化するものとして各行政機関で定められているのが通例である。インターネット上で閲覧できるものとして、厚生労働省文書取扱規則（平成23年4月1日厚生労働省訓第21号）がある。

62　　第2部　行政手続と行政事件

（3） 不服申立てへの対応

ア　行政機関情報公開法18条〜21条

イ　行政機関個人情報保護法42条〜44条

ウ　情報公開・個人情報保護審査会設置法

2　独立行政法人等（公文書管理法2条2項）の法人文書（同条5項）

（1）　作成・整理・保存、移管・廃棄等

ア　公文書管理法11条〜13条

イ　同法施行令

ウ　各独立行政法人等が定める法人文書管理規則（公文書管理法13条）

エ　各独立行政法人等が定める規程・要領等

（2）　開　示

ア　独立行政法人等の保有する情報の公開に関する法律（以下「独立行政法人等情報公開法」という。）3条〜17条

イ　独立行政法人等の保有する個人情報の保護に関する法律（以下「独立行政法人等個人情報保護法」という。）12条〜26条

（3）　不服申立てへの対応

ア　独立行政法人等情報公開法18条〜21条

イ　独立行政法人等個人情報保護法42条〜44条

ウ　情報公開・個人情報保護審査会設置法

3　国立公文書館等（公文書管理法2条3項）の特定歴史公文書等（同条7項）

（1）　保存、廃棄、利用等

ア　公文書管理法14条〜20条、23条〜27条

イ　同法施行令

ウ　特定歴史公文書等の保存、利用及び廃棄に関するガイドライン（平成23年4月1日内閣総理大臣決定。最終改正：平成30年5月18日。以下「特定歴史公文書等ガイドライン」という。）

エ　各国立公文書館等の長が定める利用等規則（公文書管理法27条）

オ　各国立公文書館等の長等が定める規程・要綱等[11]

（2）　不服申立てへの対応

公文書管理法21条、22条（情報公開・個人情報保護審査会ではなく、公文書

---

[10]　法令上制定が義務付けられているわけではないが、行政文書ガイドラインの「第5　保存」では、総括文書管理者は、行政文書ファイル等の適切な保存に資するよう、行政文書ファイル保存要領を作成するものとされている。また、同「第10　公表しないこととされている情報が記録された行政文書の管理」でも、総括文書管理者は、秘密文書の管理に関し必要な事項の細則を規定する秘密文書の管理に関する要領を定めるものとされている。

Ⅰ　公文書利用の手続　　63

管理委員会（同法28条～30条）への諮問となる）

4 地方公共団体の文書

　公文書管理法34条により、地方公共団体には「この法律の趣旨にのっとり、その保有する文書の適正な管理に関して必要な施策を策定し、及びこれを実施するよう」努める義務が課されている。

　現在のところ、公文書管理条例は、多く見積もっても20程度しか制定されておらず、多くの地方公共団体では、公文書管理規則・規程、処務規程などの、いわゆる行政規則（内規）を根拠として文書管理を行っている。

　開示については、情報公開条例、個人情報保護条例によることが一般であるが、公文書管理法にいう特定歴史公文書等に相当する文書については、公文書館条例による場合もある。

　一例として、大阪府における主な文書管理関係例規を挙げると、以下のとおりである。

（1）　知　事

　　ア　大阪府行政文書管理規則
　　イ　電子メールの管理の特例に関する規則
　　ウ　大阪府行政文書管理規程
　　エ　歴史的文書資料類の収集及び保存に関する規程
　　オ　その他（行政文書管理システム管理運用要領、行政文書管理システムと連携する業務システムの開発及び運用に使用するID管理運用手順、文書事務の手引、（行政文書管理システムに係る）FAQなど）

（2）　教育委員会

　　ア　大阪府教育委員会行政文書管理規則
　　イ　大阪府教育委員会行政文書管理規程
　　ウ　歴史的文書資料類の収集及び引渡しに関する規程

（3）　選挙管理委員会

　　大阪府選挙管理委員会に関する規程（同規程26条で「前条に定めるもののほか、文書の取扱いその他の事務処理については、知事の事務部局の例による」とされている）

---

[11] 例えば、独立行政法人国立公文書館では、利用等規則のほか、閲覧室における特定歴史公文書等の利用に係る遵守事項等に関する定め（平成23年4月1日次長決定）、独立行政法人国立公文書館における公文書管理法に基づく利用請求に対する処分に係る審査基準（平成23年4月1日館長決定）、特定歴史公文書等の保存対策方針（平成27年5月27日館長決定）、独立行政法人国立公文書館における複製物作成計画について（平成24年3月29日館長決定）、独立行政法人国立公文書館寄贈・寄託文書受入要綱（平成23年4月1日館長決定）などが定められている。

（4）　人事委員会

　　　大阪府人事委員会事務局規則（同規則９条で「事務局の事務処理については、この規則に定めるもののほか、知事の事務部局の例による」とされている）

（5）　監査委員

　　　大阪府監査委員事務局規程（同規程９条で「事務局の事務処理については、この規程に定めるもの及び別に定めるもののほか、知事の事務部局の例による」とされている）

（6）　公安委員会・警察本部長

　　ア　大阪府警察行政文書管理規則

　　イ　大阪府警察行政文書管理規程

　　ウ　大阪府警察行政文書管理規程の解釈及び運用について

（7）　労働委員会

　　　大阪府労働委員会事務局処務規程（同規程８条で「この規程に定めるもののほか、事務局の処務については、大阪府処務規程（昭和28年大阪府訓令第１号）を準用する」とされており、大阪府処務規程21条が、大阪府行政文書管理規則、大阪府行政文書管理規程の定めによるところによるとしている）

（8）　収用委員会

　　　大阪府収用委員会の行政文書の管理に関する大阪府収用委員会規程

（9）　議　会

　　　大阪府議会事務局公文書管理規程

（10）　大阪府公文書館

　　　大阪府公文書総合センター設置要綱

　以上のように、我が国の公文書管理法制は複数の法令等により構成されている。紙幅の都合上、この全てを取り上げることはできないため、以下では国の行政機関における行政文書管理手続についてのみ概観することとする。

第3　国の行政機関における行政文書管理手続

　公文書管理法２条４項が定める「行政文書」の定義は、行政機関情報公開法２条２項が定める「行政文書」の定義と揃えられている。そのため、公文書管理法で管理されている行政文書に対して、行政機関情報公開法に基づいて開示請求がなされるという関係にある。

　行政文書の管理は、以下のようになされることとされている。

1　作成（公文書管理法４条）

　行政機関の職員には、「行政機関における経緯も含めた意思決定に至る過程並びに当該行政機関の事務及び事業の実績を合理的に跡付け、又は検証することが

できるよう」文書を作成する義務が課されている（公文書管理法4条）。同条1号から5号までに掲げられている文書作成義務の対象となる事項は、あくまでも例示であり、何が作成義務の対象となるかは、法律上明らかではない。

　実務的には、行政文書ガイドラインを踏まえて作成されている各行政機関の行政文書管理規則で、作成すべき文書が示されている（行政文書ガイドライン「第3作成」及び別表第1参照）。行政文書ガイドラインは、文書管理を巡る問題が発覚するたびに改正されており、これに倣う形で行政文書管理規則も改正されている。行政機関の職員は、行政文書管理規則を遵守して文書を作成しているはずであるから（国家公務員法98条1項）、そこで作成しなければならないとされている文書は、保存期間満了に基づく廃棄・移管がされるまでは存在しているはずである。

　最高裁判所は「開示請求の対象とされた行政文書を行政機関が保有していないことを理由とする不開示決定の取消訴訟においては、その取消しを求める者が、当該不開示決定時に当該行政機関が当該行政文書を保有していたことについて主張立証責任を負うものと解するのが相当」であり、「ある時点において当該行政機関の職員が当該行政文書を作成し、又は取得したことが立証された場合において、不開示決定時においても当該行政機関が当該行政文書を保有していたことを直接立証することができないときに、これを推認することができるか否かについては、当該行政文書の内容や性質、その作成又は取得の経緯や上記決定時までの期間、その保管の体制や状況等に応じて、その可否を個別具体的に検討すべきもの」であるとしている（最二小判平成26年7月14日判時2242号51頁）。そのため、行政機関の職員が開示請求の対象となっている行政文書を作成したことを立証しなければならない場合には、行政文書ガイドラインや行政文書管理規則が役立つ可能性がある。

2　整理（公文書管理法5条・7条）

　行政機関の職員が行政文書を作成・取得したときは、当該行政文書は分類され、名称を付され、保存期間・保存期間満了日が設定される（公文書管理法5条1項）。行政文書は、冊子体のものなど、単独で管理することが適当であると認められるものを除き、行政文書ファイル（相互に密接な関連を有し、かつ、保存期間を同じくするものが適当である行政文書を一の集合物にまとめたもの）にまとめられる（同条2項）。行政文書ファイルについても、分類、名称付与、保存期間・保存期間満了日の設定が行われる（同条3項）。行政文書ファイル等（行政文書と行政文書ファイルの総称）については、保存期間が満了したときの措置として、国立公文書館等への移管又は廃棄の措置をとるべきことが定められる（同条5項）。

　行政文書ファイル等の分類、名称、保存期間、保存場所等を一覧することができるのが、行政文書ファイル管理簿である（公文書管理法7条1項。行政文書ファ

66　　第2部　行政手続と行政事件

イル管理簿への記載事項については同法施行令11条１項、詳細については行政文書ガイドライン「第６　行政文書ファイル管理簿」参照）。一般的には、行政文書ファイル管理簿を手がかりとして、開示請求の対象となる文書を探索することになるであろう。

　もっとも、行政文書ファイル管理簿に記載されている行政文書ファイル等の名称を過度に信用すべきではない点に注意が必要である。行政文書ガイドライン「第４　整理」では、「分かりやすい名称を付さなければならない」とされているが、毎日新聞2018年５月13日朝刊29面によれば、「運用一般（10年）（Ａ）」というファイル名の文書が、「イラク人道復興支援特別措置法に基づく対応措置に係わる支援について」の文書であった、「平成19年度事態対処Ｂ８検討」というファイル名の文書が「あたご衝突事故（クロノロ、現況報告）」の文書であったとのことである。これでは、ファイル名から文書の内容を推測することは、ほぼ不可能であるといえよう。

　また、あらゆる行政文書ファイル等が行政文書ファイル管理簿に掲載されているわけではない点にも注意が必要である。法的には、公文書管理法７条１項ただし書、同法施行令12条により、保存期間１年未満とされた行政文書ファイル等については、管理簿への記載が免除されているため、森友学園問題等で注目された「１年未満保存文書」は行政文書ファイル管理簿には出てこない。また、実務的には、行政文書ファイル管理簿への記載漏れ、誤記載、誤解を与えるような記載が散見される[12]。そのため、行政文書ファイル管理簿の記載のみで文書の探索を終えるのは適当ではない。

　一般に、行政機関には、行政文書ファイル管理簿以外にも、各種帳簿が備え付けられている。例えば、厚生労働省文書取扱規則８条によれば、省受付簿（取得文書の受付日、件名、受付番号、発信者、宛て先等が記載されているもの）、省施行簿（決裁文書の件名、文書番号、施行日、起案者等が記載されているもの）といった帳簿を総務課、総括課、課に備えることとされている。そのため、受付簿、施行簿に対する情報公開請求を行うことも、文書の探索手段として有効であろう[13]。また、行政文書ガイドライン「第６　行政文書ファイル管理簿」では、保存期間が満了した行政文書ファイル等について、「移管・廃棄簿」に記載することとされてい

---

[12]　内閣府大臣官房公文書管理課「平成28年度における公文書等の管理等の状況について」（平成30年３月）36頁の「資料13　点検及び監査の実施状況（主な指摘事項及び改善等措置状況）」参照。

[13]　受付簿の開示決定が争われた事例として、「受付簿（平成27年）の開示決定に関する件（文書の特定）」行政機関・個人情報保護審査会答申（平成28年10月26日・平成28年度（行情）答申485号）がある。

Ⅰ　公文書利用の手続　　67

るため、文書不存在の理由が移管・廃棄である場合には、移管・廃棄簿の確認も有用である。

　なお、公文書管理法施行令8条2項、別表によれば、「行政文書ファイル管理簿その他の業務に常時利用するものとして継続的に保存すべき行政文書」の保存期間は無期限、「取得した文書の管理を行うための帳簿」の保存期間は5年、「決裁文書の管理を行うための帳簿」の保存期間は30年、「行政文書ファイル等の移管又は廃棄の状況が記録された帳簿」の保存期間は30年であるとされている。

3　保存（公文書管理法6条）

　行政文書ファイル等は、保存期間の満了する日までの間、「その内容、時の経過、利用の状況等に応じ、適切な保存及び利用を確保するために必要な場所において、適切な記録媒体により、識別を容易にするための措置を講じた上で保存」される（公文書管理法6条1項）。具体的な保存方法は、行政文書ガイドライン「第5　保存」を踏まえて各行政機関の総括文書管理者が定める行政文書ファイル保存要領に定められている。

　行政文書ファイル保存要領には、①紙文書の保存場所・方法、②電子文書の保存場所・方法、③引継手続（a.文書管理者の異動の場合、b.組織の新設・改正・廃止の場合、c.集中管理に伴う副総括文書管理者への引継の場合）、④その他適切な保存を確保するための措置（ファイリング用具の見出しや背表紙の表示、書棚の棚番号など）が記載されている。

　なお、先述のように、保存期間の設定は行政機関の長（実務的には職員）によってなされるものであるため、誤って設定されてしまうこともありうる点に留意が必要である。また、保存状態が悪く、開示が困難になってしまっている文書も存在する[14]。

4　移管又は廃棄（公文書管理法8条）

　保存期間が満了した行政文書ファイル等は、行政機関の長によって国立公文書館等に移管するか、廃棄される（公文書管理法8条1項）。廃棄に際しては、あらかじめ内閣総理大臣に協議し、その同意を得なければならない（同条2項）。

　移管・廃棄された文書は、行政文書ファイル管理簿から削除されるが、その代わりに移管・廃棄簿に記載される。この移管・廃棄簿は、行政文書ガイドライン別表第2によれば、国立公文書館等に移管されることになっている。そのため、保存期間満了前の「移管・廃棄簿」の開示を求める場合は、行政機関情報公開法や行政機関個人情報保護法を用いることになるが、保存期間が満了し、国立公文

---

[14]　保存期間設定の誤りについて言及しているものとして、総務省行政評価局「公文書管理に関する行政評価・監視結果報告書」（平成29年9月）9頁を、文書の破損、文字退色、製本不良といった保存状況に言及しているものとして、同27頁を参照されたい。

書館等に移管された後の「移管・管理簿」を利用する場合は、公文書管理法16
条1項を根拠とすることになる。

なお、公文書管理法16条1項に基づいて特定歴史公文書等の利用請求をした
場合、利用制限を受ける情報の種類は、行政機関情報公開法、独立行政法人等情
報公開法よりも少なくなり、一定の情報については「時の経過を考慮する」（同
条2項）ことが要求されている。

5　行政文書管理規則（公文書管理法10条）

行政機関の長は、行政文書の管理が適正に行われることを確保するため、行政
文書管理規則を設けなければならない（公文書管理法10条1項）。行政文書管理規
則には、①作成に関する事項、②整理に関する事項、③保存に関する事項、④行
政文書ファイル管理簿に関する事項、⑤移管又は廃棄に関する事項、⑥管理状況
の報告に関する事項、⑦その他政令で定める事項を記載しなければならない（同
条2項）。⑦としては、a.管理体制の整備に関する事項、b.点検に関する事項、
c.監査に関する事項、d.職員の研修に関する事項、e.前各号に掲げるもののほか、
行政文書の管理が適正に行われることを確保するために必要な事項の五つが同法
施行令14条で定められている。

また、先述のように、行政文書管理規則は行政文書ガイドラインを踏まえて制
定されるものであるため、行政文書管理規則の解釈に当たっては、同ガイドライ
ンの記載も参考になる。

　　　　○公文書等の管理に関する法律
　（目的）
第1条　この法律は、国及び独立行政法人等の諸活動や歴史的事実の記録である公
　　文書等が、健全な民主主義の根幹を支える国民共有の知的資源として、主権者で
　　ある国民が主体的に利用し得るものであることにかんがみ、国民主権の理念にの
　　っとり、公文書等の管理に関する基本的事項を定めること等により、行政文書等
　　の適正な管理、歴史公文書等の適切な保存及び利用等を図り、もって行政が適正
　　かつ効率的に運営されるようにするとともに、国及び独立行政法人等の有するそ
　　の諸活動を現在及び将来の国民に説明する責務が全うされるようにすることを目
　　的とする。
　（定義）
第2条　この法律において「行政機関」とは、次に掲げる機関をいう。
　　一　法律の規定に基づき内閣に置かれる機関（内閣府を除く。）及び内閣の所轄
　　　の下に置かれる機関
　　二　内閣府、宮内庁並びに内閣府設置法（平成11年法律第89号）第49条第1項
　　　及び第2項に規定する機関（これらの機関のうち第4号の政令で定める機関が

Ⅰ　公文書利用の手続　　69

置かれる機関にあっては、当該政令で定める機関を除く。）

三　国家行政組織法（昭和23年法律第120号）第３条第２項に規定する機関（第５号の政令で定める機関が置かれる機関にあっては、当該政令で定める機関を除く。）

四　内閣府設置法第39条及び第55条並びに宮内庁法（昭和22年法律第70号）第16条第２項の機関並びに内閣府設置法第40条及び第56条（宮内庁法第18条第１項において準用する場合を含む。）の特別の機関で、政令で定めるもの

五　国家行政組織法第８条の２の施設等機関及び同法第８条の３の特別の機関で、政令で定めるもの

六　会計検査院

2　この法律において「独立行政法人等」とは、独立行政法人通則法（平成11年法律第103号）第２条第１項に規定する独立行政法人及び別表第１に掲げる法人をいう。

3　この法律において「国立公文書館等」とは、次に掲げる施設をいう。

一　独立行政法人国立公文書館（以下「国立公文書館」という。）の設置する公文書館

二　行政機関の施設及び独立行政法人等の施設であって、前号に掲げる施設に類する機能を有するものとして政令で定めるもの

4　この法律において「行政文書」とは、行政機関の職員が職務上作成し、又は取得した文書（図画及び電磁的記録（電子的方式、磁気的方式その他人の知覚によっては認識することができない方式で作られた記録をいう。以下同じ。）を含む。第19条を除き、以下同じ。）であって、当該行政機関の職員が組織的に用いるものとして、当該行政機関が保有しているものをいう。ただし、次に掲げるものを除く。

一　官報、白書、新聞、雑誌、書籍その他不特定多数の者に販売することを目的として発行されるもの

二　特定歴史公文書等

三　政令で定める研究所その他の施設において、政令で定めるところにより、歴史的若しくは文化的な資料又は学術研究用の資料として特別の管理がされているもの（前号に掲げるものを除く。）

5　この法律において「法人文書」とは、独立行政法人等の役員又は職員が職務上作成し、又は取得した文書であって、当該独立行政法人等の役員又は職員が組織的に用いるものとして、当該独立行政法人等が保有しているものをいう。ただし、次に掲げるものを除く。

一　官報、白書、新聞、雑誌、書籍その他不特定多数の者に販売することを目的として発行されるもの

二　特定歴史公文書等

三　政令で定める博物館その他の施設において、政令で定めるところにより、歴

史的若しくは文化的な資料又は学術研究用の資料として特別の管理がされてい
　　るもの（前号に掲げるものを除く。）
　四　別表第2の上欄に掲げる独立行政法人等が保有している文書であって、政令
　　で定めるところにより、専ら同表下欄に掲げる業務に係るものとして、同欄に
　　掲げる業務以外の業務に係るものと区分されるもの
6　この法律において「歴史公文書等」とは、歴史資料として重要な公文書その他
　の文書をいう。
7　この法律において「特定歴史公文書等」とは、歴史公文書等のうち、次に掲げ
　るものをいう。
　一　第8条第1項の規定により国立公文書館等に移管されたもの
　二　第11条第4項の規定により国立公文書館等に移管されたもの
　三　第14条第4項の規定により国立公文書館の設置する公文書館に移管された
　　もの
　四　法人その他の団体（国及び独立行政法人等を除く。以下「法人等」という。）
　　又は個人から国立公文書館等に寄贈され、又は寄託されたもの
8　この法律において「公文書等」とは、次に掲げるものをいう。
　一　行政文書
　二　法人文書
　三　特定歴史公文書等
　　（他の法令との関係）
第3条　公文書等の管理については、他の法律又はこれに基づく命令に特別の定め
　がある場合を除くほか、この法律の定めるところによる。
【文書の作成】[15]
第4条　行政機関の職員は、第1条の目的の達成に資するため、当該行政機関にお
　ける経緯も含めた意思決定に至る過程並びに当該行政機関の事務及び事業の実績
　を合理的に跡付け、又は検証することができるよう、処理に係る事案が軽微なも
　のである場合を除き、次に掲げる事項その他の事項について、文書を作成しなけ
　ればならない。
　一　法令の制定又は改廃及びその経緯
　二　前号に定めるもののほか、閣議、関係行政機関の長で構成される会議又は省
　　議（これらに準ずるものを含む。）の決定又は了解及びその経緯
　三　複数の行政機関による申合せ又は他の行政機関若しくは地方公共団体に対し
　　て示す基準の設定及びその経緯
　四　個人又は法人の権利義務の得喪及びその経緯
　五　職員の人事に関する事項
　　（整理）
第5条　行政機関の職員が行政文書を作成し、又は取得したときは、当該行政機関

---

[15]　条文見出しがないため、筆者が付加した。

Ⅰ　公文書利用の手続　　71

の長は、政令で定めるところにより、当該行政文書について分類し、名称を付するとともに、保存期間及び保存期間の満了する日を設定しなければならない。

2　行政機関の長は、能率的な事務又は事業の処理及び行政文書の適切な保存に資するよう、単独で管理することが適当であると認める行政文書を除き、適時に、相互に密接な関連を有する行政文書（保存期間を同じくすることが適当であるものに限る。）を一の集合物（以下「行政文書ファイル」という。）にまとめなければならない。

3　前項の場合において、行政機関の長は、政令で定めるところにより、当該行政文書ファイルについて分類し、名称を付するとともに、保存期間及び保存期間の満了する日を設定しなければならない。

4　行政機関の長は、第1項及び前項の規定により設定した保存期間及び保存期間の満了する日を、政令で定めるところにより、延長することができる。

5　行政機関の長は、行政文書ファイル及び単独で管理している行政文書（以下「行政文書ファイル等」という。）について、保存期間（延長された場合にあっては、延長後の保存期間。以下同じ。）の満了前のできる限り早い時期に、保存期間が満了したときの措置として、歴史公文書等に該当するものにあっては政令で定めるところにより国立公文書館等への移管の措置を、それ以外のものにあっては廃棄の措置をとるべきことを定めなければならない。

（保存）

第6条　行政機関の長は、行政文書ファイル等について、当該行政文書ファイル等の保存期間の満了する日までの間、その内容、時の経過、利用の状況等に応じ、適切な保存及び利用を確保するために必要な場所において、適切な記録媒体により、識別を容易にするための措置を講じた上で保存しなければならない。

2　前項の場合において、行政機関の長は、当該行政文書ファイル等の集中管理の推進に努めなければならない。

（行政文書ファイル管理簿）

第7条　行政機関の長は、行政文書ファイル等の管理を適切に行うため、政令で定めるところにより、行政文書ファイル等の分類、名称、保存期間、保存期間の満了する日、保存期間が満了したときの措置及び保存場所その他の必要な事項（行政機関の保有する情報の公開に関する法律（平成11年法律第42号。以下「行政機関情報公開法」という。）第5条に規定する不開示情報に該当するものを除く。）を帳簿（以下「行政文書ファイル管理簿」という。）に記載しなければならない。ただし、政令で定める期間未満の保存期間が設定された行政文書ファイル等については、この限りでない。

2　行政機関の長は、行政文書ファイル管理簿について、政令で定めるところにより、当該行政機関の事務所に備えて一般の閲覧に供するとともに、電子情報処理組織を使用する方法その他の情報通信の技術を利用する方法により公表しなければならない。

（移管又は廃棄）

第8条　行政機関の長は、保存期間が満了した行政文書ファイル等について、第5条第5項の規定による定めに基づき、国立公文書館等に移管し、又は廃棄しなければならない。

2　行政機関（会計検査院を除く。以下この項、第4項、次条第3項、第10条第3項、第30条及び第31条において同じ。）の長は、前項の規定により、保存期間が満了した行政文書ファイル等を廃棄しようとするときは、あらかじめ、内閣総理大臣に協議し、その同意を得なければならない。この場合において、内閣総理大臣の同意が得られないときは、当該行政機関の長は、当該行政文書ファイル等について、新たに保存期間及び保存期間の満了する日を設定しなければならない。

3　行政機関の長は、第1項の規定により国立公文書館等に移管する行政文書ファイル等について、第16条第1項第1号に掲げる場合に該当するものとして国立公文書館等において利用の制限を行うことが適切であると認める場合には、その旨の意見を付さなければならない。

4　内閣総理大臣は、行政文書ファイル等について特に保存の必要があると認める場合には、当該行政文書ファイル等を保有する行政機関の長に対し、当該行政文書ファイル等について、廃棄の措置をとらないように求めることができる。

（管理状況の報告等）

第9条　行政機関の長は、行政文書ファイル管理簿の記載状況その他の行政文書の管理の状況について、毎年度、内閣総理大臣に報告しなければならない。

2　内閣総理大臣は、毎年度、前項の報告を取りまとめ、その概要を公表しなければならない。

3　内閣総理大臣は、第1項に定めるもののほか、行政文書の適正な管理を確保するために必要があると認める場合には、行政機関の長に対し、行政文書の管理について、その状況に関する報告若しくは資料の提出を求め、又は当該職員に実地調査をさせることができる。

4　内閣総理大臣は、前項の場合において歴史公文書等の適切な移管を確保するために必要があると認めるときは、国立公文書館に、当該報告若しくは資料の提出を求めさせ、又は実地調査をさせることができる。

（行政文書管理規則）

第10条　行政機関の長は、行政文書の管理が第4条から前条までの規定に基づき適正に行われることを確保するため、行政文書の管理に関する定め（以下「行政文書管理規則」という。）を設けなければならない。

2　行政文書管理規則には、行政文書に関する次に掲げる事項を記載しなければならない。

一　作成に関する事項

二　整理に関する事項

三　保存に関する事項

I　公文書利用の手続　　73

四　行政文書ファイル管理簿に関する事項

　五　移管又は廃棄に関する事項

　六　管理状況の報告に関する事項

　七　その他政令で定める事項

3　行政機関の長は、行政文書管理規則を設けようとするときは、あらかじめ、内閣総理大臣に協議し、その同意を得なければならない。これを変更しようとするときも、同様とする。

4　行政機関の長は、行政文書管理規則を設けたときは、遅滞なく、これを公表しなければならない。これを変更したときも、同様とする。

［早川　和宏］

Ⅱ　公証人が提供する法的サービスの活用手続

1　はじめに

　公証人は、明治19年の公証制度の発足以来、国の公務である公証事務を担ってきた。公証人の使命は、法務大臣から任命された法律の専門家として、中立・公正な立場において、国民の権利保護と私的紛争の予防を実現することにある。主として裁判所が事後救済という役割を担っているのに対し、公証人は、事前に紛争を予防するという予防司法の役割を担っている。公証人が担うこの制度は、行政機関による行政手続そのものではない。しかし、ここで重要なことは、行政手続において法律の専門家が関与することで実質的に適正手続が保障されるように、この制度では、公証人という法律家が関与することにより事前に国民の権利保護が実質的に担保され、これが実効的に実現できる点であろう。この制度は、予防司法として、嘱託人が、事案に即応して積極的に活用していただくことにより、裁判制度による事後救済よりも、はるかに時間とコストを節減できる場合があり、社会にとっても有用な制度といえる。

2　公証業務の活用のメリット

　この公証業務は、大きく分けて①公正証書の作成、②認証の付与、③確定日付けの付与の３種類となるが、昨今、それぞれの業務とその効力に即応して、これを活用していただくメリットが高まっていると思われる。

（1）　公正証書の作成

　　ア　公正証書は、公証人が、その権限において作成する公文書のことであるが、公正な第三者である公証人が、その権限により作成した文書であり、当事者の意思に基づいて作成されたものとの強い推定が働き、これを争う者がそれを虚偽であるとの反証をしない限り、この推定は破れない。まずこの効力は、事前に紛争を予防するための橋頭堡となり、公正証書作成に共通する基本的なメリットとなる。

　　イ　さらに、「金銭債務」に係る公正証書は、強制執行認諾文言（債務不履行の際、債務者が直ちに強制執行に服する旨の陳述）がある場合は、執行力（債務不履行の場合は、裁判所に訴え確定判決を得ることなく、直ちに強制執行できる効力）を有する。この効力を有する「執行証書」を迅速に取得できることは、秀逸なメリットとなる。

　　具体的には、昨今増加する離婚に伴う養育費等の支払、金銭貸借による貸金の返済、賃貸借による家賃の支払などについて、将来の争いを防ぐ目的や、これら

の支払を裁判を経なくとも確実に受けられるようにするために公正証書が利用されている。

この場合、離婚給付等に関する契約、金銭消費貸借・債務弁済契約、土地建物賃貸借契約などにおいて、当事者が合意に達したとき、合意後速やかに公正証書を作成すると、債務者の履行を促進させる一方、迅速な執行が可能となる。

ウ　特に昨今、遺言公正証書は、超高齢社会を背景に（なお、平成29年の厚生労働省人口動態統計によれば、年間約134万人もが死亡しており、誰もが相続を経験する機会が増えている）、年々作成件数が増加しており、平成元年当時、約4万件であったところ、平成26年には10万件を突破し、平成29年には、11万件余に達している。これは、遺言公正証書作成によるメリットが評価され、遺産争いを未然に防ぐために最も有効であるということが徐々に理解されてきたためと思われる。

この遺言のメリットであるが、①遺言公正証書は、最も安全確実な、遺言作成方法であること、すなわち、法律の専門家である公証人が遺言者の口述をもとに本人の自由意志による真意を公正証書に記載するから、内容の違法・無効のおそれはなく、原本は、公証役場で責任をもって半永久的に保管するので、紛失、隠匿、改ざんのおそれもないこと、②家庭裁判所の検証手続である「検認」を受ける必要もないこと、③さらに、日本公証人連合会（日公連）では、平成元年以降の全ての公正証書遺言が登録されている「遺言検索システム」を有しており、被相続人の死後、相続人など利害関係人は、全国どこの役場に対しても、公正証書があるかないかを無料で問い合わせることができること（今後は、利害関係人が、その公正証書が保管されている役場から、その謄本を最寄りの役場で取寄せ可能にする検討もしている）、④また、①の保管との関連で、平成26年4月からは、この公正証書原本を電磁的記録にして二重に保管しており、原本や正本・謄本が大規模災害等で滅失した場合でも、復元ができるようになっていること、など利便性に考慮したメリットが多くある。

なお、平成30年7月の相続法関係の民法改正により、自筆証書遺言の要件緩和（財産目録についてのワープロ等による記載の許容、法務局への保管制度と同保管の自筆証書遺言には検認を不要とする内容）が認められたが、遺言の本文には、依然として自筆等の法定要件が要請され、法務局保管が全てなされるわけでもないことから、公正証書遺言の、安全・確実性ないし利便性は基本的に変わらないものと思われる。

エ　遺言公正証書のほか、公証人は、任意後見契約、尊厳死宣言、死後事務委任あるいは民事信託契約などの公正証書の作成を通じ、安全・安心な国民生活の維持・発展に寄与している。任意後見契約も、平成17年当時は4800件であっ

たが、平成27年には1万件を突破した。それとともに、「延命措置はしない」「自然な死を迎えたい」との意思表示である尊厳死宣言の公正証書も増加している。さらに、最近は、このような遺言や任意後見の制度を補完し、あるいはこれに一部代替する仕組みとして、遺言代用信託、任意後見支援型信託、事業承継信託などの民事信託も注目されてきている。公証人は、これら全てを総合的に検討してきており、公証業務を活用すれば、具体的事案に即して、最適な公正証書の選択や組み合わせにつき、アドバイスを受けられるメリットがある。

　オ　事業用定期借地権設定契約、任意後見契約などは、公正証書を作成しなければ、効力を生じない。さらに、平成29年5月の債権法関係の民法改正により、金銭消費貸借等における個人の保証契約に関して保証意思宣明公正証書の作成が義務付けられ、令和2年3月からの施行に向け、公証人は、周到な準備をしている。これらの公正証書については、嘱託人が事前に公証人にアドバイスを受けることで、円滑に公正証書を作成することができるメリットがある。

　カ　事実実験公正証書については、公証人が五感の作用により直接体験した事実により、公正証書を作成するものであるが、証拠を保全する機能を有するので、権利関係にある多種多様な事実を対象に活用することができる。例えばこれを活用して、特許権等の知的財産権を保護する観点から、「先使用権」を認めさせる方法に使用したり、特許権等が侵害されている状況を記録し、証拠保全を図るなどのメリットがある。そのほか、金融機関の貸金庫を開披し、内容物の点検確認などをする場合にも頻繁に活用されている。

（2）　認証の付与

　「認証」とは、私署証書（作成者の署名又は、記名押印のある私文書）について、文書が作成名義人の意思に基づいて作成されたことを公証人が証明するものである。このうち、昨今の公証業務の中心となっているのが、株式会社、一般社団法人、一般財団法人などの原始「定款」認証と、外国において行使する文書に公証人が認証する「外国文認証」である。

　ア　定款認証

　株式会社等法人の原始定款の認証については、自然人同様権利義務の主体となる法人を生み出す際の、いわば医師ないし助産師の役割を担う業務であり、経済社会活動の基盤となる法的インフラを支え、我が国の経済を強固にする極めて重要な仕事である。現に我が国では裁判で法人の存否自体が争いになった事案はほとんどないのであり、法人自身が存在しないとしていったんなされた経済社会活動が根底から覆るようなことはなく、これは、経済基盤の支えになっている。

　ところで、この定款認証については、平成30年10月の法務省令の改正により、昨今横行する株式会社等の不正使用（詐欺・マネーロンダリング・脱税等）を防止

Ⅱ　公証人が提供する法的サービスの活用手続　　77

する観点を加味した手続に変更され、これが同年11月30日から施行されること
となった。これは、暴力団員やテロリストによる株式会社等の不正使用防止に関
して、政府間機関である「資金洗浄に関する金融活動作業部会」（FATF）の要請
でもあり、公証人としては、嘱託人に、会社の実質的支配者（犯罪による収益の
移転防止に関する法律施行規則11条2項）及び暴力団員（暴力団員による不当な行為
の防止等に関する法律2条）等の有無などにつき申告を求めたうえ、嘱託人との面
前性を活用して、場合によっては、認証を拒否する判断を求められることとなっ
た。ただし、ほとんどがこれまでどおり、速やかに認証ができると思料する。各
士業者の方々には、法務省と日公連よりあらかじめ説明がなされたが、さらに、
実際の認証ごとに、各公証人にアドバイスを受けることで、円滑に認証を受ける
ことができるメリットがある。

　また、金融機関において、会社設立のため、新たに払い込み口座を設けるに当
たっての審査も厳しくなることが予想されるが、これには、公証人が、無料で、
「実質的支配者となるべき者の申告受理及び認証証明書」を発行し、これを銀行
等に提出することで円滑な口座の開設ができるように配意している（いったん発
行後、実質的支配者の訂正が必要になった場合も無料で訂正の証明書を発行する）ので、
大いにこれを活用するメリットがある。

　既に定款認証は、ＩＴ化により80％ないし90％が電子認証によるものとなっ
ているが、さらに、政府の閣議決定を踏まえ、このＩＴ化を進める観点から平成
31年3月末以降、一定の条件の下、役場に赴かず、テレビ電話等による迅速な
認証を可能とするシステムを準備している。これには、認証手続の全ての段階に
おいて、一貫した各自の電子署名が付されることが前提となるが、このシステム
が稼働すれば、更に利便性を高めるメリットがある。

　　イ　外国文認証

　国際化により、海外との交流が日常化するにつれ、外国の官公庁等に文書を提
出する際、本人確認の手段、また、本人の資格、経歴、学歴等の証明、契約等合
意内容の証明などの手段として、嘱託人の署名（記名押印）のある宣言書、証明
書、契約書等への公証人による認証が急増している。

　外国では、これら私文書に公証人の認証が求められることがほとんどであり、
現在、公証人が行う私署証書認証の大半が、外国文認証である。具体的に多く活
用されている事案としては、①留学関係で、大学の卒業証明書、成績証明書添付
の宣言書、また、未成年の子女を海外留学させる際の親権者の同意書、②海外に
おける不動産関係で、譲渡関係証書、抵当権設定関係証書、瑕疵担保関係証書、
これらの委任状（特に中国においては、契約等の当事者のみならず、その配偶者に関
してもこれら文書に公証人の認証を求められている）、③各種免許状関係で、運転免

78　　第2部　行政手続と行政事件

許証、医師・歯科医師・看護師・理学療法士など医療従事者免許状、無線従事者・海技士等の海事・貿易関係の免許や資格証、建築士（1・2級）資格証添付の宣言書、④本人確認関係で、パスポートの写し添付の宣言書（なお、本人の実印押捺の委任状と印鑑登録証明書があれば、我が国では、外国文認証においても、代理認証は可能であるが、一般的に代理自認を認めない外国もあり、特にパスポートに関しては、我が国においても、外務省から厳格な管理・対応を求められていることから、公証人によっては、これを認めない場合もあるので、代理自認の認証の場合は、事前に各公証人に相談すると、円滑な手続を受けられるメリットが得られる）、⑤外国の裁判所に提出する陳述書関係では、後記ウの宣誓を要する厳格な認証を求められることがあり、その場合の宣誓認証、などがあり、嘱託人の海外交流をめぐる多様な認証需要に応じている。

　　ウ　宣誓認証

　このほか公証人法58条ノ2に基づく宣誓認証の活用がある。これは、公証人が私署証書に認証を与える場合において、当事者がその面前で証書の記載が真実であることを宣誓したうえ、証書に署名若しくは押印し、又は証書の署名若しくは押印を自認したときは、その旨を記載して認証する制度である。宣誓認証を受けた文書を宣誓供述書という。

　公証人が、私文書について、作成の真正を認証するとともに、制裁の裏付けのある宣誓によって、その記載内容が真実、正確であることを作成者が表明した事実をも公証するものである。

　具体的には、①重要な目撃証言等で、証言予定者の記憶鮮明なうちに証拠を残しておく必要がある場合、②供述者が高齢又は重病のため、法廷の証言前に死亡する可能性が高い場合、③現在は、供述者の協力が得られるが、将来、協力を得ることが困難となることが予想される場合、④相手方の働きかけ等により、供述者が後に供述内容を覆すおそれがある場合、⑤推定相続人の廃除の遺言をした場合に、遺言者が廃除の具体的な理由を宣誓供述書に残しておく場合、⑥契約書作成の際に、周辺の事情を知る関係者の協力を求めて宣誓供述書を作成しておき、当該契約をめぐるトラブルに備える場合などに活用するとメリットがある。

　また、配偶者からの暴力の防止及び被害者の保護等に関する法律に基づく保護命令の申立てには、宣誓認証をした書面の添付を要する場合があり、最近では、いわゆる「民泊」の経営者に求められる欠格事由（破産者や被成年後見人）がない旨の宣誓供述にもこの認証が必要とされ、活用されている。

（3）　確定日付の付与

　　ア　確定日付とは、文字どおり、変更のできない確定した日付のことであり、その日にその証書（文書）が存在していたことを証明するものである。公証役場

で付与される確定日付とは、公証人が私書証書（公文書には、付与できない。）に日付のある印章（確定日付印）を押捺した場合のその日付をいう。

　イ　文書は、その作成日付が重要な意味を持つことが少なくない。したがって、金銭消費貸借契約等の法律行為に関する文書や覚　書等の特定の事実を証明する文書等が作成者等のいろいろな思惑から、その文書の作成の日付を実際の作成日より遡らせたりして、紛争になることがある。確定日付は、このような紛争の発生をあらかじめ防止する効果があり、活用のメリットがある。

　例えば、指名債権の譲渡の通知又は承諾は、確定日付のある証書をもってしなければ、債務者以外の第三者に対抗することができない（民法467条2項）。指名債権を目的とする債権質も、同様に、第三債務者に対する通知又はその承諾について確定日付のある証書をもってしなければ、第三債務者その他の第三者に対抗することができない（民法364条）。そこで、このような文書には、公証人による確定日付を付しておくことが必要となる。

　また、事実実験公正証書の説明でも記載しましたが、特許権など知的財産権を保護する観点から、「先使用権」を認めさせる手立てとして、特許内容等を記載した説明書（写真や図面を台紙に貼って割印し、台紙に撮影等の日時場所等のデータを記入した証明文を記載して記名押印する方法で私署証書としたものなど）に確定日付を付しておくことが効果的でメリットがあるであろう。

　ウ　確定日付については、これを公証人が電子認証する手続でも受け付けており、大量処理を要する確定日付には、利便性があり、活用のメリットがある。

3　おわりに

　以上、予防司法を標榜する公証業務を活用するメリットの観点から、公正証書、認証、確定日付の法的サービスごとに説明したが、日公連では、関連法令の変更にも配意し、今後とも日々公証業務の改革・改善を図っていく。そして、その状況については、日公連のホームページ上において、適宜お知らせするので、皆様には、これを御覧いただくなどして、公証人が提供する法的サービスを効果的に活用し、実質的・実効的な権利を担保して安全・安心な生活を確保いただければ幸甚である。

［山本　修三］

Ⅲ 情報公開請求手続（審議検討情報と法人情報）

【事　案】
　A弁護士は、B県知事に対し、B県情報公開条例に基づき、C社がB県へ提出した開発許可申請関係書類の開示を求めた。B県知事は、「問題の開発許可については、現在その許否を審査中であり、その結論が出る前に開示をすることは行政事務に支障を生じさせるおそれがある。」として、不開示決定をした。A弁護士はこれを不服として、不開示処分の取消訴訟を提起した。

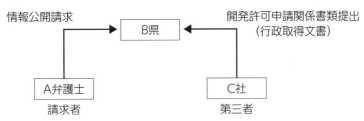

【法的問題点】
① 　同処分の取消訴訟が提起された後、開発許可がされたとした場合、このことは、訴訟の結論に何らかの影響を及ぼすか。
② 　B県知事は、同処分の取消訴訟において、「問題の情報は、法人情報にあたり、この点からも開示することができない。」との主張を追加することができるか。
③ 　不開示決定に関して、取消訴訟以外の方法をとることはできないか。
④ 　第三者であるC社が不開示決定取消訴訟に参加したり、開示決定をさせないための方策にどのようなものがあるか。

【関係法令】
情報公開法13条

【解　説】
第1　情報の探究
1　情報の探究法
（1）　公開情報の収集
　情報公開法によって情報を入手する方法は、時間がかかるので必ずしも効率的

とはいえない。一定程度の情報は、行政庁が刊行物やインターネットのホームページなどで既に公開している。情報公開法による方法が簡単であるといっても、請求してから開示されるまでに1か月以上かかり、閲覧・謄写に費用が必要である。

　まず、公開済みの情報をインターネットなどで入手し、必要な未公開情報を情報公開法で請求すべきである。

（2）　インターネットの利用

　情報公開請求の前に、まず既刊・公表済みの文献に当たるか、インターネットを利用して調査できる範囲のことを調べることが必要である。現在、社会的に問題となっていることについては、ほとんどインターネットのホームページで調査できる。インターネットには検索機能がついているので、ホームページのアドレスを知っている必要はない。いくつかのホームページを開けると関連リンクが表示されるので、必要な情報にアクセスすることができる。行政機関のホームページや、大学などの研究機関や、必要調査事項に関連する分野で活動をしているNPOのホームページがある。

　インターネット版イエローページも分野別に各種出版されている。

　国が用意している「電子政府の総合窓口システム」のホームページもある（アドレスは、http://www.e-gov.go.jp/）。

　ホームページは国内に限るのでなく、海外にも目を向ける必要がある。アメリカでは、情報は市民から請求を受けてはじめて公開するのでなく、市民が必要とする情報は行政が自動公開すべきであるという考え方が徹底している。

（3）　非政府情報の利用

　行政機関が公開している情報は行政に都合のよい情報であったり、情報の整理の仕方が分かりにくい傾向がある。

　NPOのホームページでは、行政の発表した情報を市民に分かりやすくまとめたものや、独自に集めた情報を提供しているものがある。これらのグループに直接連絡をとって必要な情報とか蓄積された経験を学ぶことも効果的な方法である。

　アメリカでは、政治の不正を追及する「ジュディシャル・ウォッチ」、市民の情報公開請求を支援する「パブリックシチズン」など、情報公開に関するNPOが多く存在する。

（4）　情報センター

　各都道府県に情報公開の総合案内所が設けられている。行政機関は、情報を適切に分類し、請求者が容易・的確に請求できるよう義務づけられている（情報公開法（以下「法」という。）37条、38条）。情報のインデックスが整備されれば、複数のキーワードをand or notで絞ることにより、欲しい情報の有無や検索数

が即座に分かる。担当者は個々の情報の専門家ではないが、欲しい情報の名称や
その所在を、おおよその案内はしてくれる。この段階で、欲しい情報が既に公開
されていて情報公開法によらなくても入手できることが分かる。本来、行政機関
の持っている情報は、市民から請求を受けるまでもなく全て公開しておくべきも
のである。90%以上の情報が公開されていて、さらに詳しい情報が必要な場合
に情報公開法を活用するというのが情報公開制度の本来の姿である。アメリカで
は、同じ情報について数回、情報公開請求を受け公開した場合は、reading
room（情報閲覧室）に備え置くようにされている。こうすれば情報公開請求の手
間が省ける。

2　請求の方法

　請求書の記載事項、開示された情報の閲覧、複写の方法、費用などについては、
情報公開法及びその施行令で規定されている。

（1）　情報保有行政庁のリサーチ

　情報公開請求をするには、請求しようとする情報を管理している行政庁を探さ
なければならない。同じような情報を複数の行政庁で管理している場合もある。

（2）　行政文書の特定

　請求は行政機関が用意する用紙を使用するが、請求人が用意したものに必要事
項を記入して行うことも可能である。

　請求する情報の内容・題名の欄で、情報の特定をする必要がある。最初から情
報の名称まで完全に特定することは困難である。情報センターの窓口で担当者に
相談して特定するのが効果的である。

　情報公開法は「行政文書の名称その他の開示請求に係る行政文書を特定するに
足りる事項」を記載するよう規定している（法4条1項2号）。具体的な情報名よ
りも「……に関する文書（情報）」というように、内容を特定するほうが確実で
ある。情報名で特定すると、「そのような名称の情報はない」という理由で拒否
される可能性がある。

　請求書の記載に形式的な不備があるとの指摘を受けたときは補正をする必要が
ある。関係省庁は、この場合、請求者に対し補正の参考になる情報を提供するこ
とが義務づけられている（同条2項）。

（3）　請求書の提出先

　請求書は郵送でも提出できる。宛先は情報を保有する府省の情報センターであ
る。

Ⅲ　情報公開請求手続（審議検討情報と法人情報）　　83

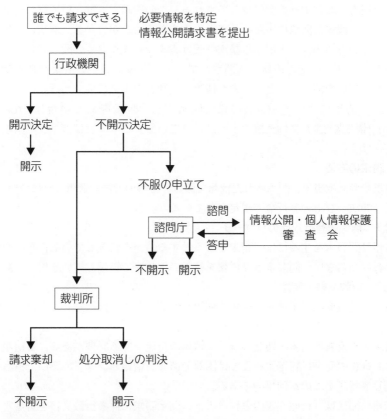
〈請求から裁判までのフローチャート〉

3　開示された情報の閲覧、複写

「電子政府の総合窓口システム」のHP（http://www.e-gov.go.jp/search.html）に案内がされている。

（1）　開示までの期限

　請求がなされた日から原則として30日以内に、行政機関の長によって開示するか否か決定され、請求者に書面で通知される（法10条1項）。請求された情報の量が多かったり、行政機関以外の第三者の提供した情報が含まれていた場合の第三者保護手続に必要な期間など、事務処理上の困難その他正当な理由があるときは30日以内に限り延長できる（同条2項）。また、請求された文書が著しく大量で、60日以内にその全てを開示しようとすると事務に著しい支障を生ずるおそれのあるときは、相当部分についてとりあえず開示し、残りの部分を相当期間内に開示することが許されている。このように期限を延長したりするときは、その理由と延長する期間が書面で通知される（法11条）。

（2） 開示決定の通知と開示の申出の期間

行政機関の長は、請求を受けた情報の全部又は一部を開示することを決定したときは、その旨と、開示の日時場所、必要書類など開示の実施に関する事項を書面で通知をする（法9条1項）。

開示の決定を受けた場合、請求者は、その通知があった日から30日以内に、その求める開示の実施の方法などを行政機関の長に申出をする必要がある（法14条2項、3項）。

（3） 開示の方法

開示される情報の形式は、文書、図画（写真、マイクロフィルム）及び電磁的記録（フロッピーディスク、CD-ROM、録音テープ、ビデオテープなど）である（法14条1項）。電磁的記録は、できるだけ電磁的情報の状態のままで複写されるのが、費用の面でも望ましい。また、電子情報の状態であれば、情報の並び替え、キーワードの検索、他の情報との組み合わせ、Eメールによる情報の送信が簡単にできる。情報の交付もEメールの方法がもっとも効率的である。我が国でも最近ほとんどの情報はコンピュータに入力されているので、開示の方法は電子情報化社会に対応したものになっていく。

4　手数料の額

（1） コピー費

情報公開請求をするには、実費の範囲内で、請求したことによる手数料と、その情報を閲覧・コピーする費用が必要である。金額は政令で定められる（法16条1項）。詳細が情報公開法の施行令13条と別表第1に定められている。数万枚の情報公開の請求をする場合、紙のコピーの場合、数十万円にもなってしまう。フロッピーディスクやCD-ROMですれば、紙のコピーに比べてはるかに安くなる。

（2） 手数料減免

経済的困難、その他特別の理由があると認めるときは手数料を減免できるとし（法16条3項）、施行令は<u>開示実施手数料を減免できる</u>と定めている（施行令14条1項）。ただし、減免するかどうかは行政機関の長の裁量に委ねられている。情報公開請求は、社会のために公益的目的ですることも多い。法は「経済的困難その他特別の理由があるとき」としたが、「特別な理由があるとき」の中にNPOの活動の一環として情報公開を請求する場合も当然含まれる。

施行令は「行政機関の長は、開示決定に係る行政文書を一定の開示の実施の方法により一般に周知させることが適当であると認めるときは、当該開示の実施の方法に係る開示実施手数料を減額し、又は免除することができる」と規定している（施行令14条4項）。ここでは経済的困難なときのように、減免額を限定していない。

Ⅲ　情報公開請求手続（審議検討情報と法人情報）　　85

アメリカの情報自由法では、学術的目的、非営利団体の公益的目的や報道機関の請求の場合は費用の減免が権利として認められている。

5　不開示決定

（1）　書面通知義務

行政機関の長が、請求された情報を全面不開示や一部不開示とするとき、さらに存否応答拒否処分をするとき、情報が存在しないとするときは、その旨を書面で請求者に通知しなければならない（法9条2項）。

存否応答許否処分とは、請求された情報が「あるともないとも答えない」という処分である。しかし、法8条は例外的であり、その処分が適法になされたか否かをチェックしにくく、濫用のおそれがある。

（2）　不開示理由

行政機関の長は、その理由を不開示決定の通知と一緒に請求者に十分に知らせることが義務づけられている（行政手続法8条）。単に不開示の根拠規定を示すだけでなく、開示することによって、いかなる他の利益が害されるかを具体的に示す必要がある。自治体によっては紋切り型の理由しか示さないために、市民の不信を招き、異議の申立てが増えているケースがある。

（3）　存否応答拒否処分

存否応答拒否処分の場合、理由の示し方が簡単になるおそれがある。請求者としては、具体的でない理由の場合、そのような行政機関の対応を批判する必要がある。この処分を受けたときは、あきらめずに不服申立てをすることも重要である。審査会では、インカメラ手続で、その情報を直接見て、適法に存否応答拒否処分がなされたかをチェックすることが期待できる。

（4）　情報不存在処分

情報が存在しないとする処分の場合も、存在しない理由を請求者に合理的に説明する必要がある。文書管理規程からするとあるはずの情報がないということでは許されない。保管すべき情報を廃棄していた場合は公用文書毀棄罪に該当することもある（刑法258条。東京地判平成22年4月9日判時2076号19頁（沖縄機密協定事件）参照）。

情報名の表示が少し違っていたために存在しないと言われることがあり得るので、公開請求にあたっては、情報の名称よりも情報の内容で特定した方がよい。情報の名称が行政機関によって違う場合もあり、少しずつ変更されることもある。

情報が不存在とする処分の中には、「行政機関の職員が職務上作成した文書等」ではないとか、「組織的に用いるもの」ではないということで不存在と回答することも予想される（法2条2項）。「職務上作成した文書」等か否か、「組織的に用いるもの」であるか否かは、価値判断の問題であり、疑問があればあきらめずに

異議の申立てをした方がよい。本来、行政機関の職員が作成・取得した情報で、職務上でないもの、組織的に用いるものでないものというのはあり得ないから、不服申立てをしていけば、開示されることが期待できよう。

6 不開示決定の争い方

（1） 二つの方法

公開請求した情報が全面不開示や一部不開示になった場合、その処分の変更を求める二つの方法がある。一つは<u>行政不服審査法による不服申立てによる方法</u>で、この場合、<u>情報公開・個人情報保護審査会に諮問される</u>（法19条）。もう一つは<u>裁判により不開示決定の行政処分の取消しを求める方法</u>である。

（2） 自由選択主義

まず不服申立てをし、それでも開示が認められないときにはじめて裁判を起こすか、最初から裁判を起こすか、どちらでも<u>自由選択できる</u>。裁判を起こす前に不服申立てをする必要は必ずしもない。情報公開・個人情報保護審査会は<u>全国で一つ</u>しかない。不服の申立てをしても、先に申し立てられた事件がたくさんある場合は、なかなか順番がまわってこない。裁判の場合はそのようなことはないが、手続が厳格であるため、市民にとって利用しにくい面がある。

（3） 方法の選択

ア 審理する場所

不服申立ては<u>処分庁か直近の上級行政庁</u>に対してするが、その後、情報公開・個人情報保護審査会に諮問される。審査会は<u>総務省</u>が所管するので東京になる。他方、裁判は、不開示決定の<u>処分をした行政庁の所在地を管轄する地方裁判所</u>（行政事件訴訟法12条。ほとんどの場合は東京地方裁判所になる）、<u>又は請求人が住んでいる地域の高等裁判所所在地の地方裁判所になる。札幌地裁、仙台地裁、東京地裁、名古屋地裁、大阪地裁、広島地裁、高松地裁、福岡地裁の８か所である</u>（法12条4項）。

不服申立書、訴状の提出は郵送でできるので、どちらでも変わりない。その後、不服申立ては実際に出頭することはあまりないが、裁判の場合は、毎回出頭することが原則なので、どこに管轄があるかは重要なポイントとなる。裁判でも、主張の整理の段階は、電話会議による方法を活用することにより出頭しなくてもよい。

イ 結論が出るまでの期間

どちらが早いかは、事件の内容による。不服申立ての場合、審査会の合議体で審査されるだけであるので、たくさんの申立てが集中し、順番待ちで長期間待たされることが予想される。裁判では、<u>全国8か所の地方裁判所で行われるので、ほとんど1年前後で判決が出ている</u>。

ウ　手続の簡便さ

不服申立ての方が裁判より手続が簡単である。不服申立てでは申立書、意見書、資料を提出し、口頭による意見陳述をする程度である。裁判では行政事件訴訟法、民事訴訟法による厳格な手続が行われる。

エ　手続の公正さ

不服申立てでは、審査会に行政庁がした判断の違法性、当否を諮問するが、あくまでも行政サイドの審査であり、手続の公正さという面では、どうしても不安がある。審査会の委員は、衆議院と参議院の同意を得て内閣総理大臣が任命する。人選はそのときの政権の情報公開に対する姿勢を反映するので、必ずしも中立性が期待できないこともある。重要な防衛外交情報についても審査を行うわけであるから、地方自治体の審査会委員よりも行政寄りの人選が行われることも予想される。

審査会の審理は非公開で、書面審査中心の手続である。当事者としての立会権もない。主張・立証の面でも行政庁の意見に対し、適切に反論する機会が十分確保されるとはいい難い面がある。提出資料の閲覧が原則的に認められているが、本来、判断資料は共通化されるべきであり、副本の提出を義務づける必要がある。どのような審査が行われているのか、次にいつどんな手続が行われるのか、結論が出るのがいつなのか、手続上明確ではない。

オ　審理の内容

審査会の審査にはインカメラ審理があるが、裁判ではその手続が認められない。審査会が不開示となった情報を直接見て判断できる点では裁判より優れている。しかし、請求者が積極的に証拠を収集したり相手方の証拠を弾劾したりする面は弱いといわざるを得ない。裁判では、裁判所が相手方に対し文書提出を命じたり証人尋問をするなど積極的な証拠調べを行うことができる。

インカメラ審理というのは、不開示となった情報を審査会ないし裁判所が直接見ることができる手続であるが、請求者側は見ることはできない。

情報を開示すべきかどうかを判断するにあたっては、その情報を直接見るのがもっとも効果的であり、逆にいえば見ないでは正しい判断がなされないおそれがある。そこで、審査会でも裁判でもインカメラ審理が認められるべきであるが、法は裁判手続にインカメラ審理を認める明文を設けなかった。審査会の審理にインカメラが認められている点を除けば、ほとんどの点で、裁判によった方が主体的に手続が進められると思われる。

同じ争点あるいは類似のパターンの不開示処分で、請求者に有利な不服申立ての審査の先例がある場合は、裁判を起こす必要はない。

7　不服審査の申立てとその手続

（1）　制度の概要

　開示決定等について不服のある当事者は、行政不服審査法に基づき、処分庁か直近の上級庁に対し不服の申立てをすることができる。その期限は開示決定等があったことを知った日の翌日から起算して３か月以内である（行政不服審査法18条１項）。なお、不服を求める当事者の中には開示により権利利益が害される第三者（例えば開示決定された情報の中に企業秘密に関する情報が含まれていた場合の企業）も含まれる。

　不服の申立てをすると、開示請求者の言い分を認めて請求した情報を全部開示する裁決又は決定をするとき以外は、行政機関の長は情報公開審査会（会計検査院の場合は、別に定める審査会）に諮問する。実際上、不服申立てされた不開示決定を取り消したり変更することは考えられないので、ほとんどすべて審査会に諮問されることになる。審査会は、諮問を受けて調査・審議をしたうえで、諮問庁に答申をし、不服申立人等に答申書の写しを送付する（法34条）。

（2）　審査会の組織

　審査会は総務省に置かれている。審査会は委員15人で組織される。委員は衆議院・参議院の同意を得て内閣総理大臣が任命する。委員の任期は３年で、審査会は委員３人で構成する合議体で調査・審議し、五つの審議体制となっている。全国からの不服申立てをわずか三つの審議体で審議することになっている。

（3）　審査会の調査・審議の流れ

　審査会の調査・審議の手続は、法に規定するほかは政令で定められるが、大きな流れは次のとおりである。

〈不服審査の流れ〉

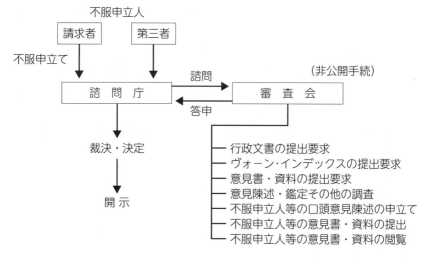

審査会は、諮問を受けると、調査に入る。調査にあたって、審査会は不服申立人、参加人又は諮問庁（これらを不服申立人等という）に対し、①意見書、資料の提出要求、②いわゆるヴォーン・インデックスの提出要求ができる。ヴォーン・インデックスというのは、開示請求を受けている情報の内容を、分類・整理した書面である。最低限、不開示事由の種類と不開示部分の特定に関する記述、開示されることによって発生する障害の具体的事実及び不開示を正当づける記述が記載される必要がある。さらに審査会は、諮問庁に対し、必要に応じて、不開示処分となった情報の提示を求めることができる。これらによって審査会は、不開示処分の違法性、当否について効率的に審査できる。

　ヴォーン・インデックスというのは、アメリカで採用されている制度で、確定した形式はないが、少なくとも次の内容が記載される必要がある。

①　ヴォーン・インデックスの作成者の信用性に関する記述

②　不開示事由の種類と不開示部分の特定に関する記述

③　開示されることによって発生する障害の具体的事実及び不開示を正当づける記述

　アメリカの裁判では、裁判所は不開示処分をした行政機関にまずヴォーン・インデックスの提出と公開宣誓供述書によって不開示の理由を説明させる。そのうえで、必要に応じインカメラ審理を行うことになっている。

（4）　不服申立人等の権限と活動

　不服申立人等は、審査会に対し、意見書、資料の提出ができる（法30条）。ここで不開示処分の違法性・不当性を具体的に主張し、それを裏づける資料を提出する必要がある。そのためには行政機関がどんな主張をしているのかを知り、分析する必要がある。

　不服申立人等は、審査会に対し、審査会に提出された意見書・資料の閲覧を求めることができるとしている（法38条1項）。

　不服申立人等は、審査会に対し、口頭で意見を述べる機会を与えるよう申し立てることができる（法31条1項）。この場合、審査会の許可を得て請求者と参加人は、弁護士などの専門家を補佐人につけて、一緒に出頭することができる（同条3項）。

　口頭による意見陳述の機会は、書面による主張・立証が終了した段階で行われるのが普通であるが、審査会の委員に対し、最後に重要な点を直接訴えることは非常に意義がある。

（5）　審査会の答申とその後の手続

　審査会は、以上の調査と審議を経て諮問庁に対し答申を出す。答申書の写しは不服申立人及び参加人に送付される（法43条）。

審査会は諮問機関であるので、審査会の判断に法的拘束力はないが、行政機関はよほどの合理的理由がない以上、これと異なる裁決、決定はできない。

　不服申立てでも不開示処分が覆らなかった場合、最後の手段として裁判を起こすしかない。裁判を提起できる期限は、不服申立ての裁決があったことを知った日から6か月以内である（行政事件訴訟法14条）。

8　情報公開訴訟の提起とその後の手続

（1）　概　要

　不開示決定に対し、不服があるときは、まず不服審査の申立てをするか、それを飛ばして直ちに裁判を起こすことができる（自由選択主義）。裁判の手続は、一般の行政訴訟の裁判と変わらない。大きく違うのは、不開示事由の証明責任が国側にある。手続は、まず管轄を持つ裁判所に訴状を提出し、裁判がスタートする。裁判の期日が決まり、不開示決定をした行政機関（以下「相手方」という。）から不開示決定をしたことが正当であることを記した答弁書が提出される。その後しばらくお互いの主張・反論が繰り返される。争点が明らかとなったところで、必要に応じて証拠の提出や証人尋問が行われ、その後判決が言い渡される。普通の裁判が2、3年くらいかかることに比べれば、相手方に立証責任があるから比較的短期間で一審の判決が出る。

　一審の判決に不服がある場合には、普通の裁判と同じように控訴、上告ができる。

（2）　提訴の期限

　裁判を提起できる期限が定められている。それは不開示決定等の処分があったことを知った日から6か月以内である。不服申立てをした場合は、その裁決があったことを知った日から6か月以内である（行政事件訴訟法14条）。もし期限が過ぎてしまったら、もう一度情報公開請求を最初からやり直すしかない。

（3）　裁判の管轄

　情報公開の裁判を起こせるのは、不開示決定の処分をした行政庁の所在地を管轄する地方裁判所（ほとんどの場合は東京地方裁判所になると予想される）、事案の処理に当たった下級行政機関の所在地の地方裁判所、又は請求者が住んでいる地域を管轄する高等裁判所所在地の地方裁判所になる。札幌地裁、仙台地裁、東京地裁、名古屋地裁、大阪地裁、広島地裁、高松地裁、福岡地裁の8か所である（法12条4項）。

　裁判の管轄を東京に集中させるのか全国に広げるのかが情報公開法の最も重要なポイントであるとして立法段階で最後まで紛糾した。その理由は、東京地裁1か所に集中させると、経済的に地方の人々が裁判を起こすことが困難となること、沖縄の人の場合、交通費等で200万円以上もかかってしまうとの試算もある。あ

るいは、東京地裁1か所に集中させれば、東京地裁の行政事件の専門部に、その
ときの政権に従順な裁判官を配属させることにより、すべての情報公開訴訟を掌
握できる結果となる。結果的には全国8か所の前記地裁に限定されてしまったが、
沖縄県や日本海側の地域にも管轄を認める必要があろう。

（4）　裁判にかかる費用

情報公開請求は、企業が企業活動の一環としてやる場合は別として、市民・消
費者がプロボノ活動（公共的ボランティア活動）として行うのがほとんどである。

裁判にかかる費用は大きく分けて実費と弁護士費用である。情報公開訴訟は普
通の行政事件の訴訟に比べて、原告が勝訴する確率が高い。

① 　実費は、訴状に貼る印紙代、書面を送達するための切手代、裁判所への交
　　通費が主なものである。

② 　弁護士費用は、弁護士に支払う着手金、報酬と実費相当の交通費である。

（5）　訴　状

① 　当事者欄

　　原告…請求者の住所、名前、電話番号（FAX番号）、送達場所を記載する。

　　被告…不開示決定をした行政庁の住所と訴訟提起時点のその代表者（普通
　　　　　は担当大臣の名前）を記載する（行政事件訴訟法11条）。

② 　提訴の日付

　　提訴する日付を記載する。

③ 　請求の趣旨

　　裁判で何を求めるかという結論を端的に記載する。不開示決定処分を受け
　　た部分の処分を取り消す旨を記載する。

④ 　請求の原因

　　不開示処分が違法であることの理由を書く。

● 第2　情報公開訴訟の概要

行政機関の保有する情報の公開に関する法律（行政情報公開法）、独立行政法人
等の保有する情報の公開に関する法律（独立行政法人情報公開法）、その他各地方
自治体が定めているいわゆる情報公開条例（情報公開条例）に基づき、行政文書
の開示に関しては、改正後の行政事件訴訟法37条の3による「義務付け訴訟」、
37条の4による「差止訴訟」が可能になった。これら情報公開に関する行政訴
訟についての訴訟手続上の問題点を解説する。

1　情報公開訴訟

開示請求権が公法上の実体的請求権であれば、公法上の法律関係に関する訴訟
として、「当事者訴訟」が可能である。

92　　第2部　行政手続と行政事件

しかし、実務においては、実体的開示請求権を前提とした「当事者訴訟」を行わず、不開示決定の取消しという「抗告訴訟」が当然のごとく行われてきた。これは、情報公開の請求相手が、権利義務の帰属主体とされる行政主体ではなく「行政機関の長」であったこと（独立行政法人等には当てはまらないが）から、当事者間の法律関係ではないとされ、不開示決定が審査の対象とされてきた（ただし、行政事件訴訟法5条参照）。

　不開示決定については、行政処分に特有な効力とされる公定力はあまり意味を持たない。改めて開示請求をすればよいだけのことで、最初の不開示決定について出訴期間を徒過したからといって、同一の文書に対する開示請求がその後制約されることはないのであるから、開示不開示の決定を「行政処分」として意識しなければならない理由はない。

　開示を求められた文書に第三者の情報が記録されている場合があって、その第三者の利益を尊重しながら文書の開示・不開示の判断をなすことが行政機関に求められている。行政機関の開示義務は、請求者の開示請求権との間で権利義務関係として裏腹の関係に立っているものではない。文書の開示・不開示をめぐる行政機関の権限の行使は、多数の関係者の利益を考慮してなされなければならないもので、その権限行使の結果である「決定」を争いの主題とする合理性がある。この決定に行政処分性がなければ、当事者訴訟方式で情報公開訴訟を行うことになろう。

2　情報公開訴訟手続

（1）　義務付け訴訟

　不開示決定に対する取消判決は、「取消判決の理由となった不開示事由」についての判断のみが行政庁を拘束するとされ、取消しがなされても「別の不開示事由」がある場合には、再度不開示決定ができるとされていた（大阪高判平成10年6月30日判タ991号157頁）。義務付け訴訟によって、こうした事態は避けることができるようになる。不開示事由が存在することの立証責任は行政側に存するので、不開示決定がなされた場合には、取消訴訟と同時に義務付け訴訟を併合して提起することが、これからの情報公開訴訟の主流になろう。

（2）　第三者の権利利益の保護

ア　第三者の救済手段

　第三者情報の開示については、当該第三者の利益を保護するために意見書提出の機会を与え、反対の意見書が提出された事案において開示決定を行うときには、反対の意思を表明した第三者が不服申立てや取消訴訟などで執行停止の手続をする機会を保障するため、開示決定と開示の実施をする日との間に少なくとも2週間をおかなければならないと定めて（情報公開法13条）、救済手段の確保が図ら

れていた。平成16年の行政事件訴訟法改正では、開示決定の事前の差止訴訟、仮の差止め申立てという手段も可能になり、第三者の救済手段は、従前よりも広がることになった。

すなわち、「個人識別情報」「個人の権利利益を害するおそれのある情報」「法人や個人事業者の権利・競争上の地位その他正当な利益を害するおそれのある情報」は原則的に不開示情報と定められているので（情報公開法5条）、これらの情報の開示により権利利益を侵害されるおそれがある者は「法律上の利益」を有する者として、行政事件訴訟法37条の4の差止訴訟の要件である原告適格が認められる。また、情報が開示された場合の原状回復の不可能性から「損害の重大性」の要件も満たしている。

　イ　差止訴訟の補充性

意見書提出の機会が保障され、開示決定がなされたときは取消訴訟とそれに伴う執行停止の機会があることで「他に適当な方法がある」といえるかどうかである。もともと差止訴訟は、取消訴訟（それによる執行停止制度）があるにもかかわらず制定されたもので、「重大な損害を生じるおそれがある場合に限り（取消訴訟によることなく事前に差止訴訟を）提起すること」を認めたものであるから、取消訴訟ができることで補充性が認められないとすることは制度の趣旨に反する解釈である。行政訴訟検討会（以下「検討会」という）が最終的にまとめた「行政訴訟制度の見直しのための考え方」においても、「個別法において特別の救済手段等が定められている場合など……適切な方法があるときは差止めを求めることができないこととする。」とされて、一般的救済手段としての取消訴訟ができることで補充性を欠くとするものではないことが明らかとされていた。ここでいう、個別法による特別の救済手段とは、国家公務員の職員団体の登録取消処分についての効力停止を定めている国家公務員法108条の3第8項などが該当するとされている。情報公開法が、取消訴訟の提起を保障するための期間を定めていることが、個別法が定めた特別の救済手段にあたるのかということになると、2週間という期間は、開示決定の執行停止を得るために十分なものとはいい難いと思われるので、補充性がないとして差止訴訟を否定する理由にはならないであろう。反対の意見書を提出する者は、あらかじめ訴訟の準備をするとしても行政機関が開示決定をするのか否かを見極めてから訴訟を起こすだろうから、行政機関の判断を待たずに差止訴訟をすることが一般的になることはないであろう。

　ウ　原告適格

第三者訴訟として、那覇市が行った自衛隊施設の建築工事計画通知書及びその添付図面の開示決定に関するものがある。最二小判平成13年7月13日判例自治223号22頁は、「本件条例6条1項の非開示事由の定めは、国が主張する国の私

的利益（警備上の支障・外部からの攻撃に対する危険の増大を防止する建物所有者としての利益）を個別的利益として保護する趣旨を含むものとは解されないので原告適格がない」とした。学校法人の経理関係書類の一部開示決定に関する東京高判平成9年7月15日判例自治178号48頁は、第三者の原告適格を認め、実体判断を下している。

（3）　訴訟参加

　行政機関が保有する情報をめぐって開示請求者と、不開示を求める者との利害対立が生じる場合が発生するので、<u>行政事件訴訟法22条による第三者の訴訟参加</u>がなされる場合も多い。

　義務付け訴訟や差止訴訟の認容判決、仮の義務付け・仮の差止め決定の効力については、<u>行政庁に対する拘束力の規定（33条1項）は準用されている</u>が、<u>対世効（32条）は準用されていない</u>。この判決の効力についてどう考えるべきかは今後検討が深められていくだろうが、仮に、第三者が開示処分の差止訴訟を提起し、仮の差止めの申立ても認められたという場合には、行政機関側は開示決定（あるいは一部開示決定）が相当と考えても、情報公開法10条に定めている開示決定期限を遵守して開示決定をすることはできない。そうなると、請求者は、差止訴訟の原告となった第三者を相手方として訴訟参加をし、差止訴訟の棄却を求めて争うことになろう。この場合、<u>請求者が義務付け訴訟を提起し、差止訴訟と併合していわゆる三面訴訟が可能かどうかも問題となる</u>。この場合の義務付け訴訟は不作為の違法確認訴訟と併合して提起しなければならないが（37条の3第3項）、法文上は不作為の違法が認定できない場合には、義務付けの判決もできないことになっている（同条5項）。しかし、この場合は許されると解すべきであろう。行政機関側が、差止訴訟で勝訴したにもかかわらず、一部開示決定を行う場合（この決定は判決の効力に抵触しない）、請求者側が不開示部分を争うことになるのでは、最終決定までに二重の手間がかかる。

　行政機関が一部開示決定をした場合においては、請求者が不開示部分の取消訴訟と義務付け訴訟を提起し、第三者が開示部分の取消訴訟を提起することが考えられる。請求者と第三者がお互いの訴訟に参加して争うことが予測される。

（4）　移送の特例

　国や独立行政法人に関する情報開示については、「同一・同種・類似」の行政文書に対する取消・義務付け・差止訴訟が各地の特定管轄裁判所に提起されることがあるので、<u>併合審理が可能となるように移送の特例</u>が規定されている（情報公開法21条）。平成15年改正前の情報公開法36条2項による移送の申立てであるが、外務省の在外公館の報償費（機密費）の支出関係文書に関する不開示決定取消訴訟が東京地裁と仙台地裁に係属したときに、被告から仙台地裁に対し移送申

立てがなされた。仙台地裁は、平成14年3月29日決定で、「原告の出訴の便宜を図る意味で特定管轄裁判所の管轄が設けられた趣旨を考えると、移送の条項に規定された各事情を総合考慮しても東京地裁に移送する相当の理由があるとは認められない」旨判断し、移送申立てを却下した。この判断は、仙台高裁平成14年5月28日の抗告棄却決定、最高裁平成14年9月24日の抗告棄却決定によって支持された。

（5） 被告適格とその代表者

被告適格については、国の行政機関の長に対する開示請求については<u>国</u>が、地方公共団体の実施機関に対する開示請求については<u>当該地方公共団体</u>が、独立行政法人に対する開示請求については当該<u>独立行政法人</u>が被告となる。ただし、地方公共団体の情報公開実施機関が地方議会や独立の執行機関である場合には、被告の代表者が地方公共団体の長ではなく、議長（地方自治法105条の2）や公安委員会（警察法80条）や教育委員会（地方教育行政の組織及び運営に関する法律56条）など、<u>当該執行機関が代表と定められている</u>。

（6） 審理手続における情報公開

情報公開訴訟の審理手続について特徴的なことは、情報の開示の是非が争われているため、<u>当該情報そのものが訴訟の場に提出されることはありえない</u>ことである。<u>訴訟記録の原則公開がなされていて</u>、民事訴訟法92条による閲覧の制限も適用が限定されているから、第三者が開示決定を争う場合にあっても（双方当事者は対象となっている情報の内容を熟知している）、当該情報を書証などで提出することはできない。<u>インカメラ審理も裁判の公開や両当事者の衡平の観点から原則的にはできないと解釈されている</u>。隔靴掻痒の感はあるが、いわゆるヴォーン・インデックスにより、<u>どのような情報が争いの対象となっているのかを審理して判決することになる</u>。情報公開訴訟の原告勝訴率が他の行政訴訟に比べて高いのは、開示・不開示という判断が比較的容易だからといわれている。

● 第3　法的問題点に関する分析

1　不開示自由該当性判断の基準

（1） 不開示（非公開）事由の判断について

東京都知事は、A弁護士の情報公開請求に対し、本件開発許可申請が現在審査中であり、結論が出る前の開示は行政事務に支障が生じるおそれがあることを理由として、不開示決定をした。

これは、東京都情報公開条例（以下「本件条例」という。）7条6号の「都の機関……が行う事務……に関する情報であって、公にすることにより、……当該事務……の性質上、当該事務……の適正な遂行に支障を及ぼすおそれがあるもの」

96　第2部　行政手続と行政事件

であることを理由とするものであると考えられる。

そこで、本件不開示決定の理由が、本件条例7条6号の不開示事由に当たるかが問題となる。

この点、①Ｂ社の開発許可申請は、都市計画法に基づく正当な権利の行使である。これに対し、Ａ弁護士が誰の訴訟代理人であるかは不明であるが、②開発許可の申請に当たっては、公共施設の管理者の同意や協議を要する（都市計画法32条）が、近隣住民等、第三者の同意や協議は要求されていない。③Ｂ社が東京都に提出した申請関係書類は、確かに本件条例の「公文書」（2条2項）に当たるが、いわば部外者による審査段階での情報公開申請は行き過ぎであり、権利の濫用であるのみならず、④審査段階での情報公開を求める目的は、開発許可の阻止である蓋然性が高く、圧力等により、公正な審査ができなくなり、公務の適正な遂行に支障を来す。⑤仮に、当該開発行為によって不利益を受けるおそれがあるとしても、それは開発許可がなされた段階で、何らかの措置を講じるべきである。

以上の理由から、本件不開示決定における不開示事由の判断に違法はない。処分理由の程度についても不十分として、違法事由の主張をなすことも考えられる。

（2） 違法判断の基準時について

上記のとおり、本件不開示決定に違法がないとすれば、取消訴訟において請求棄却判決となるが、取消訴訟提起後に開発許可がなされた場合、被告である東京都の主張はその根拠を失うことから、訴訟の結論に影響を及ぼすとも思える。そこで、取消訴訟における違法判断の基準時が問題となる。

この点、行政事件訴訟法7条が、行政事件訴訟に関しては、特則がない限り民事訴訟の例によるとしている。そして、民事訴訟においては、判決の基準時は<u>口頭弁論終結時</u>である（民事執行法35条2項）。

したがって、口頭弁論終結前に、本件開発許可がされた場合、本件不開示決定処分取消訴訟は請求認容判決がなされるとも思える。

しかしながら、取消訴訟において裁判所が行政処分を取り消すのは、行政処分が違法であることを確認してその効力を失わせるのであって、口頭弁論終結時において、裁判所が行政庁の立場に立って、いかなる処分が正当であるかを判断するのではない。よって、違法判断は<u>処分時</u>を基準としてなすべきである。

以上から、取消訴訟提起後に開発許可がなされたとしても、訴訟の結論に影響を及ぼさない。

2　処分の同一性と処分理由の追加

（1） 理由の追加の可否について

行政事件訴訟における<u>取消訴訟の訴訟物</u>は、処分の違法事由ごとに異なることはなく、<u>処分の違法性一般</u>であり、処分の違法性を支える理由の主張は、<u>攻撃防</u>

御方法の提出となるので、口頭弁論終結時まで自由に主張できる（行政事件訴訟
法７条、民事訴訟法156条及び297条）。

　また、仮に理由の追加が許されず、そのために本件取消訴訟で請求認容判決が
なされても、被告としては、訴訟で主張することが認められなかった新たな理由
に基づいて再度不開示処分をすることになるであろう。したがって、紛争の一回
的解決のためにも、理由の追加は認められる。

　したがって、処分の同一性を保持している限り、理由の追加は認められる。行
政の適法性確保や原告の地位の安全を考えると安易に処分理由の追加を認めるべ
きではない。

（２）　法人情報の不開示について

　取消訴訟の途中で、新たに理由を追加することが認められるとしても、法人情
報であることが不開示の理由となるか。

　本件条例７条３号本文は、「法人に関する情報……であって、公にすることに
より、当該法人等……の競争上又は事業運営上の地位その他社会的な地位が損な
われると認められるもの。」を非開示事由としており、ただし書で、公開しなけ
ればならない情報を例外的に挙げている。

　したがって、法人情報は、ただし書に該当しない限り、不開示事由となる。

（３）　結　論

　以上から、東京都は、原則として同処分の取消訴訟において、法人情報である
ことを追加主張することができる。

３　義務付け訴訟

　本件情報公開について、Ａ弁護士が取消訴訟以外に取り得る方法として、申請
満足型義務付け訴訟（行政事件訴訟法３条６項２号、37条の３）を提起すること
が考えられる。

　取消訴訟では、申請拒否処分が判決によって取り消されたとしても、それは申
請後処分前の状態に戻って改めて処分がなされるということであり、原告にとっ
て満足のいく応答がなされるとは限らない。

　これに対して、義務付け訴訟においては、義務付けの判決がなされた場合、行
政庁は判決の拘束力により命ぜられた処分を行うことを義務付けられる（行政事
件訴訟法38条１項、33条）。

　よって、本件においては、義務付け訴訟を提起する方が、より有効な手段であ
る。最一小決平成21年１月15日民集63巻１号46頁は、インカメラ方式を認めな
いとの判断をなした。

訴　状

平成23年7月4日

東京地方裁判所　御中

原　告　　○　○　　　○　○　　㊞

〒○○○-○○○○　　東京都○○区○○○○丁○番○号…………（送達場所）

原　告　　○　○　　　○　○

〒100-8918　　東京都千代田区霞が関1-1-1

被　告　　　　　　国
上記代表者法務大臣○○○○
処分行政庁　　　　△△△△

公文書不開示処分取消請求事件

　　訴訟物の価格　　160万円
　　貼用印紙額　　　1万3000円

【請求の趣旨】

1．被告が、原告に対し、平成23年6月1日付で行った「平成21年3月1日から
　平成16年2月28日までの間の、収集した○○商品に関する苦情事例に関する一
　切の情報」の不開示決定処分を取り消す。
2．訴訟費用は被告の負担とする。
との判決を求める。

【請求の原因】

第1　情報公開請求と不開示決定
1．原告は、被告に対し、「行政機関の保有する情報の公開の関する法律」（以下、
　「情報公開法」という）3条に基づき、平成23年4月10日、欠陥商品の安全性を
　調査するため、請求の趣旨記載の文書の開示を請求した（甲1号証）。
2．しかるに、被告は、平成23年5月10日、不開示決定通知書をもって、不開示
　処分（以下「本件処分」という）をした（甲2号証）。
3．不開示決定通知書には、不開示した理由について、次の通り記載されていた。

記

　行政機関の保有する情報の公開の関する法律第5条1号（個人情報）、同条2号
（法人情報）に該当するため。

a 個人に関する情報であって、当該情報に含まれる氏名、生年月日その他の記述等により特定の個人を識別できる（1号）

b 公にすることにより、当該法人等又は当該個人の権利、競争上の地位その他正当な利益を害するおそれがあるもの（2号イ）

第2 本件処分の違法性について
1．個人情報の点
　（ことに不開示処分が違法であると主張する理由を記載する）
2．法人情報の点
　（ここに不開示処分が違法であると主張する理由を記載する）

第3 結語
　以上の通り、本件処分が違法であることは明らかであるから、本件処分を取り消すことを求める。

【証拠方法】
1．甲第1号証　　　　　　　　　　　　情報開示請求書
2．甲第2号証　　　　　　　　　　　　不開示決定通知書

【附属書類】
1．訴状副本　　　　　　　　　　　　　1通
2．甲号証の写し　　　　　　　　　　　各1通

[山下 清兵衛]

Ⅳ　公務員に対する不利益処分等の行政手続

第1　事案の概要

　公務員に対する不利益処分に関する主な行政手続を取り扱う本稿では、地方自治法上の不利益処分としての分限免職処分に関する、次のような事例を想定することとする。

1　当事者の経歴

　Xは、平成4年3月にA大学法学部を卒業した後、同年4月1日、Y市役所に入所し、以後、同日よりB課C係、平成6年4月1日よりD課E係、平成9年4月1日よりF課G係、平成11年10月1日よりH部Ⅰ課、平成13年4月1日よりJ課K係、（中略）平成25年4月1日、総務部人事課付に配属となった。

2　処分の内容

　Xは、平成25年12月から平成26年2月まで、また同年11月から平成27年2月まで、糖尿病性網膜症の手術や治療のため、それぞれ療養休暇を取得し、平成27年2月25日からは視覚障害のため休職し、その後、復職に向けた職業リハビリテーションに励んでいたが、この視覚障害により、地方公務員法（以下「地公法」という。）28条1項2号の「心身の故障のため、職務の執行に支障があり、又はこれに堪えない場合」に該当するものとして、平成30年2月24日付けで分限免職処分（以下「本件処分」という。）となった。

3　事案の概要

　Y市役所に20年以上勤務してきたXとしては、視覚障害により職務の遂行に支障があるとして本件処分がなされたことにつき、次のように考えている。

　すなわち、本件処分は、主治医の診断書等に基づきXの能力を客観的に評価すれば、Xのなしうる業務は多くあることや、職務の遂行が可能であるにもかかわらず、Y市長が必要な支援を十分に講じることなくXの職務遂行能力に関する問題点の多い一方的な検証作業を行うことなどによって、職務の遂行に支障があるとしてなされたものであるため、Y市長の裁量権を逸脱・濫用した処分であり、地公法に違反し、障害者基本法や障害者の雇用の促進等に関する法律等の趣旨にも反する、違法・不当なものである。

　本稿では、このような事例に関して、どのような行政手続により処分の違法性・不当性や不利益処分の効力を争うことができるのかなどに関して解説するとともに周辺の行政手続制度に関する解説を加える。すなわち、本稿では、国家公務員法（以下「国公法」という。）及び地方自治法上の不利益処分の典型である分

限処分や懲戒処分を中心に扱うところ、これらの処分については聴聞手続など本人参加の事前手続が基本的には法制化されていない（国公法74条2項、地公法28条3項・29条4項、行政手続法3条1項9号等参照）ものの、公平審理の手続としての事後手続が重んじられていること[1]から、同手続のうちの審査請求と措置要求の手続のポイントや具体的な活用方法についてみていくこととする。

第2　審査請求

　上記の事例に関し、地方公務員（職員）の基本的な権利を保障する保障請求権としては、①不利益処分に対する審査請求権と、②勤務条件についての措置要求権がある[2]。これらは、憲法28条の労働基本権（特に争議権）が制限されていることの代償措置といえるものであり[3]、①・②は「公平審査制度」「公平審査」と称されることがある[4]。

　上記事例の場合、①の行政手続（事後手続）による救済の実効性が最も高いといえる。そこで、以下、かかる審査請求の手続に関する法令や判例の知識につき解説した上で（下記1・2）、これらの知識を前提として具体的な審査請求書を提示する（下記3）ので、公務員への不利益処分に対する審査請求の実務等で参考にしていただきたい。

1　審査請求手続の概要

（1）　懲戒処分、分限処分等に対する審査請求制度

　国公法90条1項、地公法49条の2第1項は、職員（後述するとおり、一般職の国家公務員・地方公務員）が、懲戒処分や分限処分など、その意に反する不利益な処分を受けた場合につき、その職員が第三者的な人事行政機関である人事院（国家公務員の場合）、人事委員会又は公平委員会（地方公務員の場合）に対しての

---

[1]　兼子仁著『地方公務員法＜法務研修・学習テキスト＞』（北樹出版、2006年）（以下「兼子・地公法」という。）97頁参照。

[2]　なお、不利益処分に対する不服申立て（審査請求）ではないため、本稿では特に取り扱わないが、国家公務員・地方公務員の利用する審査の（不服）申立制度として、国家公務員災害補償法（特に同法24条1項参照）・地方公務員災害補償法に基づく不服申立てがある（なお、地方公務員法45条4項等参照）。このことに関しては、羽根一成「地方公務員」日本弁護士連合会行政訴訟センター編『改正行政不服審査法と不服申立実務』（民事法研究会、2015年）145～146頁、宇賀克也著『行政法概説Ⅲ　行政組織法／公務員法／公物法〔第5版〕』（有斐閣、2019年）（以下「宇賀・概説」という。）492頁等を参照されたい。

[3]　寳金敏明著『実務のための行政法・地方自治法・地方公務員法』（日本加除出版、2015年）（以下「寳金・実務」という。）267頁等参照。

[4]　公平審査事務研究会編『新版　公平審査ハンドブック』（ぎょうせい、2000年）4頁及び兼子・地公法98頁は、①不利益処分に対する審査請求と②措置要求の二つを合わせて「公平審査」と称する（①を「公平審理」と称する）。なお、公平審査制度研究会「公平審査制度研究会報告書」（平成24年）（以下「公平審査報告書」という。）1頁、宇賀・概説490頁等も参照。

み、行政不服審査法（以下「行審法」という。）による不服申立てをすることができる旨を規定している[5]。

（2）　不利益処分の違法・不当が認められる割合等

審査請求は、懲戒処分に対してなされることが多い（地方公務員については、都道府県レベルのもので9割が懲戒処分に対するもの）[6]。そして、承認判定の割合が高く、不利益処分の違法事由や不当事由が認められる件数は多いとはいえない[7]（裁決等がなされた場合の出訴率も低い[8]）。

もっとも、分限処分の場合も懲戒処分の場合も、特に免職処分の場合には審査請求（や取消訴訟等）になることが比較的多いことから、このような場合には、法律家が行政手続に関与する必要性・ニーズが高いといえよう。

（3）　審査請求の手続、対象、行政不服審査法との関係等

ア　審査請求の手続

不利益処分に対する審査請求につき、行審法の審理手続の規定は基本的には適用除外とされており（国公法90条3項、地公法49条の2第3項）、審理手続は国家公務員の場合は人事院規則、地方公務員の場合は（各自治体等の）人事委員会規則又は公平委員会規則で定められている（地公法51条）[9]。

このように人事委員会・公平委員会（以下、両者をまとめて「委員会」と略すことがある。）ごとに手続が異なるものとされているため、それぞれのケースに応じて関係する（各自治体等の）人事委員会規則又は公平委員会規則を確認する必要がある（ウェブサイトで確認できる場合も少なくない）。もっとも、多くの人事委員会・公平委員会では、人事院規則（以下「人規」と略すことがある。）13-1［不利益処分についての審査請求］や、「不利益処分についての不服申立てに関する規則（案）」（昭和26年7月26日地自乙発第278号別紙二、以下「規則案」という。）を参考にして人事委員会規則・公平委員会規則を作成しているものと思われる[10]。

---

[5]　宇賀・概説489頁参照。

[6]　兼子・地公法98頁（ただし、前記のとおり、2006年時点の文献である）は、不利益処分に対する不服申立て（審査請求）の対象につき「懲戒処分がほとんど」であり、「都道府県レベル」が全体の「9割」を占めるとしている。

[7]　人事院関係ウェブサイト「平成29年度年次報告書」第1編（人事行政）第3部（平成29年度業務状況）・第7章（公平審査）・第1節（不利益処分についての審査請求）、宇賀・概説489頁等参照。

[8]　公平審査報告書4～5頁。

[9]　なお、不利益処分に対する審査請求につき、行政不服審査法の審理手続の規定は基本的には適用除外とされていることから、行政不服審査法に基づく審査請求とする意味があるかは疑わしいとの指摘もある（宇賀・概説489頁）。

Ⅳ　公務員に対する不利益処分等の行政手続　　103

イ　審査機関・審査対象

　審査請求の審査機関は人事院（国家公務員の場合）か、人事委員会又は公平委員会（地方公務員の場合）[11]に限定されており（国公法90条1項、地公法49条の2第1項）、審査対象も、①分限処分、②懲戒処分、③これら以外の（著しい）不利益処分に限られている（国公法89条1項・90条1項2項、地公法49条1項・49条の2第1項2項）。

　ウ　審査請求期間等（行審法の改正による影響）

　不利益処分に対する審査請求に対する行審法の改正（平成26年改正）による影響は大きなものではない[12]が、行政不服申立てが審査請求・異議申立てから審査請求に一本化されたこと（行審法2条）から、これに合わせて地公法上の不服申立ても「審査請求又は異議申立て」から「審査請求」に一本化されており（国公法90条1項、地公法49条の2第1項等参照）、また、審査請求期間が原則として処分があったことを知った日（処分説明書を受領した日）の翌日から起算して「60日」から、同日から起算して「3月」に変更されている（行審法18条1項本文、国公法90条の2、地公法49条の3参照）。

2　不利益処分に対する審査請求の要件・審査手続・理由

（1）　審査請求の要件

　ア　審査請求権者

　不利益処分に対する審査請求をなしうる者は、「職員」（国公法89条1項、地公法49条の2第1項）すなわち「一般職に属するすべての」国家公務員・地方公務員（国公法2条4項、地公法4条1項）のうち、後述する不利益処分を受けた者である[13]。なお、「一般職」とは「特別職に属する職以外の」一切の職（国公法2条2項、地公法3条2項）であり、具体的には、一般行政職員、警察職員、消防職員及び教職員が審査請求をすることができる。なお、「特別職」とは国公法3条3項各号、地公法3条3項各号に掲げられた職である。

　また、免職されたような場合には、現在はこれらの職員ではない者も含まれる

---

[10]　橋本勇著『新版 逐条地方公務員法〈第4次改訂版〉』（学陽書房、2016年）（以下「橋本・逐条地公法」という。）896頁、同『新版 逐条地方公務員法〈第3次改訂版〉』（学陽書房、2014年）859頁以下参照。

[11]　地公法49条の2第1項。地公法7条は、都道府県及び地自法252条の19第1項の指定都市には人事委員会、指定都市以外の市で人口15万人以上のもの及び特別区には人事委員会又は公平委員会を、人口15万人未満の市町村、地方公共団体の組合には公平委員会を置くとする。

[12]　例えば、審査機関及び審査対象を限定する旨の地公法49条の2第1項・2項の特則に影響はない。

[13]　なお、外務職員が、外交機密の漏えいにより国家の重大な利益をき損したという理由で懲戒処分を受けた場合には、行政不服審査法による審査請求は外務大臣に対して行わなければならない（外務公務員法（以下「外公」と略すことがある。）19条1項、宇賀・概説489頁参照）。

（昭和26年11月27日 地自公発第522号、昭和35年３月２日 自丁公発第35号参照）[14]。

　　イ　審査請求の対象

　審査請求の対象（審査対象）は、前述したとおり、懲戒処分（免職、停職、減給及び戒告の各処分）や分限処分（免職、休職、降任及び降給の各処分）が不利益処分に該当することについては問題がない。実質的な降任に当たる配置換えや転任処分も、不利益処分に当たる。

　他方、職員の同意の下に行われるなど職員の意思に反しない免職（依願免職）、休職等は、不利益処分に該当しないものといえるが、形式的には職員の同意の下に行われたものとされていても、例えば退職の意思表示が真正なものでない場合には、実質的にみればその意に反するものと認める不利益処分に当たるものとして、審査請求を行うことができるものと解されている（昭和27年12月23日自行公発第112号参照）。なお、任命権者が職員の意に反するものと認める（地公法49条１項）との点については、客観的に合理性があることが必要と解される[15]。

　転任処分については、それが客観的に（勤務場所、勤務内容において）不利益を伴うものは不利益処分に当たるといえるが、それが勤務場所、勤務内容において不利益を伴うものとは認められない場合は、審査請求の利益を欠くものと解されている（最一小判昭和61年10月23日判時1219号127頁参照）。

　訓告、厳重注意等については、文書でなされた場合であっても、一般的には「処分」には当たらないもの（事実行為）と解されており、基本的には審査請求の対象とすることはできないものと解されている（口頭による注意についても同様）[16]。なお、職員がした申請に対する不作為についても審査請求をすることはできない（地公法49条の２第２項後段）。

　　ウ　代理人

　上記審査請求権者たる職員は、必要があるときは、代理人を選任することができ、代理人は、当事者のため審査請求に関する行為をすることができる（人規13-１第３条４項、規則案３条参照）。審査請求に関する行為には、審査請求を行うこと自体も含まれる（人規13-１第３条４項・18条１項本文、委員会の手続でも基本

---

[14]　ちなみに、不利益処分に対する審査請求とは異なり、後述するとおり、措置要求は、現役の職員でなければ行うことができない。

[15]　橋本・逐条地公法862～863頁参照。

[16]　なお、内規に基づく「訓告や注意」（懲戒処分には至らないもの）につき、「これが昇給延伸等の措置と結びつけば、国家公務員89条にいう『いちじるしく不利益な処分』、地方公務員法49条にいう『不利益な処分』として人事院や人事委員会・公平委員会に審査請求をすることができると解釈する余地があ」るという見解もある（宇賀・概説475～476頁）。ちなみに、宇賀・概説476頁は、「昇給延伸等の措置と結合しておらず審査請求の対象とはならない場合であっても、措置要求の対象にはなると思われる」とする。

Ⅳ　公務員に対する不利益処分等の行政手続　　105

的には同様に解される）が、審査請求の取下げについては、特別の委任を受けなければならない（人規13-1第18条1項ただし書）。

　　エ　審査庁（審査を行う行政機関）

　行審法4条は、審査請求は、法律（条例に基づく処分については、条例）に特別の定めがある場合を除くほか、同条各号に定める行政庁に対してするものとすると定めている。国公法90条1項・地公法49条の2第1項は、この特別な定めとして、職員が不利益処分を受けた場合、その職員は人事院又は人事委員会・公平委員会に対してのみ行政不服審査法による審査請求をすることができる旨規定している（ただし、同法第2章の規定は適用されない（国公法90条3項、地公法49条の2第3項））。

　　オ　審査請求期間

　前述したとおり、不利益処分に対する審査請求は、処分説明書を受領した日の翌日／処分があったことを知った日の翌日から起算して3か月以内にしなければならず、処分があった日の翌日から起算して1年を経過したときは、することができないとされている（国公法90条2、地公法49条の3）。

　　カ　審査請求前置主義

　独立性・専門性を有する機関による準司法手続が用意されていること[17]、訴訟において長期にわたり紛争が継続すると当該公務員の職場復帰が困難になるおそれがあること、公務の適正な遂行にも支障を与える懸念があることなど[18]から、不利益処分に対する審査請求については、審査請求前置主義が採用されている（例外的不服申立前置[19]（行政事件訴訟法8条1項等参照）、国公法92条の2、地公法51条の2）。

（2）　審査手続・審査方法

　　ア　不利益処分の審査は、以下の点で、準司法的手続として位置づけられている。第1に、審査機関の独立性が担保されていること（国公法8条・9条、人規13-1第21条・22条、地公法9条の2第6項・7項）、第2に、（書面審理による審査方法もあるが）請求者が口頭審理の請求をした場合には、口頭審理による審査（口頭審査）を行う必要があり、また、請求者が口頭審理の公開を請求した場合には、原則として公開で、審理されること（国公法91条2項、人規13-1第31条3項、地公法50条1項、規則案8条・9条・5条2項7号）、第3に、対審構造による手続が採られること（人規13-1第31条以下）である。[20]

---

[17]　宇賀・概説490頁。

[18]　宇賀克也著『解説　行政不服審査法関連三法』（弘文堂、2015年）228頁。

[19]　宇賀克也著『行政法概説Ⅱ　行政救済法［第6版］』（有斐閣、2018年）146頁。

イ　口頭審査手続の流れ
　口頭審査の手続の流れ（地方公務員の場合[21]）は、概ね、下図のとおりである（規則案5条～12条等参照）。なお、このうち、⑦の口頭審理の後に追加的にさらなる答弁書（弁明書）や反論書が提出されることもある。

〈口頭審査手続の流れ〉

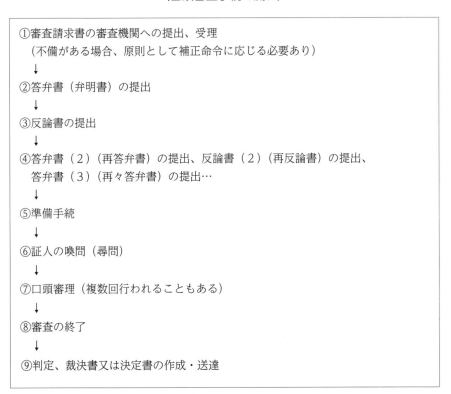

　以上の口頭審査手続の流れのとおり、口頭審査手続は、審査請求書（正副各1通）を人事院／人事委員会又は公平委員会に提出することで始まる（人規13-1第3条、規則案5条）ところ、審査請求書には、基本的には、次の各事項すなわち（a）処分を受けた者の氏名、住所及び生年月日、（b）処分を受けた者の処分を受けた当時の官職・職及び官所・所属部局等、（c）処分を行った者の職及び氏名、（d）処分の内容及び処分の時期（処分を受けた年月日）、（e）処分説明書（国公法

---

[20]　宇賀・概説490頁参照。
[21]　なお、国家公務員（一般職）に対する不利益処分に対する審査請求の審理手続の流れ（公平委員会の設置、判定、再審）については、宇賀・概説489～490頁等を参照されたい。

89条1項又は同条2項）を受領した時期／処分説明書（地公法49条1項又は同条2項）の交付を受けた年月日等）、処分があったことを知った年月日、(f) 処分に対する不服の理由、(g) 口頭審理を請求するかなど、(h) 審査請求の年月日を記載する必要がある（人規13-1第4条1項各号・規則案5条2項各号）。

審査請求人は、審査請求書に証拠を添付することができる（人規13-1第48条参照、規則案8条1項・9条7項参照）。

人事委員会等は、審査請求がされたときは、その記載事項及び添付書類（証拠等）並びに処分の内容、審査請求人の資格、審査請求の期限等について調査し、審査請求を受理すべきかどうかを決定しなければならず、審査請求書に不備があり、これが補正されない場合、人事委員会等は審査請求を却下することができる（前記〈口頭審査手続の流れ〉①、人規13-1第7条、規則案6条1項～3項参照）。

人事委員会等は、審査請求を受理すべきものと決定したときは、その旨を当事者に通知し、処分者に審査請求書の副本を送付しなければならず、審査請求を却下すべきものと決定したときは、その旨審査請求人に通知しなければならない（人規13-1第8条、規則案6条4項参照）。

人事委員会・公平委員会は、書面審理を行う場合において又は口頭審理の準備のため、期限を定めて、審査請求人に対し証拠の提出を求めるとともに、期限を定めて処分者から答弁書及び証拠の提出を求めるものとするとされ、答弁書の提出がされたときは、審査請求人にその写を送付するものとし、必要と認めるときは、期限を定めて、反論書の提出を求めることができるとしている（規則案8条1項・2項、9条2項参照）。

(3) 審査請求の理由（違法事由・不当事由）

懲戒処分、分限処分といった典型的な不利益処分に関する違法事由・不当事由を鳥瞰する。不利益処分の理由については、基本的には、職員に交付される処分説明書（国公法89条1項・2項、地公法49条1項・2項）の記載から明らかにされることとなるため、審査請求人（代理人）としては、この記載に照らし、以下に述べるような実体上・手続上の違法事由・不当事由を主張していくこととなる。

ア 実体上の違法事由

（ア）懲戒事由・分限事由

懲戒処分に関し、国公法82条1項1号～3号・地公法29条1項1号～3号は、職員につき、①国公法・地公法等に違反した場合、②職務上の義務に違反し、又は職務を怠った場合、③全体の奉仕者たるにふさわしくない非行のあった場合のいずれか（少なくとも一つ）に該当する場合には、その職員に対し、懲戒処分として戒告、減給、停職又は免職の処分をすることができるものと規定している。

また、分限処分に関し、国公法78条1項1号～4号・地公法28条1項1号～

108　第2部　行政手続と行政事件

4号は、職員につき、①勤務実績がよくない場合、②心身の故障のため、職務の遂行に支障があり、又はこれに堪えない場合、③その他その官職・職に必要な適格性を欠く場合、④官制・職制若しくは定数の改廃又は予算の減少により廃職又は過員を生じた場合のいずれか（少なくとも一つ）に該当する場合には、その職員に対し、その意に反して、降任処分又は免職処分をなしうるものと規定している。そして、地公法28条2項1号・2号は、職員につき、⑤心身の故障のため、長期の休養を要する場合、⑥刑事事件に関し起訴された場合のいずれか（少なくとも一つ）に該当する場合には、その職員に対し、その意に反して、休職処分をなしうるものと規定している。

　　（イ）　重大な事実誤認等（処分要件の欠如）

　上記の各規定から、審査請求では、各不利益処分に応じて各要件に該当する事実がそもそもないとの主張や、そのような事実があるとしてもその評価（各要件へのあてはめ）が誤っているとの主張をすることが考えられる（これは、要件裁量が認められない場合の話であり、要件裁量が認められる場合については、下記（ウ）のとおり主張することになる）。

　　（ウ）　裁量権の逸脱・濫用（要件裁量・効果裁量の統制）

　分限処分に関する①～③の要件の認定判断に関しては、処分庁の要件裁量が認められる（争いはあるが、懲戒処分に関する③の要件の認定判断に関しても同様に解しうる）が、その裁量判断に裁量権の逸脱又は濫用（行政事件訴訟法30条）がある場合には、これを違法事由として主張することが考えられる[22]。

　また、懲戒処分及び分限処分の処分要件が満たされる場合においても、処分をすべきか否か、処分をするとして可能な複数の処分のうちいずれを選択すべきかについて、処分庁の裁量（効果裁量）が認められるが、その裁量判断に裁量権の逸脱又は濫用がある場合には、これを違法事由として主張することができる[23]。

　そして、これらの裁量判断については、[a]それが懲戒制度や分限制度の目的と関係のない目的や動機に基づきなされた場合（動機・目的の違法）、[b]平等原則に反する場合（別異取扱いに合理性がない）場合や[c]比例原則に反する場合[24]、[d]判断の過程に合理性を欠く場合、すなわち、判断の過程で考慮すべき事項を考慮せず（考慮不尽）や、考慮すべきでない事項を考慮して判断された（他

---

[22]　分限処分の要件③に関し、最二小判昭和48年9月14日民集27巻8号925頁参照。

[23]　最三小判昭和52年12月20日民集31巻7号1101頁、最一小判平成2年1月18日民集44巻1号1頁、最一小判平成24年1月16日判時2147号127頁・同139頁参照。

[24]　一定の行政目的を達する必要性と処分による不利益の内容との権衡の観点から当該処分を選択することの相当性を基礎付ける具体的な事情が認められるものとはいえない場合には、比例原則に反するものとされる。

Ⅳ　公務員に対する不利益処分等の行政手続　　109

事考慮）場合、あるいは、その判断が合理性をもつ判断として許容される限度を超えたものである場合（考慮事項に対する評価の明白な誤り等）には、処分に係る判断が社会通念に照らし著しく妥当性を欠くものとされ、裁量権の逸脱又は濫用として違法となるものと解されている[25]。ただし、考慮不尽と他事考慮と比例原則違反など、下記3の書式例のように、複数の下位ルール（上位ルールは裁量権の逸脱・濫用）を主張・立証しなければ裁量権の逸脱・濫用の違法を導くことは通常は困難と考えられるため注意が必要である。

また、懲戒処分又は分限処分について、行政の内部基準（講学上の行政規則）として処分基準（行政手続法12条1項参照）が定められており[26]、当該懲戒処分等がその処分基準に従ってなされたという場合において、（ⅰ）処分基準自体（その内容）が合理性を欠くか、（ⅱ）具体的事実の処分基準への当てはめに誤りがあるか、あるいは（ⅲ）当該事案において処分基準をそのまま適用すべきでない特段の事情があるにもかかわらず、その事情を考慮しないときには、裁量権の逸脱又は濫用があるということができる（最三小判平成27年3月3日民集69巻2号143頁等参照）。

　イ　手続上の違法事由

地公法29条4項は、職員の懲戒の手続は、法律に特別の定がある場合を除くほか、条例で定めなければならないものとしており、また、地公法28条3項は、職員の意に反する降任、免職、休職及び降給の手続は、法律に特別の定がある場合を除くほか、条例で定めなければならないものとしている。そこで、そのような条例（地方公共団体ごとに定められている職員の懲戒処分に関する手続及び効果に関する条例、職員の分限処分に関する手続及び効果に関する条例）における各規定の違反行為がみられる場合には、手続上の瑕疵があるとされる。そして、その手続規定が手続の公正さ自体を確保するためのもの（重要な手続規定）である場合か、あるいは処分の内容の適正さを担保するためのものであるとしても当該手続をやり直した場合に処分の結果が異なる可能性がある場合には、不利益処分の効力を否定する取消事由となるものと解される[27]。

---

[25]　比例原則は、その定義（前掲最一小判平成24年1月16日参照）からすれば、基本的には効果裁量を統制するものであるといえる。また、裁量判断の「基礎とされた重要な事実に誤認があること等により重要な事実の基礎を欠くこととなる場合」（最一小判平成18年11月2日民集60巻9号3249頁）も懲戒処分・分限処分等の不利益処分の裁量権の逸脱濫用を基礎づけるものと考えられる。

[26]　人事院は、国公法に基づく懲戒処分についての指針を設け、各省庁事務次官及ぶ各外曲の長に通知している（「懲戒処分の指針について」職職－68号　平成12年3月31日（最終改正平成27年2月27日）、橋本・逐条地公法632頁以下参照）。

[27]　櫻井敬子＝橋本博之著『行政法〔第5版〕』（弘文堂、2016年）208～210頁等参照。

例えば、分限処分の手続に係る条例（地公法28条３項）に関しては、昭和26年７月７日地自乙発第263号別表一で条例案が示されており、同条例案２条では、地公法28条１項２号の規定に該当するものとして職員を降任し、若しくは免職する場合又は同条２項１号の規定に該当するものとして職員を休職する場合には、医師２名を指定してあらかじめ診断を行わせなければならないものとされているが、これは「心身の故障」の要件の認定に関する重要な手続規定といえる[28]。なお、処分庁が医師の診断内容について十分な考慮をしないなどの場合には、裁量権の逸脱・濫用（実体的違法事由）を基礎づけることにもなる（下記３の書式例参照）。

　なお、処分内容の記載内容の精粗は、不利益処分の効力を左右するものではなく（昭和46年人指13－23）、いわゆる処分の取消事由となる理由付記の不備（手続的瑕疵）があるということにはならないが、被告が処分説明書に全く記載のない事実を不利益処分の取消訴訟において追加的に主張することは許されないものとされている（東京地判昭和49年７月１日訟月20巻10号74頁参照）。

　　ウ　不当事由

　違法事由が認められなくても、最も公益に適する裁量行為とはいえないとして委員会が認める場合には、委員会は当該処分を不当な不利益処分として、取り消すことができる。審査請求人の代理人等としては、効果裁量の判断において考慮されるべき事項について、専門的・技術的観点からの考慮が十分なされておらず、その結果、処分をなすこと又は処分の内容が最も公益に適したものとはなっていないことから、「不当」（行政不服審査法１条１項）な処分として取り消されるべきことを主張することが考えられる。

　実務的にはこのような不当性の審査はこれまでほとんどなされてこなかったところであり、公法学・行政法学上も、定まった審査の基準が（今日においても）あるわけではないものと考えられるが、委員会は処分の不当性に関しても審査権を有しているのであるから、上記不当の主張を付加しておくべきと思われる[29]。

---

[28]　国家公務員の病気休職に関しても、心身の故障のため、長期休養を要する場合（国公法79条１号）か否かの判断につき、「原則として医師の診断の結果に基づいて行う」こととされている（「人事院規則11-4（職員の身分保障）の運用について」（昭和54年12月28日任企－548、人事院事務総長発）第５条関係・１）。

[29]　行審法上の「不当」の基準等を分析したものとして、平裕介「行政不服審査法活用のための『不当』性の基準」『公法研究』78号（2016年）239～248頁、平裕介「行政不服審査における不当裁決の類型と不当性審査基準」『行政法研究』28号（2019年）167～199頁が、分限免職処分についての「不当」の基準等に関し考察したものとして、平裕介「地方公務員に対する分限免職処分の『不当』性審査基準に関する一考察」『日本大学法科大学院法務研究』14号（2017年）115～138頁がある。

3 書式例：地方公務員の分限免職処分に対する審査請求書の例

審 査 請 求 書

平成30年5月15日

Y市公平委員会　御中

審査請求人代理人　弁護士　×　×　×　×　㊞

〒×××-1234
X県Z市××一丁目2番3号
　　　　　審 査 請 求 人　甲 野 太 郎
〒×××-5678
X県Y市××四丁目5番6号　××ビル5階
××××法律事務所（送達場所）
　　　　電話：×××－×××－×××××
　　　　FAX：×××－×××－×××××
　　　　　上記代理人弁護士　　×　×　×　×

〒×××-9123
X県Y市××二丁目7番8号
　　　　　処　分　者　Y市長　×　×　×　×

　審査請求人は、地方公務員法49条の2の規定に基づき、下記のとおり審査請求
をする。

記

審 査 請 求 の 趣 旨

　処分者が平成30年2月24日付けで審査請求人に対してした地方公務員法第28条
第1項第2号の規定による分限免職処分を取り消す
との裁決を求める。

審 査 請 求 の 理 由

第1　処分を受けた者
　　　氏名　　甲 野 太 郎
　　　住所　　X県Z市××一丁目2番3号
　　　生年月日　　昭和43年4月8日

第2　処分を受けた者の処分を受けた当時の職及び所属部局
　　　Y市役所職員・総務部人事課所属
第3　処分者（処分を行った者）の職及び氏名
　　　Y市長　××　××
第4　処分の内容及び処分を受けた年月日
　1　処分の内容　地方公務員法28条1項2号に基づく免職処分
　2　処分年月日　平成30年2月24日
第5　処分があったことを知った年月日
　　　平成30年2月24日
第6　処分に対する不服の理由
　　　別紙のとおり
第7　審理方法
　　　公開の口頭審理
第8　処分説明書の交付を受けた年月日
　　　平成30年2月24日
第9　不服申立ての年月日
　　　平成30年5月15日

証　拠　方　法

1　甲第1号証　　主治医α作成の診断書
2　甲第2号証　　医師β作成の診断書
3　甲第3号証　　職高障発第0417004号・平成19年4月17日付け「視覚障害者
　　　　　　　　　に対する的確な雇用支援の実施について」

添　付　書　類

1　審査請求書副本　　　　1通
2　処分説明書写し　　　　2通
3　甲証拠写し　　　正副各1通
4　代理人選任届　　　　　1通
5　委任状　　　　　　　　1通

（別紙）
処分に対する不服の理由
1　事案の概要
　（1）　当事者の経歴
　当事者の経歴審査請求人は、平成4年3月にA大学法学部を卒業した後、同年4
月1日、Y市役所に入所し、以後、同日よりB課C係、平成6年4月1日よりD課
E係、平成9年4月1日よりF課G係、平成11年10月1日よりH部I課、平成13

Ⅳ　公務員に対する不利益処分等の行政手続　　113

年4月1日よりJ課K係、（中略）平成25年4月1日、総務部人事課付に配属となった。

（2）　処分の内容

審査請求人は、平成25年12月から平成26年2月まで、また同年11月から平成27年2月まで、糖尿病性網膜症の手術や治療のため、それぞれ療養休暇を取得し、平成27年2月25日からは視覚障害のため休職し、その後、復職に向けた職業リハビリテーションに励んでいたが、この視覚障害により、地方公務員法（以下、「地公法」という。）28条1項2号の「心身の故障のため、職務の執行に支障があり、又はこれに堪えない場合」に該当するものとして、審査請求人は平成30年2月24日付けで分限免職処分（以下、「本件処分」という。）となった。

（3）　事案の概要

本件は、上記のとおりY市役所に20年以上勤務してきた審査請求人が、視覚障害により、職務の遂行に支障があるとして、分限免職処分となったことに対し、主治医の診断書等に基づき審査請求人の能力を客観的に評価すれば、審査請求人のなしうる業務は多くあり、職務の遂行が可能であるにもかかわらず、Y市長が必要な支援を十分に講じることなく、審査請求人の職務遂行能力に関する問題点の多い一方的な検証作業を行うことなどによって、職務の遂行に支障があるとしてなされた本件処分は、Y市長の裁量権を逸脱・濫用した処分であり、地方公務員法に違反し、障害者基本法や障害者の雇用の促進等に関する法律等の趣旨にも反する、違法・不当なものであるから、Y市公平委員会に対して、本件処分の取り消しを求めるものである。

2　本件処分の違法性・不当性の判断についての基本的な考え方

（1）　分限免職処分の適否は諸般の考慮事項に照らし厳密・慎重に判断されなければならないこと

地公法の規定に基づく分限免職処分をする場合は、不利益の重大性及び処分の終局性から、「職務遂行の支障」の有無については極めて厳密かつ慎重に判断されなければならない。また、「職務」（地公法28条1項2号）は、当該地方公共団体の全ての職務を対象に検討し、かつ、職務の遂行方法や業務分担のあり方の見直し、物的人的支援のあり方の見直しなどを含め、被処分者の正当な能力に見合う代替業務はないか、あらゆる可能性を検討し尽くす必要があり、そうでない限りその処分は裁量権の逸脱又は濫用によるものとして取り消されるべきである（行政事件訴訟法30条、最二小判昭和48年9月14日民集27巻8号925頁参照）。

仮に、分限免職処分についての裁量権の逸脱又は濫用の違法性が認められないとしても、裁量判断において重視すべき考慮事項について専門技術的な観点からの考慮が十分ではない場合等には、少なくとも「不当」な処分として、分限免職処分は取り消されるべきである。

（2）　中途視覚障害者に対する分限免職処分については十分な合理的配慮が要請

114　　第2部　行政手続と行政事件

されること

　本件は、「心身の故障」が視覚障害という障害者雇用の問題に関連するものであることから、雇用確保について、より大きな責任が課せられているものと解されるべきで、障害者の雇用と就労に対する地方公共団体としての姿勢やあり方そのものが問われている問題でもあり、任命権者の裁量権の範囲はさらに大きく制約を受けることとなるのである。

　厚生労働省（以下、「厚労省」という。）は、平成19年４月に各都道府県の労働局に対して出した通知（甲３）において、在職中に（中途の）視覚障害を受障した者についてはその雇用を継続させ、離職を防ぐことが最も重要であるとした上で、そのためには当該者を雇用する事業主の視覚障害に関する正しい理解と本人の雇用継続に向けた努力への支援、雇用継続の決定が不可欠であり、特に視覚障害者の職域が確実に拡大していることについて事業主の正しい理解を促進することが重要であることを指摘している。この通知にあるように、障害者が自らリハビリテーションにより職業能力の開発・向上に努力している場合には、事業主は必要な支援・合理的な配慮を行うことが求められているものであり、事業主が国や地方公共団体であればなおさらのことである。人事院も、平成19年１月に各省庁（都道府県等も含む。）の人事担当課長に対し、中途で視聴覚障害者となった職員の就労継続に必要な職業リハビリテーションを受講できる根拠となる通知（甲４）を出しているところである。

　このように、中途視覚障害者に対する分限免職処分については十分な合理的配慮が要請されることから、同処分の裁量権の逸脱・濫用を基礎づけるところの考慮不尽（考慮ないし重視すべき事項に係る事由を十分に考慮・重視しないこと）や他事考慮（考慮してはならない事項を考慮ないし重視すること）、考慮事項に係る評価に合理性が（明らかに）欠けていること、あるいは、比例原則に違反するなどの判断に際して、上記合理的配慮の観点に照らした慎重な判定がなされる必要がある。

３　本件処分が裁量権の逸脱又は濫用による違法なものであること

　（１）　処分が裁量権の範囲内にあるといえるためには、当該職員が現に就いている職に限らず、転職可能な他の職務を含めて適格性がないといえなければならず、さらに、障害者の有する能力を適正に評価し、適用な雇用の場を与えるという観点に立ってもなお、当該職員の有する能力で遂行し得る適当な職務が存在せず、免職処分がやむを得ないと認められなければならない。

　しかるに、処分者の「検証」作業は、とても他の職員の支援、補助によって業務遂行を図ろうとする観点から行ったとは言い難い。処分者が本来なすべき判断は、障害を負う前の業務を遂行できるか、健常者と同等の業務が遂行できるかではなく、当該障害者にできる業務は何があるのか、どのような環境設定をすれば当該業務に従事可能かということである。処分者にはまずそれらを客観的に評価し、能力に見合う業務を考え探し出して、提供する責務がある。その能力に見合う業務の有無を

Ⅳ　公務員に対する不利益処分等の行政手続　　115

検討するに際しては、業務を1人で完遂できるかという視点に捉われることなく、他の職員と協力・協働することによって一定の職務を遂行することができるかという観点で検討されるべきであり、障害者としては、その能力に相応しい範囲の業務を遂行し、障害のためにどうしてもできない部分については雇用主側が適切な物的・人的支援を講じてこれを補うことによって障害者の能力を活用することが重要である。そのような観点・考え方を欠いた本件検証は、審査請求人を辞めさせるために行われたとさえみえるものであり、本件処分の当否を考えるに当たって考慮すべきものではない。ゆえに、これらの点に他事考慮の違法がある。

（2）　本件では、主治医α及び医師βが、審査請求人につき、復職し、就労することが可能であるとの診断を行っている（甲1、甲2）。仮に、実際に復職してみなければ就労可能かどうかは分からないとの事情が想定されるとしても、そのような点は現実に復職させた上での判断にかかわるもので、復職自体を妨げる事由にはなり得ない。ゆえに、考慮不尽の違法がある。

（3）　審査請求人は、平成29年5月11日から同年10月29日まで視覚リハビリテーションや職業訓練を受け、現在も、自宅で、毎週パソコン技能訓練を受けている。今後も、歩行訓練やパソコン訓練を受ける予定であり、職場復帰に対する意欲ないし意思は強固であるから、これらの点を考慮ないし重視しないといえる本件処分には考慮不尽の違法がある。

（4）　審査請求人が市役所内において対応可能な業務としては、電話応対、窓口応対、申請書などの文書受付、申請書などの文書の書類審査、許可書などの文案の作成、日常の業務管理、報告依頼に対する回答書案の作成、業務の連絡及び調整、業務に対する知識と資料のレファレンス業務、その他がある。上記業務を審査請求人が行うに当たり、市は本人の能力を正当に評価し、それに見合うふさわしい業務を行わせ、一人ではできない部分や足りない部分は、市が人的・物的に補い支えあって業務をするという分業の視点が不可欠である。

たとえば、運転免許証による本人確認について、白黒反転した写真による大物の照合は困難を伴うが、一定の合理的配慮（画面の白黒反転、拡大鏡の使用など）がなされれば、審査請求人においても本人確認作業は可能である。しかも、障害者の業務遂行能力の漸次的な向上という点も考慮されなければならない。また、作成された文書等についてもミスがないか確認も、文書の読み上げソフトなど視覚障害者用の支援ソフトを用いるという合理的配慮さえなされれば本人においてもミスの確認は可能である。

したがって、以上の点に関しても、考慮不尽の違法があるか、あるいは考慮事項に係る評価に合理性が明らかに欠けているといわなければならない。

（5）　本件処分は、審査請求人の身分を失わせることが妥当かという重大な人権問題であるにもかかわらず、業務の効率性の観点を過度に強調し、20年間以上も勤務した審査請求人の身分を奪うことの正当性を違法に基礎づけようとしているものといわざるをえないものであり、考慮不尽等の違法があるといえるか、ないしは

過剰な手段を選択するものであり、比例原則に違反するものである。

（６）　処分者は、審査請求人が事務処理に長時間を要することで、他の職員が業務を代行することや、勤務時間外に支援・補助するなどの支援が必要となるなどとするが、適切な職務について合理的配慮の上で、適切な分量の業務を他の職員にも命じさえすれば業務上の問題は生じないものであり、あるいは、文書の読み上げソフトといった視覚障害者用の支援ソフトを用いるなど、処分者には視覚障害者職員に対する合理的配慮が可能なはずである。しかし、このような合理的配慮はなされておらず、むしろ他の職員にとっての不必要な負担であるかのような態度を示しているものである。

また、処分者は、審査請求人があらゆる事務作業を100パーセント完璧にできたか否かによって審査請求人の業務担当能力の有無を判断しようとしているものといえるが、ここにも視覚障害者に対する合理的配慮を行おうとする姿勢は見られない。

そして、処分者、審査請求人という視覚障害者の存在そのものが他の職員の業務に大きな支障をきたすとする考えに立っており、このような処分者の姿勢は、障害者はお荷物である旨公言するに等しく、障害者の社会参加を促すための障害者基本法、障害者の雇用の促進等に関する法律等、障害者に関わる法令に通底する基本理念に著しく反するものある。

したがって、以上の点に関しても、考慮不尽の違法があるか、あるいは考慮事項に係る評価に合理性が明らかに欠けているなどの違法がある。

（７）　以上のとおり、審査請求人は復職し就労する能力・意欲を有し、市には対応可能な業務も存在しているのに、処分者は、審査請求人の有する能力・意欲を正当に評価せず、主治医の診断書も無視し、障害を負う前の業務が遂行できるかどうかという視点のみにとらわれ、一方的な「検証」作業のみを根拠に審査請求人を分限免職にしたものである。また、本件処分は、本来収集されるべき情報がほとんど収集されず、さらに、他に選び得る手段が存在するにもかかわらず、これを看過してなされたものである。したがって、前述した他事考慮、考慮不尽、考慮事項についての明白な評価の誤り、比例原則違反といった違法があり、その結果、本件処分は社会通念に照らし著しく妥当性を欠くものといえ、裁量権を逸脱・濫用の違法があるというべきであるから、本件処分は取り消されるべきである。

４　本件処分は不当なものであること

（１）　仮に本件処分が裁量権を逸脱・濫用したものとして違法とまでいえないとしても、前記厚生労働省及び人事院の通知の趣旨等に照らせば、職員が障害者となった場合、自治体当局は、その専門的・技術的な知見に基づいて、できる限りその雇用を継続する方向で十分な考慮・検討を行うことが要請されているものといわなければならず、そのような考慮・検討が行われない場合には、分限免職処分は最も公益及び被処分者の利益に適合したものとはいえず「不当」（行政不服審査法１条１項）であり、取り消されるべきものというべきである。

Ⅳ　公務員に対する不利益処分等の行政手続　　117

（2）　この点に関し、前述したとおり審査請求人の就労の意思は強く、2名の医師も審査請求人につき復職・就労が可能であるとの診断を行っているにもかかわらず、処分者は、業務の効率性を重視するあまり、審査請求人について他の業務への転換も視野に入れた復職の可能性について本来収集されるべき情報を収集せず、検討をおろそかにして本件処分を行ったものと言わざるを得ない。すなわち、処分者は、少なくとも平成23年2月中旬ころまではY市役所内における職場訓練をさせた上で検証作業を行うことができたにもかかわらず、これを怠って十分な準備期間を設けずに検証作業を開始し、同年1月中には、検証作業を一方的に打ち切った上で、本件処分を行ったものである。また、処分者が医師等との緊密な連携・情報交換を行った形跡もみられない。

したがって、本件処分は最も公益及び被処分者の利益に適したものとはいえず、「不当」な処分として取り消されるべきである。

5　以上のとおり、本件処分は裁量権を逸脱又は濫用したものとして違法であり、そうでないとしても、不当なものであるから、取り消されるべきである。

● 第3　措置要求

1　措置要求の対象

次に措置要求等について解説する。職員は[30]、勤務条件に関し、人事院／人事委員会・公平委員会に対して人事院等／地方公共団体の当局により適当な措置がとられるべきことを要求することができるとされている（国公法86条、地公法46条）。

措置要求は、公務員が前記第2の審査請求に係る不利益処分（分限処分、懲戒処分）を受けた場合に活用することができるだけではない。すなわち、措置要求の対象は広範であり、審査請求の場合のように不利益処分に限られるものではなく、勤務条件に関する事項であればその対象となるとされている[31]。

---

[30]　分限免職処分ないし懲戒免職処分を受けた職員の審査請求の場合とは異なり、現役の職員に限られる。したがって、例えば、退職者が、退職金が少なすぎるとして、追加払いを要求することはできない（實金・実務268頁）。なお、措置要求の規定は、行政執行法人の職員には適用されない（行政執行法人の労働関係に関する法律37条1項1号）。

[31]　すでに不利益処分に対する審査請求の項で述べたとおりであるが、内規に基づく訓告や注意（懲戒処分には至らないもの）につき、「これが昇給延伸等の措置と結びつけば、国家公務員法89条にいう『いちじるしく不利益な処分』、地方公務員法49条にいう『不利益な処分』として人事院や人事委員会・公平委員会に審査請求をすることができると解釈する余地があ」るという見解がある（宇賀・概説475〜476頁）、このような見解が実務的に採られることは相当困難と思われるが、「昇給延伸等の措置と結合しておらず審査請求の対象とはならない場合であっても、措置要求の対象にはなると思われる」（同頁）。

118　　第2部　行政手続と行政事件

勤務環境に関する事項も含むため、例えば、セクハラやパワハラを受けている場合も措置要求は可能である。また、退職勧奨のような行政指導も措置要求の対象になる[32]。

措置要求の対象として、管理運営事項を除くとする解釈（管理運営事項は、団体交渉の対象から除外されていることを根拠とする）が有力であり[33]、例えば、自己の勤務評定を変えてほしいとの要求や、予算が少なすぎて職務に支障があるので、予算を増額せよとの要求は（基本的には）できないと解される[34]が、定員管理のような管理運営事項であっても、過重勤務の解消のためであれば勤務条件として措置要求の対象となる（なりうる）と解されている[35]。

なお、同一事項について、何度でも要求できる（一事不再理の適用はない）ため、例えば、「去年、エアコンの増設を要求したがゼロ回答だったので、今年も同じ要求をする」といった措置要求は許される[36]。

2　国家公務員の措置要求権

国家公務員（一般職）は、俸給、給料その他あらゆる勤務条件に関し、人事院に対して、人事院若しくは内閣総理大臣又はその職員の所轄庁の長[37]により、適当な行政上の措置が行われることを要求することができる（国公法86条）。

措置要求があったときは、人事院は、必要と認める調査、口頭審理その他の事実審査を行い、事案の性質により適当と認めるときは苦情審査委員会（人規13-2〔勤務条件に関する行政措置の要求〕9条）を設置して当該事案を審査させ、事案の審査が終了したときは、一般国民及び関係者に公平なように、かつ、職員の能率を発揮し、及び増進する見地において、速やかに事案を判定しなければならない（国公法87条）。

人事院は、判定に基づき、勤務条件に関し一定の措置を必要と認めるときは、その権限に属する事項については、自らこれを実行し、その他の事項については、内閣総理大臣又はその職員の所轄庁の長に対し、その実行を勧告しなければならない（国公法88条）。人事院は、場合によってはあっせん等により解決を図ることもある。[38]

---

[32]　宇賀・概説475頁。

[33]　森園幸男＝吉田耕三＝尾西雅博編『逐条国家公務員法〈全訂版〉』（学陽書房、2015年）（以下「森園ほか・逐条国公法」という。）743頁、實金・実務267〜268頁、宇賀・概説476頁。

[34]　實金・実務267〜268頁。

[35]　森園ほか・逐条国公法743〜744頁、宇賀・概説476頁。

[36]　實金・実務268頁。

[37]　外務公務員については、外務人事審議会により、適当な行政上の措置が行われることを要求することができる（外公17条1項、外公令1条の4）。

[38]　宇賀・概説474〜475頁参照。

Ⅳ　公務員に対する不利益処分等の行政手続　　119

3　地方公務員の措置要求権

　地方公務員（一般職）の場合も、国家公務員の場合と同様に、人事委員会又は公平委員会に対する勤務条件に関する措置要求の制度がある（地公法46条・47条）。人事委員会又は公平委員会に対する措置要求及び審査、判定の手続並びに審査、判定の結果とるべき措置に関し必要な事項は、人事委員会規則又は公平委員会規則で定めなければならないとされている（地公法48条）。[39]

4　苦情相談

　措置要求制度が現状では殆ど利用されていないと考えられる[40・41]のに対し、職員からの勤務条件その他の人事管理に関する苦情の申出及び相談をインフォーマルに処理する苦情相談は、きわめてよく利用されており、平成29年度における人事院への苦情相談件数は1111件にのぼる。人事院は、人事院事務総局の職員のうちから職員相談員を指名し（人規13-5〔職員からの苦情相談〕3条）、人事院の指揮監督の下に、指導、あっせんその他の必要な措置を行わせることとされている（人規13-5第4条1項）。[42]

　なお、自治体でもこのような苦情相談制度を導入しているところがあることから、インフォーマルな行政手続であるとはいえ、利用件数の多い救済制度に法律家（弁護士）が積極的に関与する余地があるとすれば、法律家の一つのビジネスモデルの構築につながるのではないかと思われる。

［平 裕介］

---

[39]　宇賀・概説475頁参照。

[40]　国家公務員の措置要求に関し、「2017（平成29）年度の新たな措置要求件数は13件であり、前年度から繰り越した5件と併せて18件が係属した。人事院が行った措置要求にかかる判定は2件であった。取下げ・却下等は10件であった。」（宇賀・概説475頁）とされている。

[41]　地方公務員の措置要求に関し、政令指定都市である札幌市のウェブサイトによると、平成30年5月1日時点で、札幌市の人口は196万5343人であり、職員数は、平成28年においては一般行政職員が7278人、教育部門の職員が1764人、消防部門の職員が1845人（以上合計1万0887人）である（札幌市公表の「平成29年度札幌市の給与・定員管理等について」15頁）。そして、「勤務条件に関する措置要求」の統計データ（平成24年度～平成29年度のもの、札幌市ウェブサイト）によると、措置要求権を有する職員の数が1万人を超える大規模な都市であっても、判定の結果、最終的に勧告（認容）がなされた案件は平成24年から平成29年度の6年間に1件もないようである。

[42]　宇賀・概説493頁参照。

120　　第2部　行政手続と行政事件

Ⅴ　公正取引委員会による調査等

第1　事案の概要

　甲建設株式会社は、国土交通省東北地方整備局が一般競争入札（価格評価方式：予定価格内最廉価格の入札書を落札として決定する）の方法により発注する道路舗装工事（以下「本件工事」という。）に応札することとしたところ、その競争事業者である乙建設株式会社、丙建設株式会社及び丁建設株式会社も同入札に応札することとなった。

　その後、上記4社は、それぞれ、同整備局の調達担当官から、入札予定価格等を決定するための参考資料として、参考見積りの提出を求められ、同見積りを提出した。

　甲社の担当者Xは、何としても同工事を受注したいと考えており、また、日ごろの営業活動の中で、国土交通省東北地方整備局の調達担当官Yも甲社に受注させる意向を持っているという感触を得ていたが、乙社、丙社及び丁社の各担当者と連絡を取り合って受注調整するのはまずいと考え、個別に同担当官と面会し、同担当官に対し、甲社としての強い受注の意向を伝えるとともに、他3社の参考見積価格の教示を求めるとともに同入札における入札予定価格の教示を求め、さらに、他3社に対する根回しを求めた。

　これに対し、同整備局の調達担当官Yは消極的な態度を示したが、最終的には、甲社担当者Xの求めに応じ、同人に対し、当該入札における入札予定価格と他3社の参考見積価格を教示し、さらに、甲社の落札を確実なものとするため、他3社の担当者を個別に呼び出し、甲社落札の意向を示して協力を求め、その了承を得た。

　その後、乙社は上記受注調整から離脱するつもりで応札を辞退し、丙社及び丁社は同一地方における他の道路舗装工事の落札への影響を慮り、同調達担当官Yの意向に従って高値で入札した結果、甲社が本件工事を落札した（落札率99.5パーセントの入札価格）。

　その後、甲社の内部通報制度を利用して、同社内部統制推進部に対し、上記談合情報がもたらされたため、同社は、法務部を通じて、同社顧問弁護士であるA弁護士にその後の対応等を相談した。

Ⅴ　公正取引委員会による調査等　　121

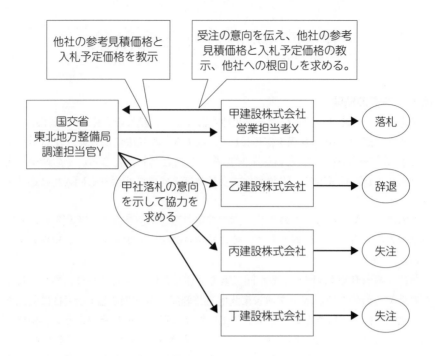

第2 公正取引委員会による審査
1 審査の端緒
(1) 端緒

公正取引員会による調査の端緒については、①職権探知、②一般人からの申告、③課徴金減免制度の利用及び④中小企業庁の請求等があるとされているところ、必ずしもその実態は明らかにされていないが、現在、その多くは課徴金減免制度を利用したものであるといわれている。

(2) 課徴金減免制度 (Leniency policy)
ア 意 義

課徴金減免制度とは、事業者が自ら関与したカルテル・入札談合について、その違反内容を公正取引委員会に自主的に報告した場合、課徴金が減免される制度であり、公正取引委員会が調査を開始する前に他の事業者よりも早期に報告すれば、課徴金の減額率が大きくなる仕組みとなっており、公正取引委員会の調査開始日前と調査開始日以後とで合わせて最大5社（ただし調査開始日以後は最大3社）に適用され、事業者自らがその違反内容を報告し、更に資料を提出することにより、カルテル・入札談合の発見、解明を容易化して、競争秩序を早期に回復することを目的としている（公正取引委員会ホームページ）。

イ　制度の概要

（ア）対象となる違反行為

a　私的独占の禁止及び公正取引の確保に関する法律（以下「独占禁止法」という。）の「不当な取引制限」［独占禁止法（以下「法」と略す）2条第6項］に該当する行為又は不当な取引制限に該当する事項を内容とする国際的協約若しくは国際的契約であって、課徴金納付命令の対象となる行為。

（注）国際カルテルについて各国の当局から同様の措置の減免を受けようと思えば各国の当局に対して同様の申請を行う必要がある。

b　事業者団体が行う不当な取引制限に相当する行為（法8条1号）

（イ）　順位と減免率（法7条の2第10項・11項・12項）

調査開始前の第1位申請者　　　⇒　全額免除
調査開始前の第2位申請者　　　⇒　50%減額
調査開始前の第3位申請者　　　⇒　30%減額　　合計5社まで
調査開始前の第4・5位申請者　⇒　30%減額

調査開始日以後の申請者　　　　⇒　30%減額　⇒　最大3社まで

（ウ）　法改正

　事業者による調査協力を促進し、適切な課徴金を課すことができるものとすることなどにより、不当な取引制限等を一層抑止し、公正で自由な競争による我が国経済の活性化と消費者利益の増進を図ることを目的として、平成31年3月12日、独占禁止法の改正案が閣議決定された。同改正案には課徴金減免制度の改正も含まれており、その内容は以下のとおりである。

調査開始の前後	申請順位	申請順位に応じた減免率	協力度合いに応じた減算率
調査開始前	1位	全額免除	
	2位	20%	＋最大40%
	3〜5位	10%	
	6位以下	5%	
調査開始後	最大3社（注）	10%	＋最大20%
	上記以外	5%	

（注）調査開始日前と合わせて5位以内である場合に適用。

Point 1：申請順位に応じた減免率に、事業者の実態解明への協力度合い（事業者が自主的に提出した証拠の価値）に応じた減算率を付加。

V　公正取引委員会による調査等　　123

Point 2：申請者数の上限を撤廃（全ての調査対象事業者に自主的な調査協力の機会あり）。

Point 3：事業者による協力のないようと公正取引委員会による減算率の付加について両者間で協議。

※同法案の施行期日は、公布の日から起算して1年6月を超えない範囲内で政令で定める日とされている。

(注) 不当な取引制限に係る課徴金の算定

	原則	再度の違反	主導的役割	再度の違反＋主導的役割	早期解消
製造業	10%（4%）	15%（6%）	15%（6%）	20%（8%）	8%（3.2%）
小売業	3%（1.2%）	4.5%（1.8%）	4.5%（1.8%）	6%（2.4%）	2.4%（1%）
卸売業	2%（1%）	3%（1.5%）	3%（1.5%）	4%（2%）	1.6%（0.8%）

（カッコ内は中小事業者の場合の算定率）

(注) 早期に違反行為をやめた場合には基準の算定率を20%軽減して計算した額が課徴金額となる（法7条の2第6項）。

(注) 違反行為を繰り返した場合、又は違反行為において主導的な役割を果たした場合にはそれぞれ基準の算定率を50%加算して計算した額が課徴金額となる（法7条の2第7項・8項）。

(注) 違反行為を繰り返し、かつ違反行為において主導的な役割を果たした場合には、基準の算定率を2倍にして計算した額が課徴金額となる（法7条の2第9項）。

(注) 「再度の違反」とは、調査開始日からさかのぼり10年以内に課徴金納付命令を受けたことがある場合のことである（法7条の2第7項）。

　ウ　刑事罰との関係

　　(ア) 課徴金減免制度の対象となる不当な取引制限は、刑事罰の対象となる行為である（法89条、95条）。

　　　　法人等の事業主　⇒　5億円以下の罰金

　　　　法人等の役員、従業員等

　　⇒　5年以下の懲役又は500万円以下の罰金

　　(イ) 公正取引委員会が専属告発権限を有する（法96条）

　　(ウ) 課徴金減免制度を設けても、刑事罰を受けることを懸念した事業者が申請を行うことを控えるのではないかとの懸念があるため、以下の要件を満たす事業者及び個人については刑事告発を行わないこととされた（平成21年10月23日「独占禁止法違反に対する刑事告発及び犯則事件の調査に関する公正取引委員会の方針」）

　　　① 調査開始日前に単独で最初に課徴金の全額免除に係る報告及び資

124　第2部　行政手続と行政事件

料の提出を行った事業者（7条の2第17項各号のいずれかに該当する事実があると認められる事業者を除く。）
② 調査開始日前に他の事業者と共同して最初に課徴金の全額免除に係る報告及び資料の提出を行った事業者（7条の2第17項各号のいずれかに該当する事実があると認められる事業者及び当該事業者と共同して申請を行った事業者を除く。）
③ ①又は②に該当する事業者の役員、従業員等であって当該独占禁止法違反行為をした者のうち、当該事業者の行った公正取引委員会に対する報告及び資料の提出並びにこれに引き続いて行われた公正取引委員会の調査における対応等において、当該事業者と同様に評価すべき事情が認められるもの
(注) 2番目以降の申請者については、調査への協力の度合い等を総合的に考慮して、告発するか否かを判断するというケース・バイ・ケースの対応を採ることとされている。

エ 課徴金減免申請の手続
(ア) 公正取引委員会の調査開始日前の場合

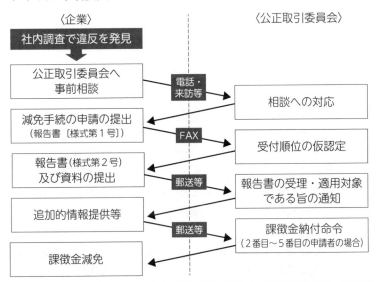

（公正取引委員会ホームページ）

（イ）公正取引委員会の調査開始日後の場合

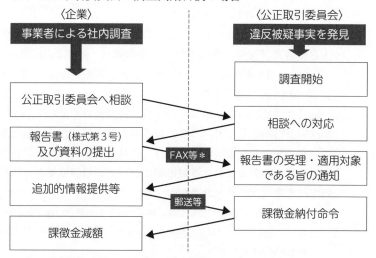

（公正取引委員会ホームページ）

（ウ）留意事項
① 申請は会社としての意思に基づくものであること。
② 申請は単独で行うこと。
③ 申請を行った事実は第三者に明らかにしないこと。
証拠の隠滅や口裏合わせといった行為を生むこととなり、調査を行う上で重大な妨げとなることが懸念されるため。
記者発表や他社に「仁義を切る」は不可。
⇒ 弁護士に取扱いを相談するケース、子会社が親会社の法務部門に相談するケース、国際カルテルを申請する企業が他国の競争当局に同様の申請を行うケースなどは正当な理由あり。
④ 公正取引委員会の調査開始日（調査開始日以後の申請の場合は様式第３号及び資料の提出日）以後に違反行為をしていないこと。
取締役会等で違反行為への参加を取りやめることを決定し、それを違反行為に参加していた社内の当事者に周知することが必要である（例えば、取締役会の決議で今後違反行為には加わらないこととする旨の決議を行ってこれを周知することが考えられる。）が、それでは減免申請を行ったことが外部に漏れてしまうと考えられるような場合には、より少数の経営幹部により決議を行い、これを代表者の命令として違反行為に関与した役員、従業員等に今後そのような違反行

為を行わない旨を周知することでも足りる。

（エ）課徴金減免申請の書式

別紙１－１（様式第１号）、別紙１－２（様式第２号）及び別紙１－３（様式第３号）参照。

オ　A弁護士の取るべき措置

（ア）甲建設株式会社から相談を受けたのが公正取引委員会の調査開始前であれば、A弁護士は、その時点における社内調査の結果を踏まえて、独占禁止法違反の事実ありと想定された場合には、公正取引委員会事務総局審査局管理企画課の課徴金減免管理官に対し、事前相談し[03-3581-2100（直通）]、あるいは、（事前相談せずに）直ちに、報告書（様式第１号）に必要事項を記入して、FAX送信（FAX番号03-3581-5599）することにより、受付順位の仮認定を受けるべきである。前記（第２－１－（２）－エ）記載のとおり、報告書（様式第１号）をFAX送信して受付順位の仮認定を受けると、公正取引委員会から、一定の期限付き（事案によるが２週間から１か月程度が多いようである。）で報告書（様式第２号）及び資料の提出を求められるが、同報告書の提出は報告書（様式第１号書面）の提出者に必ず義務付けられるものではなく、仮に、報告書（様式第１号書面）提出後の社内調査等により課徴金減免申請を行うまでもない事案であることが判明した場合等に、報告書（様式第２号を）提出しないまま期限を徒過すれば、報告書（様式第１号）の提出や受付順位の仮認定が失効するという効果が生じるのみである。

他方で、報告書（様式第１号）の提出に時間を要していると、競合他社に先を越され、前記（第2-1-（2）-イ）記載の第１位申請者としての恩恵を受けられなくなるおそれがあるため、独占禁止法違反の疑義ある事案においては、逡巡することなく、報告書（様式第１号）のFAX送信をするべきである。

（イ）一方、A弁護士が甲建設株式会社から相談を受けたのが公正取引委員会の調査開始後の場合、その後の課徴金減免申請が認められた場合には、課徴金額の30パーセントの減額が認められるところ、その対象となるのは、前記（第2-1-（2）-イ）のとおり、同調査開始後の申請者３社まで（調査開始前の申請者と通じて５社まで）とされているので、A弁護士は、報告書（様式第３号）の提出を急ぐべきである。

Ⅴ　公正取引委員会による調査等　　127

2 調査の実施と違反事実の認定

（1） 調査の実施

ア 行政調査と犯則調査

公正取引委員会による独占禁止法違反事案に関する調査活動を「審査」という。そして、調査には、行政調査と犯則調査とがある。

行政調査とは、公正取引委員会が独占禁止法違反の事実ありと思料した場合に実施される調査であり、被調査者が調査に応じない場合には刑罰が科される間接強制の方法により、営業所などへの立入検査を実施して関係書類の提出を命じ、あるいは関係者に出頭を命じて事情聴取する等の調査が行われる（法47条）。

これに対し、犯則調査は、公正取引委員会が刑事告発相当事案であると判断した犯則事件（法89条・90条・91条の罪に係る事件）を対象として行われる調査である。犯則調査においては、関係者からの事情聴取、所持品の検査等を行うことができ（法101条）、その必要に応じて裁判官の発する許可状を得て、直接強制の方法により、臨検・捜索を行い、物件を差し押さえることができる（法102条1項・2項）。当初、行政調査の対象となっていた事案が調査の過程において犯則相当と判断されることがあり、この点についての公正取引委員会の判断は、当該事案の調査に関わっている同委員会審査官等の所属部門等により推知することができるので、A弁護士は、同委員会による立入検査やその後のやり取りの際に、可能な限り立ち会い、同委員会審査官等と名刺交換をするなどして、そこに犯則審査部の審査官等が含まれているか否かにより、同委員会が当該事案の告発も視野に入れているか否かを推知すべきである。

イ 行政調査の実施

（ア） 行政調査の内容

公正取引委員会は、行政調査権限に基づき、違反行為を行っている疑いがある事業者等に対し、立入検査、提出命令、留置、出頭命令及び審尋、報告命令等の処分を行う。

（イ） 立入検査等

a 公正取引委員会は、違反行為を行っている疑いがある事業者等の営業所その他必要な場所に立ち入り、業務及び財産の状況、帳簿書類その他の物件を検査することができる（法47条1項4号）。また、事件調査に必要と考えられる帳簿書類その他の物件について、それらの所持者に提出を命じ、留置することができる（同条1項3号）。

正当な理由なく、これらの検査を拒むなどした場合には罰則が適用されることがある（法94条）。公正取引委員会が、法47条に基づく立入検査ではなく、事業所等を訪問し、事業者等の任意の協力に基づく

　　　　資料の提出等を求めてくる場合もある。
　　b　公正取引委員会は、一般的に、立入検査の円滑な実施に支障がない範囲で弁護士の立会いを認めているので、A弁護士は、甲建設株式会社から公正取引委員会が立入検査に入った旨の連絡を受けた場合、可能な限り、立入場所に急行して同検査に立ち会い、その適法性をチェックすべきである。

事業者等の営業所等へ訪問	○立入検査では、違反行為を行っている疑いがある事業者等の営業所等に公正取引委員会議員（審査官等）が立ち入り、帳簿書類その他の物件を検査し、事件調査に必要と考えられる物件を収集します。
↓	
責任者等へ違反被疑事実等の告知	○立入検査場所の責任者等に対して、 ・身分を示す審査官証を提示します。 ・行政調査の根拠条文、事件名、違反の疑いがある行為の概要（違反被疑事実）等を記載した告知書を交付します。 ・調査に応じない場合には罰則の対象となる旨を説明します。
↓	
検査の実施	○営業部門、経理部門など審査官が事件調査に必要と判断した場所について、責任者等の立会いの下、帳簿書類その他の物件を検査します。
↓	
物件の提出命令・照合	○審査官が事件調査に必要と判断した物件（電子データも含みます。）について、提出命令を行います。その際、対象となる物件の品目を記載した目録を作成し、提出命令書に添付します。 ○提出物件全てについて、責任者等の面前で一点ずつ提示し、目録との照合を行います。 ○日々の事業活動に用いる必要があると認められる提出物件については、立入検査の円滑な実施に支障が生じない範囲で、謄写の求めに応じています。
↓	
物件の留置	○照合を終えた物件については、原物を現状のままお預かりし、公正取引委員会において保管します。その際、留置物に係る通知書を交付します。 ○お預かりした物件については、後日、閲覧・謄写することができます。 ○事業者等が所有するコピー機のほか、デジタルカメラ、スキャナー等の電子機器による謄写も可能です。
↓	
終了	

（公正取引委員会ホームページ）

（ウ）供述聴取

 a 供述聴取には、被聴取者の任意の協力に基づいて行われる供述聴取と間接強制力を伴う審尋（法47条1項1号）がある。

  審尋は、被聴取者に出頭を命じた上で聴取が行われる。審尋の場合には、被聴取者が正当な理由なく出頭しない場合や、陳述をしない又は虚偽の陳述をした場合には、罰則が適用されることがある（法94条）。

 b 事案の実態解明の妨げになるおそれがあるとの理由で、原則として、供述聴取時における第三者（弁護士を含む）の立会い、録音・録画、メモの作成は認められておらず、調書作成時における調書の写しの交付も行われていない。

  したがって、A弁護士は、甲建設株式会社の役職員等の被聴取者に対し、事前に、予想される聴取事項等に基づき、あるいは、聴取終了後に聴取状況の報告を受けるなどして、助言を行うこととなる。

（エ）報告命令等

公正取引委員会は、違反行為を行っている疑いがある事業者等に対して、事件調査に必要な情報について、報告を求めることができる（法47条1項1号）。

これに違反して、報告をしない場合又は虚偽の報告をした場合には、罰則（法94条）が適用されることがある。

公正取引委員会が、法47条に基づく報告命令ではなく、事業者等の任意の協力に基づく報告を求めてくる場合もある。

（オ）審査官の処分に対する異議申立て・任意の供述聴取に関する苦情申立て

法47条に基づいて審査官が行った立入検査、審尋等の処分に不服があるときは、その対象となった事業者等は、処分を受けた日から1週間以内に、その理由を記載した文書をもって、公正取引委員会に対し異議の申立てをすることができる（公正取引委員会の審査に関する規則22条）。

また、任意の供述聴取における審査官等の言動等について、任意の供述聴取に関する苦情申立制度がある。

（2）本件4社間における意思の連絡、合意及び相互拘束性

 ア 不当な取引制限は、「事業者が……他の事業者と共同して……相互にその事業活動を拘束」（法2条6項）するものであるであるので、それらの事業者間で談合等について事前の「意思の連絡」と「合意」とが必要である。「意思の連絡」は「合意」への過程であって、「合意」は「意思の連絡」の結果である。また、いわゆる談合破りなどの実例を考えると、「合意」を

しても、直ちに談合等の不当な取引制限を実現できるわけではなく、その実効性を確保するための方策を講じるなどして、各事業者間で相互にその事業活動を拘束していることが必要であるとされる（相互拘束性）。

　　また、「意思の連絡」に関しては、各事業者間において直接的な意思の連絡がなくとも、刑法上の順次共謀のごとく、調達担当官を介した間接的な意思の連絡を認定される場合もあるので、A弁護士としては、この点の防御にも留意する必要がある。

　イ　これらの「意思の連絡」、「合意」及び「相互拘束性」については、以下の裁判例等が参考になる。

　　（ア）意思の連絡につき

①　「共同行為の成立に、単に行為の結果が外形上一致した事実があるだけでは、未だ十分ではなく、進んで行為者間になんらかの意思の連絡が存することを必要とする。」（進駐軍向け合板入札価格談合事件：昭和24年8月30日正式審決）

②　「（意思の連絡とは）複数事業者間で相互に同内容又は同種の対価の引き上げを実施することを認識ないし予測し、これと歩調をそろえる意思があること」（東芝ケミカル事件：東京高判平成7年9月25日判タ906号136頁）

　　（イ）黙示の合意につき

「一方の対価の引上げを他方が単に認識、認容するのみでは足りないが、事業者間相互で拘束し合うことを明示して合意することまでは必要ではなく、相互に他の事業者の対価の引上げを認識して暗黙のうちに認容することで足りる」、「対価の引上げがなされるに至った前後の諸事情を勘案して事業者の認識及び意思がどのようなものであったかを検討し、事業者相互間の認識、認容があるかどうかを判断すべきである。」（前掲東芝ケミカル事件）

　　（ウ）相互拘束性につき

「被告人らは、それぞれの所属する被告会社の業務に関し、その内容の実施に向けて努力する意思をもち、かつ、他の被告会社もこれに従うものと考えて、石油製品価格をいっせいに一定の幅で引き上げる旨の協定を締結したというのであり……かかる協定を締結したときは、各被告会社の事業活動がこれにより事実上相互に拘束される結果となることは明らかであるから、右協定は、独禁法2条6項にいう『相互にその事業活動を拘束しこの要件を充足』する」（石油価格協定事件：最二小判昭和59年2月24日刑集38巻4号1287頁）

（3）　乙社の違反行為からの離脱の有無

　甲社の顧問弁護士であるA弁護士においてはあまり興味を持ち得ないところであるが、応札を辞退した乙社については、違反行為からの離脱が問題となり得る。

Ⅴ　公正取引委員会による調査等　　　131

この点につき、いわゆる岡崎菅工排除措置判決（東京高判平成15年３月７日）は、「本件のように受注調整を行う合意から離脱したことが認められるためには、離脱者が離脱の意思を参加者に対し明示的に伝達することまでは要しないが、離脱者が自らの内心において離脱を決意したにとどまるだけでは足りず、少なくとも離脱者の行動等から他の参加者が離脱者の離脱の事実を窺い知るに十分な事情の存在が必要であるというべきである。」とする。

（4）　入札談合等関与行為防止法違反について

　ア　問題点

　本件においては、発注機関の調達担当官であるYが、甲社の営業担当者X　に対し、当該入札における入札予定価格と他３社の参考見積価格を教示し、さらに、甲社の落札を確実なものとするため、他３社の担当者を個別に呼び出し、甲社落札の意向を示して協力を求め、その了承を得た行為につき、入札談合等関与行為防止法違反が問題となる。

　イ　入札談合等関与行為防止法違反の対象となる発注機関（法２条１項・２項・３項）

① 　国
② 　地方公共団体
③ 　国又は地方公共団体が資本金の２分の１以上を出資している法人
④ 　特別の法律により設立された法人のうち、国又は地方公共団体が法律により、常時、発行済株式の総数又は総株主の議決権の３分の１以上に当たる株式の保有を義務付けられている株式会社（政令により、日本電信電話㈱及び日本郵政㈱を除く。）注これに該当する株式会社には高速道路会社６社、日本電信電話株式会社及び日本郵政株式会社の合計８社があるが、後２社は適用から除外されている。

　ウ　入札談合等関与行為に該当する行為（法２条５項）

① 　談合の明示的な指示（１号）
② 　受注者に対する意向の表明（２号）
③ 　発注に係る秘密情報の漏洩（３号）
④ 　特定の入札談合の幇助（４号）

（注）本法において、「入札談合等」の対象となる「入札等」とは、「国等が入札、競り売りその他競争により相手方を選定する方法」とされている。

　　　そして、この「入札等」には、一般競争入札及び指名競争入札のほか、随意契約のうち、複数の事業者を指名して見積りを徴収し、当該見積りで示された金額だけを比較して契約先を決定する形態のもの（指名見積り合わせ）が含まれるとされている。

エ　刑事罰との関係

調達担当官Yの入札談合等関与行為については刑事罰が科されることもある。発注機関職員が、発注機関が入札等により行う契約の締結に関し、その職務に反し、談合を唆すこと、予定価格その他の入札等に関する秘密を教示すること又はその他の方法により、当該入札等の公正を害すべき行為を行ったときは、5年以下の懲役又は250万円以下の罰金に処せられる（法8条）。

同法は、原則として、発注機関職員を対象としており、事業者側の職員には適用されないが、その関与の程度によっては、同職員も同法違反の（身分なき）共犯としての責任を問われることがあるほか、刑法上の公契約関係競売等妨害罪（刑法96条の6）の責任を問われることがある。

調達担当官Yが消極的態度を示しているにもかかわらず、甲社の営業担当者Xが他3社の参考見積価格の教示を求めるとともに同入札における入札予定価格の教示を求め、さらに、他3社に対する根回しを求めるなど、深い関与が認められる本件においては、A弁護士としては、Xの刑事責任も視野に入れて防御する必要がある。

発注機関側及び事業者側における刑罰規定の適用を整理すると以下のとおりである。

	事業者側	発注機関側
刑　法	公契約関係競売等妨害罪	公契約関係競売等妨害罪
	談合罪	談合罪の共犯
入札談合等関与行為防止法	職員による入札等の妨害の罪の共犯	職員による入札等の妨害の罪
独占禁止法	不当な取引制限の罪	不当な取引制限の罪の共犯

3　排除措置命令及び課徴金納付命令並びにそれらに対する不服申立て

（1）　排除措置命令及び課徴金納付命令

行政調査の結果、独占禁止法に違反する行為があると認められる場合には、公正取引委員会から、当該違反行為を排除するために必要な措置を命じられ（排除措置命令）、また、課徴金の対象となる独占禁止法違反行為の場合には、課徴金を国庫に納付することを命じられる（課徴金納付命令）。

（2）　意見聴取手続

公正取引委員会は、排除措置命令をしようとするときは、その排除措置命令の名宛人となるべき者について、意見聴取を行わなければならないとされている（法49条）。意見聴取の実施に係る細則を定めたものとして、公正取引委員会の意見聴取に関する規則がある。

Ⅴ　公正取引委員会による調査等　　133

① 意見聴取手続は、排除措置命令の名宛人となるべき者に対し、意見聴取を実施する旨の通知を行うことにより開始される（法50条）。

② 被通知者（以下「当事者」という。）は、通知があった時から意見聴取が終結するまでの間、公正取引委員会の認定した事実を立証する証拠の閲覧・謄写を求めることができる（法52条）。

③ 意見聴取は、公正取引委員会の指定する職員（以下「意見聴取官」という。）が主宰し（法53条）、意見聴取の最初の期日の冒頭では、事件を担当した審査官等が、予定される排除措置命令の内容等を当事者に対して説明する。当事者は、意見聴取の期日に出頭して、意見を述べ、証拠を提出し、意見聴取官の許可を得て審査官等に対して質問を行うことができる（法54条）。

④ 意見聴取官は、期日の終了後、期日における意見陳述等の経過を記載した調書を作成し、意見聴取の終結後、その事件の論点を記載した報告書を作成し、公正取引委員会に提出する。当事者は、これらの調書及び報告書の閲覧を求めることができる（法58条）

⑤ 公正取引委員会は、その調書及び報告書を参酌しつつ、排除措置命令に係る議決を行うこととなる（法60条）。

なお、課徴金納付命令等に係る意見聴取の場合も、同様の手続となる（法62条4項、64条4項及び70条の3第2項）。

（3） 排除措置命令及び課徴金納付命令に対する不服申立て

排除措置命令及び課徴金納付命令に不服がある場合には、命令取消の訴えを提起することとなる（行訴14条）。

なお、従前、排除措置命令及び課徴金納付命令に対する不服申立て制度として、審判制度があったが、同制度は、独占禁止法の一部を改正する法律（平成25年法律第100号）の施行（平成27年4月1日）により廃止された。ただし、同改正法附則第2条により、平成27年3月31日までに排除措置命令及び課徴金納付命令に係る事前通知が行われた事件については、なお従前の例によることとされているので、これらの命令に不服がある場合には公正取引委員会に対し審判請求することとなる（改正前の法49条6項、50条4項）。

4 独占禁止法違反事件の処理手続の俯瞰

独占禁止法違反事件の処理手続の全体像を図示すると以下のとおりである。

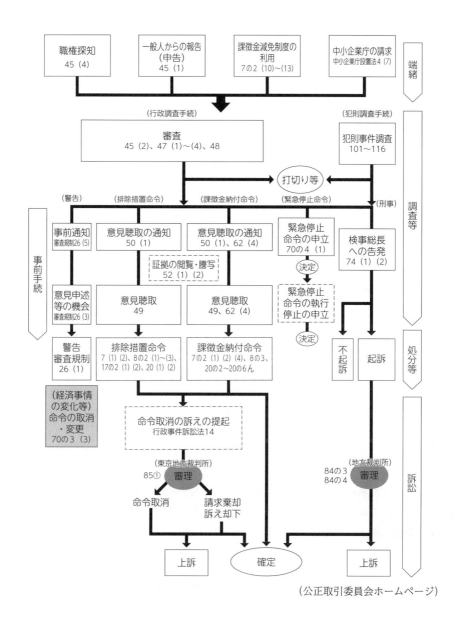

(公正取引委員会ホームページ)

[田代 政弘]

Ⅵ　電子取引規制手続と仮想通貨規制手続

◉ 第1　はじめに

　本項では、電子取引規制と弁護士の職務との関係を整理する前提として、電子取引規制の歴史に触れるとともに、電子取引規制として導入された各種の法規制が、必ずしも裁判外の行政事件といえるものではないとしても、弁護士の業務に重要な関わりを持ってきたことから、主な規制についてどのような法規制か簡単に解説する。そして最後に、平成28年6月の資金決済法等の改正によって、仮想通貨（暗号資産）交換業者に対する登録制が導入されたことから、今後、ビットコインなどの仮想通貨（暗号資産）が国境を越えて大規模に流通することにより、これまでの現金・預金を前提とした金融システム全体の仕組みを抜本的に見直さざるを得ない事態となるものと思われるので、仮想通貨（暗号資産）と資金決済法による仮想通貨（暗号資産）規制の概要についても言及する。

　結論を先に述べれば、予想される今後の金融システムの大変革は、デジタル通貨（仮想通貨を含む）を含む決済手段の多様化、及びデジタル通貨による資金調達などのICO（イニシャル・コイン・オファリング）の台頭である。これらの電子取引を利用した新たな決済手段や資金調達手段は、デジタル通貨にこれまでの通貨と同等な価値を付与するものではないが、これまでの銀行窓口での業務にはそぐわない側面も有り、新たな電子決済業者が不可避的に誕生してくることになる。少なくとも、我が国でも、これまでの銀行法や金融商品取引法による金融ビジネス環境の規制を大幅に見直さざるを得ない事態になると思われる[1]。かかる新たな電子的な金融取引システムの台頭は、電子決済業務を営なもうとする事業家に対する新たな電子取引規制の導入を不可避なものとし、必然的にこれに関わる弁護士の職域拡大に寄与するとともに、新たな消費者被害を生む温床となるものとも思われる[2]。

　なお、後述するとおり、平成31年3月15日に、「情報通信技術の進展に伴う金融取引の多様化に対応するための資金決済に関する法律等の一部を改正する法律案」が第198回国会に提出され、「仮想通貨」は、「暗号資産」と呼称を変更されるなど、制度設計の大幅な見直しが行われている。

---

[1]　KPMGジャパン「仮想通貨とFinTechを巡る最新の規制動向」（https://home.kpmg.com/jp/ja/home/insights/2018/01/cryptocurrency-fintech-20180122.html　2018年1月19日）

[2]　高木篤夫「仮想通貨をめぐる消費者被害」『現代消費者法No. 38』（民事法研究会、2018年）

第2　電子取引規制の歴史と各種規制法と弁護

1　電子取引規制とは

　そもそも電子取引規制とは何であろうか。まず、電子取引規制の歴史について簡単に触れておく。

　日本では、NTTの敷設した固定電話回線を利用したADSL方式によるインターネット接続サービスの開始により、インターネットは一般に普及するようになった。当時、固定電話回線を独占していたNTTに対して、ソフトバンクがADSLサービスに参入し、平成13年に設置された電気通信事業紛争処理委員会（筆者は初代の特別委員である）の斡旋・調停制度を利用して、サービス拡大を図ったことから、インターネット接続サービスは飛躍的に拡大し、日本でもインターネットは誰でも使える通信インフラとして確立した。

　インターネットの爆発的な普及は、当時インフォメーションテクノロジー（IT）革命と称され、世界的なオープンネットワークとして高度通信ネットワーク社会の到来を現実のものとした。

　インターネットの普及により、個人間（C to C）では電子メールやホームページを経由した情報発信が可能となり、サービス提供事業者と個人間（B to C）では、事業提供者のホームページを経由して、個人が物を購入できるなど、個人への様々な情報サービスの提供が可能となった。

　しかし、インターネットの普及の反面、インターネット上での猥褻物の氾濫、著作権侵害、名誉毀損、プライバシー侵害、ホームページを経由した電子商取引上の詐欺や成りすましなど、インターネットは各種の犯罪行為や不正行為の温床となるなどのマイナス面を有することも一般に認識されるようになった[3]。

　そのため、我が国でも様々な電子取引規制のルールが徐々に法制化されてきたものである。以下、主に事業者・個人間の電子商取引について導入された各種規制と弁護士の役割について、述べるものとする。

2　特定商取引に関する法律と弁護

　以下に述べるとおり、特商法は電子商取引における消費者保護法としての機能を大幅に強化している。

（1）　通信販売規制

　旧訪問販売等に関する法律が制定されたのは昭和51年に遡る。訪問販売、通信販売及び連鎖販売取引を公正にし、購入者等の受けることのある損害の防止を計ることが主な内容であったが、指定商品に限って適用されるという厳しい制限がついていた。

---

[3]　藤原宏高編著『サイバースペースと法規制』（日本経済新聞社、1997年）

Ⅵ　電子取引規制手続と仮想通貨規制手続　　137

その後、拡大してゆく電子商取引とともに消費者被害が多発したことから、インターネット上のWEBサイトを経由して行われる電子商取引も通信販売の一形態であり、通信販売としての広告規制が及ぶことが認識されるようになったが、指定商品が限定されていたことや、通信販売に該当するとの告知が不充分であったこともあってか、広告規制に違反するサイトが後を絶たなかった。

　その後、平成14年改正で、法律名が「特定商取引に関する法律」に変更されるとともに、インターネット販売を念頭にして、顧客の意に反する申込みをさせる広告が禁止された。

　最終的には、平成20年改正で指定商品制度が撤廃され、対象となる商品及び役務が拡大されたことにより、電子商取引について通信販売としての広告規制、誇大広告の禁止、顧客の意に反する申込みをさせる広告の禁止などが全面的に適用されるようになった。

　現在ではインターネット通販における「意に反して契約の申込みをさせようとする行為」に係るガイドラインが整備されている[4]。

（2）　迷惑メール規制

　平成14年改正では、氾濫する電子メール広告（迷惑メール）対策としてオプトアウト規制（送信拒否者に対する送信の禁止など）が導入された。さらに平成20年改正では、電子メール広告におけるオプトイン規制（事前承諾のない顧客に対する電子メール広告の送信禁止）が導入された。現在では、電子メール広告をすることの承諾・請求の取得等に係る「容易に認識できるよう表示していないこと」に係るガイドラインが整備されている[5]。

（3）　インターネットオークション規制

　インターネットオークションで事業者が出品して商品を販売することも特商法上の通信販売に該当することから、インターネットオークションにおける「販売業者」に係るガイドラインが整備されている[6]。個人でも、大量の商品を販売すると事業者とみなされるなど、一定の注意が必要である。

3　不正アクセス禁止法と弁護

　インターネットの通信網の発達は、通信スピードの拡大とともに飛躍的に発展し、企業活動や一般のビジネス活動においても、インターネットの通信網を利用

---

[4]　消費者庁「インターネット通販における「意に反して契約の申込みをさせようとする行為」に係るガイドライン」（http://www.no-trouble.go.jp/pdf/20171201ac06.pdf ）
[5]　消費者庁「電子メール広告をすることの承諾・請求の取得等に係る「容易に認識できるよう表示していないこと」に係るガイドライン』（http://www.no-trouble.go.jp/pdf/20120401ra05.pdf）
[6]　消費者庁「インターネット・オークションにおける「販売業者」に係るガイドライン」（http://www.no-trouble.go.jp/pdf/20120401ra01.pdf ）

138　　第2部　行政手続と行政事件

して各種データ通信を行ったり、WEBサイトを経由してユーザとやり取りをしたりする高度情報通信社会を現実のものとした。

　しかし、不正な手段を用いて、他人のコンピュータシステムに侵入し、サーバから重要なデータや個人情報を盗んだりするケースが多発したことから、かかるサイバー犯罪に対処するべく、平成11年、不正アクセス禁止法（不正アクセス行為の禁止等に関する法律）が制定された。

　単なる情報窃盗が不可罰であることとの均衡から、あくまで不正な手段を経由して他人のコンピュータシステムに外部から侵入したことを処罰する法制（社会的法益に対する罪）として立法され、不正アクセスの結果、重要な情報を盗取したとしても、かかるデータ窃盗に対する刑罰の加重は認められていない。

　その後、平成24年の改正により、不正アクセス行為の用に供する目的で、他人の識別符号を取得する行為が禁止され（不正取得罪）、不正アクセス行為の用に供する目的で、不正に取得された他人の識別符号を保管する行為も禁止された（不正保管罪）。

　また、多発するフィッシング詐欺に対応して、フィッシング行為が禁止されるとともに、刑罰も加重されたが、社会的法益に対する罪としての立法（高度情報通信社会の健全な発展に寄与することを目的）による限界であり、情報窃盗等の情報コンテンツの刑事法的保護は、後述する不正競争防止法の改正に委ねられることとなった。

4　プロバイダ責任制限法と弁護

　電子掲示板上での名誉毀損に対して損害賠償請求を肯定したニフティサーブ現代思想フォーラム事件（東京地判平成9年5月26日判時1610号22頁、東京高判平成13年9月5日判時1786号80頁）を契機として、平成13年、インターネット上での名誉毀損、プライバシー侵害、及び著作権侵害等の権利侵害の蔓延に対処すべく、プロバイダが権利侵害をしている発言等の削除をした場合及び削除しなかった場合の免責要件を定めるとともに、被害者から匿名の権利侵害者に対する損害賠償請求を可能とするための発信者情報開示請求権を規定した特定電気通信役務提供者の損害賠償責任の制限及び発信者情報の開示に関する法律（プロバイダ責任制限法）が制定された[7]。

　同法は、行政法規ではないものの、実際には、総務省の肝いりで、電気通信事業者等が同法の運用において、特定電気通信の情報流通による権利侵害に適切・迅速に対処できるようにプロバイダ責任制限法ガイドライン等検討協議会[8]が設

---

[7]　藤原宏高「プロバイダの法的責任と紛争処理（特集　インターネットをめぐる法律問題）」『法律のひろば』21頁（ぎょうせい、2002年6月）

立され、同協会によってプロバイダに対する「名誉毀損・プライバシー関係ガイドライン」、「著作権関係ガイドライン」、「商標権関係ガイドライン」及び「発信者情報開示関係ガイドライン」が整備されたことから、プロバイダは、各種ガイドラインに従って業務を行っている。

　同法は、最終的には民事法上の裁判規範として機能するものの、被害者のプロバイダに対する交渉段階で、上記ガイドラインに準拠した運用が行われていることから、上記ガイドラインは、プロバイダに対するアドバイスを行う弁護士及び権利侵害の被害者を救済する弁護士の双方にとって、重要な役割を担っている。

　ただし、後述するとおり、オークション詐欺の被害者に対しても発信者情報開示請求の道を開くなど、改正の必要性は高い[9]。

5　電子商取引等に関する準則と弁護

　経済産業省は、平成14年３月、電子商取引に関する様々な法的問題点について、民法をはじめとする関係法律がどのように適用されるのか、その解釈を示し、取引当事者の予測可能性を高め、取引の円滑化に資することを目的として、電子商取引及び情報財取引等に関する準則を公表した。準則では、電子契約の成立時期、免責約款の有効性、サイバーモール運営者の責任、消費者保護のための特商法の解釈指針、WEB上の広告表示の解釈指針など、様々な解釈指針や判断枠組みを示した。

　行政機関の打ち立てた準則であることから、当然には裁判規範性は認められないものの、後述するオークション詐欺名古屋地裁判決では、オークション運営者の法的責任を判断する上で、準則を一つの解釈指針として肯定した。

　準則は今日まで様々な改訂をされつつ電子商取引の解釈指針として生き続けている[10]。

　電子商取引を営む事業者に対する法的なアドバイスを行う弁護士、また被害を受けた消費者の救済を行う弁護士の双方にとって、有益な解釈指針であることは疑いがない。

6　インターネットオークション詐欺と弁護

　インターネットオークションは、個人でもオークションサイトを経由して物品の売買ができるなど、インターネットの登場とともに形成された新しい電子取引

---

[8]　プロバイダ責任制限法ガイドライン等検討協議会のURL（http://www.telesa.or.jp/consortium/provider）

[9]　藤原宏髙「プロバイダ責任制限法施行10年——ニフティサーブ事件を振り返りながら」『NBL No.982』（商事法務、2012年）

[10]　経済産業省「電子商取引及び情報財取引等に関する準則」（http://www.meti.go.jp/press/2017/06/20170605001/20170605001.html　2017年６月５日公表）

140　　第２部　行政手続と行政事件

形態ではあったが、その便利さからオークション市場は世界的に拡大した。その反面、代金を先払いさせた上、商品が届かないなどの悪質な詐欺事件が多発した。多数の被害者がいるにもかかわらず、1件の被害金額が数万円程度と比較的少額な場合が多く、多くの被害者は泣き寝入りした。

　オークション詐欺の被害回復の困難さは、加害者の情報をオークション事業者しか知らないにもかかわらず、被害者はオークション運営者から、加害者情報を入手する法的手段が認められていないことにある。

　詐欺被害の拡大に対応するべく、平成14年、インターネットオークション運営者である「古物競りあつせん業者」に対する届け出制（同法10条の2）、及び出品者の「真偽を確認するための措置をとる」努力義務を規定する古物営業法の改正が行われた。

　しかしながら警察が捜査の一環として、オークション運営者が持っている加害者情報を入手することは可能になったが、被害者がオークション運営者から、直接、加害者情報を入手する手段は依然として認められていない。

　これに対して、被害者を原告として、オークション運営者に対する損害賠償訴訟が提起されるなど、オークションサイト運営者の責任が議論されるようになったが、オークション運営者の責任は否定された（名古屋地判平成20年3月28日判時2029号89頁、名古屋高判平成20年11月11日自保ジャーナル1840号179頁）[11]。ただし、裁判所は判決の中で、オークション運営者の定めた約款の拘束力については、一定の判断を示している。

　現在の実務上の運用としては、プロバイダ責任制限法の発信者情報開示請求によっても、被害者はオークション運営者から加害者情報を入手することはできないなど、プロバイダ責任制限法の改正か、新規立法の対処が望まれる。

7　個人情報保護法と弁護

　平成14年の住民基本台帳法の改正によって、個人を番号で管理するための住基ネットが導入されたが、その所与の前提であるかの議論はともかくとしても、平成15年、日本でも本格的な個人情報保護法（個人情報の保護に関する法律）が制定され、平成17年4月から施行された。

　行政機関の保有する個人情報は別法があり対象外であったものの、個人情報保護法は、日本における個人情報保護の基本法的な性格を有していたことから、国及び地方公共団体の責務を定めるとともに、個人情報取扱事業者等を規制対象として、様々な法的義務を規定した。

---

[11]　藤原宏高「インターネットオークションに関する法的考察——オークションサイト運営者の利用者に対する注意義務　名古屋地裁平成20・3・28（ヤフーオークション集団訴訟判決）」『NBL No.883号』26頁（商事法務、2008年）

そのため、個人情報を事業として取り扱う企業は同法への対応が不可避となり、個人情報を電子データとして取り扱う事業者に対する弁護士の法的アドバイスも弁護士の重要な職務となった[12]。

また、企業がインターネットを経由して個人情報を収集する際にも個人情報保護法が適用され、加えてサーバで収集した個人データを管理する場合にも、個人データの安全な管理義務が明記されたことから、個人情報保護法はデータ化された個人情報の漏洩に対しても、行政規制として役立つものとなった。ただし、同法は、個人情報や個人データそのものを法的に保護する法制ではないため、個人情報を外部から盗取した犯人を個人情報保護法で処罰することはできない。かかる情報コンテンツの法的保護は、後述する不正競争防止法に委ねられている。

個人情報保護法は、平成28年、個人情報の保護を図りつつ、パーソナルデータの利活用を促進することによる、新産業・新サービスの創出と国民の安全・安心の向上の実現のため改正された。

もっとも大きい改正点は、第三者委員会としての個人情報保護委員会の新設、情報通信技術の飛躍的発展に伴う利活用の実態変化に応じたパーソナルデータの利活用の促進、及び個人情報の保護の強化である[13]。また、個人情報取扱事業者が法人である場合、役員及び従業員等が、個人情報データベース等を自己又は第三者の不正な利益を図る目的で提供し、又は盗用する行為に対し罰則が新設されたが、1年以下の懲役又は50万円以下の罰金にすぎない（個人情報保護法83条）。

8 不正競争防止法改正による営業秘密の刑事法的保護と弁護

電子取引規制との関係では、情報を取引する際のルールとして、無体物（情報）としての営業秘密自体の不正取得・仕様・開示について、違法性の高い行為について処罰するため、平成15年の不正競争防止法の改正によって、営業秘密の刑事法的保護が導入されたことが重要である。

個人情報や個人データは、営業秘密の限度で刑事法的にも保護されることとなったが、その要件は、「詐欺等行為（人を欺き、人に暴行を加え、又は人を脅迫する行為をいう）により、又は管理侵害行為（営業秘密が記載され、又は記録された書面又は記録媒体の窃取、営業秘密が管理されている施設への侵入、不正アクセス行為その他の保有者の管理を害する行為をいう）により取得した営業秘密を、不正の競争の目的で、使用し、又は開示した者」を、3年以下の懲役又は300万円以下の罰金に処する、というものである。

その後、不正競争防止法による営業秘密侵害罪は平成17年改正、平成18年改

---

[12] 藤原宏高・ひかり総合法律事務所著『ルール＆手順個人情報保護法』（カットシステム、2004年）

[13] 日置巴美・板倉陽一郎著『個人情報保護法のしくみ』（商事法務、2017年）

正、平成21年改正及び平成27年改正等により、処罰範囲等を拡大するための改正が行われている。

その結果、①不正の利益を得る目的で、又はその保有者に損害を加える目的で、詐欺等行為（人を欺き、人に暴行を加え、又は人を脅迫する行為をいう）又は管理侵害行為（財物の窃取、施設への侵入、不正アクセス行為その他の保有者の管理を害する行為をいう）により営業秘密を取得した者（21条1項1号）、②詐欺等行為又は管理侵害行為により取得した営業秘密を、不正の利益を得る目的で、又はその保有者に損害を加える目的で、使用し、又は開示した者（同条同項2号）に加えて、③営業秘密を保有者から示された者やその役員等又は従業者等の背信的行為（同条同項3号ないし6号）、④営業秘密の転得者等（同条同項7号及び8号）も、一定限度で処罰されることとなった。また、⑤営業秘密侵害品の譲渡、輸出入等も処罰されることとなった（同条同項9号）。

刑罰は、個人は懲役10年、罰金3000万円まで、法人は罰金10億円まで引き上げられている（法22条1項1号）。

ところが、不幸にも、平成26年6月頃、ベネッセ個人情報流出事件[14]が発生している。犯人の元派遣社員は、不正競争防止法違反で有罪（東京高等裁判所判決懲役2年6か月、罰金300万円）となっている。

これらの営業秘密の刑事法的保護の強化に加えて、平成30年5月には、ビッグデータ等の利活用を促進するための環境を整備するため、ＩＤ・パスワード等により管理しつつ相手方を限定して提供するデータを不正取得等する行為を、新たに不正競争行為に位置づけ、これに対する差止請求権等の民事上の救済措置を設ける改正案が国会に提出され可決された[15]。今回の改正案では、刑事罰までは導入されていないものの、不正競争防止法の改正としては、ビッグデータに対して新たな民事法的保護を与える大改正であり、その運用状況を踏まえて、刑事罰が導入される可能性も否定できない。

このように、電子取引を行う上では、電子的に流通するデータに対して、不正競争防止法上の規制がかかることを看過することは許されず、弁護士の職務との関係でも、重要な法改正であると言わざるを得ない。

経済産業省は、平成27年度改正まで踏まえた「逐条解説不正競争防止法」[16]を

---

[14] 平成26年7月9日，原田泳幸会長兼社長が「データベースの顧客情報が外部に持ち出され，最大約2070万件の情報が漏洩した可能性がある」と発表し，ベネッセグループの子会社に勤務していた派遣社員が不正競争防止法違反（営業秘密の複製・開示）で逮捕された事件
[15] 経済産業省「不正競争防止法等の一部を改正する法律案　不正競争防止法改正の概要」(https://www.kantei.go.jp/jp/singi/titeki2/tyousakai/kensho_hyoka_kikaku/2018/sangyou/dai5/siryou2-1.pdf　2018年4月)

公表しており、不正競争防止法の解釈指針が詳細に示されている。

◉ 第3　資金決済法と弁護

1　仮想通貨（暗号資産）の盛況

　ビットコインをはじめとする仮想通貨はブロックチェーン技術[17]を利用するものであるが、すでにその取引量は、平成29年度には、現物取引が12兆7140億円、信用取引等は、56兆4325億円にものぼるとされている[18]。

2　仮想通貨の規制

（1）　議論の端緒

　金融審議会の「決済業務等の高度化に関するワーキング・グループ報告　～決済高度化に向けた戦略的取組み ～」[19]によると、仮想通貨の取引が拡大するなか、①マネロン・テロ資金供与対策の要請、②国内における仮想通貨の交換所の破たん事案が発生するなど、消費者保護の要請の増大という二つの観点から、仮想通貨の法規制が提言された。

　その提言内容としては、上記①の要請からは、犯罪収益移転防止法と同等の義務を課し、上記②の視点から、仮想通貨の売買等に伴い想定されるリスク（情報不足に起因する利用者側の損害、利用者が預託した資産の逸失、利用者情報の流出等）を防止するための法規制を行うべきであるというものであった。

（2）　資金決済法の規制内容

　上記提言を踏まえて、平成29年4月1日、資金決済法が改正され、仮想通貨に関する規定が新設された。ただし、当初の方針は、仮想通貨交換業者を育成しようとするものであったといわれているが、後述するコインチェック社事件等を受けて、金融庁は、平成30年3月8日、「仮想通貨交換業等に関する研究会」[20]

---

[16]　経済産業省「逐条解説不正競争防止法」（http://www.meti.go.jp/policy/economy/chizai/chiteki/pdf/28y/full.pdf　2018年4月）

[17]　定義は、一義的ではないが、一般社団法人 日本ブロックチェーン協会は、以下のようにブロックチェーンを定義している。

1）「ビザンチン障害を含む不特定多数のノードを用い、時間の経過とともにその時点の合意が覆る確率が0へ収束するプロトコル、またはその実装をブロックチェーンと呼ぶ。」

2）「電子署名とハッシュポインタを使用し改竄検出が容易なデータ構造を持ち、且つ、当該データをネットワーク上に分散する多数のノードに保持させることで、高可用性及びデータ同一性等を実現する技術を広義のブロックチェーンと呼ぶ。」

（http://jba-web.jp/archives/2011003blockchain_definition）

[18]　一般社団法人日本仮想通貨交換業協会「仮想通貨取引についての現状報告」（https://www.fsa.go.jp/news/30/singi/20180410-3.pdf　2018年4月10日）

[19]　金融審議会「決済業務等の高度化に関するワーキング・グループ報告　～ 決済高度化に向けた 戦略的取組み ～」（https://www.fsa.go.jp/singi/singi_kinyu/tosin/20151222-2/01.pdf　2015年12月22日）

144　　第2部　行政手続と行政事件

を設置し、規制強化に動いている。

その検討結果は、平成30年12月21日に、「仮想通貨交換業等に関する研究会報告書」[21]としてまとめられており、同報告書の内容に沿って法改正がなされる予定となっており、平成31年3月15日に、「情報通信技術の進展に伴う金融取引の多様化に対応するための資金決済に関する法律等の一部を改正する法律案」（以下「改正法案」という。）が第198回国会に提出された。

なお、本稿執筆時点では、改正法案が可決されてはいないため、成立までに法案が変更される可能性があるものの、改正法案及び上記報告書の内容に基づいて本稿を執筆している。また、改正法案においては、「仮想通貨」の呼称を「暗号資産」と変更しているが、本稿では、引き続き「仮想通貨」として呼称し、改正法案に関する部分の記載においては、「暗号資産」と呼称する。

　　ア　仮想通貨の定義

仮想通貨とは、法2条5項で、①物品購入・サービス提供を受ける場合に、代価の弁済のために不特定の者に対して使用できるもので、かつ、不特定の者を相手方として購入及び売却ができる財産的価値で、電子情報処理組織を用いて移転できるもの（1号仮想通貨）、②不特定の者を相手方として1号仮想通貨と相互に交換を行うことができる財産的価値で、電子情報処理組織を用いて移転できるもの（2号仮想通貨）のいずれかをいうものとされている。

　　イ　仮想通貨交換業の規制

　　（ア）仮想通貨交換業の登録制

そして、資金決済法における仮想通貨の取扱いに関する規制としては、「仮想通貨交換業」すなわち、「一　仮想通貨の売買又は他の仮想通貨との交換」「二　前号に掲げる行為の媒介、取次ぎ又は代理」「三　その行う前2号に掲げる行為に関して、利用者の金銭又は仮想通貨の管理をすること」を登録制とする規制がなされている（法2条7項、63条の2）。

　　（イ）登録方法

仮想通貨交換業については、登録制とされており、登録申請書（63条の3）を提出の上、登録拒否事由（63条の5）について、審査がなされることとなる。

登録制ではあるが、登録は容易ではなく、63条の5の「四　仮想通貨交換業を適正かつ確実に遂行する体制の整備が行われていない法人」及び「五　この章の規定を遵守するために必要な体制の整備が行われていない法人」の要件が厳格

---

[20]　金融庁「仮想通貨交換業等に関する研究会」（https://www.fsa.go.jp/news/30/singi/20180308.html　2019年3月8日）

[21]　金融庁「仮想通貨交換業等に関する研究会　報告書」（https://www.fsa.go.jp/news/30/singi/20181221.html　2018年12月21日）

に見られているようである。

この点は、登録後の仮想通貨交換業者に課せられる「情報の安全管理」（63条の8）、「委託先に対する指導」（63条の9）、「利用者の保護等に関する措置」（63条の10）及び「利用者財産の管理」（63条の11）等の要件について、内閣府令や仮想通貨ガイドラインを踏まえた対応が必要である。

登録についての金融庁のウェブにおいては[22]、「事前相談として、事業者から申請概要等の提出を受け、当該業者の概要・取り扱う仮想通貨の概要・サービスの概要等（資金決済法上の仮想通貨の該当性、仮想通貨交換業の該当性を含む）について、説明を受けることとしている。当該サービスが仮想通貨交換業に該当する場合、まずは、登録申請書のドラフトを提出してもらい、申請書の記載内容に過不足がないか、会社の社内体制等が「資金決済法第63条の5（登録の拒否）」や「事務ガイドライン 第三分冊：金融会社関係 16. 仮想通貨交換業者関係」としての要件（「仮想通貨交換業を適正かつ確実に遂行する体制の整備が行われているか」など）を満たしているかについて、事前審査を行うこととしている。」と明示した上で、「①利用者保護措置（事務ガイドラインⅡ－2－2－1）」「②利用者が預託した金銭・仮想通貨の分別管理（事務ガイドラインⅡ－2－2－2）」「③システムリスク管理（事務ガイドラインⅡ－2－3－1）」を主な確認事項として明記している。

（ウ）登録に関する実務上の動き

　　a　登録の状況、みなしの説明

平成30年4月時点で、仮想通貨交換業の登録は16社、みなしは16社（うち、8社が取下げ）となっている。

みなし業者とは、「法施行前から仮想通貨交換業を行っていた業者であって登録審査中の者。登録審査中の間、営業を認めないと、当該業者や利用者に混乱や不利益が生じるおそれがあるため、他の金融関連の制度も参考に、登録可否の判断が行われるまで業務を行うことを認める経過措置を設けたもの」とされている[23]。

　　b　コインチェック社仮想通貨不正送金事件

みなし業者の大手であるコインチェック株式会社（CoinCheck社）は、平成30年1月26日に外部からの不正アクセスにより巨額の仮想通貨NEMの不正送金事件を発生させたことで、金融庁から二度にわたり業務改善命令を受けた。流出し

---

[22]　金融庁「仮想通貨交換業者の新規登録の審査内容等」（https://www.fsa.go.jp/policy/virtual_currency/03.pdf）

[23]　金融庁「仮想通貨交換業者に対するこれまでの対応等」（https://www.fsa.go.jp/news/30/singi/20180427-2.pdf　2018年4月27日）

たNEMは、5億2300万XEMで、当時の交換レートで580億円相当に上ると報道されている。CoinCheck社は同年1月26日にNEMの取引及びすべての仮想通貨の出金を停止した。

その後、CoinCheck社は平成30年3月に対象となるNEMの保有者26万人に対して、総額約460億円の補償金の支払を日本円で行ったと報道されている。

平成30年4月6日になって、マネックスグループ株式会社によるCoinCheck社の買収が発表された[24]。仮想通貨交換業者としての登録を受けるためには、マネックスグループ株式会社の完全子会社として、その管理監督のもとで金融庁の求める登録要件を遵守する必要があったものと思われる。

ハッカーは、セキュリティ管理の甘い業者を狙い撃ちにして、仮想通貨を不正に流出させたものと思われる。ある意味では、日本の法規制の甘さが災いしたともいえよう。金融庁は、改めて、仮想通貨交換業（みなし登録業者）に対する規制の遵守を求めざるを得ない事態となった。

c　登録に関する行政処分等

なお、コインチェック社仮想通貨不正送金事件を受けて、金融庁から登録に関して、行政処分が大量に出されており、平成30年5月時点で、行政処分等の内容は、「①3月8日　7社、②4月6日　3社（うち1社は2回目）、③4月11日1社、④4月13日　1社、⑤4月25日　1社、停止命令及び改善命令5社、改善命令7社、取下げ等8社」となっている[25]。

行政処分の内容は、情報開示の不足による利用者保護の問題や、分別管理がなされていないこと、社内システムの不備等、社内体制の未整備を理由とするものがほとんどである。

金融庁の公表内容によると、取扱い通貨のリスク評価の不適切性、社長個人との売買を伏せたままの販売などの説明の不足、マネロン・テロ資金供与対策の不足、システム構築の不十分さによる不正出金やシステム障害の多発、分別管理の不十分さ、及び内部監査・内部管理体制の不備など、指摘内容は多岐にわたっている[26]。

その後、平成30年8月10日、金融庁は、「仮想通貨交換業者等の検査・モニタリング　中間とりまとめ」として、これまで実施した仮想通貨交換業者等の検

---

[24] コインチェック株式会社の2018年4月6日付発表
（URL: https://corporate.coincheck.com/2018/04/06/51.html ）
[25] 金融庁「仮想通貨交換業者に対するこれまでの対応等」（https://www.fsa.go.jp/news/30/singi/20180427-2.pdf　2018年4月27日）
[26] 金融庁「仮想通貨交換業者等の検査・モニタリング　中間とりまとめの公表について」（https://www.fsa.go.jp/news/30/virtual_currency/20180810.html　2018年8月10日）

Ⅵ　電子取引規制手続と仮想通貨規制手続　147

査・モニタリングで把握した実態や問題点について、中間的にとりまとめを発表している。

このように、今後の資金決済法による仮想通貨交換業者としての登録は、かなりハードルが高くなったと言わざるを得ない。他方、仮想通貨はインターネットを経由して取引が行われることから、日本における資金決済法の運用強化によっても、海外の仮想通貨交換業者を経由しての取引まで防ぐことは事実上困難である。すなわち、資金決済法63条の22においては、「第63条の2の登録を受けていない外国仮想通貨交換業者は、国内にある者に対して、第2条第7項各号に掲げる行為の勧誘をしてはならない。」として、無登録の外国仮想通貨交換業者については国内の者に対する勧誘を規制しているものの、実効性をもった規制となるかどうかは事実上の困難が生じるものと思われる。また、そのような海外のアカウントを利用した犯罪について、被害者側の弁護を行う場合に、捜査機関がどの程度、犯人特定できるかなども、被害者の弁護において認識しておくべき課題と思われる。

　ウ　仮想通貨交換業者への規制強化

巨額の流出事故などを受けて検討を行った、「仮想通貨交換業等に関する研究会報告書」においては、今後の仮想通貨交換業者への規制について、提言を行い、改正法案に規制が盛り込まれた。

改正法案に盛り込まれた規制としては、以下のとおりである[27]。

- ・暗号資産の流出リスクの対応として、ホットウォレット（オンライン）で管理する場合には、管理する顧客の資産と同種同量の弁済原資の保持を義務付け
- ・広告勧誘に関して虚偽表示を禁止し、広告等に関する規定を整備することとされた。
- ・カストディ業者に対し、暗号資産交換業規制のうち、暗号資産の管理に関する規制を適用
- ・交換業者が取り扱う暗号資産の変更を事前届出とし、問題がないかチェックする仕組みを整備
- ・風説の流布・価格操作等の不公正な行為を禁止（ただし、インサイダー規制はなされていない。）
- ・交換業者の倒産時に、預かっていた暗号資産を顧客に優先的に返還するための規定を整備

---

[27]　金融庁「情報通信技術の進展に伴う金融取引の多様化に対応するための資金決済に関する法律等の一部を改正する法律案　説明資料」（https://www.fsa.go.jp/common/diet/198/02/setsumei.pdf　2019年3月）

3 仮想通貨の利用方法としてのICO

（1） 定 義

ICOについては、定義は定まっていないとされているが、金融庁の平成29年10月27日付「ICO（Initial Coin Offering）について～利用者及び事業者に対する注意喚起～」）[28]によると、「一般に、ICOとは、企業等が電子的にトークン（証票）を発行して、公衆から資金調達を行う行為の総称です。トークンセールと呼ばれることもあります。」とされており、「仮想通貨交換業等に関する研究会報告書」においても同様の定義がされている。

（2） 種 類

ICOの種類の分類も定まったものはないが、「仮想通貨交換業等に関する研究会報告書」においては、トークンの購入者視点の分類として、

- 発行者が将来的な事業収益等を分配する債務を負っているとされるもの（投資型）
- 発行者が将来的に物・サービス等を提供するなど、上記以外の債務を負っているとされるもの（その他権利型）
- 発行者が何ら債務を負っていないとされるもの（無権利型）

等の分類がなされている。

（3） ICOの法規制

ア トークンの「仮想通貨」該当性

ICOのトークンの仮想通貨該当性について、議論は分かれうるところであるが、原則的には、仮想通貨該当性があったが、実務上は扱われている。

一般社団法人日本仮想通貨事業者協会（以下「認定協会」という。）[29]は、平成29年12月8日付けで、「トークンの発行時点において、将来の国内又は海外の取引所への上場可能性を明示又は黙示に示唆している場合はもちろん、そのような示唆が存在しない場合であっても、発行者が、本邦通貨又は外国通貨との交換及び1号仮想通貨との交換を、トークンの技術的な設計等において、実質的に制限していないと認められる場合においては、仮想通貨に該当する可能性が高いため、仮想通貨に該当しないとする個別具体的な合理的事情がない限り、原則として、トークン発行時点において、資金決済法上の仮想通貨に該当する」との見解を示していたところであったが[30]、「仮想通貨交換業等に関する研究会報告書」においても、1号仮想通貨、2号仮想通貨の要件を満たす場合は、原則として仮想通

---

[28] 金融庁「ICO（Initial Coin Offering）について～利用者及び事業者に対する注意喚起～」」（https://www.fsa.go.jp/policy/virtual_currency/06.pdf 2017年10月27日）
[29] 平成30年10月に、一般社団法人日本仮想通貨事業者協会に対して、認定資金決済事業者協会（資金決済法に基づく自主規制機関）としての認定がなされている。

Ⅵ 電子取引規制手続と仮想通貨規制手続 149

貨に該当するものとしている[31]。

　イ　ICOを行う企業が仮想通貨交換業としての規制にかかるか

　なお、「仮想通貨交換業等に関する研究会報告書」によると、ICOのトークンが仮想通貨に該当するとしても、ICOで資金調達を行う企業においては、仮想通貨交換業者に売買の委託をするのみであって、自らが「仮想通貨交換業」に該当する行為（「仮想通貨の売買又は他の仮想通貨との交換」、「前号に掲げる行為の媒介、取次ぎ又は代理」）を行わないものであるから、資金決済法の規制を受けるものではないという解釈がなされている。

　ウ　集団投資スキーム持分の規制にかかるか

　さらに、ICOについては、資金決済法の規制だけではなく、金商法の、集団投資スキーム持分の規制がかかるかという問題がある。

　この点、認定協会においては、平成29年12月8日付けで「仮想通貨による出資のみを募った場合、「金銭等」の出資又は拠出がなく、形式的には集団投資スキームの要件を満たさないのではないか、という異論もあり得る。しかしながら、金融庁が平成29年10月27日に公表した「ICO（Initial Coin Offering）について～利用者及び事業者に対する注意喚起～」という書面によれば、「ICOが投資としての性格を持つ場合、仮想通貨による購入であっても、実質的に法定通貨での購入と同視されるスキームについては、金融商品取引法の規制対象となる」とされている。したがって、ICOに際して、トークンの仮想通貨による購入のみを募ったとしても、それだけで金融商品取引法の規制を免れるわけではないことに留意する必要がある。」と見解を出しており、実務的には規制がかかることを前提とした運用がなされていたものであった。

　この点、「仮想通貨交換業等に関する研究会報告書」によると、「仮想通貨で購入されるが、実質的には法定通貨で購入されるものと同視される」という要件を満たした場合に、規制対象となるとしており、「トークン表示権利が仮想通貨で購入された場合、必ずしも規制対象とはならない」としている。

　しかしながら、この点については、同報告書によれば、仮想通貨で購入される場合全般を規制対象とすべきとしており、今後そのような法改正がなされると思われる。

---

[30]　日本仮想通貨事業者協会「イニシャル・コイン・オファリングへの対応について」（https://www.fsa.go.jp/news/30/singi/20180410-4.pdf　2017年12月8日）

[31]　その一方で、「通貨建資産」（法定通貨をもって表示され、又は法定通貨をもって債務の履行、払戻し等が行われる資産）については、仮想通貨としないとしながらも、種類によっては議論があり得るとしている。

エ　ICOなどに対する規制強化

「仮想通貨交換業等に関する研究会報告書」においては、上記の集団投資スキーム持分該当性について、仮想通貨による出資を募る行為が規制対象となることを明確化することのみならず、以下のように、詐欺的な消費者被害事案を防止するため、法改正の指針を示しており、改正法案には、以下のような規制が盛り込まれた（なお、条文番号は執筆時の改正法案を記載）。

・外国為替証拠金取引（FX取引）と同様に、金融商品取引法上の規制（販売・勧誘規制等）を整備（改正法案・金融商品取引法43条の6）
・投資家に対し、暗号資産を対価としてトークンを発行する行為に金融商品取引法が適用されることを明確化（改正法案・金融商品取引法2条の2）
・株式等と同様に、発行者による投資家への情報開示の制度やトークンを第一項有価証券とし、企業内容等の開示制度の対象とするとともに、電子記録移転権利の売買等を業として行うことを第一種金融商品取引業に係る規制の対象とするなど売買の仲介業者に対する販売・勧誘規制等を整備（改正法案・金融商品取引法2条3項・8項、3条、28条）

（4）　海外のICOに対する規制

なお、海外のICOの規制を見ると、有価証券型の規制については、証券規制が適用されるとの見解が多いようである[32]。

例えば、シンガポールにおいては、「MASMASが、トークンが「有価証券」（securities）又は「集団投資スキーム持分」（units in a CIS）の性質を有する場合には、目論見書作成義務等の証券規制が適用される旨などを公表（2017年11月）」とされており、アメリカについても、「証券取引委員会（SEC）が、個別のICO事案（" The DAO "）に係るトークンが「有価証券」（securities）に該当し、証券規制が適用される旨を公表（2017年7月）」、「SECが、一般投資家と市場の専門家それぞれに対して、暗号通貨・ICO市場は伝統的な証券市場と比較して投資者保護が非常に脆弱で注意すべき旨や、トークンに証券規制が適用される可能性がある旨などを公表（2017年12月）」、「SECが、個別のICO事案に対し停止を命令（2017年12月に2件／2018年1月・4月に各1件）」とされている。

4　仮想通貨による消費者被害

仮想通貨の一般への浸透に伴い、仮想通貨を商材とした、悪徳商法の増加が懸念される。

この点、仮想通貨独自の問題というより、「これまでの集団投資スキームなど

---

[32]　金融庁「事務局説明資料　（国際的な議論・各国の対応の状況）」（https://www.fsa.go.jp/news/30/singi/20180427-3.pdf　2018年4月27日）

の悪徳投資商法と同じであり、単に商材が仮想通貨に置き換わっただけともいえる」との指摘がなされている[33]。

したがって、これまでの投資被害などと同様に、消費者契約法による断定的判断の提供として取消し（消費者契約法4条1項2号）、特定商取引法によるクーリングオフ（特定商取引法9条）、不実告知による取消権行使（同法9条の3）などによる対応が想定されている。

資金決済法による仮想通貨交換業の規制については、業規制としての法規であるものの、業規制の違反行為があれば、不法行為責任を基礎づける一要素として判断がなされるものと思われる。

5　仮想通貨に対する強制執行

また、仮想通貨固有の問題として、仮想通貨を差押対象財産として執行が可能かどうかという点も問題となる。そもそも、仮想通貨の法的性質としては、所有権の客体とならないとした地裁の判断もあるところ（東京地判平成27年8月5日）、その強制執行の可否についても、まだ議論のあるところであるが[34]、第三債務者である仮想通貨交換業者に対して債務者が有する仮想通貨等の返還請求権を、差押対象財産とした債権差押が認められた事例もある[35]。

この点、秘密鍵が仮想通貨交換業者の管理下にあり、仮想通貨交換業者の権限で換価が可能であれば、強制執行は奏功するものと思われるが、仮想通貨交換業の権限で、仮想通貨の換価・処分ができない場合に、アカウント自体を凍結する等の措置が取れるのかなど 事例の集積が待たれるところである。

6　弁護士の対行政に関するまとめ

以上のように、仮想通貨に関して、弁護士の役割は、未だ解釈の確定しないICOについて、どのような規制がかかるのか、対行政との調整を行うことをはじめ、仮想通貨交換業の登録の際の相談業務、仮想通貨交換業の登録後の行政処分に対する対応（社内体制整備への協力）や、仮想通貨に関する消費者被害への対応等、多岐にわたることが想定されるものである。加えて、今後の金融システムが仮想通貨を取り込む形で変容してゆくことも想定されるので、金融専門弁護士の仮想通貨対応は必須と思われる。

[藤原 宏髙・葛山 弘輝]

---

[33]　高木篤夫「仮想通貨をめぐる消費者被害」『現代消費者法　No.38』83頁以下（民事法研究会、2018年）。

[34]　高松志直「電子マネーおよび仮想通貨に対する強制執行」『金融法務事情2067号』50頁（きんざい、2017年）。

[35]　藤井裕子「仮想通貨等に関する返還請求権の債権差押え」『金融法務事情2079号』6頁（きんざい、2017年）

Ⅶ 医療保険法調査手続（医療保険法〜指導・監査問題）

1 手続の概略

（1） 行政指導

　保険医や保険医療機関（以下両者含めるときは、「保険医療機関等」という。）に対する行政指導は、①集団指導、②集団的個別指導、③新規個別指導、④個別指導に分かれる。保険医療機関等は、健康保険法73条により厚生労働大臣の指導を受ける義務が定められている。

　このうち、①集団指導は、ⅰ．保険医療機関（保険医）の新規指定時（登録時）、ⅱ．診療報酬改定時、ⅲ．指定更新時に、保険診療の取扱い、診療報酬請求事務、診療報酬の改定内容等について講習形式で指導が行われる。

　また、②集団的個別指導は、レセプト[1]1枚あたりの平均点数が高い保険医療機関等（都道府県平均の1.2倍以上で上位8％）を対象に、講習等による集団部分と面接懇談による個別部分により行われる。ここでは自主返還[2]は求められない。

　次に、③新規個別指導は、新規指定保険医療機関等全てを対象に、新規指定から概ね6か月〜1年以内に実施され、10名分のレセプトが指導日1週間前にFAX送付され、当日1時間の面接懇談形式の指導を受ける。

　終了後の措置は、

　ⅰ．概ね妥当

　ⅱ．経過観察（改善報告書受理後、数か月間、レセプト等により改善状況を確認し、改善が認められない場合は、再指導）

　ⅲ．再指導（次年度の個別指導の対象となる。不正・不当が疑われ、患者から受療状況等の聴取が必要な場合、再指導前に患者調査もなされる）

　ⅳ．要監査（指導中に診療内容・診療報酬請求に明らかな不正や著しい不当が疑われる場合は、指導を中止し、直ちに監査を行うこともできる）

---

[1]　レセプトとは、患者が受けた保険診療について、保険医療機関等が保険者（市町村や健康保険組合等）に請求する医療報酬の明細書のことである。保険医療機関等は、レセプト作成後、国民健康保険及び後期高齢者医療制度の被保険者の場合、都道府県毎に設立されている国民健康保険団体連合会へ、社会保険の被保険者の場合、社会保険診療報酬支払基金へ提出し、それぞれの機関での審査を経由して、最終的に、保険者に送られる。審査機関や保険者がレセプトに何らかの不備があったと判断した場合等は、レセプトが保険医療機関等に返戻、請求点数が減点される等の措置がとられる。

[2]　自主返還は、保険医療機関等が自己点検して、保険者である支払基金・国保連や患者（自己負担分）に対し、不当・不正とされる金額を返還することをいう。

自主返還の対象は指導対象10名分に限定される。正当な理由なく新規個別指導を拒否すれば、個別指導が実施される。

　さらに、④個別指導は、選定委員会で選定された保険医療機関等に対し、30人分の連続した2か月分のレセプトに基づき、2時間の面接懇談方式で行われる。個別指導に選定される理由は、

　　i．情報提供（レセプト審査機関、保険者、被保険者、内部告発等）
　　ii．前回個別指導が再指導
　　iii．前回個別指導が経過観察で改善が認められない場合
　　iv．集団的個別指導の翌年度も高点数保険医療機関等の上位4％に位置する場合
　　v．正当な理由のない集団的個別指導の拒否
　　vi．その他、特に個別指導が必要と認められる場合

である。

　個別指導は、1か月前に、実施通知が送付され、「保険医療機関の現況」等を提出し、1週間前に、20名分の患者指定がFAXされ、前日の正午までに、10名分の患者指定がFAX送付される。

　個別指導当日は、出席者及び持参物が確認され、指導が実施され、取りまとめを経て、講評（口頭での指摘事項の説明）によって、終了する。

　終了後の措置は、③と同じであるが、自主返還の対象は、過去1年間の全診療分に及ぶ。正当な理由なく個別指導を拒否すれば、監査が実施される。

（2）　監査要件

　①診療内容や診療報酬請求に不正や著しい不当があったことを疑うに足りる理由がある、②度重なる個別指導によっても診療内容や診療報酬請求に改善が見られない、③正当な理由なく個別指導を拒否した場合に実施される。

　監査も、実施日の10日前に、当日持参すべき物を通知される。

　監査後の行政上の措置は、次の3種類だけである。

① 注　意
　　i．軽微な過失により、不正又は不当な診療を行ったもの
　　ii．軽微な過失により、不正又は不当な診療報酬の請求を行ったもの
② 戒　告
　　i．重大な過失により、不正又は不当な診療を行ったもの
　　ii．重大な過失により、不正又は不当な診療報酬の請求を行ったもの
　　iii．軽微な過失により、不正又は不当な診療をしばしば行ったもの
　　iv．軽微な過失により、不正又は不当な診療報酬の請求をしばしば行ったもの

③　取消処分（健康保険法第80条の規定に基づく保険医療機関等の指定の取消し、
同法81条の規定に基づく保険医等の登録の取消し）

　ⅰ．故意に不正又は不当な診療を行ったもの

　ⅱ．故意に不正又は不当な診療報酬の請求を行ったもの

　ⅲ．重大な過失により、不正又は不当な診療をしばしば行ったもの

　ⅳ．重大な過失により、不正又は不当な診療報酬の請求をしばしば行ったも
の

　ここで、最も重要なことは、一度、取消処分を受けると、原則5年は再指定さ
れないことである。その間、自由診療だけ経営を維持できる医療機関等はごく稀
なので、死活問題となる。それにもかかわらず、「不正」「不当」「重大な過失」
「しばしば」の解釈・該当性の判断基準は、厚生局の広い裁量でなされるという
仕組みになっている。

　さらに、地方厚生局長は、取消処分予定者に対して、行政手続法の規定に基づ
き、聴聞を行わなければならないとされているが、聴聞手続は、その実質的な判
断過程に厚生局の根回しがなされており、弁護士の代理人活動でどうにもならな
いほど形骸化していると言われている。

（3）　適時調査

　施設基準が守られているかどうかの調査である。施設基準の届出は、医療機関
の責任において、施設基準を満たしているかどうかの検証を行い、地方厚生局に
届出をする。

　医療機関は、受理され、所得した施設基準に関しては、算定を続ける限り施設
基準の要件を満たし続ける必要がある。

　施設の規模の大きさや基準を満たさない期間の長さによっては、自主返還の範
囲がかなりの高額になり、経営上の死活問題に及ぶこともある。

2　弁護士の立会いの必要性・有用性

　健康保険法73条2項、国民健康保険法41条2項及び高齢者の医療の確保に関
する法律66条2項の規定に基づく立会いの必要があると認めたときは、地方厚
生局長は、都道府県医師会、同歯科医師会又は同薬剤師会に対し、立会いの依頼
を行うことになっている。

　厚生局は、これらの者の立会いの存在をもって、弁護士の立会いは不要と主張
することもあるが、多くの場合、それらの役員は、厚生局の意向を忖度する傾向
があり、保険医の人権侵害に加担（保険医に対し、厚生局側職員が、多数保険医を
取り囲むような位置関係の中、先輩・同僚として信頼している役員にも、保険医が患者
を直接診療した立場から診療内容についての正当な主張をしても、それが否定されると
か、事前に弁護士同同の通知があると、弁護士帯同を止めるように説得したりする等）

Ⅶ　医療保険法調査手続（医療保険法〜指導・監査問題）　　155

にもなっているので、指導・監査・適時調査において、「行政運営における公正の確保と透明性（行政上の意思決定について、その内容及び過程が国民にとって明らかであること）の向上を図り、もって国民の権利利益の保護（行政手続法1条1項）のためには、「基本的人権を擁護し、社会正義を実現することを使命とする」弁護士（弁護士法1条1項）の立会いは可視化の観点からは不可欠であると考える。

　また、厚生局側からは、弁護士は、診療内容については、事実関係を述べる立場・力量はないので、立会いは必要ないという主張もなされるが、弁護士は適正な手続に関する専門職であること、及び、指導・監査要綱上重要な概念である「正当な理由」「不正」「不当」「重大な過失」「軽微な過失」などの解釈・該当性判断等の法的な内容が個別指導・監査における保険医に対する事情聴取書作成上問題になることも少なくないことも、弁護士の立会いの必要性・有用性の根拠となると思われる。

3　弁護士の立会いに対する行政庁の態度と問題点

　（1）　厚生局において、個別指導にも準用されている監査マニュアルからすると、弁護士の立会いについて、保険医療機関等において、委任する意思が認められる場合は、立会いを容認しないと、後日、訴訟において、個別指導・監査の違法性が争われるおそれがあるということになっており、実際にも、現場で委任状を渡せば、それ以上退席を迫られることはない。

　（2）　また、個別指導・監査時における録音は、可視化の一環として、指導・監査内容の記憶喚起として必要であると主張すれば、認めることになっているが、これも、厚生局としては、とりあえず録音は必要ないと主張するようなので、弁護士が立会いをしていない場合は、押し切られるおそれがあるのが現状のようである。

4　弁護士の立会い実現のための方策

　（1）　弁護士の立会いを希望する保険医療機関等は少なくないと思われるが、現状は、十分実現できているとは思えない状況である。

　その保険医療機関等側の理由としては、

　①　弁護士の立会いの意義がわからない

　②　立会い業務を受けてくれる弁護士へ、どのようにアクセスしてよいかがわからない

　③　立会いの着手金・報酬・日当がわからない（多額であれば支払えない）

　また、弁護士側の理由としては、

　④　10日前など急な依頼では、裁判期日等との日程調整が難しい

　⑤　そもそも、立会いの現場で、何をすればよいかわからない

が挙げられる。

（2）　そこで、方策としては、次の機能を備える「行政弁護センター」（仮称）の一部門として、又は、独立特化した「保険医指導・監査支援センター（仮称）を日弁連及び各単位会において、それぞれ創設することが考えられる。

①　広報機能

　　弁護士立会いによる可視化の意義やアクセス方法を周知する。

②　相談機能

　　個別指導・監査・適時調査に関することの相談を受ける体制を作る。

③　事件配点機能

　　全国どこでも立会いが実現できるセンターとして、配点システムを作る。

④　支援機能

　　１回で終了せず継続する場合や多数の聴取を同時並行で実施する場合は、複数の弁護士の立会いが必要であるし、レセプトやカルテの分析やその対応について作戦会議に診療報酬体系に習熟している保険医協会職員との連携は不可欠である。また、費用負担について、標準化及び助成制度を検討する必要がある。

⑤　研修機能

　　事前の作戦会議で想定していない事態もありうるので、日頃から、スキルアップのための研修が必要となる。

（3）　センター創設のためのシステム準備委員会（１年間で６～８回程度）を、どのような委員で構成していくべきかがセンター創設実現の鍵を握ると思われる。

[竹内 俊一]

Ⅷ 行政調査と義務付け訴訟及び差止訴訟の活用手続

第1　はじめに

　平成16年の行政事件訴訟法改正により、抗告訴訟の一類型として「義務付けの訴え」・「差止めの訴え」が明文化され、同改正により訴訟要件・本案勝訴要件が規定されるとともに、「当事者訴訟」の活用が打ち出された。

　しかし、改正後10年以上経過した現在においても、行政訴訟として提起されるのは取消訴訟が中心であり、義務付け訴訟・差止訴訟・当事者訴訟が有効に活用されているとはいえない状況にある。

　そこで、本稿では、これらの訴訟類型の概要について説明した上で、行政調査に応じる義務の有無が争われた裁判例を題材に、差止訴訟・当事者訴訟の活用について検討する。

第2　義務付け訴訟の概要

1　類　型

　行政事件訴訟法3条6項は、義務付け訴訟とは、行政庁が一定の処分又は裁決をすべきであるにもかかわらずこれがされないときに、行政庁がその処分又は裁決をすべき旨を命ずることを求める訴訟であること定める。

　同項1号は、非申請型義務付け訴訟について規定する。これは、法令に基づく申請権を持たない者が、裁判所に対して、行政庁が一定の処分をすべきことを義務付けることを求めるという類型である。

　同項2号は、申請型義務付け訴訟について規定する。これは、法令に基づく申請がされたことを前提に、その申請をした者が、裁判所に対して、行政庁がその申請を満足させるような処分をすべきことを義務付けることを求めるという類型である。

2　非申請型義務付け訴訟について

（1）　訴訟要件

　非申請型義務付け訴訟の訴訟要件は、①「一定の処分がされないことにより重大な損害を生ずるおそれ」があること（損害の重大性要件）、及び②「その損害を避けるために他に適当な方法がない」こと（補充性要件）である（行政事件訴訟法37条の2第1項）。さらに、同条3項において、③原告適格が規定されている。

　①損害の重大性要件については、非申請型義務付け訴訟においては、法令上の申請権を持たない者が原告として行政権の発動を求め、裁判所が行政庁に処分を

158　　第2部　行政手続と行政事件

することを命ずるものであるであるため、原告側の被っている不利益が一定程度のレベルにあり、当該処分の義務付けという形での救済の必要度が相応に高いことを求める趣旨であると解されている（櫻井敬子・橋本博之著『行政法［第5版］』（弘文堂、2016年））。

②補充性要件は、法律上別の救済方法が定められている場合には、その方法に拠るべきことを定めるものである。民事訴訟によることができるというだけでは「他に適当な方法」があることにはならないことについては後述する。

③原告適格について、非申請型義務付け訴訟の典型は、処分の相手方ではない第三者による訴訟提起が想定されるため、法律上の利益の有無を基準に判断することが重要となる（行政事件訴訟法9条2項参照）。

（2）　本案勝訴要件

本案勝訴要件とは、裁判所が、行政庁に対して、「一定の処分」をすべき旨命ずる判決をするための要件である。

行政事件訴訟法37条の2第5項において、「行政庁がその処分をすべきであることがその処分の根拠となる法令の規定から明らかである」と認められること、又は「行政庁がその処分をしないことがその裁量権の範囲を超え若しくはその濫用となる」と認められることと定められている。

3　申請型義務付け訴訟について

（1）　訴訟要件

申請型義務付け訴訟の訴訟要件は、「当該法令に基づく申請又は審査請求に対し相当の期間内に何らかの処分又は裁決がされないこと」（行政事件訴訟法37条の3第1項1号）、又は「当該法令に基づく申請又は審査請求を却下し又は棄却する旨の処分又は裁決がされた場合において、当該処分又は裁決が取り消されるべきものであり、又は無効若しくは不存在であること」と定められている（同項2号）。

1号は申請につき不作為があった場合について規定しており、不作為の違法確認の訴えを併合して提起しなければならない。

2号は申請につき拒否処分があった場合について規定しており、取消訴訟又は無効等確認の訴えを併合して提起しなければならない。

原告適格については、「法令に基づく申請又は審査請求をした者」について認められる。

（2）　本案勝訴要件

行政事件訴訟法37条の3第5項において、①併合提起された訴訟の請求に理由があると認められること、及び、②行政庁がその処分をすべきであることがその処分の根拠となる法令の規定から明らかであると認められること、又は、行政庁がその処分をしないことがその裁量権の範囲を超え若しくはその濫用になると

Ⅶ　行政調査と義務付け訴訟及び差止訴訟の活用手続　　159

認められることと定められている。

第3 差止訴訟の概要

1 訴訟要件

差止訴訟の訴訟要件は、①「一定の処分又は裁決がされることにより重大な損害を生ずるおそれがある」こと（行政事件訴訟法37条の4第1項本文）、②「その損害を避けるため他に適当な方法がある」場合でないこと（同項ただし書）と定められている。これに加えて、差止訴訟の定義上、③処分がなされることの蓋然性も要件となる。さらに、同条3項において、④原告適格が定められている。

①損害の重大性要件については、非申請型義務付け訴訟と共通する。

②補充性要件については、義務付け訴訟と異なり、ただし書で規定されている点に注意が必要である。すなわち、重大な損害が生ずる限り訴訟要件は充足するわけで、例外を認めるには相応の根拠が必要である（塩野宏著『行政法Ⅱ［第5版補訂版］』（有斐閣、2013年））。例えば、段階的行政処分であって、先行処分がなされているときなどは、まず取消訴訟を提起することが求められる。

2 本案勝訴要件

同条5項において、行政庁がその処分若しくは裁決をすべきでないことがその処分若しくは裁決の根拠となる法令の規定から明らかであると認められること、又は行政庁がその処分若しくは裁決をすることがその裁量権の範囲を超え若しくはその濫用となると認められることと定められている。

第4 当事者訴訟の概要

1 当事者訴訟の特徴

抗告訴訟は、行政処分という過去に行われた行為を訴訟の対象とする行政訴訟であるのに対し、当事者訴訟は、民事訴訟と同様に、当事者間の法律関係を訴訟の対象とする点に特徴がある。当事者の請求の趣旨としては、義務不存在確認、地位確認がスタンダードとなる。

2 確認の利益

行政事件訴訟法4条後段においては「公法上の法律関係に関する確認の訴え」として確認訴訟が例示されている。この場合の確認訴訟の訴訟要件は、民事訴訟の場合と同様、確認の利益として、以下の3点が必要となる。

① 対象選択の適否として、過去に行われた行為を直接攻撃するのではなく、原告の現在の権利義務や法的地位に引き直した請求を立てる必要がある。

② 方法選択の適否として、給付訴訟や形成訴訟を提起できる場合には、確認訴訟は提起できない（確認訴訟の補充性）。

③　即時確定の利益として、原告の権利や法的地位に、現実的かつ具体的な不安や危険が生じていなければならない。

● 第5　参考裁判例（長野地判平成23年4月1日）

1　事案の概要

　本件は、指定介護老人福祉施設Aを設置運営している原告が、被告から、Aに対して平成22年7月30日に実地指導（以下「本件実地指導」という。）を行う旨通知を受けたが、本件実地指導は違法であり、原告にこれに応じる義務はなく、また、本件実地指導は、原告に応諾義務を課すものであるところ、原告がこれを拒否すれば被告から不利益処分を受ける蓋然性が高いとして、被告に対し、主位的に行政事件訴訟法4条後段に基づく公法上の法律関係の確認の訴えとして本件実地指導に原告が応じる義務がないことの確認を、予備的に行政事件訴訟法37条の4に基づく差止めの訴えとして被告が本件実地指導を行ってはならないことを求めた事案である。

2　争　点

（1）　主位的請求（当事者訴訟）について

　ア　確認の利益の有無

　イ　原告に本件実地指導に応じる義務が存在するか

（2）　予備的請求（差止訴訟）について

　ア　本件実地指導の処分性の有無

　イ　本件実地指導の違法性

3　原告の主張

（1）　争点（1）アについて

　被告は、本件実地指導が、行政指導であるとしながら、原告に本件実地指導に応じる義務があるとしており、介護保険法23条に基づく「命令」として本件実地指導を行っていることになる。そうすると、原告は、同法92条1項10号における「この法律に基づく命令又は処分に違反した場合」に該当するとして、指定取消処分等の制裁を受ける可能性があるのであり、原告には、本件実地指導に応じる義務が存在しないことの確認を求める利益がある。

（2）　争点（1）イについて

　介護保険法23条に基づく市町村長の調査権は、保険給付に関連する事務に限定され、同条に違反する場合の制裁規定である同法65条が居宅サービス等を担当する者（以下「サービス事業者」という。）を対象としていないことからすれば、保険給付を受ける者（以下「被保険者」という。）による不正受給等を防止するためにサービス事業者に対する調査権を認めたにすぎないというべきであって、厚

生省令第39号は、介護保険法88条１項及び２項に基づき、指定介護老人福祉施設の人員、設備及び運営に関する細目的、技術的基準の制定を授権されたものであるから、同法23条に苦情処理のための調査権を含めることは、介護保険法による授権の範囲を超えた違法無効なものであって、厚生省令第39号33条３項によって本件実地指導を根拠付けることはできないというべきである。

　そして、本件実地指導は「虐待に関する相談のため」や「介護保険給付対象サービスの質の確保」を目的としているのであり、「保険給付に関して必要があるとき」という介護保険法23条の要件を充たしていない。また、同条は、施設への立入調査権を認めていないのであるから、明らかにAへの立入調査を求める本件実地指導は、同条の調査権限を逸脱するものである。さらに、本件実地指導の通知時期と、原告が行っている別件訴訟において被告の職員らを証人申請した時期が近接していることからすれば、本件実地指導がその意趣返しのために行われたと考えられ、本件実地指導は、権限濫用であるというべきである。したがって、本件実地指導は、違法であるから、原告にこれに応ずる義務がないことは明らかである。

（３）　争点（２）アについて

　本件実地指導は、その対象者である原告に対し、応諾義務を課すものであるから、行政事件訴訟法37条の４第１項に定める「一定の処分」に該当するというべきである。

（４）　争点（２）イについて

　本件実地指導は、要件を欠くあるいは裁量権を逸脱又は濫用した違法なものであることは明らかである。

4　裁判所の判断

（１）　争点（１）アについて

　被告は、既に本件実地指導を行う旨原告に通知しており、本件実地指導が介護保険法23条を根拠とするものであり、原告にはこれに応じる法的義務があると主張しているところ、原告は、本件実地指導が違法であるなどして、これに応じる義務がないことを争っているのであるから、このような両当事者の主張を前提とすれば、原告には、本件実地指導に応ずるべき法的義務を課されるという法的地位についての危険、不安が現に存在するといえる。

　また、被告が主張するように、原告に介護保険法23条を根拠とする本件実地指導に応ずるべき法的義務があるとすると、被告が原告に対して本件実地指導を行う旨通知したことは、被告が原告に対して介護保険法23条に基づく命令を行ったことになるというべきであるから、原告には、本件実地指導に応ずることを拒絶したことにより、同法92条１項10号によって介護福祉施設の指定の取消し

等を受ける可能性があるといえ、上記取消等によって原告が受ける不利益の程度及び上記取消し等について都道府県知事の行為裁量性があり原告が不安定な状況におかれることからすれば、上記取消し等が行われた時点で事後的に争うより、現在、本件実地指導に応ずべき義務についての確認の訴えを求めることが当事者間の紛争の抜本的な解決に資し、有効適切といえるというべきである。したがって、本件主位的請求には、公法上の法律関係の確認の訴えとしての確認の利益が認められる。

（2）　争点（1）イについて

　介護保険法23条は、保険給付に関して必要があると認めるときに、被保険者若しくはサービス事業者に対し、文書その他の物件の提出若しくは提示を求め、若しくは依頼し、又は当該職員に質問若しくは照会をさせることができると規定しており、同法65条が、介護給付等を受ける者が同法23条に基づく調査に応じなかった場合の当該介護給付等を受ける者に対する制裁を規定する反面、施設サービスを担当する者について特段の規定を置いていないことからすると、同法23条に基づく調査は、被保険者の介護保険の不正受給等といった、専ら被保険者の保険受給状況についての調査であると考えるべきである。そして、同法48条1項が、被保険者が都道府県知事から指定を受けた介護福祉施設により行われるサービスを受けた場合に、当該介護福祉施設から請求があった場合に、当該被保険者に対する介護保険支給額の限度で当該施設に当該サービスに要した費用について支払うことができるとしていることからすれば、サービス事業者は、被保険者の保険受給状況に関し、同法23条に基づく調査に応ずべき義務があるというべきである。しかしながら、同条が調査方法について同条に定めるほかに政令等に委任を行っていないことからすれば、市町村は、同条に定める調査方法及びこれと同視できる調査方法以外の方法で同条に基づく調査を行うことはできないと解すべきである。

　これを本件についてみるに、被告は、本件実地指導が同条に定める文書等の提示や職員への質問を施設内で行うことを予定していたにすぎない旨主張するが、本件通知の内容が「A内」において「実地指導」を行うとなっていることからすれば、被告がAの立入調査を行った上で実地指導を行うことを予定していたというべきである。そうすると、上記で検討したとおり、同法23条に基づく調査の方法として同条に定める方法及びこれと同視できる調査方法以外の方法で実施することはできないというべきであるから、本件実地指導は、同法23条に基づく調査としては、調査の方法を逸脱するものであり違法であるといわざるを得ない。また、後記のとおり、厚生省令第39号33条3項は、その文言にかかわらず、指定介護老人福祉施設に対してその入所者等から保険受給に関する苦情が行われた

場合に、市町村長が当該施設に対して行政指導としての指導及び助言を行うことができることを明確化したものと解すべきであり、本件実地指導も、このような行政指導であると解する余地があるものの、そのように解したとしても、行政指導とは、あくまでも相手方の任意の協力によってのみ実現されるものであるから（行政手続法32条1項参照）、原告にはこれに応ずる義務は存在しない。

第6　まとめ

（1）　上記裁判例は公法上の当事者訴訟として、原告が本件実地指導に従う義務の不存在確認を求めるものであり、請求は認容され、義務不存在が確認された。

この訴訟において、原告は予備的に、本件実地指導は原告に応諾義務を課すものであり、原告がこれを拒否すれば、被告から不利益処分を受ける蓋然性が高いとして本件実地指導の差止めを求めていた。

被告が主張するように原告に介護保険法23条を根拠とする本件実地指導に応ずるべき法的義務があるとすると、被告が原告に対して本件実地指導を行う旨通知したことは、被告が原告に対して介護保険法23条に基づく命令を行ったことになるというべきであるから、原告には、本件実地指導に応ずることを拒絶したことにより、同法92条1項10号によって介護福祉施設の指定の取消し等を受ける可能性があるといえ、処分性が認められる可能性がある。

このように、行政調査に関しては、調査の性質に応じて、差止訴訟、当事者訴訟を活用することが考えられる。行政指導に対しては、当事者訴訟として、行政指導に従う義務不存在の確認の訴えを活用することが考えられる。

（2）　義務付け訴訟について、訴訟要件の緩やかな申請型義務付け訴訟においては、例えば、社会保障給付の申請がされた場合において、行政庁が返答しないとき又は申請が拒否されたときに、給付をすることの義務付けを求める例がみられ、請求が認容される事例も増えている。また、法令上、義務的取消しの規定があれば、取消訴訟の出訴期間経過後においても義務的取消しの義務付け訴訟を活用することにより取消しの効果を得ることも考えられる。

さらに、非申請型義務付け訴訟においては、典型的には処分の相手方ではない第三者による訴え提起が想定されるが、自己に対する処分の義務付けを求める訴えも排除されるわけではない。

そこで、違法な行政調査を受けた場合において、自己に対する適切な行政調査のやり直しを求める義務付けの訴えなどを活用することも考えられる。

（3）　以上のとおり、行政指導・行政調査に対する予防として、義務付け訴訟、差止訴訟・当事者訴訟を活用することが考えられる。

［山口　雄也］

Ⅸ　不利益処分差止請求・仮の義務付け申立手続
～最高乗務距離訴訟・運賃認可の仮の義務付け事件～

● 第1　道路運送法及びタクシー特措法による規制

1　道路運送法による規制

　タクシー事業（一般乗用旅客自動車運送事業）には、道路運送法上、事業の許可や運賃認可、輸送の安全確保のための様々な規制がある。タクシー事業は、典型的な規制業種であり、これまでの間、規制をめぐる行政訴訟が多数提起されてきた。

　運賃値下げ申請をすることにより、「同一地域同一運賃」という行政運営の違法性を主張した訴訟（大阪地判昭和60年1月31日行集36巻1号74頁［MKタクシー事件］[1]、平成元年に大阪高裁で和解）や、運賃認可に関する地方運輸局長の裁量の範囲が争点となった訴訟（最一小判平成11年7月19日裁判集民193号571頁［三菱タクシー運賃変更申請却下事件］[2]）などが有名である。

2　平成14年改正による規制緩和

　平成14年改正以前においては、道路運送法にはいわゆる「需給調整規制」が存在し、地方運輸局長が事業区域の需要と供給を調整して新規参入業者に免許を与えるかどうかを判断する仕組みがとられていた。

　「需給調整規制」は、新規参入の自由を強度に制限し既存事業者を保護する規制であるが、平成14年に行われた規制緩和の一環として道路運送法が改正され、需給調整規制は撤廃された。その結果、タクシー事業の新規参入は許可制となった（許可基準につき、道路運送法6条）。

　運賃規制に関しては、従前どおり認可制が維持されており、タクシー事業者からの運賃認可申請に対して、地方運輸局長が個別に認可をするものとされていた（認可基準につき、道路運送法9条の3第2項）。

3　タクシー特措法の成立

　（1）　規制緩和の結果、タクシー台数の供給が過剰になったことや過当な運賃値下げ競争が生じていることなどの問題意識を背景として、「特定地域における一般乗用旅客自動車運送事業の適正化及び活性化に関する特別措置法」（いわゆ

---

[1]　判例解説として、阿部泰隆「独禁法と事業法上の規制の関係［MKタクシー事件］」（『経済法判例・審決百選』114事件）や根岸哲「タクシー運賃の認可制と『同一地域同一運賃』の原則」（ジュリ833号84頁）など。

[2]　判例解説として、判時1688号123頁、判タ1011号75頁など。

る「タクシー特措法」）が成立し、平成21年10月1日に施行された。

　タクシー特措法のもとでは、供給過剰状態にある等の要件を満たす地域が国土交通大臣によって「特定地域」として指定され、特定地域においては、①新規参入要件の厳格化、②増車の認可制、③減車実施事業者に対する監査の特例[3]、④行政処分の特例[4]などの措置がなされるものとされた。これにより、特定地域において減車が実施されることにより供給過剰状態の解消が目指されることとなった。

　（2）　運賃認可基準に関しては、附則において、「適正な原価に適正な利潤を加えたものを超えないもの」との要件（法9条の3第2項1号）を、当分の間「適正な原価に適正な利潤を加えたもの」に読み替えるものとされた。これにより、運賃認可における審査の厳格化が図られることとなった。

● 第2　最高乗務距離規制をめぐる行政訴訟

1　規制の骨子

　（1）　最高乗務距離規制とは、タクシーの出庫から帰庫までの間（1乗務）における走行距離の最高限度を規制するものである。

　国（国土交通省）の説明によれば、最高乗務距離規制は、1乗務における走行距離を規制することにより、過労運転等により輸送の安全が阻害される事態を防止することを目的とする規制である（道路運送法27条2項及び運輸規則22条1項）。

　（2）　最高乗務距離規制自体は、タクシー特措法が施行される以前から、一部の地域において存在していた規制であったが、タクシー特措法施行にあわせて、全国の主要地域（交通圏）において一斉に規制が導入された。

　東京都内（特別区・武三交通圏）においては、公示によって、隔日勤務[5]の場合は365Km、日勤勤務[6]の場合は270Kmが乗務距離の最高限度とされた。

2　訴訟提起までの経緯

　MKタクシーグループは全国でタクシー事業を展開しているが、MKタクシーが事業を展開する地域はいずれも特定地域に指定され、乗務距離の最高限度規制がされることとなった。

　MKタクシーは、流し営業や駅待ちでの営業はほとんど行わず、自社の専用乗

---

[3]　減車（タクシーの保有台数を減らすこと）を実施した事業者には地方運輸局による監査が免除されるなどの「特典」が与えられた。

[4]　他方、基準日以降に増車をした事業者において監査等の結果違反事実が判明した場合、通常よりも加重された処分を行うものとされた。

[5]　1日働いて1日休むというシフトを繰り返す勤務形態。1回の勤務の最大拘束時間は21時間。東京では隔日勤務が主流であるとされる。

[6]　公休以外は毎日勤務する勤務形態であり、昼勤と夜勤に区分されることが多い。

166　　第2部　行政手続と行政事件

り場での乗車や予約による乗車を営業の中心としており、専用乗り場と予約乗車の割合が全体の8割から9割を占めていた。予約乗車の多くは、比較的遠方への乗車が多く、空港等への送迎も多いため、1回の乗務距離が長くなる傾向にあった。そのため、数回の長距離乗車があった場合は乗務開始からまだ数時間しか経っていないのに、乗務距離の最高限度に到達してしまい、ドライバーからすれば、まだ勤務できる時間が残っているにもかかわらず、帰庫しなければならない状況となっていた。

　タクシー特措法施行後の規制強化が進む中、MKタクシーとしては、輸送の安全を確保するための規制としてはすでに労働時間に関する規制等が存在し、これらの規制に加えてさらに乗務距離の最高限度を規制する必要がないこと、最高乗務距離規制は利用者の利便に資する規制ではないこと、乗務距離の最高限度を算出した過程が明らかではなく規制の合理性を欠くこと等を理由として、訴訟により当該規制の撤廃を求める方針を固めた。

3　訴訟提起

　（1）　各地方運輸局長による乗務距離の最高限度を規制する旨の「公示」は、最高限度や距離の算定方法等において多少の違いはあったが、規制の目的は同じであり規制内容も同じであった。

　各地方運輸局長がした公示に関する訴訟は、被告（国）の普通裁判籍の所在地を管轄する裁判所（行政事件訴訟法12条1項）である東京地方裁判所で一括して提訴することも可能であった。しかし、東京地裁ですべての事件を集中させることのリスク等を考慮し、MKタクシーグループ各社が存する札幌地裁、東京地裁、名古屋地裁、大阪地裁、福岡地裁の各地裁において訴訟を提起する方針とした（管轄の根拠は、行政事件訴訟法12条1項の「処分をした行政庁の所在地を管轄する裁判所」）。

　（2）　各地裁に対する訴訟は、公示の違いに伴う多少の差を除いては、いずれも同一の内容であり、請求の趣旨は以下のとおりである。

　【請求の趣旨】

　（主位的請求の趣旨）

　1．本件公示の取消請求

　2．本件公示に違反したことを理由とする不利益処分の差止請求

　（予備的請求の趣旨）

　1．地位の確認請求

　2．本件公示に違反したことを理由とする不利益処分の差止請求

　主位的請求は本件公示に処分性があることを前提とする請求であり、予備的請求は本件公示に処分性がないことを前提とする請求である。主位的請求と予備的

請求の第2項は共通（同じ内容）である。

　本件公示の処分性を前提とする主位的請求をする以上、公示から6か月以内の出訴期間内（行政事件訴訟法14条1項）に提訴をしている。

4　本案前（訴訟要件）についての審理

　各訴訟において、被告が下記の1から3の訴訟要件を争ったため、本件の訴訟要件としては、次の点が争点となった。

【本案前の争点】

　1．本件公示の取消請求……本件公示の処分性

　2．不利益処分の差止請求……処分の蓋然性、重大な損害の有無

　3．地位の確認請求……確認の利益

（1）　本件公示の処分性

　　ア　本件公示の処分性の争点は、いわゆる一般的抽象的法規範の処分性（名宛人が個別具体的に特定されていない処分についての処分性）の論点に関するものであり、関連する判例としては、横浜市保育園廃止条例事件（最一小判平成21年11月26日民集63巻9号2124頁）、旧高根町水道条例事件（最二小判平成18年7月14日民集60巻6号2369頁）、2項道路指定に関する事件（最一小判平成14年1月17日民集56巻1号1頁）などがある。

　　イ　本件公示は、形式的には個々のタクシー事業者を名宛人とするものではなく、交通圏においてタクシー事業を営むすべての事業者を名宛人とするものである。

　しかし、①本件公示が実質的な意味で適用される事業者は乗務距離の最高限度を超える可能性のある事業者に限られ、その数は極めて少ないことが想定されること、②タクシー事業者からすれば、本件公示こそが義務を課される根拠となるものであり、義務の具体的な内容は本件公示の内容で尽きていること（本件公示とは別の通達等によって義務の内容が具体化されるわけではないこと）などの事情があり、これらの事情は、本件公示の処分性を肯定するに足る事情であると解された。

　　ウ　原告らは、上記各判例に基づく主張のほか、以上の事情を主張したが、結論として、いずれの地裁も本件公示の処分性を否定した。

　その主たる理由は、本件公示が、公示の時点に存するタクシー事業者だけでなく、将来に参入する事業者にも適用されることにあった。

（2）　処分の蓋然性、重大な損害の有無

　本件公示はすでになされており、今後、原告ら事業者に対して監査がなされれば違反事実（最高乗務距離を超えて乗務をしている例）があることが指摘されることは必至であり（なお、原告らは、訴訟において、処分の蓋然性を主張するために、

168　　第2部　行政手続と行政事件

最高乗務距離違反があることを「自白」していた）、違反事実が確認されれば通達に規定された手順にしたがい処分がなされることから、原告らは、現時点において処分の蓋然性は認められると主張した。

　また、重大な損害に関しては、本件公示に違反した場合、何十日もの間、何台かのタクシーを停止させないといけない（自動車停止処分）が[7]、MKタクシーでは常にタクシー台数が足りない状態であり、自動車停止処分を受けた場合、予約に対応することがこれまで以上にできなくなり、売上減少が生じるだけでなく、信用毀損も生じかねない旨を主張した。

　差止請求に関しては、名古屋地裁が認容したが、他の地裁では処分の蓋然性又は重大な損害がないとして却下をしている。

　差止訴訟における「重大な損害」については、事後的金銭賠償によって賄える損害であるかどうかが大きなポイントとなるため、原告としては、処分によって想定される損害が金銭賠償によっては賄えない性質の損害であることを強調して主張・立証する必要がある[8]。

（3）　確認の利益

　ア　提訴した五つの地裁のいずれにおいても本案前の審理がなされたが、もっとも議論がなされたのは「確認の利益」の有無についてであった。

　とりわけ、東京地裁においては、確認の利益の有無に関する主張について原告、被告双方に釈明があり、確認の利益の審理だけで2、3回の期日が開かれたほどであった。

　イ　確認の利益に関しては、長野勤務評定事件判決（最一小判昭和47年11月30日民集26巻9号1746頁）[9]や横川川事件判決が先例的事件であるとされることが多く、被告（国）は、同判決における判示（「当該義務の履行によって侵害を受ける権利の性質およびその侵害の程度、違反に対する制裁としての不利益処分の確実性およびその内容または性質等に照らし、右処分を受けてからこれに関する訴訟のなかで事後的に義務の存否を争ったのでは回復しがたい重大な損害を被るおそれがある等、事前の救済を認めないことを著しく不相当とする特段の事情がある場合は格別、そうでないかぎり、あらかじめ右のような義務の存否の確定を求める法律上の利益を認めることは

---

[7]　例えば、70日車の停止処分の場合、1台を70日間停止する方法のほか、7台を10日に分けて停止することも、10台を7日に分けて停止することも可能であるが、台数に余裕がない事業者にとっては、自動車停止処分は大きな痛手となる。また、タクシー特措法において、増車事業者による乗務距離の最高限度違反は、処分の加重対象ともされていた。

[8]　各地裁への提訴後、最高裁平成24年2月9日判決がなされ、同判決において、重大な損害の判断枠組みが示された。今後は、同判決が示した判断枠組みのもとで、重大な損害要件の審理がされるものと考えられる。

[9]　『行政判例百選II［第5版］』208事件。同判決は、第6版には収録されていない。

できないものと解される」）を引用し、確認の利益がない旨を主張していた。

　たしかに、長野勤務評定事件判決は、義務の不存在確認という請求の形態をとる訴訟であるため、確認の利益の先例として議論されることがあり、被告の主張もそれに依拠するものであったが、長野勤務評定事件の請求の実質は不利益処分の差止めを求めるもの（無名抗告訴訟）であったと解される。

　上記判示によれば、特段の事情があるような場合でなければ確認の利益を肯定できないことになるが、長野勤務評定事件判決は行政事件訴訟法４条における当事者訴訟としての確認訴訟の先例ではないから、当事者訴訟としての確認訴訟における確認の利益の判断に射程が及ぶものではないと解される。長野勤務評定事件判決は、判例解説[10]においても指摘されているように、平成16年行訴法において差止訴訟の要件が法定されたことにより、その先例的意義を終えたといえる。

　　ウ　確認の利益は、民事訴訟における確認の訴えにおいても問題となるが、実務上多くの事例においては、原告・被告間に権利義務に関する紛争があり、被告が、原告が有する権利を争っている程度の事情でも確認の利益は認められていると思われる。

　他方、行政訴訟の場合、単に、原告と被告（国ないし行政庁）との間に権利義務に関する紛争や見解の相違があるというだけでは確認の利益が認められることはない。それは、いまだ、当該権利義務に関する紛争や見解の相違を理由とした不利益処分がされていないにもかかわらず、裁判所が、あらかじめ、地位確認や義務の不存在確認という訴訟の中で、当該紛争や見解の相違に対する判断をしてしまってよいのかという「価値判断」が存在しているからであると解される。当該価値判断とは、すなわち、行政庁の第一次的判断権の尊重の理論、言い換えれば取消訴訟中心主義に由来する考え方である。

　行政訴訟においては確認の利益は紛争の成熟性として議論されることが多いが、その議論の実質は、行政庁が第一次的判断権を行使していない状況において、裁判所が権利義務の存否ないし原告の地位の適法性に関して何らかの判断を示すことが許されるかについての議論であり、これは行政と司法の役割分担に関する議論であるといえる。

　　エ　各地裁はいずれも確認の利益を肯定し、本案についての判断を行った。

---

[10]　『行政判例百選Ⅱ［第５版］』における解説（浜川清）は、「義務不存在確認訴訟についていえば、当該義務の不履行を理由に不利益処分が予想されるときは、その確認の利益は処分差止訴訟（無名抗告訴訟）の要件論に吸収され（るが）」、「平成16年改正で行訴法37条の４は、処分差止訴訟について新たに定め、『一定の処分又は裁決がされることにより重大な損害を生ずるおそれがある場合』（同条１項）に同訴訟を提起できると定め」たことにより、「本判決は30年以上を隔てて同改正を用意し、改正とともに先例的意義を終えたといえる」としている。

そのうち、東京地裁は、確認の利益について、「原告については、乗務距離規制という公的義務の存在が、その営業活動を反復継続的に阻害しており、それにより営業の自由が直接的に制約を受けているという状況にあって、乗務距離規制の違反に関して行政指導を受けていることを考慮すると、原告が乗務距離規制により被っている不利益は、その法律の地位に関わるものであり、かつ、現実的に生じているものというべきである」とした上で、「本件公示に係る乗務距離の最高限度を超えて原告がその運転者を事業用自動車に乗務させることができる法的地位」の確認を求めることは、乗務距離規制によって生じている原告の法律上の地位の現実的な不利益を除去し、原告と被告との間で現在生じている紛争を解決するために有効かつ適切である」と判示した。

5 本案についての主張・立証

本案とは乗務距離規制の必要性・合理性に関する主張立証であり、被告（国）が主張・立証責任を負うべきものである。

各地裁において本案前の主張が尽きた後、本案に関する主張の攻防が本格化したが、もっとも早く判決がされた名古屋地裁においても、判決までには提訴から約3年の年月を要することとなった。

各地方運輸局は、本件公示をする以前に、各交通圏の実態調査を行っており、当該調査において、タクシー事業者の実情や交通事故や違反件数等の調査がされていた。本件公示はこれらの調査結果を踏まえてなされたものであったことから、各地裁の訴訟においては、被告（国）から、膨大な調査結果とそれに基づく検討結果が証拠として提出された。

これらの調査結果を表面的にみる限りは、それなりの調査に基づいて規制が検討され実施されたかのように思われたが、調査結果を細かく検討していくと、乗務距離の最高限度の算出過程に不合理と思われる点が見つかったり、算出過程における考え方が相互に矛盾すると思われる点も存在するなどした。

原告らの請求を認容した各地裁の判決を要約すると、規制の必要性はあるが、乗務距離の最高限度の算出過程に不合理な点があり、これらの点において裁量の逸脱・濫用があるというものである。このような認容判決を導くことができたのは、膨大な調査結果や証拠資料を細かく検討し、反論・求釈明の繰り返したことによるものであったと考えている。

6 訴訟の経過とその後

大阪地裁判決、福岡地裁判決及び札幌地裁判決に対しては原告被告の双方が控訴しなかったため、一審判決が確定した。

名古屋地裁判決及び東京地裁判決に対しては被告（国）が控訴し、控訴審でも乗務距離規制の適法性に関する審理がなされたが、いずれの裁判所も国の控訴を

IX　不利益処分差止請求・仮の義務付け申立手続　　171

棄却した。東京高裁判決に対して国が上告しなかったため確定したが、名古屋高裁判決に対して国が上告受理申立てをしたため、審理の舞台は最高裁に移された。

　平成28年1月、最高裁が国の上告受理申立てに対し不受理決定をしたことにより、名古屋高裁判決を含むすべての判決が確定し、全国一斉提訴から約6年の年月を経てようやく一連の乗務距離規制をめぐる裁判が終結することとなった。

● 第3　運賃認可の仮の義務付け申立事件
1　運賃に対する規制の骨子
　（1）　現行の「公定幅運賃制度」[11]の導入以前においては、タクシー事業者が個別に運賃の認可申請を行い、これに対し地方運輸局長が個別に審査し認可をするという制度がとられており、道路運送法9条の3第2項がその認可基準を定めていた。

　道路運送法上、運賃認可については「個別申請・個別認可」が原則であるが、タクシー事業者は多数存在するため、地方運輸局がすべてのタクシー事業者の認可申請を受け付けて個別に審査することは現実の行政運営に支障を来すことになる。そのため、行政便宜上の措置として、「自動認可運賃制度」がとられており、大半の事業者は、自動認可運賃の範囲内の運賃を申請し認可を得ていた。

　（2）　「自動認可運賃制度」とは、地方運輸局長があらかじめ「自動認可運賃」として指定した範囲の運賃でタクシー事業者が認可申請をした場合、個別の審査を行わずまさに「自動的に」運賃認可をするという制度である。

　大阪市域交通圏の場合、（時期や車両の大きさによる違いはあるが）おおむね640円から660円が初乗りの自動認可運賃として指定されており、この範囲の運賃を初乗り運賃として申請する限りは、個別の審査を受けることなく申請どおりの運賃で認可がされることになる。

　他方、自動認可運賃以外（通常は自動認可運賃の下限を下回る運賃）の運賃を初乗り運賃としたいという事業者については、自動認可運賃制度は適用されないから、原則に戻り、個別の運賃認可申請に対して地方運輸局が個別に申請に対する審査を行うことになる。その上で、道路運送法9条の3第2項の各要件の充足が判断され、地方運輸局長が認可又は不認可の判断をすることになる[12]。

　（3）　MKタクシーは格安運賃でも知られており、例えば、大阪MKについて

---

[11]　平成26年4月以降に新たに導入された運賃に対する規制。事業者は、各地方運輸局長が指定する公定幅運賃の範囲の運賃の届出を行い、届け出た運賃にて事業を行うものとされた。公定幅運賃の範囲外の運賃の届出をした事業者や、公定幅運賃の範囲外の運賃で事業を行った事業者に対しては、運賃変更命令その他の不利益処分がされることになる。
　公定幅運賃制度をめぐっては、すでに複数の行政訴訟が提起されている。

172　第2部　行政手続と行政事件

は、大阪市域交通圏の初乗りの自動認可運賃が640円から660円であった時期に初乗り500円で営業をしていた。

タクシー業界では、自動認可運賃の範囲を下回る運賃で営業を行う事業者のことを「下限割れ運賃事業者」と呼んでおり（なお、大半の事業者は自動認可運賃制度の適用事業者であり、下限割れ運賃事業者は全体の数パーセント程度の割合でしかなかった）、相対的に運賃が割高となる事業者には、格安運賃により顧客が奪われているという意識が強かった。地方運輸局も、下限割れ運賃事業者の存在が運賃値下げ競争を誘発している、格安運賃を実現するため輸送の安全のための費用を十分に確保していない事業者があるなどと考えており、できる限り、下限割れ運賃事業者を排除したいとの意向があったと思われる[13]。

以上を背景として、タクシー特措法において、運賃認可の厳格化が図られることになったが、運賃認可の厳格化とは、結局のところ下限割れ運賃事業者を排除し自動認可運賃に収れんさせる（＝同一地域同一運賃への回帰）ということを意味していた。

2　申立てまでの経過

名古屋MKは、名古屋地区等でタクシー事業を営んでおり、これまで、初乗り運賃400円の認可を得て営業を行っていた。その当時の名古屋地区の自動認可運賃は480円から500円であったことから、名古屋MKは同地区でもっとも安い下限割れ運賃事業者であった。

名古屋MKの運賃認可の期限（なお、下限割れ運賃事業者に対する運賃認可は1年を期限とするものが多く、毎年の申請が必要とされていた）は平成22年5月20日までであった。

名古屋MKは、平成22年1月20日、初乗り運賃を400円とする運賃認可申請（すなわち前年と同様の内容での認可申請）を行った[14]。

---

[12]　道路運送法9条の3第2項各号の要件のうち、審査の中心となるのは1号要件である。1号要件は、タクシー特措法の附則による読み替えの結果、「能率的な経営の下における適正な原価に適正な利潤を加えたもの」となった。

[13]　なお私見であるが、上述した最高乗務距離規制の本当の目的ないし意図は、下限割れ運賃事業者の排除であったと考えている。下限割れ運賃事業者（大阪ではワンコインタクシー等と呼ばれ有名となっていた）は運賃が格安であるため、利用者はあえて格安運賃のタクシーを狙って乗車しており、その結果、下限割れ運賃事業者の乗務距離は他の事業者と比較しても長くなる傾向になった。下限割れ運賃事業者は、単価が安い分距離を稼ぐ必要があり、走れば走るほど最高乗務距離に近づくことになるが、走行距離に上限を設けておけば、売上を維持するためには単価を上げるしかなくなるはずであり、そうなれば、いずれ運賃の値上げ申請をせざるを得ないだろう、というのが運輸局の見立てではなかったかと思われるのである。

[14]　名古屋MKが認可期限の4か月前に認可申請を行ったのは、下限割れ運賃事業者の運賃認可に係る標準処理期間が4か月とされていたことによる。

IX　不利益処分差止請求・仮の義務付け申立手続　　173

中部運輸局長は、名古屋MKの認可期限である5月20日までに審査が間に合わなかったことから、現行の認可期限を1か月間伸長する処分（延伸処分）を何度か行っていたが、その後、同年7月20日には、「現認可に付した運賃の実施期間の終期を本件申請に係る認可の日、本件申請に係る運賃査定額の通知後2週間が経過する日の前日又は同年8月20日のうち、いずれか早い日まで延伸する」処分を行った。

　同年7月27日、中部運輸局長は、名古屋MKに対し、初乗り運賃を430円とする内容の運賃査定額を通知し、この通知後2週間以内に運賃申請額を名古屋地区の上限運賃（500円）から運賃査定額の間で設定する旨の変更申請を行わない場合は、申請を却下する旨を通知した。

3　申立て準備

　筆者が名古屋MKから運賃査定額の通知があった旨の連絡を受けたのは7月27日の夕方であった。名古屋MKとしては、30円といえども理由のない値上げは認められない、初乗り400円は維持するとの意向であった。

　7月20日付けの延伸処分によれば、運賃認可期限は運賃査定額の通知後2週間が経過する日の前日となるから、名古屋MKが430円以上の変更申請をしない限り、現行の運賃認可の効力はあと2週間しかない状況であった。当然のことながら、運賃認可の効力がなくなれば名古屋MKのすべてのタクシーは営業ができなくなり事業が完全に停止することとなる。

　上記連絡を受けた時点において現行の認可期限が残り2週間を切っていることから、1日も早く運賃認可を得るための申立てをする必要があった。そのため、連絡を受けた直後から申立書及び訴状の作成準備にとりかかり、何とか、7月28日朝方には一応の準備を整えることができた[15]。

　7月28日午前9時ころ、名古屋地裁に仮の義務付けの申立書及び義務付け訴訟の訴状を持ち込み、仮の義務付けの申立て及び義務付け訴訟の提起を行った[16]。

---

[15]　27日夕方から翌朝までの半日弱で申立書と訴状を完成させることができたのは、先行する同種事案として、福岡MKによる運賃認可の仮の義務付け事件の経験があったことが大きい。当事務所では、同じ年の2月、福岡地裁に対して運賃認可の仮の義務付けの申立てをしており、同年5月12日に認容決定を得ていた。

[16]　義務付けの訴えが提起されていることが仮の義務付けの申立ての要件であるから（行政事件訴訟法37条の5第1項「義務付けの訴えの提起があった場合において」）、義務付け訴訟の提起もしなければならない。本件の義務付け訴訟は、いわゆる「申請型義務付け訴訟」（同法3条6項2号）であり、名古屋MKの運賃認可申請に対し応答がない時点での訴訟であるから、義務付けの訴えに不作為の違法確認の訴えを併合して提起する必要がある（同法37条の3第1項1号・3項1号）。なお、「非申請型（直接型）義務付け訴訟」（同法3条6項1号）の要件は、損害の重大性、補充性、原告適格、本案勝訴要件である（同法37条の2）。

174　　第2部　行政手続と行政事件

4 審 理

（1）　仮の義務付け申立事件の最初のポイントは、裁判所に対して、「償うことのできない損害を避けるため緊急の必要がある」事案であることを理解してもらうことである。

仮の救済に関する多くの事件は、損害要件の疎明ができないため、その余の判断がされないまま却下となっており、損害要件の疎明は申立代理人にとっての最初のハードルである。

本件では2週間が経過し運賃認可の効力がなくなった場合、名古屋MKとしてはタクシー事業を停止せざるを得ず、そうなった場合、名古屋MKの主たる事業が一斉に停止し、名古屋MKが廃業の危機に追い込まれることは必至であり、明らかに、償うことのできない損害を避けるため緊急の必要がある事案であった。

相手方（国）は、損害要件に関しては、必ずといってよいほど、「事後的な金銭賠償でまかなえる以上、償うことのできない損害は認められない」との主張をし、本件でも同様の主張をしていたが、仮に、事後的な金銭賠償でまかなえる事案は損害要件を満たさないとすれば、およそ、仮の救済手続で救済される事案はないということになる。

相手方（国）の主張は損害要件をきわめて限定的に解する立場に基づく主張であるが、申立代理人としても、相手方の主張に反論するためには、本件においては金銭賠償ではまかなえない性質の損害があることの主張は必要であろうと考える。

（2）　損害要件をクリアした後においても、認容決定を得るためには本案勝訴要件（行政事件訴訟法37条の3第5項）をクリアする必要があり、本件では、名古屋MKの申請に基づく場合、初乗り運賃400円が認可されるべきかどうか、具体的には、道路運送法9条の3第2項1号を充足するかが審理の対象となった。

適正原価・適正利潤に関する要件については、通達において審査基準が公表されており、名古屋運輸局においても、当該審査基準に基づいて名古屋MKの申請が審査されていた。実際の審査は、原価の項目（人件費、燃料油脂費、車両修繕費、車両償却費、運送費等）を個別に審査し、名古屋MKの申請値を一部修正し査定がされていたが、仮の義務付けの審理においては、当該査定の過程を細かく検証することで、中部運輸局の審査は不合理であり名古屋MKの申請は認容されるべき旨を詳細に主張した。

申立てから約3か月後[17]の11月8日、名古屋地裁は、名古屋MKの申立てを認容する決定をした[18]。

5 決定とその後の経過

名古屋地裁の決定後、国が即時抗告をしたため、名古屋高裁において審理が継

続されることとなった[19]。しかし、名古屋高裁は即時抗告を棄却し、その後、中部運輸局長は名古屋MKに対し申請どおりの内容の運賃認可をしたため、名古屋MKは、名古屋地裁で係属中であった義務付け訴訟を取り下げた。

　これにより、名古屋MKの初乗り400円の申請をめぐる一連の紛争は終結することとなった。

6　最後に

　仮の義務付け申立事件は、とにかく時間との勝負であり、弁護士としては一刻も早く裁判所に救済のための申立てを行い、事案の詳細を把握してもらう必要がある。その意味においても、査定額の通知があった翌朝一番に名古屋地裁に申立てをした意味は大きかったと考えている。

　また、規制の骨子や審理のポイントを早く正確に裁判所に理解してもらうためには、仮の救済手続において審尋の申し出は必須であろうと考えている。審尋においていかに事案の筋とポイントを的確に説明できるかが、仮の救済手続における重要な分かれ目になると思われる。

[濱　和哲]

---

[17]　仮の義務付けの申立てをした時点において、運賃の認可期限は2週間を切っていた。双方の主張の応答期間、裁判所の判断期間を考慮した場合、2週間以内に裁判所が決定をすることは現実的には不可能である。そのため、申立後、運輸局に対し審理が継続している間は運賃の認可期限を更新する（延伸）することの申入れを行っており、引き続き、認可期限の延伸処分がされていた。

[18]　当該決定は、判タ1358号94頁以下に掲載されている。

[19]　国が即時抗告を申し立てた場合であっても、仮の義務付け決定の効力は影響を受けない（行政事件訴訟法37条の5第4項、25条8項）。

Ⅹ　税金還付請求手続
破産時の税金還付・仮装経理による過大納付税金の還付手続を中心に

◉ はじめに
　破産手続に至る法人は、それまでの期間中、経営実態を良く見せることを目的
として不適切経理により税金の過大納付をしているケースがある。過去に過大納
付した税金は更正の請求によって還付を受けることができるが、一定の制約があ
る。また、更正の請求に対してその全部又は一部について更正の請求を認めない
行政処分（更正）を受けることがあり、その場合には不服申立てによって争うこ
とができる。
　以下、破産手続中の法人の還付申告の類型、主に仮装経理による過大納付税金
の取扱いと行政処分を受けた場合の不服申立てについて見ていきたい。

◉ 第1　破産と還付申告
　破産手続中の法人は、申告費用を抑えるため、法人税申告には消極的なようで
ある。
　しかし、還付申告によって、過去に納税した税金の回収ができる場合も多いた
め、検討する必要があると思われる。
　〈主な還付項目〉
　①　中間納付額の還付
　②　預金利子税等の還付
　③　欠損金の繰戻による還付
　④　仮装経理による過大納付税額の還付
　⑤　消費税の還付
　破産という状況下では、形式上の手続としては可能であっても、従業員を解雇
して経理担当者がいない、又は帳簿が散逸している等、還付申告のための技術的
なハードルは相当高いので、還付のメリットとデメリットを勘案した上で対応し
ているのが一般的なようである。
　以下、それぞれの制度について、簡単に解説する。

1　中間納付額の還付
　確定申告による法人税額が、中間申告による納付額に満たない場合に、その金
額を確定申告書に記載してあるときは、その満たない中間納付額は還付される
（法人税法79条1項）。地方税（事業税＋住民税）や消費税も同様である。

Ⅹ　税金還付請求手続　　177

2 預金利子税等の還付

預金利子や配当金で源泉徴収された所得税額について、その事業年度の法人税額から控除し切れなかったときは、控除し切れなかった金額の記載をした確定申告書を提出することにより、その金額は還付される（法人税法78条１項）。地方税（住民税）も同様であるが、平成28年１月１日以降に支払を受ける預金利息からは利子割は控除されないので、還付もできない。

3 欠損金の繰戻による還付

解散、事業の全部の譲渡、更生手続の開始等の事実が生じた場合、その事実が生じた日前１年以内に終了した事業年度又は同日の属する事業年度において生じた欠損金額について、欠損金の繰戻還付を受けることが認められている（法人税法80条４項）。地方税（事業税＋住民税）には繰戻還付制度がないので、繰越控除のみになる。

〈繰戻し還付額の計算式〉

$$\text{所得のあった事業年度の法人税額} \times \frac{\text{欠損事業年度の欠損金額}}{\text{所得のあった事業年度の所得金額}} = \text{還付税額}$$

4 仮装経理による過大納付法人税の還付

仮装経理（粉飾決算に類似）により法人税の過大納付が生じた場合、税務署長の更正を受けた上で、過大納付法人税について税額控除を受けることが認められている。また、企業再生事由等に該当する場合には即時還付を受けることができる（法人税法70条、135条）。地方税（事業税＋住民税）も同様である。

仮装経理による過大納付法人税の還付の詳細は、本章第２を参照されたい。

5 消費税の還付

消費税は、預り消費税と支払消費税の差額について納付し又は還付請求できる仕組みである。清算すると、一般的には売上がなくなり支払の方が大きくなるので、消費税の還付請求ができないか検討する必要がある。

● 第2 仮装経理による過大納付税金の還付

倒産事件では、仮装経理（粉飾決算）がつきもののようである。

もっと正確にいえば、倒産をきっかけにしてようやく真実の数値を表に出せる会社がいかに多いかということがいえる。

倒産後に仮装経理の目的を尋ねると、金融機関から融資を受けるため、あるいは経営審査で良い評価を得るため等、様々である。

この仮装経理によって法人税等又は消費税について過大申告と過大納付をして

いた場合、直前5事業年度以内に仮装経理をしたものについては、所定の手続によって過大納付税金が戻ってくる可能性がある。

長きにわたって仮装経理を行い過年度の過大納付税金が大きいときは、還付請求手続を行うか否かによって、債権者に対する支払財源が大きく増減する。

還付請求手続としては、法人が修正の経理をした確定申告書を提出し、税務署長に対して更正の請求をすることになる。

1 税制改正の経緯

（1） 平成22年度税制改正によるメリット

平成22年度税制改正により、清算所得課税が廃止され解散前後を通じて損益法が適用されることになり、仮装経理による過大納付法人税の還付手続の要件であった修正経理、及び確定申告書の提出のそれぞれの要件につき、清算事業年度の申告においても満たすことができるようになった。

従前の取扱いとしては、上記2要件を満たすために解散事業年度までの修正経理及び確定申告が必要であったところ、解散日からわずか2か月（申告期限の延長をしている場合は3か月）以内に、仮装経理に関する調査を行った上で、修正経理、及び確定申告書の提出をすることは時間的に非常に難しく、事実上当該手続について断念せざるを得ないケースがあった（期限後申告で対応することもあった）。

したがって、従来還付請求手続を諦めていたような事案については、平成22年度税制改正は歓迎すべき内容といえる。

なお、清算事業年度においても、仮装経理による法人税の還付請求が可能な点については、国税庁による質疑応答「問11」実在性のない資産が把握された場合の処理例（法人課税課情報第3号、審理室情報第1号、調査課情報第1号参照）において取り上げられており、当該処理例では還付手続につき認められることが前提の解説となっている。

（2） 平成22年度税制改正によるデメリット

平成22年度税制改正により解散前後を通じて損益法が適用されることになり、清算事業年度の申告は予納申告から確定申告に変わった。その結果、解散後においても仮装経理による過大納付法人税の控除を受けられることになった（改正前の予納申告では控除不可）。

ア 解散があった場合の還付

仮装経理による過大納付法人税額の5年間繰越控除制度の適用を受けている法人について、還付事由が生じた場合にはその控除しきれなかった金額を還付することとされている（法人税法135条3項）。この還付事由に従前は解散が含まれていたところであるが、清算所得課税から通常所得課税への移行に伴い、解散後も引き続き税額控除ができることになったため、解散が還付事由から除外された。

Ⅹ　税金還付請求手続　179

すなわち、解散した場合、従前は即時還付されていたものが、即時還付は認められず５年間の控除方式となったため、この点はデメリットといえる。

税制改正後の還付事由としては、合併による解散、破産手続開始の決定、残余財産が確定したこと等となった（法人税法135条３項）。

　　イ　企業再生事由が生じた場合の還付請求

仮装経理による過大納付法人税額の５年間繰越控除制度の適用を受けている法人について、企業再生事由が生じた場合にはその控除しきれなかった金額の還付を請求することができることとされている（法人税法135条４項）。上記アの解散があった場合の還付事由から解散が除外されたことに伴い、この企業再生事由に特別清算開始の決定があったことが追加された（法人税法施行令175条２項１号）。

この結果、平成23年度税制改正後の企業再生事由としては、更生手続開始決定、再生手続開始決定、特別清算開始決定等となった（法人税法135条４項、法人税法施行令175条２項）。

なお、破産の場合には納税者からの還付請求なく還付され（上記ア）、特別清算の場合には納税者からの還付請求が必要（上記イ）となるが、このような違いに関しては、財務省による平成22年度税制改正の解説において次のように説明されている。

　破産手続開始の決定も特別清算開始の決定も、経営者の責任が追及され、恣意性が排除された合理的な企業整理手続ではありますが、破産手続開始の決定は解散による事業年度の変更届出により税務署長が把握できる事由であることから納税者からの請求を待たずに還付することとされ、特別清算開始の決定は税務署長が把握できるとは限らない事由であることから納税者からの請求をもって還付することとされたものです。

（平成22年度税制改正の解説／財務省）

2　仮装経理とは

仮装経理の手口には、法人を存続させるために決算をより良く見せようとして、架空売上を計上したり、在庫を水増ししたり、減価償却費を過少計上したり、本来各種の引当金をもっと積むべきところを積んでいなかったりと様々な手口が見られる。

仮装経理を会計的に分類すると、次の類型がある。

①　収益又は利益の過大計上

②　費用又は損失の過少計上

③　資産の過大計上

④　負債の過少計上

⑤　上記の組み合わせ

3　法人税及び地方税の還付請求手続

　仮装経理により法人税の過大納付が生じた場合、その全額を直ちに還付することなく、更正の日の属する事業年度前1年間の各事業年度の法人税だけを還付し、残額は事後5年間に納付する法人税から税額控除することとされている（法人税法70条、135条2項）。

　もともとそのような事態を予定していなかったかつての法人税法においては、税額が過大である以上は税務署長が職権更正（減額）を行い、還付加算金を付して還付していたようであるが、決算を偽装するために税金を意識的に多く納付した行為に対してまで還付加算金を付して還付することは、申告納税制度の本旨からしても好ましいものでなく、また、昭和40年3月の山陽特殊鋼の倒産等をきっかけに仮装経理に対する関心が高まりをみせ、昭和41年に改められた経緯がある。

　また、平成21年度税制改正においては、解散や企業再生事由が生じた場合に控除未済額を還付することとされたが、平成22年度税制改正において、清算所得課税が廃止され、解散後においても税額控除が受けられることになったため、破産・特別清算を除き、解散による還付制度は控除制度に改められたところである。

　平成22年度、及び平成23年度税制改正後の法人税法においては、次の点に留意する必要がある。

（1）　法人が確定決算において修正の経理をすること

　仮装経理後の事業年度の確定決算において法人が修正の経理処理をし、それに基づいて確定申告書を提出するまでは、税務署長は更正をしないことができることとされている（法人税法129条1項）。また、法人が修正の経理を行う前に、税務調査を受け過大申告・過大納付が明らかとなったとしても、税務署長は減額の更正をしないことができる。

　具体的には、過去に行った仮装経理について、当期に一括して"過年度損益修正損"としての会計処理を行うが、これは過年度の仮装経理の修正であって当期の費用あるいは損失には該当しないので、税務申告書上は加算留保処理を行うことになる。

　なお、平成21年12月に「会計上の変更及び誤謬の訂正に関する会計基準」（以下「過年度遡及会計基準」という。）及びその適用指針が公表された。平成23年4月1日以後に開始する事業年度の期首以後に行われる会計上の変更及び誤謬の訂正から適用が開始されている。過年度遡及会計基準導入後は、過年度の誤謬訂正は原則として修正再表示により行われ、会社法の計算書類においては過年度の影

響累積額を当期首の資産、負債、純資産の額に反映し、かつ、誤謬の内容等を注記する。当期の損益計算書に過年度損益修正損として表示はされないが、同一視できるので法人税法129条に規定する修正の経理として取り扱うことが国税庁により明確にされた。

（2）　税務署長が職権更正（減額）できるのは、法定申告期限から５年間に限られる

　仮装経理に基づく過大申告の場合の更正ができるのは、更正日の属する事業年度開始前５年間の事業年度分に限られる。これ以前の事業年度については、法人が修正の経理処理をしたとしても更正の対象とはならない。

　平成23年度税制改正前においては、直前１年分は更正の請求とし、それ以前の４年分は税務署長に対して職権更正の嘆願をしていたが、税制改正後においては、すべての期間について更正の請求による。また、同改正において、更正をすることができないこととなる日前６月以内にされた更正の請求に係る更正等については、更正の請求があった日から６月経過日まで更正できるとする特例が措置された（国税通則法70条３項）。

（3）　過大納付法人税は、事後５年間の税額控除、直前１年分は還付

　更正後の還付法人税は、全額が直ちに還付されるわけではない。更正日の属する事業年度１年以内に開始した事業年度分の確定法人税は還付されるが、残りは以後５年間の各事業年度に納付すべき法人税があれば、この法人税から順次控除する方式を原則としている（法人税法70条、135条２項）。

　しかし、平成21年度税制改正、平成22年度税制改正において、控除未済額の一括還付制度が手当てされた。

　　ア　還付事由が生じた場合の還付

　仮装経理による過大納付法人税額の５年間繰越控除制度の適用を受けている法人について、還付事由が生じた場合にはその控除しきれなかった金額を還付することとされている。還付事由としては、合併による解散、破産手続開始の決定、残余財産が確定したこと等となった（法人税法135条３項）。

　　イ　企業再生事由が生じた場合の還付請求

　仮装経理による過大納付法人税額の５年間繰越控除制度の適用を受けている法人について、企業再生事由が生じた場合にはその控除しきれなかった金額の還付を請求することができることとされている（法人税法135条４項）。企業再生事由としては、更生手続開始の決定、再生手続開始の決定、特別清算開始の決定、一定の私的整理等となった（法人税法施行令175条２項）。

（4）　地方税も対象になる

　仮装経理に基づく過大申告の場合の更正特例は、法人税だけではなく事業税や

県市民税についても対象になっている。類似制度として、欠損金の繰戻還付規定（法人税法80条）があるが、繰戻還付規定は法人税だけを対象とし地方税を対象としていない（地方税は欠損金の繰越のみ）ので、対象税目が広くなっている。

（5） 対象となる手□とならない手□

仮装経理について税法上の明確な定義はない。単なる計算上の誤謬や償却不足額、引当額の繰入不足などは含まれず、特例の対象となる仮装経理はあくまで外部取引と考えるのが通説のようである。

具体的には、売上の過大計上、費用の過少計上、在庫の過大計上等が対象となるが、架空売上の計上、確定費用の未計上等は仮装事実が明確なのに対して、売上の先食いや発生主義でなく現金主義での費用計上等は会計処理基準の選択の問題があるため、一概に仮装経理とは認められないことになる。

ア　粉飾＝仮装の例示

例　示	仕訳の例
契約が無いのにあることを偽装し資産・収益を計上するケース（架空売上など）	（借方）　　（貸方） 売掛金＊＊／売　上＊＊
契約があるのに無いことを偽装し負債・費用を計上しないケース（借入金と費用の圧縮など）	（借方）　　（貸方） 借入金＊＊／費　用＊＊
物が存在しないのにあることを偽装し資産・在庫を計上するケース（架空在庫など）	（借方）　　（貸方） 商　品＊＊／期末棚卸＊＊

（注）上記はあくまで例示であり、上記例示に該当すれば、すべて仮装経理として認められることを意味するものではない。

イ　粉飾≠仮装の例示

項　目	例　示
計上時期	収益を契約基準で計上するなど
評価	有価証券評価損を計上しないなど
引当金	貸倒引当金を計上しないなど
減価償却	減価償却費を計上しないなど
経過勘定	未払費用を計上しないなど

4　消費税の還付請求

消費税法には、法人税法のような規定はない。

したがって、平成23年度税制改正後の国税通則法によれば５年間は更正の請

求ができる。

◉ 第3　行政処分と不服申立て

1　更　正

　法人税や消費税の申告（還付申告）内容が、国税に関する法律の規定に従っていないとき、課税庁が課税標準等や税額等が調査したところと異なるときには、税務署長はその調査により課税標準等や税額等を確定する処分を行うことができ（国税通則法24条）、この処分のことを「更正」という。

　法人税や消費税は納付すべき税額の確定方式としては申告納税方式に該当するが、申告納税方式の除斥期間は法定申告期限の翌日から5年とされているので（国税通則法70条1項1号）、法定申告期限の翌日から5年間は更正が可能である。

2　不服申立て

　納税者は、税務署長の更正について不服がある場合、税務署長に対する「再調査の請求」か、国税不服審判所に対する「審査請求」のいずれかの申立てをすることができる。

　従前は、国税不服審判所に対する「審査請求」の前置として税務署長に対して「異議申立て」が必要とされていたが、平成28年4月の行政不服審査法において審査請求に一元化された際、国税通則法においても一元化が行われ、納税者が選択した場合に「再調査の請求」ができることとされた。

　「再調査の請求」は、旧「審査請求」と同様に所轄税務署が調査するが、他の担当者が調査すること、及び国税側の主張内容をより明確にできるメリットがある。

　他方、「審査請求」は税務署から独立した機関である国税不服審判所による調査である。国税プロパー職員以外の民間の税理士や弁護士等も合議体に参加するため、民間の声がより反映されやすいといわれている。

　不服申立ては、処分があったことを知った日の翌日から起算して3か月を経過したときはすることができない（国税通則法77条）。

　なお、行政手続に関する通則として行政手続法があるが、国税に関する法律に基づく処分は行政手続法の適用除外とされ国税通則法の規定が優先される（国税通則法74条の14）。

　また、訴訟は、原則として「審査請求」についての裁決を経なければならないという不服申立て前置主義が採られている（国税通則法115条1項）。

[植木　康彦]

Ⅺ　滞納処分の手続

1　概　論

　「泣く子と地頭には勝てぬ」とは、道理の通じない者（泣く子）や権力者（地頭）にはどうやっても勝てないから、いくら争っても無駄であり、無理を言われても従うしかないことをいう。地頭とは、平安・鎌倉時代に荘園を管理し、税金を取り立てていた役人のことである。では、現代においても、ひとたび滞納処分がなされたら、いくら争っても無駄であり、従うしかないのであろうか。

　本稿では、まず、滞納処分とは何であるのかについてを概観した上で、筆者が経験した事件を基に、実務上有益であろうと思われる点を何点か紹介することとする。

　いわゆる公定力が、「過去の行政法理論の延長上に、脆弱な根拠に基づいてかろうじて認められているにすぎない」ものであるとしても、行政事件訴訟法が規定する取消訴訟の排他的管轄により、課税処分を受けた者も、課税処分に理由がなく違法だと考える場合であっても、納税を拒否することはできず、課税処分に対し、行政不服申立て又は取消訴訟によりその取消しが認められない限り、納税を拒否すると滞納処分を受けることとなってしまう。

　とはいえ、法律による行政の原理（法治主義）は、行政法における最も重要な基本原理であり、これは、文字どおり、行政活動が法律に基づき、法律に従って行われなければならないことを意味する。歴史的にも、議会主義は税金問題を中心に発展してきたものであり、法律による行政の原理の一内容である法律の優位、すなわち行政活動が法律に違反してはならないことは、滞納処分の際にも厳しくチェックをすべきである。

　さらに、法体系は憲法を頂点とし、行政上の仕組み・諸制度は憲法理念を踏まえて構築されるべきであることからすると、国民主権の理念は、行政過程全体の中で具体化されなければならない。この点に関連し、図子善信著『税法概論［15訂版］』（大蔵財務協会、2018年）は、税法の概略書として極めて優れた著作であるが、滞納処分は、「行政上の手続であるので憲法第35条、憲法第38条に定める司法官憲の令状を必要とせず、不利益な供述も答弁する必要がある。」（61頁）と記載しているが、この記載をもって、行政手続に憲法の定める適正手続保障の趣旨が及ばないと解するのは正しくない。もちろん、行政手続にも、手続の性質に応じて憲法31条、35条、38条が準用されるのであり（芦部信喜編『憲法Ⅲ人権（２）』（有斐閣、1981年）124頁・179頁・215頁）、芦部教授は、いわゆる川崎

Ⅺ　滞納処分の手続　　185

民商事件（最大判昭和47年11月22日刑集26巻9号554頁）について、旧所得税法70条所定の重い刑罰（1年以下の懲役又は20万円以下の罰金）に裏付けられた検査についても令状を要しないとする本件判決は恣意的な判断であると批判し、平野龍一教授は、「行政手続では、捜索・差押は一切許されない」との立場を採られている。これら適正手続以外にも、平等原則や比例原則などの憲法原理も、行政活動を規律する規範として用いられるのであるから、滞納処分の際にも、憲法理念が侵害されることがないよう、常にチェックしなければならない。

2　滞納処分を規律する法律

　滞納処分を規律する法律は、おもに、国税通則法36条ないし40条及び国税徴収法であり（国税通則法と国税徴収法は一般法と特別法の関係にある。その他の滞納処分の規定としては、滞納処分と強制執行等との手続の調整に関する法律、所得税法、会社更生法、破産法などがある（国税徴収法基本通達1））、特に手続全体を規律するのは国税徴収法である。また、徴収職員は通達に従って行動するのであるから、滞納処分に対応する側としても、国税徴収法基本通達（以下「国徴基通」という。）に精通している必要がある。

　まず、一般法である国税通則法は、37条において、納税者が国税を納期限までに完納しない場合には、納期限から50日以内に督促状を発するものとし、同40条において、督促に係る国税が督促状を発した日から起算して10日を経過した日までに完納されない場合、国税徴収法その他の法律により滞納処分を行うこととが規定される。ただし、同38条1項若しくは3項又は国税徴収法159条（保全差押）の規定の適用を受けた国税には督促は不要とされ（同37条1項1号）、とりわけ、「納税者が偽りその他不正の行為により国税を免れ、若しくは免れようとし、……又は納税者が国税の滞納処分の執行を免れ、若しくは免れようとしたと認められるとき」（同38条1項6号）には、督促なく差押がなされることとなるので、特に注意を要する。

3　債権者代位権及び債権者取消権

　国税通則法42条は、債権者代位権及び詐害行為取消権が国税の徴収に関して準用されることを定めている。債権者代位権については、納税者が無資力であるかどうかの判定にあたっては、第二次納税義務者、保証人等の有無及びその資力は考慮する必要はないとさせるが（国税通則法基本通達42-1）、詐害行為取消権の場合は、第二次納税義務者等がある場合は、その行使を行わないものとされている（同42-8）。

4　第二次納税義務

　第二次納税義務とは、一定の要件に該当する第三者に納税義務を負わせる制度であり、国税徴収法24条及び33条ないし41条に規定するところ、特に注意を要

すべきなのは、同族会社の第二次納税義務（国税徴収法35条）及び無償又は著しい低額の譲受人等の第二次納税義務（同39条）であろう。ただし、同族会社及び無償又は著しい低額の譲受人等に共通の要件として、第一に、第二次納税義務の価額の限度が株式・出資又は譲渡等の処分の価額・利益の限度であり、第二に、これらの株式・出資又は譲渡等が当該国税の法定納付期限の1年前の日以降に取得されたものである必要がある。これらの要件を満たさない場合は、滞納者の同族会社又は親族等は、これらの者が滞納者の財産を占有していると認めるに足りる相当の理由がある場合（国税徴収法141条2号）は別問題であるが、第二次納税義務は負わない。この点に関連し、徴収職員より、滞納者の資産によって完納が不可能である場合に、同族会社や親族等の資産により支払うべきことを示唆されることがある。これに対応するためには、第二次納税義務の範囲・限度を事前に正確に把握しておく必要がある。なお、法35条1項の「会社」とは、会社法2条1号の株式会社又は持分会社をいう（国徴基通35-1）。

　税務署長は、納税者の国税を第二次納税義務者から徴収しようとするときは、その者に対し、徴収しようとする金額、納付の期限その他必要な事項を記載した納付通知書により告知しなければならない（国税通則法32条1項）。第二次納税義務者の財産の換価は、その財産の価額が著しく減少するおそれがあるときを除き、1項の納税者の財産を換価に付した後でなければ、行うことができない（同4項）。第二次納税義務者の差押財産が金銭を取り立てるものであるときは、法32条4項の制限を受けない。ただし、当該差押財産につき、支払督促の申立て、給付の訴えの提起等の強制的な取立ては、時効により消滅するおそれがある場合等やむを得ない場合を除き、行わないものとする（国徴基通34-14（2））。主たる納税者の差押財産が金銭を取り立てるもので、第二次納税義務者の差押財産が換価するものであるときは、法32条4項の制限を受けない。ただし、主たる納税者の当該財産につきその取立てが困難と認められる場合を除き、第二次納税義務者の差押財産の換価は行わないものとする（国徴基通34-14（3））。

5　財産の差押え

　国税徴収法47条1項1号は、滞納者が督促を受け、その督促状を発した日から起算して10日を経過した日までに完納しないときは、徴収職員は、滞納者の国税につきその財産を差し押さえなければならないことを規定する。これは、法文上、「……しなければならない」との文言が用いられていることから、差押えを行うことは徴税職員の作為義務であると解釈される（林修三著『法令用語の常識［第3版新装版］』（日本評論社、1988年）48頁、同『法令作成の常識［第2版］』（日本評論社、1983年）116頁）。

　行政法上の違法性の承継の論点に関し、督促又は差押処分の違法性は、その後

XI　滞納処分の手続　　187

における差押え、換価又は配当処分に承継される（国徴基通47-1）が、賦課処分と滞納処分とは、それぞれ目的及び効果を異にし、それ自体で完結する別個の行政処分であるから、賦課処分の違法性は滞納処分には承継されず、賦課処分に取り消し得べき瑕疵があっても、その処分が取り消されるまでは、滞納処分を行うことができ、また賦課処分が取り消されても、その取消し前に完結した滞納処分の効力には影響がない（国徴基通47-2）。したがって、前述のとおり、課税処分を受けた者も、課税処分に理由がなく違法だと考える場合であっても、納税を拒否することはできず、課税処分に対し、行政不服申立て又は取消訴訟によりその取消しが認められない限り、納税を拒否すると滞納処分を受けることとなってしまうが、免脱行為等があったとして催告なく差押えがなされた場合（国税徴収法38条1項6号、37条1項1号）でその判断が誤りであった場合には、催告なくなされた差押えは違法ということになる。

差押えの対象となる財産は、差押えをする時に滞納者に帰属しているものでなければならず（国徴基通47-5）、差押えの対象となる財産は、法施行地域内にあるものでなければならない。法施行地域外に滞納者の財産があると認められる場合であっても、租税条約等（租税条約等実施特例法2条2号に規定する租税条約等をいう。以下同じ。）の規定に基づき、相手国等（同条3号に規定する相手国等をいう。以下同じ。）に対し、徴収の共助の要請をすることができる場合がある（同法11条の2参照）（国徴基通47-6）。

納税の猶予をしている場合若しくは徴収の猶予をしている場合又は滞納処分の停止をしている場合には、新たな差押えをすることができない（国徴基通47-16）。

差し押さえる財産の選択は、徴収職員の裁量によるが、特に、滞納者の生活の維持又は事業の継続に与える支障が少ない財産であること、及び、換価が容易な財産であることに十分留意して行うものとされる（国徴基通47-17（2）（3））。

特に必要があると認められる場合のほかは、個人の住居に立ち入って行う差押えについては、夜間及び休日等において行わないものとされる（国徴基通47-19）。

財産が滞納者に帰属するかどうかの判定は、動産及び有価証券にあっては、滞納者が所持していること（ただし、他人の所有に属することが明らかなものを除く。）を参考として行うものとされる（国徴基通47-20（1））。

滞納者の配偶者又は同居の親族が主として滞納者の資産又は収入によって生計を維持している場合には、その滞納者の住居にある財産は、その滞納者に帰属するものと認定して差し支えないとされるが、特有財産（民法762条1項）及び配偶者又は親族が専ら使用する財産はこの限りでない（国徴基通47-22）。

188　　第2部　行政手続と行政事件

滞納者の動産でその親族その他の特殊関係者以外の第三者が占有しているもの
は、その第三者が引渡を拒むときは、差し押さえることができない（国税徴収法
58条1項）が、これを反対解釈すると、納税者の配偶者その他の親族で、納税者
と生計を一にし、又は納税者から受ける金銭その他の財産により生計を維持して
いるもの、及び、納税者の使用人その他の個人で、納税者から受ける特別の金銭
その他の財産により生計を維持しているもの等（国徴基通58-2、国税徴収法施行
令13条1項）は、差押えの引渡しを拒むことができない。

　督促状若しくは納付催告書又は譲渡担保権者に対する告知書を発した後6か月
以上を経て差押えをする場合には、あらかじめ、催告をするものとする（国徴基
通47-18）。これを反対解釈すれば、一度催告がなされた後は、6か月の間、二度
目、三度目の差押えが催告なく行われることとなる。もっとも、意図的に分割し
て行われる反復的・多数回にわたる差押えが不当だとの主張はあり得よう。

6　差押調書

　徴収職員は、滞納者の財産を差し押さえたときは、差押調書を作成し、その財
産が動産、有価証券又は債権等であるときは、その謄本を滞納者に交付しなけれ
ばならない（国税徴収法54条）。差押調書には、徴収職員が①滞納者の氏名及び
住所又は居所、②差押えに係る国税の年度、税目、納期限及び金額、③差押財産
の名称、数量、性質及び所在、④作成年月日を記載して署名押印（記名押印）を
しなければならない（国税徴収法施行令21条）。捜索があった場合で、差押調書を
作成する場合には、捜索調書を作成しないでよいが（法146条3項）、この場合に
は、徴収職員は、差押調書に法142条（捜索の権限及び方法）の規定により捜索し
た旨並びにその日時及び場所を記載し、法144条（捜索の立会人）の立会人の署
名押印を求めなければならない。この場合において、立会人が署名押印をしない
ときは、その理由を附記しなければならない。この「日時及び場所」とは、捜索
して差押えをした場合における捜索を開始した日時及び終了した日時並びに社会
通念上特定するに足りる程度の捜索した場所の表示（例えば、住居、事務所、営業
所、工場、倉庫等）をいう（国徴基通54-9）。

7　超過差押え及び無益な差押えの禁止

　国税を徴収するために必要な財産以外の財産は、差し押さえることができず
（国税徴収法48条1項）、また、差し押さえることができる財産の価額がその差押
えに係る滞納処分費及び徴収すべき国税に先立つ他の国税等の金額の合計額を超
える見込みがないときは、その財産は、差し押さえることができない（国税徴収
法48条2項）。

　筆者の経験では、滞納者の金融機関への預貯金払戻し請求権について、当該金
融機関が預貯金額以上の貸付金債権を滞納者に対して有していたにもかかわらず、

預貯金のすべてが差し押さえられた事例があった。かかる差押えは、無益な差押えの禁止に反するものであり、結局、当該事例では、差押えの解除がなされた。

8 差押禁止財産

滞納者及びその者と生計を一にする配偶者その他の親族の生活に欠くことができない衣服、寝具、家具、台所用具、畳及び建具等（国税徴収法75条1項1号）の差押えは、絶対的な禁止である（国徴基通75-1）。

給与及び社会保険制度に基づく給付は、一定額については、原則として差押えが禁止される（国税徴収法76条、77条）。ただし、滞納者の承諾があるときは、差押禁止額を超えて差押えができることとされるので、注意を要する（同76条5項）。

9 財産の調査（質問及び検査）

国税徴収法141条は、徴収職員の質問及び検査を定める。同条は、徴収職員は、滞納処分のため滞納者の財産を調査する必要があるときは、その必要と認められる範囲内において、①滞納者、②滞納者の財産を占有する第三者及びこれを占有していると認めるに足りる相当の理由がある第三者、③滞納者に対し債権若しくは債務があり、又は滞納者から財産を取得したと認めるに足りる相当の理由がある者、④滞納者が株主又は出資者である法人に質問し、又はその者の財産に関する帳簿書類を検査することができると規定する。

この「滞納処分のため滞納者の財産を調査する必要があるとき」とは、国税通則法第5章《滞納処分》の規定による滞納処分のため、滞納者の財産の有無、所在、種類、数量、価額、利用状況、第三者の権利の有無等を明らかにするため調査する必要があるときをいう。この場合において、質問の内容及び検査の方法等は、財産の状況等を明らかにするために必要であると認められる範囲内に限られる（国徴基通141-1）。

「質問」は、口頭又は書面のいずれによっても差し支えない。この場合において、口頭による質問の内容が重要な事項であるときは、必ずてん末を記録することとし、そのてん末を記載した書類には答弁者の署名押印を求め、その者が署名押印をしないときは、その旨を付記しておくものとされる（国徴基通141-5）。

「財産に関する帳簿書類」とは、金銭出納帳、売掛帳、買掛帳、土地家屋等の賃貸借契約書、預金台帳、売買契約書、株主名簿、出資者名簿等これらの者の債権若しくは債務又は財産の状況等を明らかにするため必要と認められる一切の帳簿書類をいうとされる（国徴基通141-6）。

「検査」には、捜索の場合と異なり、その時間の制限はないが、特に必要がある場合を除き、捜索の場合の時間の制限に準ずるものとする（国徴基通141-7）。

10 捜　索

国税徴収法142条は、徴収職員の捜索を定める。同条1項は、徴収職員は、滞

納処分のため必要があるときは、滞納者の物又は住居その他の場所につき捜索することができることを規定し、同条2項は、徴収職員は、滞納処分のため必要がある場合には、①滞納者の財産を所持する第三者がその引渡をしないとき、②滞納者の親族その他の特殊関係者が滞納者の財産を所持すると認めるに足りる相当の理由がある場合において、その引渡をしないときに限り、第三者の物又は住居その他の場所につき捜索することができると規定する。

徴収職員は、捜索に際し必要があるときは、滞納者若しくは第三者に戸若しくは金庫その他の容器の類を開かせ、又は自らこれらを開くため必要な処分をすることができる（同条3項）。

同条1項の「滞納処分のため必要があるとき」とは、国税通則法第5章《滞納処分》の規定による滞納処分のため必要があるときをいい、差押財産の引揚げ、見積価額の評定等のため必要があるときも含まれるとされる（国徴基通142-1）。

同条2項2号の「相当の理由がある場合」とは、滞納者等の陳述、帳簿書類の調査、伝聞調査等により、財産を所持すると認められる場合等をいうとされる（国徴基通142-4）。

捜索には、時間制限がある（国税徴収法143条）。

捜索をするときは、その捜索を受ける滞納者若しくは第三者又はその同居の親族若しくは使用人その他の従業者で相当のわきまえのあるものを立ち会わせなければならない。この場合において、これらの者が不在であるとき、又は立会いに応じないときは、成年に達した者二人以上又は地方公共団体の職員若しくは警察官を立ち会わせなければならない（国税徴収法144条）。

11 捜索調書

徴収職員は、捜索したときは、捜索調書を作成しなければならず、徴収職員は、捜索調書を作成した場合には、その謄本を捜索を受けた滞納者又は第三者及びこれらの者以外の立会人があるときはその立会人に交付しなければならない（国税徴収法146条1項2項）。

捜索調書には、徴収職員が①滞納者の氏名及び住所又は居所、②滞納に係る国税の年度、税目、納期限及び金額、③法142条2項（第三者の物等の捜索）の規定により第三者の物又は住居その他の場所につき捜索した場合には、その者の氏名及び住所又は居所、④捜索した日時、⑤捜索した物又は住居その他の場所の名称又は所在その他必要な事項を記載して署名押印をしなければならない。ただし、②に掲げる事項は、捜索に係る国税につき差押調書の謄本、差押書又は参加差押通知書がその捜索を受けた滞納者又は第三者に既に交付されている場合には、記載を省略することができる（国税徴収法施行令52条1項）。

徴収職員は、捜索調書に法144条（捜索の立会人）の立会人の署名押印を求め

XI 滞納処分の手続 191

なければならない。この場合において、立会人が署名押印をしないときは、その理由を捜索調書に附記しなければならない（同条2項）。

国税徴収法54条《差押調書》の規定により差押調書を作成する場合には、捜索調書の作成及び謄本の交付の必要はない。この場合においては、差押調書の謄本を前項の第三者及び立会人に交付しなければならない（国税徴収法146条3項、国徴基通146-6）。

徴収職員は、質問、検査又は捜索をするときは、その身分を示す証明書を携帯し、関係者の請求があつたときは、これを呈示しなければならない（国税徴収法146条1項）。

財産の調査の規定による徴収職員の質問、検査又は捜索の権限は、犯罪捜査のために認められたものと解してはならない（国税徴収法146条2項）。

12 換価の猶予

国税徴収法151条1項は、税務署長は、滞納者が①その財産の換価を直ちにすることによりその事業の継続又はその生活の維持を困難にするおそれがあるとき、又は、②その財産の換価を猶予することが、直ちにその換価をすることに比して、滞納に係る国税及び最近において納付すべきこととなる国税の徴収上有利であるときのいずれかに該当すると認められる場合において、その者が納税について誠実な意思を有すると認められるときは、その納付すべき国税につき滞納処分による財産の換価を1年以内猶予することができると規定する。

「納税について誠実な意思を有する」とは、滞納者が、現在においてその滞納に係る国税を優先的に納付する意思を有していることをいう。納税についての誠実な意思の有無の判定は、従来において期限内に納付していたこと、過去に納税の猶予又は換価の猶予等を受けた場合において確実に分割納付を履行していたこと、滞納国税の早期完納に向けた経費の節約、借入の返済額の減額、資金調達等の努力が適切になされていることなどの事情を考慮して行う。この場合においては、過去のほ脱の行為又は滞納の事実のみで納税についての誠実な意思の有無を判定するのではなく、現在における滞納国税の早期完納に向けた取組も併せて考慮した上で判定するとされる（国徴基通151-2）。

「事業の継続を困難にするおそれがあるとき」とは、事業に不要不急の資産を処分するなど、事業経営の合理化を行った後においても、なお差押財産を換価することにより、事業を休止し、又は廃止させるなど、その滞納者の事業の継続を困難にするおそれがある場合をいうとされる（国徴基通151-3）。

「生活の維持を困難にするおそれがあるとき」とは、差押財産を換価することにより、滞納者の必要最低限の生活費程度の収入が期待できなくなる場合をいうとされる（国徴基通151-4）。

「国税の徴収上有利であるとき」とは、①滞納者の財産のうち滞納処分ができる全ての財産につき滞納処分を執行したとしても、その徴収することができる金額が徴収しようとする国税に不足すると認められる場合であって、換価処分を執行しないこととした場合には、その猶予期間内に新たな滞納を生ずることなく、その猶予すべき国税の全額を徴収することができると認められるとき、②換価すべき財産の性質、形状、用途、所在等の関係で換価できるまでには相当の期間を要すると認められる場合で、換価処分を執行しないことが、その猶予すべき国税及びその猶予すべき期間内において納付すべきこととなる国税の徴収上有利であると認められるとき、③滞納国税につき直ちに徴収できる場合等であっても、最近において納付すべきこととなる国税と既に滞納となっている国税との総額については、換価処分を執行しないことが徴収上有利であると認められるときのいずれかに該当するときをいうとされる（国徴基通151-5）。

13　滞納処分の停止

国税徴収法153条1項は、税務署長は、滞納者につき①滞納処分の執行及び租税条約等の規定に基づく当該租税条約等の相手国等に対する共助対象国税の徴収の共助の要請による徴収をすることができる財産がないとき、②滞納処分の執行等をすることによつてその生活を著しく窮迫させるおそれがあるとき、又は、③その所在及び滞納処分の執行等をすることができる財産がともに不明であるときのいずれかに該当する事実があると認めるときは、滞納処分の執行を停止することができると規定する。

この「生活を著しく窮迫させるおそれがあるとき」とは、滞納者（個人に限る。）の財産につき滞納処分の執行又は徴収の共助の要請による徴収をすることにより、滞納者が生活保護法の適用を受けなければ生活を維持できない程度の状態になるおそれのある場合をいうとされる（国徴基通153-3）。

国徴基通153-5は、「執行を停止することができる」とは、法153条1項1号から3号までのいずれかの理由に該当する場合には、滞納者の申請に基づかないで、税務署長が職権をもって滞納処分の停止ができることをいう。したがって、滞納者は、滞納処分の停止を受けないことについて不服申立て又は訴えを提起することができないとしている。

しかし、滞納者に対する滞納処分の停止が必要な状況にあるにもかかわらず滞納処分の停止が行われない場合には、憲法16条及び請願法に従って滞納処分の停止の請願を行うべきであろう。

14　不服申立ての期限の特例

滞納処分に対する不服申立ては、一般的には、国税通則法75条以下の規定に従う。一般的な不服申立ての期限として、再調査の請求及び第一審としての審査

請求は処分に係る通知を受けた日又は処分があったことを知った日の翌日から起算して3月以内であり（国税通則法77条1号）、第二審としての審査請求（すでに再調査の請求を経ている場合）は、再調査決定書の謄本の送達があった日の翌日から起算して1月以内（同条2号）であることに注意を要する。

さらに、滞納処分については、①督促、②不動産等についての差押え、③不動産等についての公売広告から売却決定までの処分、④換価代金等の配当について、不服申立て期限の特則があるので注意を要する（国税徴収法171条1項）。

処分の取消訴訟は、審査請求についての裁決を経た後でなければ提起できない（不服申立て前置主義。国税通則法115条1号、行政事件訴訟法8条）。

取消訴訟の出訴期間は、処分又は裁決があったことを知った日から6か月以内、かつ、処分又は裁決から1年以内であることにも注意を要する（行政事件訴訟法14条1項2項）。

15 滞納処分免脱罪

国税徴収法187条（滞納処分免脱罪）は、①納税者が滞納処分の執行を免れる目的でその財産を隠ぺいし、損壊し、国の不利益に処分し、又はその財産に係る負担を偽って増加する行為をしたときは、その者は、3年以下の懲役若しくは250万円以下の罰金に処し、又はこれを併科する、②納税者の財産を占有する第三者が納税者に滞納処分の執行を免れさせる目的で前項の行為をしたときも、また同項と同様とする、③情を知って①②の行為につき納税者又はその財産を占有する第三者の相手方となった者は、2年以下の懲役若しくは150万円以下の罰金に処し、又はこれを併科すると規定する。

16 質問不答弁、検査拒否等の罪

国税徴収法188条（質問不答弁、検査拒否等の罪）は、①140条（質問及び検査）の規定による徴収職員の質問に対して答弁をせず、又は偽りの陳述をした者、又は、②141条の規定による検査を拒み、妨げ、若しくは忌避し、又は当該検査に関し偽りの記載若しくは記録をした帳簿書類を提示した者に該当する者は、1年以下の懲役又は50万円以下の罰金に処すると規定する。

17 両罰規定

国税徴収法189条は、両罰規定等を規定する。

18 職員の守秘義務違反に対する罪

国家公務員には、秘密を守る義務があり（職員は、職務上知ることのできた秘密を漏らしてはならない。その職を退いた後といえども同様とする（国家公務員法100条1項。）、この規定に違反して秘密を漏らした者は、1年以下の懲役又は50万円以下の罰金に処すると規定されている（国家公務員法109条12号）

この国家公務員の一般的守秘義務に加え、国税通則法127条は、国税に関する

調査又は国税の徴収に関する事務に従事している者が、これらの事務に関して知ることのできた秘密を漏らし、又は盗用したときは、これを2年以下の懲役又は100万円以下の罰金に処することを規定している。

19　電子メールの提出要求

　筆者が経験した滞納処分対応の中で、参考になり得ると思われる事例を紹介したい。1点目は、徴収職員が、滞納者の全電子メールを確認するため、ハードディスク全体の提出を要求してきたことへの対応である。

　ハードディスクの内容は膨大であり、その中には、極めて価値の高い情報が多く含まれている。特に、電子メールのやりとりは、情報の宝庫であり、効果的な課税を行うために、徴収職員がこれを欲するのもやむを得ないことであろう。

　そこで、徴収職員が滞納者に対して、電子メールの提出を求める法律上の権限があるか、又は、ハードディスクの提出を求める法律上の権限があるかを検討する。

　まず、国税徴収法141条が規定しているのは、①滞納処分のため滞納者の財産を調査する必要があるときの、その必要と認められる範囲内においての質問、及び、②帳簿書類を検査である。質問には、物の提出は含まれないし、「帳簿書類」については、国徴基通141-6によっても一切の帳簿書類であるので、電子メールは含まれない。また、ハードディスク内に帳簿書類が存在しているとしても、ハードディスク全体への検査は過剰であろう。

　犯則事件における差押えに裁判所が発する許可状が必要であるのに対し（国税通則法132条1項）、滞納処分における差押えには令状が不要であるのは、滞納処分の差押えはあくまで国税債権の財産に対する執行だからである。そうすると、滞納処分における無令状の強制処分の対象も、滞納者の財産に限られる。

　さらに、憲法上、通信の秘密は明文で保障されており（憲法21条2項後段）、通信の秘密には、公権力が通信の内容及び通信の存在自体について調査の対象としてはならない、いわゆる「積極的知得行為の禁止」が含まれ、受信後の調査もこれに抵触する（芦部編『憲法III人権（2）』643頁～644頁）。

　以上より、徴収職員による滞納者の電子メールの提出には、法律上の根拠はなく、滞納者による電子メールの提出は、あくまで任意ということになろう。

20　報道機関対応

　2点目の参考になり得ると思われる事案は、報道機関対策である。報道機関に対するリークが行われるのは、滞納処分よりも前の段階であろうが、対応を迫られることとなる時期は滞納処分と重なり、また、報道機関による報道は滞納者の事業への致命傷となりかねないので、ここで紹介したい。

　まず、報道機関に対するリークが行われても、報道機関は、取材源秘匿を主張

XI　滞納処分の手続　　195

する。そこで、取材源秘匿をめぐる議論を一望すると、取材源秘匿についての代表的な判例・裁判例には、いわゆる「石井記者事件」（最大判昭和27年8月6日刑集6巻8号974頁）と「島田記者事件」（札幌高判昭和54年8月31日下民集30巻5＝8号403頁）がある。取材源秘匿の根拠や憲法上の保障の有無、他の権利や法益と衝突した際の比較衡量が問題となるが、これらに深く立ち入らずとも、公権力による恣意的なリークの報道に対して取材源秘匿を主張することは、国民の知る権利への奉仕を無視した単なる職業特権の主張にすぎず、公権力からのリークに関連して記者が取材源秘匿を主張するのは倒錯であるといわざるを得ないであろう。なお、前記「石井記者事件」は、裁判所あるいは検察庁の職員が職務上知り得た秘密を漏洩した嫌疑についての国家公務員法違反被告事件の公判における証言拒絶の事案であり、最高裁は、憲法21条は一般人に対し平等に表現の自由を保障したものであって、新聞記者に特殊の特権の保障を与えたものではない、国民中の或種特定人につき、その特権の氏名、地位等を考慮して特別の権利保障を能うべきか否かは憲法21条の問題ではないと判示している。

　また、国家公務員法100条1項にいう「秘密」の意義については、いわゆる「西山記者事件（外務省秘密伝聞漏洩事件）」（最一小決昭和53年5月31日刑集32巻3号457頁）など、取材の自由との対立が議論されるが、問題となるのは、やはり他の権利や法益との比較衡量であり、日米密約の存在についての国民の知る権利が問われた西山記者事件と全く異なり、公権力が自らリークを行う場合に「秘密」の意義を敢えて狭めて解釈する正当性は見いだせない。

　国家公務員法には、「そそのかし」の処罰規定がある（111条）。報道機関に取材源を問いただしても、公権力からリークを受け、記事を書くよう指導を受けたとは決して答えないであろうが、仮に、報道機関が公権力に対して「取材」を通じ、秘密を漏示するよう働きかけたのであれば、これが「そそのかし」の罪の犯罪構成要件に該当する行為であることを記者に対して指摘すべきであろう。

　さらに、国税に関する調査・徴収に従事する者には、国家公務員の一般的守秘義務に加え、国税通則法127条の守秘義務が課せられる。職員による恣意的なリークが国税通則法127条違反になることに疑問の余地はないであろう。もっとも、国税通則法127条には、国家公務員法111条のような「そそのかし」への処罰規定はない。

　以上からすれば、報道機関に対する恣意的なリークが免責されるべき理由は見当たらず、取材源秘匿の主張にも単なる職業特権の主張以上の意味はない。報道機関対策が必要となってしまった場合には、職員によるリーク及び「そそのかし」行為が違法行為であることを記者に対して明確に指摘すべきであろう。

　報道機関は、様々な論拠と共に、実名報道主義を強硬に主張するが、筆者は、

報道機関の主張する実名報道主義の論拠には一切の合理的根拠が見いだせない。犯罪であっても、一般私人によるものであれば、原則として、実名報道は許されないと考える。実名報道を主張する報道機関に対しては、その論拠を問いただすべきであろう。なお、この議論については、静岡県弁護士会編『情報化時代の名誉棄損・プライバシー侵害をめぐる法律と実務』に詳しいので、参照されたい。

また、ここで、報道機関の報道により名誉が棄損された場合の、不法行為の成立要件を改めて確認したい。他人の名誉を低下させる表現行為であっても、①公共の利益に関する事項に関し、②専ら公益目的でなされ、③真実の証明があったときは、不法行為とならない。犯罪事実の新聞報道は、一般に①②を満たすものと考えられているが、犯罪に当たらない滞納処分については、①②を満たすとはいえないのではないだろうか（筆者私見）。

報道内容が③「真実」でなかった場合、まず、名誉棄損における真実性立証の判断基準時は、事実審の口頭弁論終結時である（最三小判平成14年1月29日裁判集民205号233頁「ロス疑惑北海道新聞社事件」）。このことから、報道機関に対するリークが行われた際の処分がその後の不服申立手続で取り消された場合は、真実性の要件を満たさないこととなろう。

次に、真実の証明がなくとも、それを真実と信ずるについて「相当の理由」があるときは、不法行為が成立しないとされるが、この点につき、最高裁は、捜査当局の公の発表のない報道機関に対するリークの段階では、捜査の責任者から得た情報に基づくものであっても、真実と信じたことについて相当の理由があったものとはいえないと判示している（最一小判昭和47年11月16日民集26巻9号1633頁「嬰児変死事件」、最一小判昭和55年10月30日裁判集民131号89頁「スロットマシン賭博機事件」）。

以上より、報道機関にリークされた情報に誤りがあるときは、「相当の理由」は認められず、報道機関には名誉棄損が成立し、不法行為責任を負うこととなることを記者に対して明確に教示すべきであろう。

21　結　語

本稿の非常に大きい部分を割いて国税徴収法を中心とする法規の説明を行ったのは、徴税処分にも法律による行政の原理が作用し、徴収職員も法律に従って行動するのであり、滞納処分に関与する弁護士は、第一に、関連諸法規に精通していなければならないからである。「泣く子と地頭には勝てぬ」の地頭の時代には、税金を取り立てていた役人は権力を振りかざして横暴を働いていたが、これらのことは現代の我が国の徴収職員には当てはまらない。

滞納処分に関与する弁護士の役割と責務は、第一に、法治主義の徹底であり、徴収処分において法律が遵守されていることを厳しくチェックすることにある。

さらに、徴収処分においては、国税徴収法上、無令状による捜索・差押が認められているため、特に人権侵害の危険は大きいが、たとえ適正な課税の目的であっても、国民の人権が不当に侵害されることがあってはならない。弁護士は、自由と人権の守り手として、徴収処分が憲法原理に適って行われ、適正な課税と人権の調和が保たれるよう働きかけるべきであり、このことこそ、滞納処分に弁護士が関与することの意義であるといえよう。

参考文献

　文中に記したもののほか、櫻井敬子・橋本博之著『行政法［第5版］』(弘文堂、2016年)、前川祐子編著『図解国税徴収法 平成30年版』(大蔵財務協会、2018年)、阿部徳幸編『税理士・弁護士が知っておきたい滞納処分の基本と対策』(中央経済社、2018年)、東京税財政研究センター『差押え：実践・滞納処分の対処法』(東銀座出版社、2012年)、楠晋一・勝俣彰仁・川本善孝著『その差押え、違法です！』(日本機関紙出版センター、2014年)、大阪社保協・滞納処分対策委員会編『あきらめないで！役所からの差押え』(日本機関紙出版センター、2016年)、静岡県弁護士会編『情報化時代の名誉毀損・プライバシー侵害をめぐる法律と実務［新版］』(ぎょうせい、2010年)、長谷部恭男・山口いつ子・宍戸常寿編『別冊ジュリスト メディア判例百選［第2版］』(有斐閣、2018年)。

[西潟 理深]

Ⅻ 外国人の在留許可手続

1 在留資格

外国人が日本に入国し在留するためには、出入国管理及び難民認定法（以下「入管法」という。）に定められた在留資格を有していなければならない（入管法2条の2第1項）。

在留資格の種類としては、日本において特定の活動を行うことができる地位としての在留資格（入管法別表第1）と、日本人の配偶者が取得できる「日本人の配偶者等」、法務大臣が特別な理由を考慮し一定の在留期間を指定して住居を認める「定住者」などのように、外国人が有する一定の地位に基づいて取得できる在留資格（入管法別表第2）がある。

「技能」や「人文知識・国際業務」のように入管法別表第1記載の在留資格で日本に在留する外国人は、特別に資格外活動許可（入管法19条2項）を得ない限り、その在留資格で定められた活動以外の収入などを受ける活動を行うことはできないが、「日本人の配偶者等」や「定住者」のように入管法別表第2の在留資格で日本に在留する外国人は、入管法上、活動に制限はない。

在留期間は、入管法施行規則別表第2で定められており、その在留期間が経過する前に、在留期間更新許可を受けなければならない（入管法21条）。

2 外国人の上陸審査

外国人が日本に上陸しようとする場合には、査証（いわゆるビザ。入国許可申請証明書の一部）を免除されている場合を除き、日本国領事館等の査証を受けた旅券を所持し、かつ空港等で入国審査官に対し上陸の申請をしなければならない（入管法6条、7条）。

入国審査官は、上陸の申請を受けたときは、旅券及び査証が有効であること、入管法で定められた在留資格、在留期間に適合することを審査し（入管法7条）、上陸の条件に適合していると判断したときは、その外国人の旅券に上陸許可の証印をする（入管法9条）。

3 在留資格認定証明書交付申請

外国人が日本国領事館等に査証の申請をする場合には、外国にある日本の大使館や領事館で行う必要があるが、一定の場合には、その大使館や領事館は、日本の外務省・法務省に判断を求めることになる。ただ、この手続は時間と手間がかかる。

そのような手間をできる限り軽減させるため、在留資格認定証明という制度が

ある（入管法7条の2）。すなわち、外国人が査証の申請をする前に、その外国人又は代理人が日本の法務省に対して、入管法で定められた在留資格、在留期間に適合することの査証を求め、法務省が適合すると認めた場合には、在留資格認定証明書を発行し、その証明書を持参して査証の申請をすれば、容易に査証を取得できるようにしたのである。

在留資格認定証明書の交付申請の方法は、入国管理局で様式を定めている在留資格認定証明書交付申請書、身元保証書、その他入国管理局から提出を求められている資料を地方入国管理局に提出する。提出資料の詳細は、入国管理局のホームページ（http://www.immi-moj.go.jp/tetuduki/）を参照にするとよい。

弁護士・行政書士は、弁護士会や行政書士会を通じて各地方入国管理局に届出をして届出済証明書を受けると、代理人として在留資格認定証明申請を行うことができる。

4 在留期間更新許可申請

在留資格を得て適法に日本に入国・在留したとしても、各在留資格には、それぞれ在留期間が定められている（入管法2条の2第3項、同法施行規則3条、同法施行規則別表第2）。

在留資格を得て適法に日本に在留している外国人も、在留期間が経過する前に在留期間更新許可申請をしなければならない（入管法21条）。

弁護士・行政書士は、届出済証明書があれば代理人として申請できることも、在留資格認定証明書の交付申請の場合と同様である。

5 在留資格変更許可申請

在留資格の変更を求める外国人は、在留資格変更申請をしなければならない（入管法20条2項）。その際には、当然、その外国人が変更を受ける在留資格に適合していることが必要である。観光などの「短期滞在」の滞在資格で在留している外国人は、たとえ、他の在留資格に適合していたとしても、やむを得ない特別の事情がなければ他の在留資格への変更は認められない（同項ただし書）。

弁護士・行政書士は、届出済証明書があれば代理人として申請できることも、在留資格認定証明書の交付申請の場合と同様である。

6 出頭申告

オーバーステイになっている外国人が日本人と結婚するなどして将来的に在留特別許可が得られる見込みがある場合、オーバーステイを摘発され、収容されてから在留特別許可を求めるよりも、自ら入国管理局に出頭して在留特別許可を求めるほうが在留特別許可が認められやすい。

出頭申告した場合には、仮放免（入管法54条）により、収容されることなく手続を進めることが可能である。

200　　第2部　行政手続と行政事件

7 退去強制手続

（1） 退去強制事由

在留資格を有する外国人についても、入管法上、退去強制事由に該当する場合は、日本からの退去を強制される（入管法24条各号）。

なお、退去強制手続により帰国させられた外国人は、退去した日から5年間は再度日本に入国することができない（入管法5条1項9号ロ）。

（2） 入国警備官の違反調査

退去強制手続においては、まず、入国警備官が外国人の違反調査を行う（入管法27条）。

（3） 収容と面会

入国警備官は、外国人が退去強制事由に概要すると疑うに足りる相当の理由があるときは、収容令書により外国人を収容することができる（入管法39条）。収容令書による収容は、期間が30日以内とされ、やむを得ない事由があれば、30日に限り延長ができる（同法41条）。

入国警備官は、外国人を収容したときは、身体を拘束したときから48時間以内に、調書及び証拠物とともに、外国人を入国審査官に引き渡さなければならない（入管法44条）。

外国人が収容された場合、外部の者は収容された入国管理局において面会ができる。一般人は時間制限があるが、弁護士の場合は時間制限なく面会できるのが通常である。

（4） 入国審査官の違反審査

入国審査官は、入国警備官から外国人の引渡しを受けたときは、退去強制対象者に該当するかどうかを速やかに審査し調書を作成しなければならず（入管法45条）、外国人が退去強制対象者に該当すると認定したときは、速やかに理由を付した書面をもって、主任審査官及び外国人にその旨を知らせるとともに、外国人に対し、口頭審理の請求をすることができる旨を知らせなければならない（同法47条3項・4項）。

外国人がその認定に服したときは、主任審査官は、口頭審理の請求をしない旨を記載した文書に署名させ、速やかに退去強制令書を発付しなければならない（入管法47条5項）。

弁護士・行政書士としては、収容されている外国人と面会して、外国人の帰国の意思を確認したうえ、帰国の意思がない場合には、口頭審理の請求をしない旨を記載した文書に安易に署名しないように助言することが重要である。

（5） 特別審理官の口頭審理と証拠の提出

外国人は、口頭審理の請求をすることがきる旨の通知を受けた日から3日以内

XII 外国人の在留許可手続 201

に、口頭をもって、特別審理官に対し口頭審理の請求をすることができる（入管法48条1項）。入国審査官は、口頭審理の請求があったときは、調書その他の関係書類を特別審理官に提出しなければならず（同条2項）、特別審理官は、外国人に対して口頭審理を行い（同条3項・4項）、入国審査官の認定に誤りがないと判定したときは、速やかに主任審査官及び外国人にその旨を知らせるとともに、外国人に対し、法務大臣に対して異議を申し出ることができる旨を知らせなければならない（同条8項）。

口頭審理の請求は収容されている外国人が口頭で行うことで足り、弁護士や行政書士が書面等で行う必要はない。

外国人の親族、知人は特別審理官の口頭審理に立ち会うことができ（入管法48条5項、10条4項）、外国人又は代理人は証拠を提出することができる（同法48条5項、10条3項）。入管法上、在留特別許可は法務大臣が行うが、実際上は、特別審理官が口頭審理を行った時点の資料によって判断される。そのため、弁護士・行政書士としては、口頭審理の日時を確認し、口頭審理までに在留特別許可が認められるような資料を証拠として提出し、口頭審理に立ち会うべきである。

（6） 法務大臣の裁決

外国人は、特別審理官の判定に異議があるときは、異議を申し出ることができる旨の通知を受けた日から3日以内に、不服の事由を記載した書面を主任審査官に提出して、法務大臣に異議を申し出ることができる（入管法49条1項）。

（7） 出国命令制度

退去強制事由に該当する外国人であっても、「速やかに本邦から出国する意思をもって自ら入国管理官署に出頭した」など一定の条件を満たす場合には、収容令書が発付されず、退去強制令書によることなく、簡易な手続きによって出国できる（入管法24条の3、55条の2〜55条の6）。これが出国命令制度である。出国命令制度による場合、帰国後の上陸拒否期間も5年間ではなく1年間になる（同法5条1項9号ニ）。

8　在留特別許可

外国人に退去強制事由が認められても、法務大臣による在留特別許可（入管法50条1項3号）が認められれば、外国人は、「日本人の配偶者等」や「定住者」などの在留資格を与えられ、日本で在留を続けることができる。

9　外国人に在留の権利が保障されているか

入管法上、在留期間の更新について、「法務大臣は、当該外国人が提出した文書により在留期間の更新を適当と認めるに足りる相当の理由があるときに限り、これを許可することができる」（入管法21条3項）と規定しており、法務大臣の広範な裁量によるとされている。

判例上も、「憲法上、外国人は、わが国に入国する自由を保障されているものでないことはもちろん、所論のように在留の権利ないし引き続き在留することを要求しうる権利を保障されているものでもない」（最大判昭和53年10月4日民集32巻7号1223頁［マクリーン事件］）と判断している。

日本に在留する外国人は、たとえ在留期間が長いとしても、当然に引き続き日本に在留する権利が認められることはなく、在留期間を更新するかどうかは法務大臣の広範な裁量によることとなる。

10　法務大臣の裁量は無制限か

前掲最大判昭和53年10月4日は、法務大臣の裁量権も、①事実誤認がある場合、②事実に対する評価が合理性を欠く場合には、裁量権の範囲の逸脱・濫用があり違法となるとする。

11　在留期間更新不許可処分に対する争い方

在留期間更新不許可処分を争う場合には、外国人は、行政訴訟において、法務大臣が①事実誤認をした、あるいは②事実に対する評価を誤ったことを主張する必要がある。

12　在留特別許可の性質

法律上、在留特別許可は、「法務大臣が特別に在留を許可すべき事情があると認めるとき」に「法務大臣は（中略）その者の在留を特別に許可することができる」（入管法50条1項）とされており、外国人に在留特別許可を申請する権利を認めてはいない。在留特別許可申請書を提出するのではなく、特別審理官が行う口頭審理に際し、在留特別許可に向けた証拠の提出を行うことになる（入管法48条5項、10条3項）。

裁判例上も、在留特別許可をすべきか否かの判断は、法務大臣の極めて広範な裁量に委ねられている（東京高判平成13年12月12日判時1777号43頁）。

13　法務大臣の裁量逸脱濫用

裁判例は、「在留特別許可を与えるか否かの法務大臣の裁量権は広範であるが、無制限ではなく、社会通念に照らし著しく妥当性を欠くときは、裁量権の範囲を逸脱し違法となる」（東京地判昭和61年9月4日判時1202号31頁）と判断している。

14　在留特別許可が認められない場合の争い方

在留特別許可は、法務大臣に対する異議の申出の際に判断されるものであり、退去強制手続の最後の段階でなされる。そのため、在留特別許可が認められない場合には、その外国人に対して退去強制令書の発付がなされることになる（入管法49条1項・6項、50条）。

在留特別許可が認められない場合の争い方は、訴訟において、①異議の申出に理由がないとする法務大臣の裁決の取消しを求め（入管法49条3項）、同時に、②

XII　外国人の在留許可手続　　203

退去強制令書発付処分の取消しを求めることになる（同条6項）。

　退去強制令書発付処分取消しの訴えを提起しても、退去強制令書の執行（強制送還）を差し止める効果はないことから（行政手続法25条1項）、訴訟提起と同時に、退去強制令書執行停止の申立ても行う必要がある（同条2項）。

15　在留特別許可がなされる基準

　在留特別許可がなされる基準については、法律上は、「法務大臣が特別に在留を許可すべき事情があると認めるとき」（入管法50条1項3号）と定めるのみであり、具体的な基準は定められていない。入国管理局では、平成18年に「在留特別許可に係るガイドライン」（平成21年7月改訂）を作成したうえで、在留特別許可がなされた事例をホームページ上で公開するようになった（http://www.moj.go.jp/NYUKAN/nyukan25.html参照）。

[山下 清兵衛]

ⅩⅢ 入管法事件（フィリピン）

● 第1 フィリピン人の婚姻・離婚

1 フィリピン人との婚姻について

　日本人がフィリピン国籍の方と婚姻する場合、フィリピン人婚約者が独身者であり、かつ、婚姻できる方（身分）かどうかを証明する書類が必要となる。その証明書を「婚姻要件具備証明書」という。

（1） 日本方式の婚姻（創設的婚姻届出）

　日本で創設的婚姻届出を行う場合、フィリピン国より出生証明書及び婚姻記録証明書を取得する。そして、パスポートを持参してそれらの証明書を在日フィリピン領事館へ提出し、婚姻要件具備証明書（LCCM）の申請をする。婚姻要件具備証明書、出生証明書及びパスポートを持参し、市町村役場にて婚姻届けを提出する（パスポートを含め日本語以外の書面は全て日本語訳が必要となる）。

　その後、在日フィリピン領事館に結婚報告（Report of Marriage）を行い、同館経由で本国フィリピンへ婚姻の登録をする。

（2） フィリピン方式の婚姻（報告的婚姻届出）

　フィリピン国で婚姻した人は、婚姻成立後3か月以内に日本国に婚姻の報告を行うことになる（報告的婚姻届出は、届出人が外国にいる場合は、在外大使館でも手続可能）。フィリピン国発行の結婚証明書及びその訳文、パスポート等を持参して、市区町村役場に婚姻の報告的届出を行う（あらかじめ届出を行う市町村役場にて書類の確認をする）。

2 フィリピン人との離婚について

　フィリピンは離婚が認められない国であるが、フィリピン家族法26条2項により外国人との婚姻に限り、外国人が離婚した場合、フィリピン人も再婚が認められるようになった。ただし、フィリピン法で再婚をする前に、フィリピンの裁判所にて外国で成立した離婚の承認（Recognition）を得る必要がある。

　○フィリピン家族法

第26条第2項　フィリピン国民と外国人間の婚姻が有効に挙行され、その後、外国人配偶者が外国において有効に離婚判決を得て、再婚できるようになったときは、フィリピン配偶者も、フィリピン法により再婚できるものとする。

　つまり、日本法において離婚届が受理された場合においても、その後、フィリピン国内の地方裁判所において民事訴訟を起こし、フィリピン法的に離婚の承認

を受けなければフィリピン国より婚姻要件具備証明書の交付を受けることはできない。

3　フィリピン人同士の婚姻無効

先述のとおり、フィリピンは離婚が認められない国であるから、フィリピン人同士で婚姻した場合は離婚ができない。

フィリピン人が本国においてフィリピン人との婚姻歴があり、その婚姻を無効にして再婚したい場合は、フィリピン裁判所にて婚姻無効（Annulment）の申立てを行う場合がある。その手続は、本国の弁護士に依頼をして申立てをしている。通常、この申立てをして判決が出るまで2年近くの期間を要する。

4　在留許可事件

（1）　事案の概要

フィリピン人女性Aは、本国において同国人と婚姻をした。その後、AはB名義の旅券を作成し、その旅券（B名義のパスポート）を使用して日本に不法入国をした。その後、AはBの氏名のまま日本人男性（Y）と日本方式で婚姻した。そして、フィリピンに婚姻の登録を行った。後にAY夫妻に子が出生した（子は両親が婚姻中に出生したので日本国籍者である）。

子は日本の義務教育を受け、更に日本の高校を卒業して日本で就職をした。そして、日本人女性と婚姻し子（Aの孫）が生まれた。このときまでAはBの氏名のまま日本で生活し、誰もがBの名前を疑うことなく30年近くの時が過ぎていた。

Aは家族に氏名を偽っていることを長く伏せていたが、孫ができたこともあり、家族に真実を話し、今後、Aの氏名で日本に在留したいと決意した。

（2）　婚姻無効

この場合、Aは不法入国している状態であるので、入国管理局で「在留特別許可」の願出を行うことになる。しかし、Bの氏名のままでは手続を進めることはできないので、Yの戸籍訂正等を行う必要がある（戸籍上はBとYが婚姻との記載があるので）。また、Bの子は日本国籍者として生活してきたが、Aはフィリピンで同国人と婚姻しており、法的にもその婚姻は有効となっているため、Bの氏名をAに訂正した場合、AとBは同一人物であるので、フィリピン家族法によりB（A）とYの婚姻は無効になる（Aは重婚のため、後婚が無効となる）。

なお、日本法では重婚は裁判所に請求をして取消しとなるが、フィリピンではフィリピン家族法35条4号により重婚の場合、後婚が無効になる。

　　　○フィリピン家族法
第35条第4号　第41条（前婚の継続中になされた婚姻は無効とする。）の場合を除き、重婚であるとき。

206　　第2部　行政手続と行政事件

（3） 子の国籍

　A（B）とＹの婚姻が無効になると、子は婚姻中に出生しなかったことになる。ついては、子は日本国籍を喪失し、母の国籍であるフィリピン国籍者となる。よって、子は外国人となるので在留資格が必要になるが、外国人の子が日本で出生した場合、在留資格の取得手続が必要であるものの、同手続は出生後30日以内に行わないと不法残留者となってしまう（入管法22条２項）。つまり、子は日本国籍を喪失した瞬間から不法残留者となる。よって、子も母と同様に「在留特別許可」の願出を行う必要がある。

　なお、国籍の「離脱」と「喪失」は異なることに注意が必要である。

（4） 在留特別許可

　子は、実父Ｙより認知を受け、その後に、認知を受けた日本人の実子として「日本人の配偶者等」の在留特別許可の願出を行う。

　しかし、子の母はフィリピンで重婚状態であるため、Ｙより任意認知を受けることができない（Ａは同国人と婚姻中のため、婚姻中に生まれた子は日本の民法上、夫の子と推定されるため：民法772条１項「嫡出の推定」）。

① 　まず、Ｙの戸籍に記載があるＢの氏名をＡに訂正するため、家庭裁判所でＹの「戸籍訂正許可審判」を受ける必要がある。同審判が出た時点でＢの氏名はＡとなる。Ａは重婚のため、フィリピン法によりＹとＡの婚姻は無効となる。

② 　フィリピン法によりＹとＡの婚姻は無効となるので、日本の家庭裁判所へ「婚姻無効確認申立て」を行い、Ｙの戸籍に「婚姻無効」の記載をする（戸籍の訂正は家庭裁判所の許可を要する）。それにより子はＹとＡの婚姻中に出生しなかったことになるので、子は日本国籍を喪失し、Ａと同じフィリピン国籍者となる。

③ 　次に、子はＹより認知を受けるため、本来であれば任意での認知届出を行いたいところであるが、Ａはフィリピンで婚姻中のため、Ｙは任意認知の届出を行うことができない。したがって、Ａの配偶者であるフィリピン人夫を相手方として「親子関係不存在確認の申立て」を行うべきであるが相手方とは連絡を取ることができないので、実父のＹを相手方として「強制認知の申立て」を行う。

　家庭裁判所が指定する鑑定業者でDNA鑑定を行い、それをもとに家庭裁判所にて「認知」の審判を得る。それにより市区町村役場で裁判認知届を行う。

　家庭裁判所より「認知」の審判が出た時点で子はＹの実子となり、入国管理局に「在留特別許可」の願い出ることができる。

　Ａは、日本人の配偶者でなくなったが、長い期間を日本で暮らし、日本で生活

が定着していたのでそれを理由に「在留特別許可」の願い出ることになる。

④　子は「日本人の配偶者等」の在留特別許可を得た後、帰化申請を管轄法務居で行う（通常、不法残留をした外国人は一定の期間帰化申請を行うことができないが、子は自分の意志で不法残留者となったわけではないので、帰化申請を行うことが認められた）。

⑤　子は日本人として日本国籍者の女性と婚姻していたが、日本国籍が喪失となったため、子の戸籍を訂正しなければならない（外国籍者は戸籍がないため）。

戸籍筆頭者が子になっている戸籍について、筆頭者を妻の氏名に訂正する必要がある。この戸籍訂正については家庭裁判所の許可を得ず、戸籍法24条2項により管轄法務局長の許可を得て、市区町村長が戸籍訂正を行った。

⑥　子は帰化申請が許可となり日本国籍者となった後、帰化要件に伴い元の国籍を喪失又は離脱しなければならない。それにより、子は日本国籍の選択宣言を行った。

○ 第2　在留資格「経営・管理」について

外国人が日本において貿易その他の事業の経営を行い、又は当該事業の管理に従事する活動を行う場合は、「経営・管理」の在留資格が必要である。

法律・会計業務等の資格を有しなければ法律上行うことができないこととされている事業の経営又は管理に従事する活動を除く。

1　在留資格「経営・管理」とは

事業の経営・管理業務に外国人が実質的に従事する活動が、「経営・管理」に該当する。

経営：重要事項を決定する業務で、業務の執行等に従事する代表取締役、取締役、監査役らの業務である。

管理：事業の管理業務に従事する部長、工場長、支店長等の管理者らの業務である。

2　資格該当性

以下の活動は、「経営・管理」業務に該当する。

①　日本において事業の経営を開始してその経営を行い、又は当該事業の管理に従事する活動

②　日本において既に営まれている事業に参画してその経営を行い、又は当該事業の管理に従事する活動

③　日本において事業の経営を行っている者（法人含む）に代わりその経営を行い、又は当該事業の管理に従事する活動

3 在留資格が認められる要件

（1） 経営に従事する場合

　ア　事業を営むための独立した事業所の確保

　イ　申請に係る事業の規模が次のいずれかに該当していること

　　a　本邦に居住する2名以上の常勤職員（日本人の配偶者・永住者・永住者の配偶者・定住者・日本人）が従事

　　b　資本金の額又は出資総額が500万円以上

　　c　a又はbに準ずる規模

（2） 管理に従事する場合

　ア　事業の経営又は管理について3年以上の経験（大学院において経営又は管理に係る科目を専攻した期間含む）

　イ　日本人が従事する場合と同等額以上の報酬

（3） 事業の安定性・継続性

　事業計画書及び収支見積書（重要）＋疎明資料

※外国の子会社の代表取締役、外国会社の支店長は「経営・管理」、登記されていない駐在事務所は「企業内転勤」の在留資格に該当する。

4 各士業の先生への協力依頼

・会社設立登記

・税務署への給与支払等の開設届・青色申告承認届等

・毎年の決算報告書作成及び提出

・外国為替及び外国貿易法上の財務大臣等への支店等設置に関する届出

・社会保険・厚生年金加入手続

・雇用保険加入手続

・労働基準監督署への届出

5 在留資格「経営・管理」取得申請

　入国管理局に在留資格認定証明書交付申請又は在留資格変更許可申請をする。

（1） 「経営者」の場合

　会社設立後、入国管理局に申請すれば、6か月又は1年の期間の資格が取得できる。会社設立登記及び事務所や店舗の確保が必要で、各種許認可を取得して事業開始後に申請を行うことが望ましい。

　資本金の額又は出資の総額が500万円以上であり、かつ、事業の安定継続性が重要である。あるいは300万円以上の出資及び日本に居住する2人以上の就労可能な常勤職員が従事して営まれるものであることが求められる。

（2） 具体的手続

　入国管理局に在留資格認定証明書交付申請（審査期間　概ね3～4か月）をする。

その後、在留資格認定証明書交付後、在外公館で査証発給申請を行い、来日できる（大使館での審査は概ね１週間）。

入国後、経営・管理業務を行い、許可期間が切れる前に更新申請を行う。

かかる手続によって許可がなされたら、日本人と同様に事業経営を行える。

しかし、会社設立及び事業所等の契約を行い、必要に応じて各種許認可手続を行わなければならないが、入国管理局から在留資格認定がなされない場合がある（不許可理由により再申請は可）。

（3） 必要書類

- 履歴書（経歴・業績についても記載）
- サイン証明書　２部（発起人は外国にいる状態なので）
- 定款認証（会社設立に必要）
- 事務所・店舗の賃貸借契約書
- これから開始する事業のパンフレット、製品説明、メニュー等
- ２～３年間の事業計画書・収支見積書
- 海外からの送金証明書
- 事務所に関する写真、その他

6　在留資格「経営・管理」取得申請（在留資格認定証明書交付申請）

入国管理局に申請する。入国管理局に創業準備のため、在留期間約４か月の在留資格認定証明書交付申請を行う。

定款認証のみで申請可能で、会社設立はその後の在留期間更新許可申請時までに行う。入国後に会社設立登記の機会が与えられる。

◉ 第3　外国人創業活動促進事業（東京都）

1　２段階ステップ

事務所・店舗・６か月間の居住地（全て東京都内に限定）があれば、東京都から外国人創業活動促進事業として支援される。本制度は国家戦略特区における外国人起業家の受け入れを促進するために特例的に認められたものである。新たに事業を始めるとして新規に入国する外国人の方が利用できる。

通常の場合は、外国人起業家が「経営・管理」の在留資格の認定を受けるためには500万円以上の出資等の要件を満たす必要があるが、この制度は入国後６か月以内にそれらの要件を満たすよう、事業を始めるための準備（創業活動）の期間として６か月の在留が付与される制度である。

通常の在留資格取得手続は入国管理局で行われるが、この制度はまず東京都で「創業活動確認」を受けた後、東京都が発行する創業活動確認証明書等をもって入国管理局に申請するという２段階のステップとなる。

2　在留資格「経営・管理」の申請（入国管理局に在留資格認定証明書交付申請）

（1）　準備期間申請

　事業を準備するための期間（創業活動）の期間として6か月の在留期間が付与される。6か月の間に会社設立・事務所や店舗の確保・各種許認可を取得して事業開始準備をする（この期間に3回東京都と面接あり）。

（2）　本申請

　6か月の在留期間が切れるまでに、在留資格「経営・管理」の要件を整え申請する（要件：500万円以上の出資等・事業の安定継続性要）。

（3）　手続の流れ

東京都に創業活動申請

　　　↓　　　　東京都が事業内容を確認（中小企業診断士等の診断）

入国管理局に在留資格取得申請

　　　↓

創業活動（6か月間）

　　　↓　　　　東京都が進捗状況確認

事業所の確保＋500万円以上の投資等

入国管理局に更新申請

　　　↓

　　更新継続

メリット：6か月の在留期間付与後、会社設立・店の開店等が可能

デメリット：東京都より許可を得ることができない場合、改めて入国管理局に
　　　　　　通常の方法で申請を行わなければならない。6か月の在留期間が
　　　　　　切れる前に在留期間更新許可申請を行わなければならない。

（4）　必要書類

・履歴書（経歴・業績についても記載）

・上陸後6か月間の住所を明らかにする書類（友人の家又はマンスリーマンション等可／ただし都内に限定）

・事業資金、生活資金が確保されていることの証明書（預金残高証明書等）

・これから開始する事業のパンフレット、製品説明、メニュー等

・その他

　※6か月間の居住地・生活資金が必要（通帳などで証明）

　なお、上記は現在有効な手続であり、運用等が変更になることがあるので随時確認が必要である。

[髙橋 美香]

ⅩⅣ　風営法許可手続

◎ 第1　開業に伴う手続

1　風俗営業許可申請

（1）　風俗営業に種類・営業所の構造及び設備の技術上の基準

> ○風俗営業等の規制及び業務の適正化等に関する法律
>
> 第3条　風俗営業を営もうとする者は、風俗営業の種類（前条第1項各号に規定する風俗営業の種別をいう。以下同じ。）に応じて、営業所ごとに、当該営業所の所在地を管轄する都道府県公安委員会（以下「公安委員会」という。）の許可を受けなければならない。

風俗営業の許可が必要な業種は以下のとおりである。

〈料理飲食店関係〉

1号　キャバレー・社交飲食店・料理店（客に接待をし、遊興と飲食をさせ、ダンスをさせることはもちろん一緒に踊ってもよい）

　　　客室1室の面積が16.5m^2（和風の場合、9.5m^2）以上。ただし、客室数が1室のみの場合を除く。照度5ルクス超

2号　低照度飲食店（照度10ルクス以下の店舗で客に飲食をさせる）

　　　1客室の面積が5m^{2}以上（遊興させる場合には33m^{2}以上）。照度5ルクス超

　　cf. 特定遊興飲食店（平成28年6月23日施行）

　　　　深夜（午前0時から午前6時までをいう。ただし、東京都における営業時間は午前5時までである）に酒類を提供しかつ客に遊興させる飲食店。客室1室の面積が33m^{2}以上。照度10ルクス超

3号　区画席飲食店（広さ5m^{2}以下でしかも見通しの悪い客席で客に飲食をさせる）

　　　長いすその他の設備で専ら異性を同伴する客の休憩の用に供する設備を置かないこと。照度10ルクス超

〈ゲーム関係〉

4号　マージャン店・パチンコ店・その他遊技場

　　　パチンコ店の場合は、パチンコ営業の用に供する遊技機以外の遊技機を設けないこと。営業所内の客の見やすい場所に賞品提供設備を設けること。照度10ルクス超

5号　ゲームセンター等

遊技料金として紙幣を挿入することができる装置を有する遊技設備又は
客に現金若しくは有価証券を提供するための装置を有する遊技設備を設
けないこと。照度10ルクス超

※1　照明設備は客室全体において上記表に記載された照度（ルクス）以下とならないよう
　　　に維持できる構造設備でなければならない。スライダックス（調光器）のように照度
　　　を5ルクス又は10ルクス以下に調整できる設備がある場合は許可されない。ただし、
　　　東京都以外ではスライダックス自体禁止。5ルクスとは大体、お店のソファ若しくは
　　　イスに腰掛けた状態で、テーブル上の新聞が読める程度の明るさ。

※2　「客室」の概念＝接待、遊技等が行われる客の用に供する区画された場所をいい、営
　　　業所から専らその営業に使用する調理室、クローク、廊下、洗面所、従業員の更衣室、
　　　カウンターやレジの内側、床の間、ショーステージなど「完全に区画された建物その
　　　他の施設」を除いたものをいう。例えば、客室内にカウンターがある場合、カウンタ
　　　ーの内側（従業者のいる場所）は含まれない。

※3　客室の内部が、営業所の外部から容易に見通せないこと（4、5号営業は除く）。営
　　　業所に窓があるような場合は、窓にシート等を貼り付けて外部から客室が容易に見え
　　　ないようにする必要がある。カーテンやブラインド等では実地調査時に不可となる。

※4　客室内に見通しを妨げるような高さ1m以上のつい立や仕切り等がないこと（3号営
　　　業は除く）。

※5　善良の風俗又は清浄な風俗環境を害するおそれのある写真、広告物等を設けないこと。

※6　客室の出入口に施錠の設備を設けないこと（ただし、営業所外部に直接通ずる出入口
　　　は除く）。

※7　条例で定める騒音又は振動の数値に満たないようにするための必要な構造又は設備を
　　　有すること。

（2）　人的要件

営業者及び管理者[※]が、風営法的に適格者かどうかという基準。営業者及び
管理者が次の①～⑨のいずれかに該当する場合は、許可を受けることができない。

①　成年被後見人若しくは被保佐人又は破産者で復権を得ないもの

②　1年以上の懲役若しくは禁錮の刑に処せられ、又は無許可風俗営業の罪、
　　18歳未満の者に風営法における接待や接客業務をさせた罪、公然わいせつ
　　の罪、賭博の罪、児童買春の罪等各法令に規定される一定の罪を犯して1年
　　未満の懲役若しくは罰金の刑に処せられ、その執行を終わり、又は執行を受
　　けることがなくなった日から5年を経過しない者

③　集団的に又は常習的に暴力的不法行為を行うおそれがある者

④　アルコール、麻薬、大麻、あへん又は覚せい剤の中毒者

⑤　風俗営業の許可を取り消されてから5年を経過しない者（許可を取り消さ
　　れた者が法人である場合は、その役員であった者を含む）

⑥　風俗営業の許可の取消処分に係る聴聞の期日及び場所の公示日から処分を
　　する日又は処分をしないことを決定する日までの間に許可証の返納をした者
　　で返納の日から5年を経過しないもの

XIV　風営法許可手続　　213

⑦　風俗営業の許可の取消処分に係る聴聞の期日及び場所の公示日から処分を
する日又は処分をしないことを決定する日までの間に合併により消滅した法
人又は許可証の返納をした法人の役員であった者で消滅又は返納の日から5
年を経過しないもの（法人の分割についても同様に適用する）

⑧　営業に関し成年者と同一の能力を有しない未成年者。ただし、その未成年
者が風俗営業者の相続人であって、その法定代理人が上記①〜⑦のいずれに
も該当しない場合を除く。

⑨　法人の役員のうち上記①〜⑦までのいずれかに該当する者があるもの

※　風俗営業を営む場合は、その営業所（お店）ごとに管理者を1人選任しなければならない。
管理者とは、営業所の責任者であり、遵法営業の為に営業者に対して助言を行ったり、従業
者に対して指導を行ったりする人（例：店長、雇われママ等）のことをいう。営業者の方が
管理者を兼ねることは可能だが、一人で複数店舗の管理者になることは許されない。管理者
に未成年の者を選任することはできない。

（3）　場所的要件

営業所が風俗営業の許可を受けられる場所にあるかどうかという基準。風俗営
業の営業所の設置を制限する地域として「用途地域による制限地域」「保全対象
施設による制限地域」が設けられている。

風俗営業の許可等を依頼された場合には、これらの調査が命である。調査でミ
スをすると損害賠償の対象となるので細心の注意が必要である。

　　ア　用途地域による制限地域

営業所の所在地の「用途地域」が以下のいずれかに該当する場合は、その場所
で風俗営業の許可を受けることはできない。

・第1種低層住居専用地域
・第2種低層住居専用地域
・第1種中高層住居専用地域
・第2種中高層住居専用地域
・第1種住居地域
・第2種住居地域
・準住居地域

一方、許可を受けることが出来る用途地域は下記のとおり。

・商業地域
・近隣商業地域
・準工業地域
・工業地域
・工業専用地域

・その他用途が指定されていない地域

ただし、東京都の場合は、例外として次の地域で風俗営業の許可を受けることができる。

⇒商業地域及び近隣商業地域に隣接する20m以内の第2種住居地域及び準住居地域に営業所がある4号営業及び5号営業。

※ 営業所が風俗営業の許可を受けられる用途地域とそうでない用途地域にまたがっているという場合は、その場所では風俗営業の許可を受けることはできない。

　イ　保全対象施設による制限地域

上記イの要件をクリアしても、営業所の場所から半径100m以内に『保全対象施設』といわれる、学校・図書館・児童福祉施設・病院・診療所（患者を入院させるための施設（病床）を有するものに限る）がある場合は、その場所では風俗営業の許可を受けることはできない。

ただし、東京都の場合は、東京都公安委員会規則で次のように要件が緩和されている。

〈営業所の所在地の用途地域が「商業地域」である場合〉

①　学校（大学を除く）・図書館・児童福祉施設（助産施設を除く）が存在していても、その敷地から50m以上離れていれば風俗営業の許可を受けることができる。

②　大学・病院（第1種助産施設を含む）・診療所（病床数8床以上）が存在していても、その敷地から20m以上離れていれば風俗営業の許可を受けることができる。

③　第2種助産施設・診療所（病床数1床以上7床以下）が存在していても、その敷地から10m以上離れていれば風俗営業の許可を受けることができる。

〈営業所の所在地の用途地域が「近隣商業地域」である場合〉

①　大学・病院（第1種助産施設を含む）・診療所（病床数8床以上）が存在していても、その敷地から50m以上離れていれば風俗営業の許可を受けることができる。

②　第2種助産施設・診療所（病床数1床以上7床以下）が存在していても、その敷地から20m以上離れていれば風俗営業の許可を受けることができる。

〈場所的要件の例外（特定地域）〉

保全対象施設からの距離にかかわらず、風俗営業が可能な地域を『特定地域』といい、東京都の場合は以下の場所が特定地域に該当する。

○風俗営業等の規制及び業務の適正化等に関する法律施行条例の施行に関する規則による東京都公安委員会が認める区域（昭和60年3月1日　公安

委員会告示第33号）

　風俗営業等の規制及び業務の適正化等に関する法律施行条例の施行に関する規則
（昭和60年２月１日東京都公安委員会規則第１号）第２条第２項の規定により、東
京都公安委員会が認める区域は、次のとおりとする。

　　１　中央区のうち、銀座四丁目から同八丁目までの区域
　　２　港区のうち、新橋二丁目から同四丁目までの区域
　　３　新宿区のうち、歌舞伎町一丁目、同二丁目（９番、10番及び19番から46番
　　　　まで）及び新宿三丁目の区域
　　４　渋谷区のうち、道玄坂一丁目（１番から18番まで）、同二丁目（１番から10
　　　　番まで）及び桜丘町（15番及び16番）の区域

〈注意点〉

①　各都道府県の条例により営業制限地域は異なる。風営法第４条の規定を受
　けて風営法施行令第６条で条例に委任されているためである。

②　建築基準法の規制とは扱いが異なる。建物は建てられるが、風営上の許可
　は申請できない、ということがあり得る。

　風営法上の扱いでは、営業所である建物（敷地がある場合は敷地も営業所として
扱われる。）が商業地域と第一種住居地域とにまたがっている場合には許可され
ない。雑居ビル等で、建物自体は商業地域と住居系の地域にまたがっているが申
請に係る営業所全体が商業地域に位置している場合には許可される。添付書類で
ある略図はゼンリンのものを1000分の１の縮尺にして使用するが、略図上で用
途地域の境界線からの距離が１メートル以下の場合は土地家屋調査士又は測量士
の作成した測量図面を添付しなければならない。

　営業所（敷地がある場合は敷地も営業所として扱われる。）と保全対象施設（敷地
がある場合は敷地も保全対象施設として扱われる。）との距離が１メートル以下の場
合も同様である。

（４）　構造的要件

　人的要件、場所的要件をクリアしたら、(1)に掲げた営業所の構造及び設備の技
術上の基準が風俗営業の許可に適合しているかどうかの判断となる。

２　風俗営業等の規制及び業務の適正化等に関する法律等の解釈運用基準について

〈接待の判断基準〉

（１）　談笑・お酌等

　特定少数の客の近くにはべり、継続して、談笑の相手となったり、酒等の飲食
物を提供したりする行為は接待に当たる。

　これに対して、お酌をしたり水割りを作るが速やかにその場を立ち去る行為、

客の後方で待機し、又はカウンター内で単に客の注文に応じて酒類等を提供するだけの行為及びこれらに付随して社交儀礼上の挨拶を交わしたり、若干の世間話をしたりする程度の行為は、接待に当たらない。

（2）踊り等

特定少数の客に対して、専らその客の用に供している客室又は客室内の区画された場所において、歌舞音曲、ダンス、ショウ等を見せ、又は聴かせる行為は接待に当たる。

これに対して、ホテルのディナーショウのように不特定多数の客に対し、同時に踊り、ダンス、ショウ等を見せ、又は歌若しくは楽器の演奏を聴かせる行為は、接待には当たらない。

（3）歌唱等

特定少数の客の近くにはべり、その客に対し歌うことを勧奨し、若しくはその客の歌に手拍子をとり、拍手をし、若しくはほめはやす行為又は客と一緒に歌う行為は、接待に当たる。

これに対して、客の近くに位置せず、不特定の客に対し歌うことを勧奨し、又は不特定の客の歌に対し拍手をし、若しくはほめはやす行為、不特定の客からカラオケの準備の依頼を受ける行為又は歌の伴奏のため楽器を演奏する行為等は、接待には当たらない。

（4）遊戯等

客とともに、遊戯、ゲーム、競技等を行う行為は、接待に当たる。

これに対して、客一人で又は客同士で、遊戯、ゲーム、競技等を行わせる行為は、直ちに接待に当たるとはいえない。

（5）その他

客と身体を密着させたり、手を握る等客の身体に接触する行為は、接待に当たる。ただし、社交儀礼上の握手、酔客の介抱のため必要な限度で接触する等の行為は、接待に当たらない。また、客の口許まで飲食物を差出し、客に飲食させる行為も接待に当たる。

これに対して、単に飲食物を運搬し、又は食器を片付ける行為、客の荷物、コート等を預かる行為等は、接待に当たらない。

〈注意点〉

「接待」の定義には、「異性」という文言は入っていないので、女性が女性を、男性が男性を接待しても「接待」に該当する。

3　風俗営業許可申請のチャート

以下のチャートは東京都で許可申請の依頼を受ける場合の一般的な流れを示したものである。

仕事の引き合い

　　　→　営業所の住所、ビル名を聞く

　　↓

用途地域と保全対象施設の大きなものをゼンリン地図でざっとチェック

　　↓

打ち合わせ：どういった営業をしたいのかを依頼人から聴き取る。そして、その営業を行うために合致する許可等を申請する。

　依頼人のいう「クラブ」「キャバクラ」「ホストクラブ」「スナック」等、一般的な営業形態を「風俗営業１号社交飲食店」と翻訳するわけである。

　上記の営業形態が１号営業に該当するという判断は、依頼人からの聴き取りにより、「接待」があるか否かで判断している。「スナック」の場合、「接待」がなければ営業時間によっては深夜酒類提供飲食店の営業開始届が必要となる場合もある。

　　　→　営業所の中を見せてもらい、構造をチェックする。

　　　　　人的欠格事由になる前科その他について確認

　　　　　飲食店営業許可も含めての依頼かどうか確認

　　↓

正式に受任（ただし、保全対象施設の調査が終わるまでは留保を付けておく）

　　↓

保全対象施設の調査（営業所から半径100メートル）

　　↓

調査した結果、問題なければ申請準備へ

　　↓

飲食店営業許可済みの店舗　　　　　　　　　　　　飲食店営業許可前の店舗

　　　　　　　　　　　　　　　↓

　　　　　　　　　店内の計測（風俗営業許可申請のため）

　　　　　　　　　　　　　　　　　　↓

　　　　　　　　　　　　　　　飲食店営業許可を申請

　　　　　　　　　　　　　　　　　↓

　　　　　　　　　　　　　　　保健所調査

　　　　　　　　　　　　　　↓　　約１週間

　　　　　　　　　　この間に風俗営業許可申請書類の準備

　　　　　　　　　　　　飲食店営業許可書受け取り

　　　　　　　　　　　　　　↓

　　　　　　風俗営業許可申請　→　標準処理期間は申請日から起算して55日

　　　　　　　　　　　　　　　　　　　　　　　（土日祝日除く）

　　　　　　　　　　↓　東京都の場合、大体１〜２週間

　　　　　　　　　実査　→　準備（スライダックス固定、取外し、料金表、メ

218　第２部　行政手続と行政事件

ニュー、従業者名簿、苦情処理簿、18禁
札等）
↓
所轄警察署より許可が下りた旨の電話　→　即日営業可
↓　10日～2週間くらい
所轄警察署に許可証及び管理者証が届いた旨の電話
↓
許可証等を受領（要、認印）
↓
許可証を営業所内に掲示

　東京では許可番号が出ればその日から営業ができるが、スタッフを揃えたりお客に開店のお知らせをしたりするので、許可が下りる見込みの日程以降に開店することが多い。

　個人・法人を問わず開店の準備段階から税務上の手続、記帳等はしなければならないので、税理士の関与が望ましい。消費税ももちろんだが、源泉徴収をして納付しなければならないことが分かっていない、あるいは従業員が嫌がるというのでそもそも源泉徴収するつもりがない営業者も見られる。税務署からの電話で慌てる営業者もいる。

　また、接客従業員（ホステス、ホスト、キャスト等）は被雇用者なのか個人事業主に外注しているのかをはっきりさせておかなければならない。それにより契約内容も変わり、消費税も変わる。

　社会保険はほぼ加入しないことが多いように思われる。パチンコ店やゲームセンター、系列の店舗を多く持つ社交飲食店などは本社や親会社は社会保険に加入しているようである。

4　申請上の留意点

　風俗営業許可申請においては、風俗営業等の規制及び業務の適正化等に関する法律、同法施行規則、施行令等のみならず、各都道府県の条例が重要な位置を占める。営業禁止区域、保全対象施設の種類等、地域性に鑑みて定める内容が多いからである。そのため、各都道府県の条例をまず調査しなければ、風俗営業許可申請の準備に着手できない。なぜなら、風俗営業許可の要件を満たすかどうかの最終的な判断は、条例に定められた内容を知らなければ下すことができないからである。

　風俗営業許可申請においては、実地調査、実測がかなり重要なポイントである。申請のための添付書類に、営業所の半径100m以内の略図（用途地域、保全対象施

XIV　風営法許可手続　　219

設の有無、その位置、営業所からの距離、保全対象外施設等を記載）、営業所平面図、客室・調理場の求積図、営業所求積図、照明・音響設備図といった図面類も含まれるからである。

　しかも、許可申請後の実査では、図面に記載した内容と営業所内の実際のテーブルの配置、数、照明の数や位置等に至るまでチェックされるし、求積が正確かどうか、実際に計測もされる。

　したがって、正確な計測、求積、営業所内の設備が許可要件を満たしているかどうかのチェックは欠かせない。

　飲食店には一般的にスライダックスがスイッチとともに設置されていることが多いが、スライダックスがないことが許可要件の一つなのでその点のチェック、改善の指導も含まれる。

　営業禁止区域に営業所が位置しないかどうかの調査に手抜かりがあり、許可が下りないということになると、場合によっては行政書士に損害賠償責任が発生する。調査は必ず申請者からの依頼を受けた行政書士が責任をもって行う。

　隣の店が許可を取れたからといって、申請者の借りた営業所で許可を取れるとは限らない。隣のキャバクラは商業地域に位置しているが、申請者の借りた営業所は住居地域にかかっているかもしれないのである。また、隣の店は風営法施行以前から営業している既得権営業かも知れない。自分の目と足で確認することが大切である。そして、関係官庁に確認することも必要である。

5　添付書類

（1）　行政書士が作成するもの

① 営業所から半径100mの略図

② 営業所平面図

③ 営業所求積図

④ 客室・調理場求積図

⑤ 照明・音響設備図

⑥ 営業所がある階に他店舗もある場合、その階の建物平面図

⑦ 東京都の場合、建物１階の案内図及びテナント一覧表

⑧ 使用承諾書（作成したものに所有者及び転貸借の場合には転貸人の押印をしてもらう）申請者が準備するもの

（2）　個人の場合

申請者及び管理者の方について以下①～③の書類。また、管理者の方については④も必要（申請者が管理者を兼ねる場合は、①～③の書類はそれぞれ１通）

① 住民票１通（本籍地記載で、発行日より３か月以内のもの。外国籍の方は、在留カードの写し（表裏の両面とも））

② 身分証明書1通（本籍地の役場発行のもの。発行日より3か月以内のもの。外国籍の方は不要）

③ 登記されていないことの証明書1通（東京法務局にて取得。発行日より3か月以内のもの）

④ 管理者の写真2葉（申請前6か月以内に撮影したカラー写真。無背景、無帽、正面、上半身で縦3.0cm×横2.4cmのサイズのもの）

⑤ 営業所の建物不動産登記事項証明書1部

⑥ 営業所の賃貸借契約書等の写し1部　→　本来不要なのだが、求められることが多い。

⑦ 飲食店営業許可書（1号営業〜3号営業は必須。4号マージャン店及び5号で該当の場合）

（3）　法人申請の場合

管理者になる方の③〜⑤の書類各1通（役員のうちの1名が管理者となる場合は不要）

① 定款の写し1部

② 履歴事項全部証明書1通（現在事項でも可だが履歴事項全部証明書が必要といわれることも。発行日より3か月以内のもの）

③ 役員全員（監査役含む）の住民票各1通（本籍地記載で、発行日より3か月以内のもの。外国籍の方は、在留カードの写し（表裏の両面とも））

④ 役員全員（監査役含む）の身分証明書各1通（本籍地の役場発行のもの。発行日より3か月以内のもの。外国籍の方は不要）

⑤ 役員全員（監査役含む）の登記されていないことの証明書各1通（東京法務局にて取得。発行日より3か月以内のもの）

⑥ 管理者の写真2葉（申請前6か月以内に撮影したカラー写真。無背景、無帽、正面、上半身で縦3.0cm×横2.4cmのサイズのもの）

⑦ 営業所の建物不動産登記事項証明書1部

⑧ 営業所の賃貸借契約書等の写し1部　→　本来不要なのだが、求められることが多い。

⑨ 飲食店営業許可書（1号営業〜3号営業は必須。4号マージャン店及び5号で該当の場合）

　東京都以外では建物の完成以前からパチンコ店の新規申請が可能だが、その場合は建築確認申請書、工事請負契約書で申請する。事前相談は必須である。登記事項証明書を後に提出する場合もあるので、土地家屋調査士が表示登記、司法書士が所有権保存登記を担当する。

● 第2 風俗営業許可取得の後対応すべき業務

　風俗営業許可申請をし、許可が下りたらクライアントは営業を開始する。営業を継続していくうち、様々な変更事項等が生じる。その内容によっては公安委員会への届出他諸手続が必要になる。そのための業務知識も持っておかなければならない。

1　変更届

（1）　変更届を要する場合

　許可後の依頼としては、変更届の作成が一番多い。ケースとしては営業所名称の変更、管理者の変更、役員変更、商号変更、営業者の住所等がある。

　また、カラオケを新たに設置する、照明を増設する、テーブルやイスの変更、ソファの配置が変わるなどの場合にも変更届が必要となる。以下に内閣府令からの引用を挙げておく。1～4号に該当すると変更承認申請が必要となる。

　　　○風俗営業等の規制及び業務の適正化等に関する法律に基づく許可申請書の
　　　添付書類等に関する内閣府令
　（風俗営業の営業所の構造及び設備の軽微な変更）
第2条　法第9条第1項の内閣府令で定める軽微な変更は、営業所の構造及び設備に係る変更のうち、次に掲げる変更以外の変更とする。
　一　建築基準法（昭和25年法律第201号）第2条第14号に規定する大規模の修繕又は同条第15号に規定する大規模の模様替に該当する変更
　二　客室の位置、数又は床面積の変更
　三　壁、ふすまその他営業所の内部を仕切るための設備の変更
　四　営業の方法の変更に係る構造又は設備の変更

　　　○風俗営業等の規制及び業務の適正化等に関する法律施行規則
　（軽徴な変更等の届出等）
第20条　法第9条第3項第1号又は第2号（法第20条第10項において準用する場合を含む。次項において同じ。）に係る法第9条第3項に規定する届出書の様式は、別記様式第11号のとおりとする。
　2　前項の届出書の提出は、法第9条第3項第1号に係る届出書にあつては同号に規定する変更があつた日から10日（当該変更が法人の名称、住所、代表者の氏名又は役員の氏名若しくは住所に係るものである場合にあつては、20日）以内に、同項第2号に係る届出書にあつては同号に規定する変更があつた日から1月（当該変更が照明設備、音響設備又は防音設備に係るものである場合にあつては、10日）以内にしなければならない。
　3　法第9条第3項第1号の規定により法第5条第1項第5号に掲げる事項の変更に係る届出書を提出する場合において、当該変更前の事項の記載された風俗営業

管理者証の交付を受けているときは、併せて、当該風俗営業管理者証を提出しなければならない。

4　公安委員会は、前項の届出書に記載された変更後の管理者が法第24条第2項各号のいずれにも該当しないと認められるときは、速やかに、当該届出書を提出した者に当該管理者に係る風俗営業管理者証を新たに又は書き換えて交付するものとする。

　気を付けるべき点は、許可書記載の項目に関する変更がある場合には許可証書換え申請（申請書＋許可証原本及び申請手数料1,500円）とともに行う必要がある点である。氏名の変更、商号変更、営業所名称の変更がある場合には必ず変更届と許可証書換え申請の連件申請となる。

（2）　添付書類

　営業所名称の変更……保健所の許可書の変更後のもののコピー

　管理者変更……住民票（本籍地入り）、身分証明書、登記されていないことの証明書、誓約書（管理者用イ及びハ）、写真（3cm×2.4cmの証明写真2葉）

　役員変更……履歴事項全部証明書、新任役員の住民票（本籍地入り）、身分証明書、登記されていないことの証明書、誓約書（役員用、代表者の場合は時間外）

　商号変更……履歴事項全部証明書、保健所の許可書の変更後のコピー

　設備に関する軽微な変更……関連する図面の新旧両方の図面

　いずれの場合も、行政書士が代理申請する場合には委任状も添付する。

2　構造変更承認申請

（1）　構造変更承認申請を要する場合

　店舗を改装する等により営業所面積や客室面積の変更、構造壁、ドア等に変更が生じた場合には、変更承認申請が必要となる。

　営業所の面積が変わる場合、変更承認申請が許されるのは元の面積の2倍までである。2倍を超えると新規申請となる。

　客室面積に関しては、東京では頻度は少なくなった。平成18年5月1日より運用が変わり、間仕切りや飾り台などの面積を客室面積から引かなくてもよくなったためである。

　パチンコ店の台の入替も変更承認申請となる。最近では島図がExcel等の簡略な図でもよく、また、パチンコメーカーがソフトをホールに配っているのでホールの責任者が作成して申請することがほとんどである。

　変更承認申請で気を付けるべき点は、まず変更承認申請をしてから内装工事等を行う必要がある点である。申請前に工事をしてしまうと無承認の構造変更となり、処分の対象となるので注意が必要である。新規申請の際、実査で環境浄化協

会の調査員が申請者に説明することがほとんどであるが、新規申請を依頼された行政書士がきちんと説明しておくべきである。改装等の前に申請しなければならないので、あらかじめ説明しておかなければクライアントは工事を先にしてしまう可能性があるため、事前説明が大事である。また、改装などについて相談された場合、行政書士側が変更承認申請の知識を持っておかなければ対応できない。

許可後にVIPルームを作るなどの場合もあるが、変更承認を取るためには設備構造基準を満たす必要があるため、元々面積の小さい店舗では不可能である。

流れとしては、変更承認申請→工事につき決済済みの連絡（ない場合もあるが本来は必要）→工事→完成したら実査日を決めてもらうため所轄警察署担当者に連絡→実査→承認となる。

実査があるため、スライダックスその他の設備も再度チェックしておく必要がある。

本来は承認が下りるまでは営業できない。所轄担当者によっては許可があるから営業してもよいと言われたりもする。変更部分を除けば営業してもよいと言われることが多いようである。

（2）　添付書類

〈変更承認申請に係る図面の旧図面及び新図面〉

旧図面がない場合には、現況が旧図面と同じであるはずなので、申請時の面積と多少違っても現況図面で差し支えないというのが現在の警視庁の扱いである。

新規申請と違い、変更承認申請も委任状を添付すれば行政書士が代理申請可能な場合が多い。ただし、実査は申請人本人が立ち会う必要がある。

3　合併、分割承認申請及び相続承認申請

（1）　申請を要する場合

許可を承継するための手続である。届出と違い、風俗営業の許可は一定の場合承継することができるため、営業を続けたまま手続ができる点がメリットとなる。デメリットとしては、旧営業者が受けた処分もそのまま引き継ぐ点である。

弁護士からの依頼で手続を依頼されることもある。M&Aや債務整理等に絡む場合で、通常は弁護士が司令塔となり税理士又は公認会計士、司法書士とチーム体制でそれぞれの分野を担当する。このパターンはお互いに連携し要件、時期等を確認し合いながら手続を進めていくので結構うまくいく。

〈注意点：総合知識のない事業承継コンサルティングは危険！〉

最近ビジネスコンサルティング等と謳って実際は税務コンサルにすぎないコンサルティングをする会社がよく見られる。特にパチンコ店を経営する会社によく絡むが、税務上のコンサルティングのみしか知識がなく、パチンコ店は風俗営業許可ありきの経営であるにもかかわらず会社の持っている許可の承継を考慮に入

れずに会社分割等をしようとすることがある。

　もちろん、風俗営業分割承認申請等の手続自体に通暁している必要はない。しかし、コンサルティング会社を名乗る以上はその会社の持っている許認可の承継についてもどうなるのかという知識ぐらいは持っていなければ危険である。合併や分割をしたら従前の許可は消滅するので、新たに許可を取り直さなければならない。そうなれば合併、分割の効力発生日から新規申請した許可が合併会社や分割会社に下りるまでは営業できなくなる。また、新たな保全対象施設ができていたり用途地域の指定がされたりして新規に許可を受けることができなくなっている可能性さえある。

　コンサルティング会社がクライアントとする会社であればある程度の規模があるはずである。莫大な損失となるので、損害賠償責任のリスクが発生する。旅館、ホテルなどもよくM&A等が行われることがあるが、株式譲渡の方法で行われるのでなければ承継の際には十分な注意が必要である。また、債務整理に伴って会社分割という場合もあるが、その際には分割承認申請が必要となる。許認可は通常、相続、合併、分割に際しての承継手続があることがほとんどなので、その点に注意を払うべきである。

　また、社会保険が社員全員切れ目なく加入できるように留意する必要があるので、社会保険労務士の助言や手続も必要となると思われる。

　パチンコ店、１号許可店の譲渡譲受に利用される場合が多い。それを見越して法人で許可を取得することを勧めることもある。既得権営業がそのまま継続できるため、新規許可を受けられなくなった場所にある場合でも承継できる上、営業を継続したまま手続が完了できる点が魅力である。

　次に風営法の条文を挙げておく。

　　　○風俗営業等の規制及び業務の適正化等に関する法律
　　（相続）
第７条　風俗営業者が死亡した場合において、相続人（相続人が２人以上ある場合においてその協議により当該風俗営業を承継すべき相続人を定めたときは、その者。以下同じ。）が被相続人の営んでいた風俗営業を引き続き営もうとするときは、その相続人は、国家公安委員会規則で定めるところにより、被相続人の死亡後60日以内に公安委員会に申請して、その承認を受けなければならない。
２　相続人が前項の承認の申請をした場合においては、被相続人の死亡の日からその承認を受ける日又は承認をしない旨の通知を受ける日までは、被相続人に対してした風俗営業の許可は、その相続人に対してしたものとみなす。
３　第４条第１項の規定は、第１項の承認の申請をした相続人について準用する。
４　第１項の承認を受けた相続人は、被相続人に係る風俗営業者の地位を承継する。

5 第1項の承認の申請をした相続人は、その承認を受けたときは、遅滞なく、被相続人が交付を受けた許可証を公安委員会に提出して、その書換えを受けなければならない。

6 前項に規定する者は、第一項の承認をしない旨の通知を受けたときは、遅滞なく、被相続人が交付を受けた許可証を公安委員会に返納しなければならない。

（法人の合併）

第7条の2 風俗営業者たる法人がその合併により消滅することとなる場合において、あらかじめ合併について国家公安委員会規則で定めるところにより公安委員会の承認を受けたときは、合併後存続し、又は合併により設立された法人は、風俗営業者の地位を承継する。

2 第4条第1項の規定は、前項の承認について準用する。この場合において、同条第1項中「前条第1項の許可を受けようとする者」とあるのは、「第7条の2第1項の承認を受けようとする法人」と読み替えるものとする。

3 前条第五項の規定は、第1項の承認を受けようとした法人について準用する。この場合において、同条第5項中「被相続人」とあるのは、「合併により消滅した法人」と読み替えるものとする。

（法人の分割）

第7条の3 風俗営業者たる法人が分割により風俗営業を承継させる場合において、あらかじめ当該分割について国家公安委員会規則で定めるところにより公安委員会の承認を受けたときは、分割により当該風俗営業を承継した法人は、当該風俗営業についての風俗営業者の地位を承継する。

2 第4条第1項の規定は、前項の承認について準用する。この場合において、同条第1項中「前条第1項の許可を受けようとする者」とあるのは、「第7条の3第1項の承認を受けようとする法人」と読み替えるものとする。

3 第7条第5項の規定は、第1項の承認を受けようとした法人について準用する。この場合において、同条第5項中「被相続人」とあるのは、「分割をした法人」と読み替えるものとする。

条文により、人的欠格事由に該当する相続人又は承継会社の役員は承継できない。

以下に警察庁生活安全局の風俗営業等の規制及び業務の適正化等に関する法律等の解釈運用基準（平成30年1月30日）から引用して、説明を加える。

第13 風俗営業に係る相続について（法第7条関係）
　1 相続人
　　法第7条の「相続人」は、民法（明治29年法律第38号）第5編第2章に規定する相続人を意味し、内縁の配偶者や被相続人と特別の縁故関係があった者

（民法第958条の3参照）を含まない。

　また、遺贈による受遺者（民法第964条参照）は、包括受遺者（民法第990条参照）の場合であっても、民法第5編第2章に規定する相続人に当たらない限りは、「相続人」に含まれない。

　相続人が、複数ある場合には、被相続人の遺言の有無等にかかわらず、申請人以外の相続人全ての同意書を相続承認書に添付することを要する（施行規則第13条第2項第5号）。

2　未成年者の相続

　18歳未満の者が相続の承認を受けて風俗営業者の地位を承継した場合においては、当該18歳未満の者が客の接待をしてはならないという条件を付することとする。

3　許可証の書換え

　相続の承認を受けて風俗営業者の地位を承継した相続人は、承認後遅滞なく、被相続人が交付を受けた許可証を許可証書換え申請書と共に公安委員会に提出し、許可証の書換えを受けなければならない（法第7条第5項及び施行規則第17条）。

　なお、この場合における書換え申請手数料は、既に相続承認申請手数料の中に算入されているので、改めて徴収することはできない。

　以上が解釈運用基準に記載されているが、被相続人の死亡日から60日以内に申請する必要があるため、相続人が多数で複雑である場合同意書を準備するのに時間がかかる可能性もある。また、相続税の問題も発生する。パチンコ店の場合、営業所建物、その敷地を所有していることも多いし、ぱちんこ遊技機等資産があるのでその算出もしなければならない。

　そのため、個人で許可を受けているパチンコ店等は大規模な改装の機会に法人で新規に許可を受けることが多いようであるし、現営業者一代で終わる意思がないならそう勧めるのがよいのではないかと思われる。

第14　風俗営業に係る法人の合併について（法第7条の2関係）

1　申請の対象及びその手続

（1）　法第7条の2の適用対象

　法人の合併の承認（以下第14において単に「承認」という。）の申請は、風俗営業者たる法人が合併することにより消滅する場合において、合併後存続し、又は合併により設立された法人が消滅する法人が営んでいた営業を引き続き営もうとするときになされるものであり、合併後も風俗営業者たる法人が存続する場合において当該法人が合併以前から営んでいた営業に関して

は承認を要さない。

　　なお、合併に際し、承認を申請することなく改めて許可を受けることにより、合併した法人が当該営業所において営業を営むことも可能であるが、その場合は新規の許可申請となるので、法第４条第１項の人的欠格事由だけでなく同条第２項及び第４項に該当していないことが必要になる。

（２）　申請者

　　申請は合併する法人の連名により行わなければならない（施行規則第14条第２項）。合併する法人が３以上ある場合でも、全ての法人が申請者となる。

（３）　申請の時期

　　承認の前に合併の効力が生じた場合は、従前の許可はその時点で失効することになるため、承認をすることはできなくなる。したがって、法第７条の２第１項の「あらかじめ」とは、合併の効力が生じる前であることをいう。

２　承認及び不承認

（１）　地位の承継の効力発生時期

　　承認は、合併により風俗営業を承継することとなる法人が当該風俗営業についての風俗営業者の地位を承継することをあらかじめ認めるものである。実際に風俗営業者の地位が承継されるのは、吸収合併の場合は合併が効力を生ずる日として合併契約で定められた日（会社法（平成17年法律第86号）第750条第１項等）、新設合併の場合は新設会社の設立の登記の日（会社法第754条第１項、第49条等）である。

（２）　承認の効果

　　地位が承継されることの効果として、例えば、合併により消滅することとなる法人が営業制限地域内で既得権により営業していた場合は、合併後存続し、又は合併により設立された法人は、当該営業制限地域内にある営業所において風俗営業を営むことができる。また、承認の対象となった営業所において承認の前に又は承認後風俗営業者の地位の承継前に処分に該当する事由が生じた場合は、処分のための手続は、合併後存続し、又は合併により設立された法人を対象として続行される。さらに、地位の承継前に処分が行われた場合は、当該処分の効力も承継される。

　　承認をしたにもかかわらず、合併の効力が発生せず、又は無効とされた場合は、合併契約書のとおりに合併が行われなかったことが判明した時点又は無効が確定した時点をもって承認は効力を失う。

（３）　許可証の書換え

　　承認を受けて合併した場合には、合併後存続し、又は合併により設立された法人は、合併後遅滞なく、合併により消滅した法人が交付を受けた許可証を許可証書換え申請書と共に公安委員会に提出し、許可証の書換えを受けなければならない（法第７条の２第３項及び施行規則第17条）。

228　　第２部　行政手続と行政事件

書換えに当たっては、合併が真に行われているかどうかを確認するため、法務局に照会することとする。

　なお、この場合における書換え申請手数料は、既に合併承認申請手数料の中に算入されているので、改めて徴収することはできない。

3　合併に係る欠格事由

　法第4条第1項第7号の趣旨は、法第26条第1項の規定による風俗営業の許可の取消しにより風俗営業の許可の欠格事由（法第4条第1項第5号）に該当することとなることを回避する手段として合併を利用しようとする法人の役員を、合併により法人が消滅した日から起算して5年を経過しない間、欠格者に該当させることにある。

　「前号の公示の日前60日以内に役員であつた者」を対象とするのは、こうした時期に役員であった者は、合併を実施するという意思決定に関与していた可能性が高いためである。

　なお、相当な理由がある合併の場合には、本号の欠格事由には該当しないものとされている。「相当な理由がある」とは、例えば、合併を行うという内部的決定がなされた後に法第26条第1項の規定による風俗営業の許可の取消処分に係る聴聞の対象となる事由が発生した場合をいう。

第15　風俗営業に係る法人の分割について（法第7条の3関係）

1　申請の対象及びその手続

（1）法第7条の3の適用対象

　法人の分割の承認（以下第15において単に「承認」という。）の申請は、風俗営業者たる法人が会社法第757条以下等の規定に基づき分割をする場合において、①当該法人から分離される営業所に係る営業を既存の他の法人が承継して引き続き営もうとするとき（吸収分割）又は②当該法人から分離される営業所に係る営業を当該分割により新たに設立される法人が承継して引き続き営もうとするとき（新設分割）に営業所ごとになされるものである。したがって、分割後も当該営業所に係る営業を営む法人が従前の法人であって①又は②のいずれにも当たらない場合、すなわち、営業主体に変更がない営業所の場合は、承認を要しない。また、吸収分割の場合において承継する法人もまた従来から風俗営業者であるときは、その従来から営んでいる営業所に関しては承認を要しない。

　なお、分割に際し、承認を申請することなく改めて許可を受けることにより、承継した法人が当該営業所において営業を営むことも可能であるが、その場合は新規の許可申請となるので、法第4条第1項の人的欠格事由だけでなく同条第2項及び第4項に該当していないことが必要になる。

（2）申請の単位

　①吸収分割の場合において同一の機会に分割によって複数の法人に風俗営

業を承継させるとき（注１）及び②新設分割の場合において同一の機会に分割によって複数の法人を設立し、それぞれに風俗営業を承継させるとき（注２）は、施行規則第１条第２項の「一の公安委員会に対して同時に二以上の営業所」について分割承認申請書を提出するときには該当しない。

（注１・注２）ここにいう「同一の機会」とは、吸収分割契約又は新設分割計画が一まとまりであり、株主総会の決議、債権者保護手続等の手続が一度に行われる場合をいう。

なお、分割は承継する法人ごとに存在するので、承継する法人が二つあれば、分割は２回なされたことになる。

（３）　申請者

申請は、新設分割の場合であれば、分割をする法人が行い、吸収分割の場合であれば、分割をする法人と承継する法人が連名で行う（施行規則第15条第２項参照）。吸収分割の場合において、同一の機会の分割で複数の法人に承継させるときは、承継する法人を異にする以上、各別の申請手続を要するので、当該分割に関係する法人全ての連名による申請は認められない。

（４）　申請の時期

承認の前に分割の効力が生じた場合は、従前の許可はその時点で失効することになるため、承認をすることはできなくなる。したがって、法第７条の３第１項の「あらかじめ」とは、分割の効力が生じる前であることをいう。

２　承認に係る審査事項

「分割後の役員就任予定者」（施行規則第15条第３項第２号）とは、分割によって風俗営業を承継した法人の役員全てをいうのであって、これには、吸収分割の場合において分割の登記以前から承継する法人の役員を務めている者も含まれるし、また、新設分割の場合において分割をする法人の役員を務めていた者も含まれる。

３　承認及び不承認

（１）　地位の承継の効力発生時期

承認は、分割により風俗営業を承継することとなる法人が当該風俗営業についての風俗営業者の地位を承継することをあらかじめ認めるものである。実際に風俗営業者の地位が承継されるのは、吸収分割の場合は吸収分割が効力を生ずる日として吸収分割契約で定められた日（会社法第759条第１項等）、新設分割の場合は新設会社の設立の登記の日（会社法第764条第１項、第49条等）である。

（２）　承認の効果

地位が承継されることの効果として、例えば、分割をする法人が営業制限地域内で既得権により営業していた場合は、承継した法人は、当該営業制限地域内にある営業所において風俗営業を営むことができる。また、承認の対象となった営業所において処分に該当する事由が生じた場合は、処分のための手続は

承継した法人を対象として続行される。さらに、地位の承継前に処分が行われた場合は、当該処分の効力も承継される。

　承認をしたにもかかわらず、分割の効力が発生せず、又は無効とされた場合は、分割計画書又は分割契約書のとおりに分割が行われなかったことが判明した時点又は無効が確定した時点をもって承認は効力を失う。

（3）　許可証の書換え

　承認を受けて分割をした場合には、分割により風俗営業を承継した法人は、分割後遅滞なく、分割をした法人が交付を受けた許可証を許可証書換え申請書と共に公安委員会に提出し、許可証の書換えを受けなければならない（法第7条の3第3項及び施行規則第17条）。

　書換えに当たっては、分割が真に行われているかどうかを確認するため、法務局に照会することとする。

　なお、この場合における書換え申請手数料は、既に分割承認申請手数料の中に算入されているので、改めて徴収することはできない。

（4）　許可証の返納

　風俗営業者たる法人が分割をするまでに承認がなされなかった場合、分割をした法人は、当該分割により分離した営業所に係る風俗営業を廃止したものと認められるので、分割の登記の日から10日以内に、当該風俗営業に係る許可証を返納理由書を添付して公安委員会に返納しなければならない（法第10条第1項第1号及び施行規則第23条）。

4　分割に係る欠格事由

　法第4条第1項第7号の2の趣旨は、法第26条第1項の規定による風俗営業の許可の取消しにより風俗営業の許可の欠格事由（法第4条第1項第5号）に該当することとなることを回避する手段として分割を利用しようとする法人及びその役員を、分割の日から起算して5年を経過しない間、欠格者に該当させることにある。

　本号により分割の日から起算して5年を経過しない間欠格者となる法人は、①「分割により法第4条第1項第6号の聴聞に係る風俗営業を承継させた法人」と、②「分割により法第4条第1項第6号の聴聞に係る風俗営業以外の風俗営業を承継した法人」である。

　例えば、A店とB店を営む風俗営業者たる法人甲があるとして、A店において聴聞に係る事由が生じた場合、甲がA店を他の法人である法人乙に承継させるべく分割をすると甲は①に当たることとなり、他方、甲にA店を残し、B店を法人乙に承継させると、乙が②に当たることになる。要するに、行政処分を免れようとして分割に関与した法人のうち、聴聞を受けないこととなるものが本号の欠格事由に該当することになる。

　この場合、当該分割の承認の申請がなされた時点においては、いまだ分割の効果が生じていないので、本号の欠格事由には該当せず、したがって他の欠格事由

XIV　風営法許可手続　　231

にも該当しない限りは承認がなされる。しかしながら、その後分割の効力が発生する日に至り、承認の効果として風俗営業者の地位の承継が生じた時点において、自動的に本号の欠格事由に該当することになり、法第8条第2号により許可の取消しがなされるべき対象となることになる。

　一方、本号により分割の日から起算して5年を経過しない間欠格者となる役員は、法第26条第1項の規定による風俗営業の許可の取消処分に係る聴聞の期日及び場所の公示の日前60日以内に①又は②の法人の役員であった者である。これは、こうした時期に役員であった者は、分割を実施するという意思決定に関与していた可能性が高いためである。

　なお、相当な理由がある分割の場合には、本号の欠格事由には該当しないものとされている。「相当な理由がある」とは、例えば、分割を行うという内部的決定がなされた後に法第26条第1項の規定による風俗営業の許可の取消処分に係る聴聞の対象となる事由が発生した場合をいう。

　以上が解釈運用基準に記されているが、分割承認申請が一番よく使われる方法のようである。重畳的債務引受をしなければ、会社ごと承継するより安全であるのがその理由である。

　特に理由がなければ、新設分割によるほうが被承継会社1社による分割計画書で済むし、連名の必要もないので簡便である。

（2）　添付書類

　相続承認申請……申請者と被相続人との続柄を証明する書面（戸籍謄本等）

　申請者以外に相続人があるときは、その者の氏名及び住所を記載した書面並びに当該申請に対する同意書、住民票（本籍地入り）、身分証明書、登記されていないことの証明書、誓約書（個人用、時間外）

※　元の許可を有していた者が個人であるので、管理者に関しては変更届も併せてする必要があるケースもある。

　合併承認申請……合併計画書又は合併契約書、承継会社の定款（又は予定定款）、役員就任予定者名簿（新設合併の場合）、承継会社の登記事項記載証明書（吸収合併の場合）、役員就任予定者全員又は役員全員の住民票（本籍地入り）、身分証明書、登記されていないことの証明書、誓約書（役員用、時間外）

　分割承認申請…分割計画書又は分割契約書、承継会社の定款（又は予定定款）、役員就任予定者名簿（新設分割の場合）、承継会社の登記事項記載証明書（吸収分割の場合）、役員就任予定者全員又は役員全員の住民票（本籍地入り）、身分証明書、登記されていないことの証明書、誓約書（役員用、時間外）

　合併承認申請、分割承認申請の際の最大の注意事項は、承認が下りるまで合併、分割の登記を入れてはいけないということである。効力が発生した時点で許可は

消滅してしまう。

　合併又は分割期日はゆとりを持たせておくことも必要だが、株主総会で期日の変更ができる旨を計画書又は契約書に盛り込んでおくと安心である。金融機関が絡んでいると期日の変更ができないことがあるので、そのような事情がある場合は必ず期日までに承認を得られる日程のゆとりを持つ必要がある。

　承継に係る承認が下りたら、司法書士が合併、分割の登記を担当することとなる。不動産登記が発生する場合もある。

　また、被承継会社の商号変更がある場合、合併又は分割の登記後に変更登記を申請するのが無難である。公安委員会によっては問題にされた例がある。

4　返納理由書

　許可を取って営業していたが、残念ながら閉店しなければならないという場合や事情があって店舗の引っ越しをする場合には返納理由書と共に許可書の原本を返納しなければならない。

　俗に廃業届といっているが、正式名称は返納理由書である。

　　○風俗営業等の規制及び業務の適正化等に関する法律施行規則
　　（許可証の返納）
第18条　法第7条第6項の規定による許可証の返納は、同項の通知を受けた日から10日以内に、当該許可証に係る営業所の所在地の所轄警察署長を経由してしなければならない。この場合において、一の公安委員会に対して同時に二以上の営業所について許可証を返納するときは、それらの営業所のうちいずれか一の営業所の所在地の所轄警察署長を経由して返納すれば足りる。

　許可証原本を紛失してしまった場合には、紛失理由書を添付する。

　その他、営業を継続しているうちに時間外営業で指示処分を受けたり従業者名簿の不備を指摘されたりするが、通常いきなり聴聞に呼出されて営業停止になることはない。ただし、年少者（18歳未満の者）使用、未成年者への酒類の提供、客引きによる逮捕（現行犯で結構捕まる）により罰金刑となるとほぼ確実に営業停止の対象となる。いつ聴聞となるかは不明だが、聴聞に行けばその週のうちに営業停止となるようである。営業停止期間中は風俗営業のみならず飲食店営業もできないので営業者にとってはかなりの打撃である。

　客引きは現行犯逮捕となるため、弁護士に接見を依頼することも多い。連絡を受けたら今日明日中の対応を希望されるのでそこが大変である。

[浅野　幸恵]

XV 情報漏えい事件に関する行政手続

1 情報漏えい事件の増加

　企業の情報漏えいが騒がれて久しい。記憶に新しいものとしては、日本年金機構や株式会社ベネッセコーポレーションにおける個人情報の漏えい事件が挙げられる。平成29年3月27日付株式会社商工リサーチ「上場企業の個人情報漏えい、紛失事故」調査によれば、平成24年から平成28年の5年間で上場企業と主要子会社で個人情報の漏洩・紛失事故を公表した企業は259社、事故件数は424社に上った。漏えいした可能性のある個人情報は累計で最大7,545万人分に及び、これは日本の人口の2人に1人の割合に匹敵する。

　事故件数に比して漏えいした個人情報の数が多いのは、企業が個人情報をデータとして管理されていたこともその原因であったと考えられる。

　すなわち、企業としては、顧客情報を紙媒体ではなくデータとして管理することで、大量の情報を、小規模な保管スペースで管理でき、また、データベース化することで、一瞬で検索できるという大きなメリットがある反面、漏えいするときには、一瞬で大量の個人情報が漏えいするというリスクが存する。

　そして、個人情報が漏えいした場合の損害は甚大なものとなる。平成26年6月に発生した株式会社ベネッセコーポレーションにおける個人情報漏えい事案では、個人情報が漏えいしたとされる全国の顧客からベネッセに対して損害賠償請求訴訟が提訴されるに至っている。

　現在、顧客情報をデータとして管理していることが一般的であることから、ほとんど全ての企業において、大規模な情報漏えい事件が起き得る状況にある。

2 個人情報保護委員

　個人情報の取扱いについて定めた法律は個人情報保護法であり、個人情報の適正な取扱いの確保を図ることを任務として個人情報保護委員会が設置されている（個人情報保護法59条）。

　個人情報保護委員会は、個人情報取扱事業者[1]に対して、報告及び立入検査権を有し（個人情報保護法40条）、指導・助言（同法41条）及び勧告・命令（同法42条）をする権限を有する。

　かかる権限を有する個人情報保護委員会への対応は行政事件としての対応に他

---

[1] 平成27年の個人情報保護法の改正により、従来からのいわゆる5000人要件が撤廃された。1件でも個人情報を有し、個人情報データベースを事業の用に供しているものは個人情報取扱事業者に該当することとなった。

ならない。

3　個人情報漏えい事案における個人情報保護委員会の対応

上記のとおり、個人情報保護委員会は、個人情報取扱事業者に対する監督権限を有するが、それが最も顕在化するのは、情報漏えいが発覚した場合である。

すなわち、情報漏えい時において初めて企業の情報管理体制（及びその不備）が明らかとなるため、監督権限の行使の契機となる。

具体的には、個人情報が漏えいした場合において、「個人データの漏えい等の事案が発生した場合の対応について」（平成29年個人情報保護委員会告示第1号）は以下の手続を取ることを定める[2]。

① 事業者内部における報告及び被害の拡大防止

責任ある立場の者に直ちに報告するとともに、漏えい等事案による被害が発覚時よりも拡大しないよう必要な措置を講ずる。

② 事実関係の調査及び原因の究明

漏えい等事案の事実関係の調査及び原因の究明に必要な措置を講ずる。

③ 影響範囲の特定

上記②で把握した事実関係による影響の範囲を特定する。

④ 再発防止策の検討及び実施

上記②の結果を踏まえ、漏えい等事案の再発防止策の検討及び実施に必要な措置を速やかに講ずる。

⑤ 影響を受ける可能性のある本人への連絡等

漏えい等事案の内容等に応じて、二次被害の防止、類似事案の発生防止等の観点から、事実関係等について、速やかに本人へ連絡し、又は本人が容易に知り得る状態に置く。

⑥ 事実関係及び再発防止策等の公表

漏えい等事案の内容等に応じて、二次被害の防止、類似事案の発生防止等の観点から、事実関係及び再発防止策等について、速やかに公表する。

⑦ 個人情報保護委員会への報告

個人情報取扱事業者は、漏えい等事案が発覚した場合は、その事実関係及び再発防止策等について、個人情報保護委員会等に対し、速やかに報告するよう努めなければならない[3]。

4　弁護士の役割

個人情報が漏えいした場合、個人情報保護委員会を意識した対応が必要となる。

---

[2] 「個人データの漏えい等の事案が発生した場合の対応について」（平成29年個人情報保護委員会告示第1号）

XV　情報漏えい事件に関する行政手続　　235

すなわち、個人情報が漏えいした場合、原則として個人情報保護委員会への報告が必要となるが、これは漏えい事案の概要を一回だけ事後報告すれば足りるというものではなく、再発防止策の策定及びその実施状況も含めた継続的報告が必要となる。また、その報告内容や再発防止策の内容に不備があると、同委員会から指摘を受けることがある。そして、個人情報保護委員会が、報告の有無、時期又は内容が十分ではないと判断した場合、立入検査、つまり、「職員に、当該個人情報取扱事業者等の事務所その他必要な場所に立ち入らせ、個人情報等の取扱いに関し質問させ、若しくは帳簿書類その他の物件を検査させる」（個人情報保護法40条1項）権限を行使し、ひいては不利益処分としての命令（同法42条3項）を発することとなる。なお、この命令に違反した場合、6月以下の懲役又は30万円以下の罰金という罰則も規定されている（同法84条）。

こうした行政処分を受けると、それ自体が不利益な効果が生ずることは当然として、個人情報が漏えいした個人から損害賠償請求の行使を受けるリスクが高まる。

したがって、上記のような法的リスクを考慮のうえ、適切に事後対応を進めるべく、弁護士が情報漏えいの初期段階から関わることが重要となるのである。

[山岡 裕明]

3　報告書の書式は以下のとおり個人情報保護委員会から公表されている。
【紛失事例】
https://www.ppc.go.jp/files/pdf/175030_houkokurei_unauthorized_access.pdf
【不正アクセス事例】
https://www.ppc.go.jp/files/pdf/175030_houkokurei_unauthorized_access.pdf

XVI 国際取引の税務調査手続
（南洋材輸送取引における仲介手数料の交際費該当性）

第1 事案の概要

1 サバ州における南洋材輸送取引

　海運業を営む審査請求人Ａ社及び我が国で南洋材輸送に従事する多数の船社は、南洋材輸送に係る適正運賃と輸送秩序の維持安定を図ること等を目的として、昭和37年4月1日に、南洋材輸送協定（Nanyozai Freight Agreement）を締結した（以下、南洋材輸送協定に加盟する船社を「NFA」という。）。

　一方、マレーシアのサバ州では、南洋材輸送の船舶代理店の一元化政策が採られており、Ｂ社（サバ）が設立され、同社が南洋材輸送の唯一の船舶代理店であった。

　昭和54年11月1日、NFAはＢ社（サバ）との間で、NFAが所有、運航、傭船又は支配する本船に必要な代理店業務をNFAの必要に応じてＢ社（サバ）が行うことを内容とする代理店契約を締結した。また、NFAとＢ社（サバ）は、契約条項を円滑に遂行するため、Ｂ社（サバ）の推薦するＣ社を仲介人として指定することを主たる内容とする代理店契約附属契約を締結した。かかる代理店契約附属契約に基づいて、NFA社とＣ社との間で、Ｃ社がNFA社とＢ社（サバ）間の代理店契約書に規定するすべての取引を完遂するために努力すること等を内容とする仲介業務契約を締結した。そして、昭和55年9月18日に、NFA社とサバ州船社（Ｂ社（サバ）が各社を代理して署名している）の間で、木材輸送協定（LUMBER TRANSPORTATION AGREEMENT（以下「LTA（サバ）」という。））が締結された。

2 サラワク州における南洋材輸送取引

　マレーシアのサラワク州においても、サバ州と同様に、州政府が南洋材輸送の船舶代理店の一元化の方針を決定し、昭和56年12月26日付で代理店契約（以下、「本件代理店契約」という。）、代理店契約附属契約、仲介業務契約（以下「本件仲介業務契約」という。）及び木材輸送協定が締結され、昭和58年12月8日にそれぞれ改訂された。それぞれの内容は以下のとおりであった。

　代理店契約は、NFAとＢ社との間で締結され、Ｂ社がNFAにより所有、運航、傭船、又は管理されている丸太船積みのすべての船舶に対し、必要とされる代理店業務を提供すること、及び代理店の円滑な業務を目的として、Ｂ社はその代理代行を十分に行うためＤ社を指名することが定められた。

　また、NFAとＢ社との間で代理店契約附属契約が締結され、Ｂ社が指名した

香港籍のE社を仲介人として指名すること、及び契約有効期間を通して、すべての仲介業務をE社に行わせることが定められた。

それに基づいてE社がNFAとB社の間で締結された代理店契約に記載されたすべての業務の実行に努力を払うこと等を内容とする仲介業務契約がNFAとE社との間で締結された。

さらにNFAとB社に登録するサラワク州の船社（B社が各船社を代理して署名している）との間で木材輸送協定（以下「本件LTA」という。）が締結された。

3　原処分庁による処分

NFAに加盟するA社が、上記E社との間の仲介業務契約に基づいて支払った仲介手数料について、原処分庁は、当該仲裁業務契約には実体がなく、支払った仲介手数料は事業関連者への接待等を目的とした現金の贈答であり交際費に該当するとして、法人税の更正処分及び重加算税の賦課決定処分を行ったのに対し、A社は、当該仲裁業務契約は正当なものであり、当該仲介手数料は交際費等に該当しないとしてこれらの処分の全部の取消しを求めた。

◎ 第2　関係法令

- ・租税特別措置法（平成18年法律第10号による改正前）61条の4第1項
- ・租税特別措置法61条の4第3項
- ・国税通則法68条1項

◎ 第3　裁決の概要

1　交際費該当性の基準

本件仲裁手数料は、①「支出の相手方」が事業に関係ある者等であり、②「支出の目的」が事業関係者等との間の親睦の度を密にして取引関係の円滑な進行を図ることであるとともに、③「行為の態様」が接待、供応、慰安、贈答その他これらに類する行為であること、の3要件を満たす場合には交際費に該当する（東京高判平成15年9月9日判時1834号28頁）。

2　本件南洋材輸送取引のスキーム

B社は南洋材輸送取引における唯一の船舶代理店であり、本件代理店契約を締結しなければ、サラワク州における南洋材輸送取引に従事することはできなかったところ、本件代理店契約を締結するための条件として、本件仲介業務契約を余儀なくされる一方、サラワク州船社との本件LTAの締結が可能になったものと解されるから、これらの3契約はどれか一つが欠けることによってもNFAが意図するところの、サラワク州における南洋材輸送取引のシェアの確保及び運賃の安定という目的は果たせなかったことは明らかであり、三位一体の契約であると

解するのが相当である。

3　Ｅ社の役割

　Ｅ社は、本件仲介業務契約の当事者として、NFAとＢ社との仲介をすることを目的として設立された法人であるといえる。

　また、NFAとＢ社は平成13年11月18日から平成18年８月14日までの間に計11回のミーティングを開催し、そのいずれにもＥ社の役員であるｅが出席していることが認められる。そして、そのようなNFAとＢ社とのミーティングにおける、シェア割、代理店手数料及び本件仲介手数料の料率等に係る合意事項について、その後、当該合意内容に従って、取引が履行されていることからすれば、ミーティングは単に形式的に開催されたものではなく、NFAが最悪の事態をも想定しながら、本件LTAのシェア割及び本件仲介手数料の料率の交渉の方針やＢ社からの要求への対応策を検討し、監督官庁である運輸省に報告していることからも明らかなように、ミーティングは、NFAにとって南洋材輸送取引のその後を決定する極めて重要な会議であったと認められるところ、Ｅ社の役員であるｅは、ミーティングの場において、Ｂ社の代表者を説得していることからもｅはNFAとＢ社との交渉の場において欠かすことのできない人物であったと認めることができる。

　また、平成４年12月に、本件LTAの交渉が難航し、Ｂ社がNFAの船舶の代理店業務の引受けを拒否した際に、NFAがｅに対して連絡したところＢ社が代理店業務の引受けをしたことからすれば、Ｅ社はNFAにとってＢ社との交渉の窓口として機能していたことが認められ、Ｅ社は、NFAとＢ社との仲介人としての役割を担っていたと解することができる。

4　本件仲介業務契約の実体

　原処分庁は、Ｅ社は本件代理店契約に基づく本船入出港の手配や船積書類の作成等の丸太船積みに関する具体的な業務の仲介を行っていないので、Ｅ社の仲介業務には実体がないとする。しかし、本件仲介業務契約には、Ｅ社が本件代理店契約に規定されたすべての業務の実行に努力を払う旨規定しているところ、Ｅ社が仲介人に指名された理由や、本件代理店契約の条項、本件仲介業務契約が締結された際の事情等を考慮すると、丸太船積みに関する具体的な業務の仲介のみならず、本件代理店契約の締結及び更新に係る交渉の仲介をすることも仲介業務に含まれるということができる。

　また、本件LTA、本件代理店契約、本件仲介業務契約は三位一体の関係にあるので、本件代理店契約に基づく業務の実行に努力を払うべく、本件LTAの締結及び更新の交渉の仲介をなすこともＥ社の仲介業務に含まれると解される。

　また、Ｅ社は香港において商業登記をする実在する法人であり、NFAがファ

クシミリ通信で香港に文書を送信している事実及びeがミーティングに実際に出席している事実からすれば、E社に法人としての実体があることは明白である。

したがって、E社の仲介業務に実体がないと認めることはできない。

5　支出の相手方

本件仲介手数料は、A社から香港にあるE社の銀行口座に送金されている事実は認められるが、その後にE社が当該金員をどのように支出しているかについては明らかではなく、また、E社以外の他者が当該金員を収受していることを示す直接的、間接的証拠も認められないことからすれば、当該支出の相手方はE社であると認められる。

原処分庁は、A社がE社に支払うこととB社に支払うことを同一視していること、B社の代表者はサラワク州政府首相の弟であり、本件LTAのスキームに係る重要事項を独断で決定しており、本件仲介手数料がB社の代表者らに支払われていたことが容易に推測できると主張する。

しかし、E社の商業登記簿によれば、E社とB社又はD社若しくはB社の代表者らとの間に、資本関係及び人的関係は認められず、他に何らかのつながりやE社とB社ないしB社の代表者らとの間の具体的な資金の流れなどを示す証拠もない以上、NFAがE社への支払とB社への支払を同一視していたこと及びB社の代表者らが本件LTAスキームに影響力を持っていたことをもって、E社がB社の収受すべき本件仲介手数料の受け皿になっていたと認定することはできない。

6　支出の目的

E社の役員であるeは、本件LTAの締結及び更新の交渉の場であるミーティングに出席するとともに、交渉の窓口として機能しており、仲介人としての役割を担っていたことが認められる。

そうすると、本件仲介手数料の支出の目的は、三位一体の契約に基づく本件LTAスキームを維持せしめるために提供された仲介人の役務に対する対価としての性質を有するものというべきである。

7　行為の態様

本件仲介手数料の支払は、E社の役務提供に対する対価であり、親睦の度を密にして取引関係の円滑な進行を図ることを目的としたB社の代表者らに対する現金の贈答とは認められないので、行為の形態が接待、供応、慰安、贈答その他これらに類する行為に該当するとはいえない。

8　結　論

以上から、本件各事業年度における本件仲介手数料の支払は、交際費等に関する要件を満たさないから、租税特別措置法61条の4第3項に規定する交際費等に該当する支払とは認められない。よって、本件各更正処分は、その認定に誤り

があるから、その全部を取り消すべきである。また、本件重加算税各賦課決定処分については、本件各更正処分の全部の取消しに伴い、その全部を取り消すべきである。

◉ 第4　法的分析と弁護のポイント

（1）　本件のように、仲介人に対する仲介手数料が、その仲介の目的となる契約（仲介の目的となる契約の当事者のことを以下「当事者」という。）の他方当事者に対する交際費に該当するか否かが問題になる場合には、当該仲介業務契約に実体があるか否かという点が重要になる。

本件でも、本件仲介業務契約が実体を有していたことが、支出の相手方、支出の目的、行為の態様の認定に強く影響したことは裁決書にも示されている。仲介業務契約が実体を有している場合には、支出の相手方も仲介人自身と認定されやすいであろう。また、その支出の目的も、仲介契約に基づく仲介人の行為に対する対価として支払ったものであると認定されやすくなる。そのような場合には行為の態様においても、接待、供応、慰安、贈答その他これに類する行為に該当しないと認定されることになる。

（2）　そして、そのように仲介業務契約に実体があるといえるためには、①仲介人が当事者と独立した主体性を有するといえること、②仲介人の行為が仲介業務契約に基づく仲介業務に該当すること、③仲介人の仲介行為が形式的なものではなく当事者とは独立の意味を有することが必要になるといえ、この①②③は相互に密接に関連する。

（3）　①に関しては、仲介人が法人としての実体を有しているかという事情や当事者との資本関係や、人的関係といった事情が問題になる。本件裁決は、当事者であるNFAの認識として、仲介人E社と他方当事者であるB社の混同がみられたことを指摘しつつも、商業登記簿の記載を重視している。主体性を有するか否かは、当事者の認識を基準とするのではなく、客観的に決せられるべきといえる。

（4）　②に関しては、まず仲介業務契約における仲介業務の範囲を認定し、仲介人によって実際になされた具体的な仲介人の行為がその仲介業務の範囲内に含まれるかどうかを検討することになる。これは、結局事案によって個別具体的に判断されることになるが、その際には、仲介業務契約に規定されている文言のほかに、当該仲介業務契約を締結するに至った経緯や、その締結の理由等、すべての事情を総合的に考慮することになる。本件でも、本件仲介業務契約には、本件代理店契約に規定されたすべての業務の実行に努力を払う旨規定されているが、契約の条項や、契約締結の理由、契約締結の際のその他の事情から、本船入出港

XVI　国際取引の税務調査手続　　241

の手配や船積書類の作成等の丸太船積みに関する具体的な業務の仲介に限られず、本件代理店契約の締結及び更新に係る交渉の仲介もその仲介業務に含まれるとしている。

また、本件LTA、本件代理店契約及び本件仲介業務契約は相互に密接に関連する三位一体の契約であるといえることから、本件LTAの締結及び更新の交渉の仲介をなすことも仲介業務の範囲内に含まれるとしている。

（5）　③に関しては、その仲介人の行為が当事者と独立の行為であったか、それとも仲介人の行為は形式的なものであって、実際は当事者と一体的なものであったかが問題となる。その際の考慮要素として、仲介人の役割の重要性が挙げられる。本件においても、裁決において、NFAとB社の交渉が難航した事情が指摘され、NFAとB社の間の交渉を円滑にさせるためにはE社の役員の行為が不可欠であったことが指摘されている。

しかし、仮に、結果的に仲介人の存在が重要な役割を果たさなかったからといって必ずしも仲介人の行為が形式的であったとはいえないであろう。仲介人の仲介行為がなければ当事者間の交渉に不都合が生じる等の潜在的な事情が存するため、仲介人の行為に独立の意味を見出すことができるといえれば足りると考えられる。

（6）　以上から、仲介手数料が他方当事者に対する交際費に該当するか否かが問題となる場合には、その仲介人が当事者とは独立の主体性を有することを基礎づける事情、仲介人の行為が仲介業務契約に基づく仲介業務の範囲に含まれることを根拠づける事情、仲介人の仲介行為に独立の意味を見出すことができる事情の有無について主張立証を尽くしていくことになる。

［安藤　壽展］

XVII 税関による輸入事後調査事件手続

第1 関税の課税価格

1 輸入申告と課税要件

外国製品を輸入する場合、税関で輸入申告をしなければならない。外国製品の現実支払価格が課税価格として、関税が賦課される。

2 申告価格

① 契約価格ないし仕入書価格が申告すべき価格である。

② 別払金があれば、加算しなければならない。

3 課税価格

① 課税価格は、現実に支払われた、又は、支払われるべき価格に運賃等の額を加えた価格とする。

② 関税定率法基本通達4－2（3）は、割増金、契約料等の別払金も加算されるとしている。

4 独占販売店契約の場合

製品の輸入価格と契約金が別に支払われる場合がある。契約金が製品輸入価格を引き下げるものではないことを立証しないと、別払金に該当すると判定される。

① 類似商品の価格との比較を事後調査において証明しなければならない。

② 物価変動も考慮し、当該商品の他地域での価格も調査しなければならない。

5 特殊関係

（1） 特殊関係

関税定率法4条2項4号は、売主・買主間に特殊関係があれば取引価格を課税価格にできないとしている。

（2） 特殊関係範囲

特殊関係の範囲は、関税定率法施行令1条の8第3号により、5％以上の株式を所有している場合としている。

（3） 適正証明

特殊関係となった場合、評価申告書を提出して取引価格が課税価格として適正であることを証明することになる。

（4） 相互役員

相互に事業の取締役その他の役員になっていることも、特殊関係と判断される。

XVII 税関による輸入事後調査事件手続 243

第2 輸入事後調査と帳簿書類の保存等について

1 輸入事後調査

輸入事後調査は、輸入貨物の通関後における税関調査である。輸入貨物に係る輸入（納税）申告が適正に行われているかを事後的に確認し、不適切な申告はこれを是正するとともに、輸入者に対する適正な申告指導を行うことにより、適正な課税を確保することを目的として実施される。

（1）調査の方法

輸入事後調査は、貨物の輸入通関後、輸入者の事業所などを訪問して、輸入貨物についての契約書、仕入書その他の貿易関係書類や会計帳簿類などを調査し、また、必要な場合には取引先などについても調査を行い、輸入貨物に係る輸入（納税）申告が適正に行われているかを確認する。

（2）調査対象期間

原則として、調査通知日の前日から過去5年間としている。偽りその他不正の行為により関税を免れた場合は、最大過去7年間を対象とする。

2 帳簿書類

貨物を業として輸入する輸入申告者については、帳簿書類の保存が義務付けられている。

（1）帳簿の備付け

① 記載事項：品名、数量、価格、仕出人の氏名（名称）、輸入許可年月日、許可番号を記載（必要事項が網羅されている既存帳簿、仕入書等に必要項目を追記したものでも可）

② 保存期間：7年間（輸入許可の日の翌日から起算）

（2）書類の保存

① 書類の内容：輸入許可貨物の契約書、仕入書（インボイス）、運賃明細書、保険料明細書、包装明細書、価格表　※製造者又は売渡人の作成した仕出人との間の取引についての書類、その他輸入の許可を受けた貨物の課税標準を明らかにする書類（※具体例：総勘定元帳、補助台帳、補助簿、振替伝票、決算書類等の経理関係書類や発注関係書類、契約書、往復文書等の貿易関係書類、通関関係書類等の関係書類）

② 保存期間：5年間（輸入許可の日の翌日から起算）

（3）電子メール等の保存

① 保存すべき場合：輸出入に係る取引の関係書類（輸出入に係る取引で受領・交付した注文書、契約書、送り状、領収書、見積書など）を電子メールなどでやりとりした場合（電子メールで取引情報を授受した場合、電磁的記録による保存に限らず、印刷して紙で保存する方法も可能。この場合は、電磁的記録を別に保

存しておく必要はない。）

② 保存期間：5年間（輸入許可の日の翌日から起算）

（4） 国際宅配便の通関関係書類

国際宅配便を利用して海外から貨物を輸入した場合で、通関関係書類を入手していない場合は、国際宅配便業者から入手し保存しておく。

3 犯則調査等

（1） 犯則調査

「犯則調査」は、事後調査とは別に、不正な手段により故意に関税を免れた納税義務者（輸入者）に対して、正しい税を課すほか、反社会的行為（犯罪行為）に対して刑事責任を追及するため、犯罪捜査に準ずる方法でその事実の解明を行う調査のことをいう。

調査の結果、不正な手段により故意に関税を免れたもの等（犯則）の心証を得たときは、税関長による通告処分又は検察官への告発が行われる。

（2） 滞納整理調査

関税などの滞納整理を行うため納税者の財産などを把握することを目的とした関税法等に基づいた税務調査のことをいう。

● 第3 関税等の額の計算方法

1 課税標準

貨物を輸入しようとするときには、原則として関税、内国消費税及び地方消費税が課税される。

税額を算定するときの基礎となるものを課税標準と呼び、課税標準となる価格を課税価格という。この課税価格を法律の規定に従って決定することを「課税評価」といい、その決定方法には、大きく分けて、仕入書（インボイス）価格に基づいた原則的方法とそれ以外の方法の二つがある。

2 原則的な課税価格の決定方法

輸入貨物に関する輸入取引がされた場合において、当該輸入取引に関し買手により売手に対し又は売手のために、その輸入貨物について現実に支払われるべき価格（通常はインボイス価格）に、その含まれない限度において、次の費用を加えて、課税価格を計算する。

① 輸入貨物が輸入港に到着するまでの運送に要する運賃、保険料その他当該運送に関連する費用（関税定率法4条1項1号）

② 輸入貨物に係る輸入取引に関し買手により負担される手数料又は費用のうち、仲介料その他の手数料、その輸入貨物の容器及び包装に要する費用（関税定率法4条1項2号）

XⅡ 税関による輸入事後調査事件手続　　245

③　輸入貨物の生産及び輸入取引に関連して、買手により無償で又は値引きを
して直接又は間接に提供された物品又は役務のうち、材料、部分品、工具、
鋳型、技術、設計等の費用（関税定率法4条1項3号）

③　輸入貨物に係る特許権、意匠権、商標権その他これらに類するものの使用
に伴う対価で、輸入貨物に係る取引状況その他の事情からみて当該輸入貨物
の輸入取引をするために買手により直接又は間接に支払われるもの（関税定
率法4条1項4号）

④　買手による輸入貨物の処分又は使用による収益で直接又は間接に帰属する
こととされているもの（関税定率法4条1項5号）

3　原則的な課税価格の決定方法以外の方法

（1）　次のような場合には、上記2の原則的な課税価格の決定方法以外の方法
により、課税価格を決定することとなる。

①　輸入貨物に関する輸入取引に関して、次のような特別な事情がある場合

ア　買手による輸入貨物の処分又は使用についての制限がある場合（関税定
率法4条2項1号）

イ　輸入貨物の課税価格の決定を困難とする条件が輸入取引に付されている
場合（関税定率法4条2項2号）

ウ　買手による輸入貨物の処分又は使用により売手に帰属する収益があり、
その額が明らかでない場合（関税定率法4条2項3号）

エ　特殊関係者間における輸入取引で取引価格がその影響を受けている場合
（関税定率法4条2項4号）

②　輸入取引によらない輸入貨物の場合

「輸入取引」とは、本邦に拠点を有する者が買手として貨物を本邦に到着させ
ることを目的として売手との間で行った売買であって、現実にその貨物が本邦に
到着することとなったものをいい、通常、現実に貨物を輸入することとなる売買
をいう。次のような輸入貨物は、輸入取引によらない輸入貨物となる。

ア　無償貨物

イ　委託販売のために輸入される貨物

ウ　売手の代理人により輸入され、その後売手の計算と危険負担によって輸
入国で販売される貨物

エ　賃貸借契約に基づき輸入される貨物

オ　送り人の所有権が存続する貸与貨物

カ　同一法人格を有する本支店間の取引により輸入される貨物

キ　本邦で滅却するために、輸出者が輸入者に滅却費用を支払うことにより
輸入される貨物

（2）　上記（1）の場合、次の方法により課税価格を決定することとなる。

①　同種又は類似の貨物の取引価格による課税価格の決定方法（関税定率法4条の2）

②　輸入貨物又は輸入貨物と同種若しくは類似の貨物の国内販売価格の逆算による課税価格の決定方法（関税定率法4条の3第1項）

③　輸入貨物の製造原価に基づく課税価格の決定方法（関税定率法第4条の3第2項）

④　その他の決定方法（関税定率法4条の4）

第4　輸入（納税）申告に誤りがあった場合の手続

輸入貨物に係る関税、内国消費税及び地方消費税などの税金に関する申告（納税申告）の内容に、計算違いなどによる誤りがあった場合には、次の方法により正しく直す。

1　納めた税金が過大であった場合（更正の請求）

誤って行った申告内容と正しい申告内容などを関税更正請求書に記載し、輸入申告をした税関官署に提出する（更正の請求）。

2　納めた税金が過少であった場合（修正申告、増額更正）

修正申告を行うときは、修正申告書、輸入許可書及び正しい申告価格が分かる資料を添えて、輸入申告を行った税関官署に提出する。

「輸入事後調査の結果について」及び「輸入（納税）申告別不足関税額等一覧表」が送付される。

※上記1・2の手続ができる期間は、更正の請求、修正申告共に許可の日から5年以内である。

3　延滞税

上記2の場合、納付すべき税額に対して、法定納期限（通常は輸入の許可の日）の翌日から納付する日まで、延滞税がかかる。

延滞税の計算の際は、納付すべき税額が、10,000円未満の場合には適用されず、10,000円未満の端数がある場合はこれを切り捨てる。

第5　加算税制度の概要について

1　過少申告加算税

輸入（納税）申告後、税関の調査により、修正申告又は更正が行われた場合には、原則として、当該修正申告等により過少申告加算税（納付すべき税額の10%）が課される。

修正申告等により納付すべき税額のうち、当初申告税額と50万円とのいずれ

か多い額を超える部分については、通常の過少申告加算税（10％）に加えて、さらに５％（加重分）が課される。

修正申告が税関の調査による更正を予知してされたものでない自主的な修正申告である場合には、過少申告加算税は課されない。

2　無申告加算税

輸入（納税）申告が必要とされる貨物について、当該申告が行われずに輸入された貨物で、税関長の決定があった場合、又は当該決定後に更正があった場合には、当該決定等により無申告加算税（15％）が課される。

3　重加算税

過少申告加算税の規定に該当する場合において、輸入者が課税価格等の基礎となる事実の全部又は一部を隠避し又は仮装したところに基づき、輸入（納税）申告していなかったときは、無申告加算税に代え、重加算税（40％）が課される。

◉ 第6　輸入事後調査における是正ポイント

1　関税定率法４条１項本文関係（加工賃の追加支払等について）

加工賃の追加支払、遡及値上げによる貨物代金の追加支払及び売手口銭の別払い、並びに、前払金は、関税定率法４条１項の「輸入貨物の課税価格は、当該輸入貨物に係る輸入取引がされた場合において、当該輸入取引に関し買手により売手に対し又は売手のために、当該輸入貨物につき現実に支払われた又は支払われるべき価格」（以下「現実払価格」という。）に該当するため、課税価格に含めて輸入申告しなければならない。

2　関税定率法４条１項１号関係（運賃等の支払について）

船会社等に支払われた運賃等は、関税定率法４条１項１号の「当該輸入貨物が輸入港に到着するまでの運送に要する運賃、保険料、その他当該運送に関連する費用」に該当するため、課税価格に含めて輸入申告しなければならない。

3　関税定率法４条１項２号関係（仲介手数料について）

仲介手数料は、関税定率法４条１項で「入貨物の課税価格は、現実支払価格に、その含まれない限度において次に掲げる運賃等の額を加えた価格（以下「取引価格」という。）とする」と規定し、同項２号で「当該輸入貨物に係る輸入取引に関し買手により負担される手数料又は費用うち次に掲げるもの」として、同号イ「仲介料その他の手数料（買付けに関し当該買手を代理する者に対し、当該買付けに係る業務の対価として支払われるものを除く）」に該当するため、課税価格に含めて輸入申告しなければならない。

4　関税定率法４条１項３号関係（原材料の無償提供について）

原材料は、関税定率法４条１項で「輸入貨物の課税価格は、現実支払価格に、

その含まれない限度において次に掲げる運賃等の額を加えた価格（以下「取引価格」という。）とする」と規定し、同項3号で「当該輸入貨物の生産及び輸入取引に関連して、買手により無償で又は値引きをして直接又は間接に提供された物品又は役務のうち次に掲げるものに要する費用」として同号イ「当該輸入貨物に組み込まれている材料、部分品又はこれらに類するもの」に該当するため、課税価格に含めて輸入申告しなければならない。

5　関税定率法4条1項4号関係（商標使用料等について）

商標使用料等は、関税定率法4条1項で「輸入貨物の課税価格は、現実支払価格に、その含まれない限度において次に掲げる運賃等の額を加えた価格とする」と規定し、同項4号で「当該輸入貨物に係る特許権、意匠権、商標権その他これらに類するもの（当該輸入貨物に係る取引の状況その他の事情からみて当該輸入貨物の輸入取引をするために買手により直接又は間接に支払われるもの）とし、これを受けて関税定率法施行令1条の5第5項が「法第4条第1項第4号に規定する政令で定める特許権、意匠権及び商標権に類するものは、実用新案権、著作権及び著作隣接権並びに特別の技術による生産方式その他のロイヤルティ又はライセンス料の支払の対象となるものとする」と規定していることから、これに該当し、課税価格に含めて輸入申告しなければならない。

6　委託販売契約貨物の課税価格の決定方法

輸入取引（輸入売買）によらないで輸入される貨物の課税価格は、関税定率法4条の2（同種・類似取引価格による調整課税価格）以下の規定により決定される。

［山下 清兵衛］

XII　税関による輸入事後調査事件手続　　249

ⅩⅧ　事前照会制度の利用手続

◉ 第1　事件事前照会

　賃貸ビルの自己信託取引について、国税局に対し、事前照会をなしたケースを照会する。以下のとおり、事前照会をなした。

取引等に係る税務上の取扱い等に関する事前照会

<table>
<tr><td colspan="2"></td><td colspan="2">① ※整理番号</td><td colspan="2"></td></tr>
<tr><td rowspan="6">受付印

（印）

平成　年　月　日

Y税務署経由

T国税局

審理課長（審理官）
　　　　　　殿
酒 税 課 長</td><td rowspan="6">事
前
照
会
者</td><td colspan="2">② 住所・所在地
（納税地）</td><td colspan="2">〒○○○－○○○○

東京都○○区○○○丁目○番地</td></tr>
<tr><td colspan="2">③ （フリガナ）

氏名・名称</td><td>（　　　　　　　　）

　　　　　　　　　印</td><td>電話番号　○○－○○○○－○○○○</td></tr>
<tr><td rowspan="2">④
総代又は法人の代表者</td><td>住所・居所</td><td colspan="2">〒○○○－○○○○

東京都○○市○○○丁目○番○号</td></tr>
<tr><td>（フリガナ）
氏　名</td><td>（　　　　　　　　）
代表理事　　　A　　　印</td><td>電話番号</td></tr>
<tr><td rowspan="2">⑤
代理人</td><td>住所・居所</td><td colspan="2">〒○○○－○○○○
東京都港区六本木１－６－３　泉ガーデンウイング６階</td></tr>
<tr><td>（フリガナ）
氏　名</td><td>（ゼイリシ　ヤマシタ　セイベエ）
税理士　　山下　清兵衛　印</td><td>電話番号　03-3586-3601</td></tr>
<tr><td colspan="6">⑥　同意事項等
　次の取引等に係る国税に関する法令の解釈・適用その他税務上の取扱い等について、次の「事前照会の趣旨」のとおりの見解で差し支えないかどうか文書による回答を受けたいので照会します。
　なお、この事前照会に関して、添付した資料のほかに、審査のために必要な資料や、日本語以外の言語で記述されている資料について日本語翻訳文の提出を求められた場合には、その提出に応じます。
　また、事前照会者は、他の納税者に対しても税法の適用等について予測可能性を与えるため、事前照会者名、照会内容及び回答内容が一般に公表されること、公表に関して取引等の関係者の了解を得ること、並びに仮に関係者間で紛争が起こった場合には事前照会者の責任において処理することに同意します。</td></tr>
<tr><td colspan="3">⑦　事前照会の趣旨（法令解釈・適用上の疑義の要約及び事前照会者の求める見解の内容）</td><td colspan="3">別紙１―１のとおり</td></tr>
</table>

⑧	事前照会に係る取引等の事実関係（取引等関係者の名称、取引等における権利・義務関係等）	別紙１－２のとおり
⑨	⑧の事実関係に対して事前照会者の求める見解となることの理由	別紙１－３のとおり
⑩	取引等に係る国税の申告期限等	平成　〇〇　年　　5月　　31日
⑪	関係する法令条項等	法人税法第７条,同法施行令５条２項１号
⑫	添付書類	1　委任状 2　チェックシート（別紙１－４） 3　照会の趣旨及びその理由等の照会事項に関係する参考資料 　認定の公示（内閣府大臣官房公益法人行政担当室） 　不動産管理処分自己信託設定公正証書

（注意事項）
1　事前照会の内容等によっては、資料を提出していただいても文書回答ができない場合があります。
2　事前照会に対する回答がないこと等を理由に申告期限や納期限が延長されることはありません。
3　提出された資料につきましては返却いたしませんので、ご留意ください。

別紙１－１

⑦　事前照会の趣旨（法令解釈・適用上の疑義の要約及び事前照会者の求める見解の内容）

1．公益認定
　　公益財団法人K財団（以下「本件K財団」という。）は、公益認定法２条４号別表15記載の「国際相互理解の促進及び開発途上にある海外の地域に対する経済協力を目的とする事業」を行うため設立され、平成〇年〇月〇日付で内閣府から公益認定を受けた。

2．信託設定
　　本件K財団は、下記信託の受益権を取得することになった。
　【信託内容】
　（1）　信託設定日
　　　　平成〇年〇月〇日
　（2）　委託者兼受託者（自己信託）

XⅢ　事前照会制度の利用手続　　251

Rビル株式会社
- （3）　受益者
公益財団法人K財団（他益信託）
- （4）　当初信託財産
信託財産土地、建物、建物賃貸人としての地位、普通預金、敷金債務
- （5）　評価額
約5億円
- （6）　信託目的
財団の公益事業を支援し、財団が公益法人として確固たる地位を築き国際社会に貢献すること
- （7）　信託期間
信託の効力開始から15年、ただし受益者から申出のない限り10年延長され、以後同様とする
- （8）　信託財産の管理方法：建物を賃貸し賃料を得る方法
- （9）　受益債権の具体的内容
信託計算期（3月末）、中間計算期（9月末）、に信託収益の一部を配当金として交付を受ける権利及び信託終了のときに財団にこの信託にかかる義務違反、公益認定の取消し、財団の破産開始等の事実のない場合に限り、信託財産を受け取る権利
- （10）　年間配当見込額
約9000万円

3．事業変更認定申請
- （1）　変更認定申請
平成○年○月○日、本件K財団は、信託財産たる土地建物をもって不動産貸付業を行う信託の受益権を取得するためには、収益事業を行うための定款変更の認定が必要であると考え、公益認定法11条に従い、内閣府に対し、事業内容変更の認定申請を行った。
- （2）　内閣府の意見と行政指導
内閣府は、「受益権を取得することは信託財産を取得するものではなく、信託による信託収益を受けることは、法人の公益目的事業のために寄附を受けることと実質的に変わりはないと考えられることから、これを公益目的事業における収益として扱い、収益事業に位置付ける変更認定をとる必要はない。」との考え方を示し、変更申請を行う必要はない旨の行政指導を本件K財団に対して行った。
- （3）　変更申請取下げ
これを受け、本件K財団は、平成○年○月○日に変更申請を取下げたうえで、本件の信託受益権を取得した。

４．事前照会者の求める見解

　　本件信託は、法人税法12条１項ただし書に規定される信託ではなく、同条同項本文の規定が適用される信託である。同条同項本文は「信託の受益者は当該信託の信託財産に属する資産負債を有するものとみなし、かつ、当該信託財産に帰せられる収益及び費用は当該受益者の収益及び費用とみなして、この法律を適用する」と定めている。

　　しかし、本件信託においては、Ｒビル株式会社が受託した不動産の管理を行っており、受益者たる本件Ｋ財団は、このＲビル株式会社による不動産貸付業から得られた収益の寄附を受けているにすぎない。

　　したがって、「本件信託によって本件Ｋ財団がＲビル株式会社から受ける収益は、金銭の寄付を受けているにすぎないから、課税対象ではない。」というのが照会を求める見解である。

別紙１－２

⑧　事前照会に係る取引等の事実関係（取引等関係者の名称、取引等における権利・義務関係等）

１．公益財団法人Ｋ財団について
　（１）　公益認定

　　　　公益財団法人Ｋ財団（以下「本件Ｋ財団」という。）は、平成○年○月○日に文部科学省の許可を得て財団法人として設立され、平成○年○月○日に公益事業（公益社団法人及び公益財団法人の認定等に関する法律（以下「公益認定法」という。）別表７号及び15号）のみを行い、収益事業は行わないものとして公益認定を受け、同年○月○日付で公益財団法人に移行した（公益認定の公示（内閣府大臣官房公益法人行政担当室（公益認定法10条））。

　（２）　設立

　　　　Ｋ財団の設立者はＢであるが、利益は社会に還元すべしという父親の遺志を継ぎ公益財団法人Ｋ財団を設立した。

　（３）　寄附

　　　　本件Ｋ財団は、財団法人であった時から、Ｒビル株式会社から毎年5000万円の寄附を受けてきた。

　（４）　不動産貸付業

　　　　本件Ｋ財団は、不動産貸付業を実際に行っておらず、また、同事業を行う体制、能力を有していない。

XIII　事前照会制度の利用手続　　253

2．Rビル株式会社について

（1） Rビルの株主等

Rビル株式会社（以下「Rビル」という。）の株主は7名で構成されており、株主の一人であるBが株主に提案して財団を設立して以来、Rビルが本件K財団に毎年5000万円の寄附を行ってきた。

（2） 本件信託

Rビルは、本件信託の委託者兼受託者である。

（3） 決算

Rビルの決算は、5月末日である。

（4） Rビルの会計処理

本件信託は、〇年〇月〇日に設定されており、Rビルは、信託財産の時価により寄附金として処理を行い、寄附金限度額を超えた金額については益金処理を行って平成〇年5月末決算処理を行った。

（5） 受益者別調書

Rビルは、相続税法59条第2項に規定する受益者別調書をY税務署に提出済みである。

3．本件信託設定に係るBの信託設定動機

（1） 本件信託設定動機

Bが、本件信託を設定した動機は、次の通りである。

① Rビルは、Bが株主に提案しその賛同を得て、その利益を毎年財団に寄付してきた。

② RビルからK財団への寄付は永続できないため、Bが株主に提案して、Rビルの賃貸不動産について信託を組成し、収益の長期寄付を実現することとした。

（2） 公益目的と租税回避

本件信託の設定に関しては合理的な公益目的があり、租税回避目的は一切ない。

4．Y税務署の見解

（1） Y税務署への相談

平成〇年〇月、本件K財団は、委託者Rビルから本件信託の受益者に指定する計画を聞かされたので、税務上の取り扱いを所轄のY税務署に相談した。

（2） Y税務署の回答

Y税務署は、本件信託受益権の取得が公益目的事業（認定の公示が必要）に認定されれば、収益事業を行っていないこととなるとした。

（3） 公益認定内容

しかるに、次に述べるとおり、本件信託受益権をK財団が取得するについて

は、公益認定の内容に何ら変更を行う必要はないとされたので、K財団の公益
認定の公示は、K財団が、公益財団法人に移行した平成〇年〇月〇日のままで
ある。

5．本件K財団の内閣府公益認定等委員会との折衝経緯
（1）　内閣府へ相談
　　　上述のY税務署からの行政指導を受けて、本件K財団は、平成〇年〇月～〇
年〇月にかけて、内閣府大臣官房公益法人行政担当室と本件信託について相談
を行った。
（2）　公益認定変更申請
　　　平成〇年〇月〇日、本件K財団は、「受託者が信託財産をもって行う不動産
貸付業を受益者が不動産貸付業を行うもの」と内閣府から判定されるおそれが
あるので、本件信託の受益権を本件K財団が取得するためには、公益財団法人
である本件K財団が収益事業を行うための定款変更を念のために行うことにし
た。
　　　平成〇年〇月〇日本件K財団は、信託財産をもって行う不動産貸付業が財団
の行う収益事業に該当するおそれがあると解し、収益事業を行うこととする公
益認定の変更の認定（公益認定法11条1項3号）申請を内閣府に対し行った。
（3）　内閣府の行政指導
　　　平成〇年〇月～〇月にかけて内閣府公益法人行政担当室から、本件信託の受
益権を公益目的事業財産（公益認定法18条2号又は5号）と解されるから、公
益認定の変更は必要ない旨の行政指導を受けた。
（4）　取下げ
　　　平成〇年〇月〇日、本件K財団は、変更の認定申請を取り下げた。

6．内閣府の行政指導の内容
　　「本件K財団は受益権を取得するものであって、不動産そのものを取得し、不
動産賃貸を行うものではないこと、また、受益者として信託収益を受けることは、
法人の公益目的事業のために寄附を受けることと実質的に変わりはないと考えら
れることから、公益目的事業における収益として扱い、収益事業に位置付けて変
更認定をとる必要はない」とし、本件K財団が上記受益権を取得することは、公
益目的事業の収入と判定した。

別紙1－3

⑨　⑧の事実関係に対して事前照会者の求める見解となることの理由（具体的な根
　拠となる事例、裁判例、学説及び既に公表されている弁護士、税理士、公認会計

士等の見解を含む。）

1．法人税法の解釈
（1） 不動産貸付業
　　本件K財団は、公益財団法人であり、収益事業を営む場合に限り納税義務が生じる（法人税法4条）。
　　本件信託の信託財産をもって不動産貸付業を営む者は、受託者のRビルであって、受益者の本件K財団ではない。
（2） 本件信託の法的性質
　　本件信託は、法人税法12条1項ただし書に列挙された信託（法人課税信託等）に該当せず、本文の規定する信託に該当する。
　　ただし書きに列挙された信託の要件を充たさない理由は、次のとおりである。
　　① 本件信託は、集団投資信託、退職年金等信託、特定公益信託等に該当しない。
　　② 本件信託は、法人税法第2条第29号の2に定義されている法人課税信託に該当しない。
（3） 不動産貸付業の帰属
　　法人税法12条1項本文は、「信託の受益者は当該信託の信託財産に属する資産負債を有するものとみなし、かつ、当該信託財産に帰せられる収益及び費用は当該受益者の収益及び費用とみなして、この法律を適用する」とある。本件事前照会に係る取引等の事実関係に照らすと、Rビルが現実に不動産貸付業を行っており、本件K財団が行っていない。本件信託に関する同法同条同項の「みなし」の適用範囲は租税法律主義の原則に従い、文言どおり「資産負債の保有」「収益費用の帰属」に限定され、拡張解釈することはできない。したがって、本件において信託財産をもって行う不動産貸付業は、委託者兼受託者が行っており、「受益者の行う事業」とみなすことはできない。

2．実質的理由
（1） 公益目的事業財産
　　本件信託は、委託者と異なる者が受益者となる「他益信託」である。また、委託者であるRビルは本件信託の設定にあたって何ら対価を得ていない。内閣府（公益認定等委員会）も、本件信託財産は公益目的事業財産として、本件K財団が寄付を受けたものであると認めている。
　　内閣府（公益認定等委員会）において、本件信託受益権は、公益目的事業財産と認められたものである。
（2） 公益等認定委員会の見解
　　公益等認定委員会は、本件不動産信託の受益権を公益事業目的財産と認めるとして、本件照会者の求める見解のとおりと解している。本件は、他益信託で

256　　第2部　行政手続と行政事件

あり、受益権が公益事業団目的財産に該当することが重要である。受益権は、本件K財団の基本財産である有価証券と預貯金と同じである。

（3）　寄付と税制優遇

公益法人の活動は、寄附による支援が不可欠である。そのため個人又は法人から公益法人に対する寄附について税制上の優遇措置が設けられている。

（4）　法人税法の収益事業

法人税法では、34種類の収益事業から生じた所得についてのみ課税することになっている。

公益目的事業から生ずる所得は非課税とされている（法人税法7条、施行令5条2項1号）。公益財団法人に対する課税対象は、収益事業であるが、収益事業であっても、公益目的事業に該当するものは非課税とされている。

（5）　本件受益権の収入に事業性がないこと

本件K財団の信託による収入は、受益権による寄付を受けているに過ぎず、法人税法12条に規定される「受益者の収益及び費用とみなして」計算するとしても、本件K財団が事業性を有していないことから、そもそも収益事業には該当せず、非課税である。

また、仮に、本件受益権が、収益事業（法人税法上の34事業による収益）に該当したとしても、本件受益金収入は、公益認定法別表15の公益目的事業による収入に該当するから、その収入は非課税である。なお、公益目的事業とは、公益性がある（不特定かつ多数の者の利益の増進に寄与するということ）事業で公益認定法2条4号による別表が定める23事業に限定しているところ、本件受益権収入が公益目的事業（公益認定法2条4号）による収入に該当する。

3．結論

法人税法7条及び同法施行令5条2項1号及び本件信託の実体に照らし、本件K財団が受ける収入は、非課税である。

● 第2　事前照会の口頭回答

事前照会の口頭審理手続は次のとおり実施され、T国税局から事前照会に対する回答がなされた。

1．日　　時　　平成〇〇年〇月〇日午前10時
2．場　　所　　T国税局
3．出席者　　T国税局課税第一部審理課　D主査、E国税実査官
　　　　　　　K財団　A理事長、F理事、N理事・事務局長
　　　　　　　当職、当事務所税務会計部I　　以上7名
4．内　　容　　D主査より、口頭にて、以下の回答があった。

（1）　口頭回答とした理由等の説明

　　審理の結果、本件は法律解釈を問うものであるため、文書による回答ができないが、当課の内部許可を得て、口頭で回答する。

　　文書回答できない旨の通知書は、別途送付する。

　　なお、本件の回答内容は、当課の内部でも文書保管する。

（2）　法人税について

《結論》　本件事業は収益事業に該当しないから、非課税である。

《理由》　受益権から生じた収益は、法人税法12条の本文信託に該当し、不動産賃貸の損益は、法人税法12条によって受益者に帰属する。このため、本件事業は、一旦収益事業に該当することとなるが、法人税法施行令5条2項1号により、公益目的事業に該当するので、法人税については非課税と判定した。

　　これは、内閣府が本件事業を公益目的事業に該当すると認定していることを前提とする判断である。

（3）　消費税について

《結論》　本件事業は、課税取引に該当するので、課税となる。

《理由》　消費税法14条1項は、信託財産と信託にかかわる取引が受益者に帰属すると規定しており、法人税法のような収益事業による区分・非課税規定はなく、（本件事業の資産の貸付等が）非課税取引（例えば居住用建物の賃貸）に該当しない限り、課税となる。

　　ただし、信託受益権の設定は、K財団に対する贈与であり、対価性がないので、非課税である。

（4）　Y税務署への届出

　　収支計算書は、主務官庁への届出書と同一のものを、税務署へ提出しなければならない。

　　受託者は、別途、事業年度終了後、翌年1月31日までに、法定調書として信託計算書を所轄税務署長へ提出しなければならない（所得税法227条）。

（5）　補足

　　上記の本件事前照会に対する回答内容は、T国税局課税第一部審理課からY税務署に連絡することとなっている。

[山下 清兵衛]

XIX　建築確認審査請求手続

　民間建築確認検査機関がなした建築確認処分について、建築審査会に対し、審査請求をしたケースを紹介する。

● 第1　事案の概要

　建築主は、本件敷地に、本件建築物を建築するため、民間建築確認検査機関に対し、建築確認申請書を提出した。これに対し、同検査機関は、建築主に対し、建築確認処分をなした。

　建築主は、確認申請の際、本件敷地と道路との間の隣地について、その隣地の地主名義の私有地借地使用承諾書を添付していた。しかし、この書面は同人が作成したものではなく、偽造された書面であったため、建築主は、実際には隣地の使用権原を有していない状態であった。

　したがって、本件建築物の建築予定地である本件敷地は、道路に接していないのであるから、本件建築確認は建築基準法43条に反するとして審査請求を行った事案である。

● 第2　本件審査請求

　以下のとおり、審査請求をなした。

審査請求書

平成18年9月15日

港区建築審査会　御中

港区○○○○

審査請求人　A

港区○○○○○

○○法律事務所

上記代理人弁護士　○　○　○　○

1　審査請求に係る処分の表示

　　平成18年5月31日付第H18確認建築KBI02358号をもって、株式会社K建築確認検査機関が建築主株式会社Bに対してなした建築確認処分

XIX　建築確認審査請求手続　　259

2 審査請求に係る処分があったことを知った年月日
　　平成18年8月25日
3 審査請求の趣旨
　　「1記載の処分は無効であることを確認する」との裁決を求める。
　　予備的に「1記載の処分を取り消す」との裁決を求める。
4 審査請求の理由
（1）「有限会社C」は平成17年10月27日付で、別紙物件目録記載1の土地（以下「本件敷地」という。）に、同目録記載2の建築物（以下「本件建築物」という。）を建築するために、上記検査機関に対し建築確認申請書を提出した。
　　　「株式会社B」は、平成17年11月18日、本件敷地を、建築確認申請人の地位と共に、「有限会社C」から購入し、上記検査機関は、平成18年5月31日付で、「株式会社B」に対し、建築確認処分（以下「本件処分」という。）をなした。
（2）しかしながら、本件処分は次に述べるとおり、違法である。
　ア　すなわち、上記建築確認申請書によれば、本件敷地は、建築基準法42条2項規定の道路（以下「本件道路」という。）に接道することにされているけれども、本件敷地は、建築基準法上の道路に接道していない。本件処分は、本件敷地が接道すると誤認してなされたもので、建築基準法43条1項の規定に明らかに違反する。
　イ　建築主は、確認申請の際、本件敷地と道路との間の別紙物件目録記載3の宅地（以下「本件隣地」という。）について、その地主であるE名義の私有地借地使用承諾書を添付していたが、かかる書面は、同人が作成したものではなく、偽造して作成された書面であった。
　　　したがって、同人は、「有限会社C」及び「株式会社B」に対し、本件隣地の使用を許諾していない。
（3）以上より、本件建築物の建築予定地である本件土地は、道路に接していないのであるから、本件建築確認は、建築基準法43条に反する。
　　　よって、本件処分は違法な処分であるので、無効確認又は取消しを求める。
（4）審査請求人の利害関係（不服申立ての利益ないし適格）
　　　審査請求人は、D氏から本件隣地上を賃借している借地人で、本件隣地上に別紙物件目録記載4の建物（集合住宅）を所有している。審査請求人は、本件隣地が本件道路に4メートル接道していることにより、集合住宅を適法に所有しているが、本件建築確認処分によって、本件隣地の一部が、Bに専用道路として奪われることにより、建ぺい率及び容積率、又は集合住宅の建て替えに影響を及ぼす。
　　　よって、本件処分により、審査請求人の権利及び法律上保護された利益を侵害されるおそれがある。

5 処分庁の教示の有無及びその内容

　平成18年8月28日、港区役所建築指導課のF氏から、審査請求人代理人に対して、「この処分に不服があるときは、この処分があったことを知った日の翌日から起算して60日以内に港区建築審査会に対して審査請求をすることができる。」との教示があった。

● 第3　本件裁決

以下のとおり、裁決がなされた。

主　文
本件審査請求を棄却する。

理　由

第1　審査請求人らの主張

　1　審査請求人らは、処分庁が、平成18年5月31日付第H18確認建築KBI02358号をもって、建築主株式会社Bに対してなした建築確認処分（以下「本件処分」という。）の取消を求めた。

　2　審査請求人らの主張は、本件審査請求書及び反論書の各記載並びに平成18年11月1日に行われた口頭審査における主張のとおりである。

第2　当審査会の判断

　1　本件処分は、別紙物件目録記載の建築物（以下「本件建築物」という。）の建築に関する建築主株式会社Bの建築確認申請に対して、処分庁が、平成18年5月31日付第H18確認建築KBI02358号をもってなした建築確認処分である。

　2　以下、本件処分に審査請求人らが主張する違法が存在するかについて判断をする。

　　ア　審査請求人らは、本件建築物の敷地（以下「本件計画敷地」という。）は建築基準法（以下「法」という。）第42条2項の規定に基づく道路に接することとされているが、実際には接道しておらず、また、本件建築確認申請の際添付されていた本件計画敷地の一部の土地に関する所有者の使用承諾書は偽造であり、本件処分は建築基準法43条に違反する旨主張する。

　　イ　本件処分は、処分庁が、申請にかかる建築物の計画が法6条1項に規定する建築基準関係規定に適合すると判断し、確認を行った者であり、法6条の2第1項により、法6条1項の確認とみなされるものである。

　　　建築基準関係規定は、いずれも建築物の敷地、構造又は建築設備に係る技術的基準に関する規定であって、建築物の敷地に関して、敷地と道路との関係（法43条）など技術的基準に関する規定などはあるが、敷地に対する司法上の使用権原に関しては何らの規定も存在しない。

XIX　建築確認審査請求手続　　261

また、処分庁には建築主が建築物の敷地について使用権原を有するか否かということを審査する権限も付与されてはいない。

このように、建築確認は、建築計画が建築物とその敷地等についての技術的基準を定めた建築基準関係規定に適合することを確認した上でなされるものであって、建築主が建築敷地について使用権原を有することの確認を行うものではない。それゆえ、建築主が建築物の建築を実際に行うには建築確認を得るほか、別途、敷地についての私法上の権原を取得しなければならないのは当然の理である。

審査請求人らは、本件建築確認申請の際添付されていた本件計画敷地の一部に関する土地所有者の使用承諾書は偽造である旨主張するが、処分庁の弁明により、そのような書面が申請書類に添付されていたという事実自体存在しないことが認められる。

3　本件計画敷地は法42条2項の規定に基づく道路に接するよう計画されており、本件処分に審査請求人らの主張する違法はないことが認められる。

4　以上のとおりであるから、本件審査請求はこれを棄却することとし、行政不服審査法40条2項の規定に基づき、主文のとおり裁決する。

◉ 第4　解　説

（1）　本件裁決は、建築確認は、あくまでも、建築計画が建築基準関係規定に適合するか否かを確認するものであって、建築主が当該敷地の使用権原を有するか否かという私法上の権原の確認を行うものではないとしている。

（2）　そうすると、確認申請の際添付された本件計画敷地の一部に関する土地所有者の使用承諾書が偽造であったとしても、処分庁は、上記のとおり、建築計画が建築基準関係規定に適合するか否かを判断するのみである。計画敷地についての私法上の権原の争いについては、建築主と敷地所有者とが民事上解決しなければならない問題であって、建築確認の違法性として争うことはできないということになる。

（3）　しかし、このような偽造文書による建築確認申請に対し、建築確認がなされるとすれば、偽造文書による建築確認を助長することとなろう。

[山下　清兵衛]

262　　第2部　行政手続と行政事件

第 3 部

専門的行政手続
と
行政事件の弁護

Ⅰ　建築確認事件の弁護

○ 第1　事案の概要

1　建築主事の不受理

　A社（建設会社）は、B弁護士に対し、「C市内でマンションの建築を計画し、C市建築主事に建築確認申請書を提出しようとしたが、同主事からC市の建築指導要綱上、近隣住民の過半数の承諾書がない限り申請書を受理することはできないとして申請書を突き返されてしまった。どうしたらよいか。」との相談をなした。

2　建築主事の不作為

　A社は、B弁護士の助言に従って行政手続法7条を主張した結果、C市建築主事は申請書を最終的に受理した。しかし、B弁護士はその後、A社から「申請から3か月近く経過しているが、何の音沙汰もない。どうすればよいか。」との相談を受けた。

3　県知事の同意拒否

　A社が開発行為を予定している地域の近隣に、D県知事が管理している公共施設があった。都市計画法32条1項に基づき、A社がD県知事の同意を求めたところ、同知事は同意を拒絶した。そこで、A社はこれにどう対応すべきかB弁護士に相談した。D県知事は、A社による開発許可申請を不許可にする手段として、正当な理由なく同意拒否をしている。

4　近隣住民の不承諾

　C市にはC市建築指導要綱と同趣旨の建築紛争予防条例がある。建築確認申請を行ったA社に対し、C市建築主事は、申請書を受理すると同時に同条例に基づき近隣住民の過半数の承諾書の添付をするよう求めた。ただし、C市建築主事は、「条例の趣旨はあくまでA社の任意の範囲で対応を願うものである」とも発言したという。そこで、A社はこれにどう対応すべきかB弁護士に相談した。

○ 第2　問題点

　① 行政機関による不受理・不作為への対応方法（標準処理期間を含む）
　② 行政機関の行為の法的根拠の調査（法律、施行令・施行規則、条例等）
　③ 建築確認（建築基準法）と開発許可（都市計画法）の関係
　④ 都市計画法上の公共施設管理者の同意拒絶の処分性
　⑤ 建築指導要綱及び建築紛争予防条例と建築基準法との関係

⑥　近隣住民の承諾書の添付を求めることの法令上の根拠

◉ 第3　法的分析と弁護方針

1　建築確認

（1）　建築確認の要件

　建築確認については、建築基準法6条に規定がある。同法6条1項は、建築主は、一定の建築物を建築しようとする場合、当該工事に着手する前にその計画が建築基準関係規定（建築基準法並びに同法に基づく命令及び条例の規定その他建築物の敷地、構造又は建築設備に関する法律並びにこれに基づく命令及び条例の規定で政令で定めるものをいう。）に適合するものであることについて、確認の申請書を提出して、建築主事の確認を受け、確認済証の交付を受けなければならないと規定している。さらに同条7項は、確認済証の交付を受けた後でなければ、建築物の建築はすることができないと規定しており、確認済証の交付を受けずに工事を施工した場合、刑事罰が定められている（建築基準法99条1項1号・4号）。また、違反建築物については建築行為の中止命令が出される制度（建築基準法9条1項）も定められている。

（2）　受理要件

　法律上、建築確認を受けずにマンションの建築工事に着手することはできない。

　問題となるのは、建築指導要綱に基づいて周辺住民の同意書が添付されていなければ建築確認申請が受理されないかについて、建築基準法は、建築確認申請の受理に関しては「建築主事は、第1項の申請書が提出された場合において、その計画が建築士法第3条から第3条の3までの規定に違反するときは、受理することができない」と規定しているだけで、周辺住民の同意書を要求する規定はない。

（3）　確認対象法令

　建築基準法6条は、確認対象法令として建築基準法並びに同法に基づく命令及び条例の規定その他建築物の敷地、構造又は建築設備に関する法律並びにこれに基づく命令及び条例の規定で政令で定めるものを挙げている。

　建築基準関係規定の範囲は、建築基準法9条で定められているが、法律又はこれに基づく命令又は条例に限定されており、建築指導要綱はこれに含まれない。

2　周辺住民の同意書

（1）　行政指導の根拠法

　本件で問題となっている住民の過半数の同意書を添付するという要件は、法令に基づくものではなく、行政指導である。行政指導は、一般に行政機関が一定の公の目的をもって任意ではあるが一定の行動をとり、又はとらないようにとの希望を表明する行為である。行政手続法2条6号は、「行政機関がその任務又は所

I　建築確認事件の弁護　　265

掌事務の範囲内において一定の行政目的を実現するため特定の者に一定の作為又は不作為を求める指導、勧告、助言その他の行為をいうもの」を行政指導としている。事業活動等、人の行動に対する規制を目的として行われる行政指導は、行政機関が単にその希望を表明するに止まるものであって相手方を拘束するものではない。

（2） 周辺住民の同意書

本件で問題とされている周辺住民の同意書の添付は、確認申請に伴う行政指導であり、Ａ社を法律的に拘束するものではない。したがって、建築確認申請は、周辺住民の同意書を添付しなくても、適法なものであり、Ｃ市建築主事が建築確認申請書を不受理にすることについては、明確な法的根拠がないといえよう。

3　不受理への対応

（1）　行政指導

ア　判　例

最三小判昭和60年7月16日民集39巻5号989頁は、建築主事が地域住民の要求に応え、生活環境の維持等のために建築計画の変更をするように求める行政指導を行うこと自体を否定してはいない。さらに、その指導に相手が任意に従っている場合において行政指導が奏功することを期待して、社会通念上合理的と認められる期間建築確認を留保しても、直ちに違法とはいえないとしたうえ、業者が確認処分を留保されたままでの行政指導には従わないとの意思を真摯かつ明確に表明した場合には、特段の事情がない限り、当該指導を理由に建築確認を留保することは違法となるとしている。

イ　行政手続法33条と適用除外

行政手続法33条は「申請の取下げ又は内容の変更を求める行政指導にあっては、行政指導に携わる者は、申請者が当該行政指導に従う意思がない旨を表明したにもかかわらず当該行政指導を継続すること等により当該申請者の権利の行使を妨げるようなことをしてはならない」と規定している。ただし、この規定は、地方公共団体の機関が行う行政指導については、適用されないこととされている（同法3条2項）が、確認申請の留保が適法となるわけではない。

ウ　行政手続条例

行政手続法と同様な行政手続条例を制定している地方公共団体も多く、また、前記の昭和60年最判の趣旨からして、業者が行政指導に従わないことを表明している場合にまで確認の留保を行うことは、原則として違法になるものと考えられる。

Ｂ弁護士としては、行政機関への対応として、Ａ社が行政指導に従う意思があるか否かを確認し、従う意思がないということであれば、建築主事に指導に従う

意思がないことを表明させ、行政手続法や前記の判例の趣旨等から不受理が違法であることを説明させて、受理を求めるということになろう。

（2） 訴訟手続

ア　処分性と取消訴訟

行政手続法は、私人の申請について、受理という概念をとっておらず、申請書が事務所に到達したときは、直ちに審査を開始することを義務付けている（7条）。申請の不受理が処分性を持ち、取消訴訟の対象となる場合もあるが、一般的には、いったん申請書が到達すれば、法律上は審査中となるものと考えられ、不受理や申請書の返戻といった行為を拒否処分として構成することは、困難である。

イ　不作為の違法確認訴訟

申請書を提出したにもかかわらず、審査を行わず、かつ、なんらの処分をしないという点を不作為の違法確認訴訟（行政事件訴訟法3条5項）で争う方法が考えられる。しかし、不作為の違法確認訴訟は、申請をした者のみが提起できることとされているから、申請書の返戻を任意で受けている場合、申請をしているのか否かが問題となる。このため、再度確認申請を提出し申告書を到達させることが訴訟要件具備のために必要となろう。到達の事実の証明は、客観的になしうることが必要で、受領書取得、写真等による撮影、録音など、また、郵便小包、宅急便など、到達の記録が残る送付方法も効果的である。

4　処理期間

（1）　一般的申請の処理機関（行政手続法）

行政手続法は、申請書が到達した場合には、遅滞なく審査を開始することが義務付けられている。行政庁は申請がその事務所に到達してから当該申請に関する処分をするまでに通常要すべき標準的な期間を定めるように努めるとともに、これを定めたときは、これらの申請の提出先とされている機関の事務所における備え付け、その他の適当な方法により公にしておくことを義務付けている。

行政手続法は一般法であるが、個別の法令において、申請に対し、国民の権利利益の保護のため一定の期間内に申請に応答すべきことを義務付けているものがある。建築基準法もその例である。

（2）　建築基準法の処理規定

建築基準法は、建築確認申請の処理について6条1項1号から3号までの特殊建築物及び大規模建築物については、受理した日から35日以内に、その他の建築物については7日以内に審査し、建築基準関係規定に適合することを確認したときは、申請者に確認済証を交付しなければならないこととしている（6条4項）。この期間内に申請に係る計画が建築基準関係規定に適合しないことを認めたときや申請書の記載によっては建築基準関係規定に適合することを決定することがで

きない正当な理由があるときは、その旨をこの期間内に申請者に通知しなければならないことになっている。

　これに対する法的対応としては、一般的に建築主事に対し、指導要綱には従わないことを明らかにし、建築基準法は、35日以内に確認について何らかの処分・通知をすることを定めていることや、前記のような判例の存在を指摘することで問題が解決することが多いものと考えられる。

5　訴訟による救済方法の選択

（1）　不作為の違法確認訴訟

　何らかの申請をなした後の行政の不作為については、不作為の違法確認訴訟（法定抗告訴訟）が第一次的に考えられる。申請が先行していない場合は、無名抗告訴訟としての不作為の違法確認訴訟となる。

（2）　義務付け訴訟

　平成16年の行政事件訴訟法の改正により義務付け訴訟が法定された（同法3条6項）。改正行政事件訴訟法では、義務付け訴訟とは、

①　行政庁が一定の処分をすべきであるにもかかわらずこれがされないとき（非申請型義務付け訴訟：3条6項1号）

②　行政庁に対し一定の処分又は裁決を求める旨の法令に基づく申請又は審査請求がされた場合において、当該行政庁がその処分又は裁決をすべきであるにもかかわらずこれがされないとき（申請型義務付け訴訟：同項2号）

に、行政庁がその処分又は裁決をすべき旨を命ずることを求める訴訟をいうものとされており、本件で考えられるのは行政事件訴訟法3条6項2号の申請型義務付け訴訟である。

　この申請型の義務付けの訴えの要件は、

①　当該法令に基づく申請又は審査請求に対し相当の期間内になんらの処分又は裁決がされないこと（行政事件訴訟法37条の3第1項1号）

②　当該法令に基づく審査又は審査請求を棄却し又は棄却する旨の処分又は裁決がされた場合において、当該処分又は裁決が取り消されるべきものであり、又は無効若しくは不存在であること（同項2号）

のいずれかに該当することが必要であり、37条の3第1項第1号の訴えには、当該処分又は裁決に係る不作為の違法確認の訴えを、同項第2号の訴えには、同号に規定する処分又は裁決に係る取消訴訟又は無効等確認の訴えを<u>併合して提起</u>しなければならない（37条の3第3項）。

　A社が義務付け訴訟を提起した場合、訴えに係る請求に理由があると認められ、かつ、その義務づけの訴えに係る請求につき、行政庁がその処分若しくは裁決をすべきことがその処分若しくは裁決の<u>根拠となる法令の規定から明らか</u>であると

268　第3部　専門的行政手続と行政事件の弁護

認められ又は行政庁がその処分又は裁決をしないことがその裁量権の範囲を超え若しくはその濫用となると認められるときは、裁判所は、原則として、その義務付けの訴えに係る処分又は裁決をすべきことを命ずる判決をすることとなる（同条5項）。

　建築確認は、建築基準法6条の規定をみれば、客観的な要件の充足があれば、必ず確認しなければならないと読めるから、裁量行為ではなく、覊束行為であると解され、義務付けは当該申請に係る建築が建築基準関係規定に適合していることが立証されれば建築主事は建築確認をすべきこととなるから、建築計画そのものに違法事由がない限り、義務付け判決が下されなければならない。

6　建築確認と開発許可との関係

（1）　開発許可とは

　土地の開発については、無秩序な市街化を放置すると深刻な都市問題等を生ずるため、都市計画法が制定され、都市計画区域内又は準都市計画区域内において行う建築物の建築又は特定工作物の用に供する目的で行う開発行為（土地の区画形質の変更：同法4条12項参照）には、都道府県知事（政令指定都市又は特例市、中核市等においては市長の許可）を必要とする開発許可制度（都市計画法第3章第1節）が定められている。したがって、A社がC市内でマンション建設のために行う土地の区画形質の変更（整地行為等）について事前に開発許可が必要となる。

（2）　開発許可と建築

　開発許可が必要な場合、これを取得せずに開発行為に着手すると都市計画法違反となるばかりか、建築確認の際も開発行為関係の都市計画法の規定は本件事案の建築基準関係規定に含まれているため（建築基準法施行令9条14号）、建築確認も取得できないこととなる。

　また、開発許可制度の実効性を担保するため、開発許可を受けた開発区域内の土地においては、工事完了の公告があるまでの間は、原則として、建築物を建築し、又は特定工作物を建築してはならないこととされている（都市計画法37条）。このため、開発許可を受けた土地において建築確認を得ようとする場合、工事完了公告がなされていない限り、建築確認がなされない。

　このため、A社は開発許可を取得し、開発行為に関する工事を完了して検査を受け、工事完了公告がなされない限り、マンションの建築そのものには着手できない。

（3）　開発指導要綱による行政指導

　この開発許可の分野においても、多くの地方公共団体において乱開発の防止や周辺住民との紛争の防止のために開発指導要綱といわれる行政指導の根拠となる要綱が定められ、多くは都市計画法、建築基準法が定める規制よりも厳しい規制

I　建築確認事件の弁護　　269

を定めており、それを開発業者が遵守しない場合に何らかの制裁を課すことができるかをめぐって争われてきた。例えば、開発指導要綱に違反して建築されたマンションに上下水道の給水を拒絶することができるかについて争われた武蔵野市給水拒否事件（最二小決平成元年11月8日判時1328号16頁）、教育施設負担金の納付義務が争われた武蔵野市教育施設負担金事件（最一小判平成5年2月18日民集47巻2号574頁）等多数の裁判例がある。なお、条例と法律関係が問題となったケースとして、横浜地判平成20年3月19日民集67巻3号631頁がある。

7　都市計画法32条の公共施設の管理者の同意

（1）　都市計画法32条1項の同意の趣旨

　都市計画法32条1項は、開発許可を申請しようとする者は、あらかじめ、開発行為に関係がある公共施設の管理者と協議し、その同意を得なければならないと規定しており、同法30条2項は、開発許可の申請書に同意を得たことを証する書面を添付しなければならないと定めている。同法33条1項は、開発許可について申請に係る開発行為が同項各号の定める許可の基準に適合しており、かつ、その申請の手続が同法又は同法に基づく命令の規定に違反していないと認めるときは開発許可をしなければならないと定めているが、同意書面が添付されていなければ、申請は不適法ということになるから必然的に開発許可は取得できないこととなる。

　この32条1項の規定は、開発行為が開発区域内に存する道路、下水道等の公共施設に影響を与えることはもとより、開発区域の周辺の公共施設についても、変更、廃止等の影響を与えることが少なくないことから事前に開発行為による影響を受けるこれらの公共施設の管理者の同意を受けることを開発許可申請の条件とすることによって開発行為の円滑な施行と公共施設の適正な管理の実現を図ったものだとされている。

（2）　正当な理由のない不同意の法的意味

　D県知事が同意しない行為は、正当な理由がないとのことである。

　この都市計画法32条1項の規定についていえば、行政機関が管理する公共施設は、私人が管理する施設とは異なり、それぞれの公共施設管理法令（道路法、都市公園法、下水道法等）により管理されるものであり、法的に無制約なものはあり得ない。公共施設の機能に支障が生じないような場合において、同意を拒絶し得ないものと見るべきである（阿部泰隆・判例評論359号7頁）。

　正当な理由なく（公共施設の機能に影響が発生しないにもかかわらず）、D県知事が同意をしないのは違法ということになる。

8　同意拒絶に対する訴訟

　違法な同意拒絶について、次のような訴訟が考えられる。

（1） 取消訴訟

不同意を行政処分と構成して、取消訴訟を提起する方法である。同意拒絶について処分性を否定した最一小判平成7年3月23日民集49巻3号1006頁は、同意の拒否を抗告訴訟の対象となる処分には当たらないと判示している。

これに対して学説は、処分性有りとする説（阿部泰隆・前掲、山村恒年・判例自治131号66頁）と、処分性はないとする説（宇賀・前掲）に分かれているが、平成16年の行政事件訴訟法の改正においても、処分性を取消訴訟の訴訟要件とする行政事件訴訟法3条1項の規定は改正されておらず、前記のような最高裁判例がある以上、同意の拒否を処分と構成して取消訴訟を提起して遂行するのは、最高裁判例の変更を前提とする困難な作業とならざるを得ない。しかし、最高裁は、最一小判平成17年4月14日民集59巻3号491頁、最二小判平成17年7月15日民集59巻6号1661頁などによって処分性についていくつかの判決をなし、行政処分の範囲を拡大している。したがって、平成7年最高裁判決は改変の可能性がある。

（2） 民法414条2項ただし書により意思表示に代わる裁判を求める方法

取消訴訟ができないとすると他の手段を考えなければならない。

学説上、行政庁に民法414条2項ただし書に基づき同意を求める訴え（民事訴訟）を提起し、その勝訴判決の正本を開発許可申請書に添付することで都市計画法30条2項の同意を得たことを証する書面の添付の要件を満たすとすることができるという説（宇賀・前掲123頁）がある。

ただ、この考え方に対しては次の批判がある。

① 「民法414条ただし書は、法律行為の成立に必要な同意若しくは承諾、債権譲渡の通知、登記の申請などをなす債務についてはこのような行為をすべきことを命ずる裁判があるときは、これによって意思表示ないし準法律行為があったと同一の効果を生じさせることとして、これらの行為の強制履行に代えることとしたものである。これは、開発行為をしようとする者が、関係公共施設の管理者に対する同意履行請求する場合、その実体上の根拠となる規定ではない。

② 権利義務の帰属主体となり得ない行政機関に対し「同意義務」の履行を請求することができると解することは、困難である。

（3） 公法上の当事者訴訟（確認訴訟）

都市計画法32条1項の同意をする義務の確認の訴えも可能性がある。

確認訴訟を提起しようとするためには、確認の利益が必要である。確認の利益については、基本的に民事訴訟と同一であると考えられ、「確認訴訟の適否（対象適格性）」「即時確定の利益の存否（有効性）」「確認訴訟によることの適否（補

I　建築確認事件の弁護　　271

充性）」の３要件によって判断される。

行政庁の同意は自由裁量ではなく、一定の制約があると解するとすれば、Ａ社に確認の利益が認められる可能性はあるといえよう。

（4）　国家賠償請求訴訟

国家賠償請求が許されるにすぎないという見解も有力である（齊木敏文「公物管理権の性質」（藤山雅行編『新裁判実務体系25　行政訴訟』365頁））。

（5）　岡山地判平成18年４月19日判タ1230号108頁

都市計画法施行規則60条書面（適合書面）の交付申請について、不交付通知を受けた原告が、同通知の取消訴訟と同適合書面の交付を求めた事案について、岡山地裁は不交付通知の処分性を認め、適合書面の交付を義務付ける判決をなした。

9　法律と条例

（1）　条例と法律との関係

建築指導については、長く一般的に行政指導の根拠となる要綱文書に止まっていたが、最近これを「条例化」する地方公共団体が増加している。

条例は地方公共団体の自治立法であり、各地方の生活環境の保護のために必要な規制を定めることができることも明らかであるが、法律と条例が「同一目的」で「同一対象」を規定している場合には、両者の「抵触関係」が問題となる。

（2）　法律と重複する条例

同じ分野に国の法令として建築基準法があり、建築確認に際して近隣の同意書を要求する条例を制定することは、同一事項について国の法令と条例が併存していることになる。

本件のような国の法令よりも強い規制を定めた条例の効力については、旅館業法よりも強い規制を定めた「旅館建築の規制に関する条例」に関して、福岡高判昭和58年３月７日行集34巻３号394頁は、「条例により旅館業法よりも強度の規制を行うにはそれ相応する合理性、すなわち、これを行う必要性が存在し、かつ、規制手段が右必要性に比例した相当なものであることがいずれも肯定されなければならず、これが肯定されない場合には、当該条例の規制は、『比例の原則』に反し、旅館業法の趣旨に背馳するものとして違法、無効となるというべきである」とし、町長の裁量によって町内全域に旅館業を目的とする建築物を建築することが不可能となる結果を招来する同条例については、「このような極めて強度の規制を行うべき必要性や、旅館業についてこのような規制手段をとることについての相当性を裏付けるべき資料を見いだすことはできない」として、同条例を無効とした。建築確認の申請について、建築基準法よりも強度の規制を行うような条例（周辺住民の同意を義務付ける条例）は許されないと考えるべきであろう。

(3) 行政指導への対応

C市建築主事は、本件条例については、A社のあくまでも任意の対応を願うものだと発言している。

最近、宅地開発指導要項等を条例化することが多いが、開発行為の、建築物の建築等に関しては、都市計画法、建築基準法との適合性の関係で禁止や許可制よりも、協議や同意といったより緩やかな制度をとるものが多く、このような規定例を見ると、市町村長の措置はあくまでも行政指導の性格を有すると解されるものが多い。また、罰則もほとんど置かれず、市町村長が必要と認める場合の氏名の公表等の措置が実効性確保のための手段として置かれているものが多い。

本件においては、C市建築主事も、建築基準法との適合性問題を十分認識しつつ、近隣住民の承諾書の添付が建築確認申請の法律上の要件でないことを述べたものと思われる。近隣住民が建築確認を左右することにしてはならない。

(4) 当事者訴訟（条例審査訴訟）

本事例のような条例は、建築基準法と抵触すると考えられるから、その訴訟において、同意書の添付がなくても、建築確認申請は適法であることや、「当該承諾書を添付する義務のないことの確認を求める訴え」を提起することができよう。

行政指導に従わなかったことを理由として、不利益な取扱いをしてはならない（行政手続法32条2項）ことも主張することになろう。

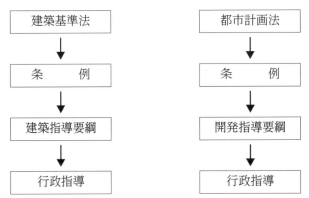

【分析の手法】

① 処分があるとき

処分探し → 根拠法令探し → 処分実体法要件分析 → 処分手続法要件分析 → 抗告訴訟

② 処分がないとき

非処分行政活動 → 法律関係・法的地位探し → 根拠法分析 → 当事者訴訟

［山下 清兵衛］

Ⅱ　行政指導是正要求事件の弁護

第1　事案の概要

　A学校法人は、あん摩マッサージ指圧師、はり師、きゅう師等に関する法律（以下「指圧師法」という。）2条に基づいて、あん摩マッサージ指圧師の養成施設とはり師、きゅう師養成施設の各認定を申請しようと考え、設立する養成施設の中にあん摩マッサージ指圧師養成学科とはり師、きゅう師養成学科の設置を企画し、厚生労働省及び東京都と事前協議を開始したが、東京都から以下のような行政指導がなされた。

① 「視覚障害者の就業確保の必要性を考慮して、医道審議会は、A学校法人のなす認定申請に対し、同意しない。あん摩マッサージ指圧師養成施設の認定申請は諦めた方がよい。」

② 「はり師、きゅう師養成施設の設立認定申請について、医道審議会は同意すると思われるが、設立認定申請の前に、はり師、きゅう師学科の開設計画をマスコミに発表したり、学生募集してはいけない。発表等したら、審査の停止をする。」

③ 東京都は養成施設の認定に関する取扱要領を定めているが、「認定申請書には、教員予定者の就任承諾書のみならず、同人の現在の勤務先の所属長の移籍承諾書を添付しなければならないとされており、移籍承諾書を欠く申請書を受理しない。」

第2　関係法令

・あん摩マッサージ指圧師、はり師、きゅう師等に関する法律2条1項・2項（免許資格と養成施設の認定）、19条1項（認定実体要件）・2項（認定手続要件）

・あん摩マッサージ指圧師、はり師及びきゅう師に係る学校養成施設認定規則2条（認定基準）

第3　弁護方針

1　行政訴訟による是正要求

（1）　養成施設の認定

　ア　あん摩マッサージ指圧師、はり師、きゅう師等に関する法律（昭和22年12月20日法律第217号）を以下「指圧師法」といい、養成施設の認定申請の要件について検討する。

274　　第3部　専門的行政手続と行政事件の弁護

イ　指圧師法による免許

指圧師法による免許は、次のものがある。

① あん摩マッサージ指圧師免許

② はり師免許

③ きゅう師免許

ウ　養成施設の認定要件（実体要件）

養成施設の認定に関する実体要件は、「指圧師法2条2項」及び「あん摩マッサージ指圧師、はり師、きゅう師等に係る学校養成施設認定規則2条」に定められている。

つまるところ、認定を受けるための実体要件は、「文部科学省令及び厚生労働省令で定める基準に適合する学校又は養成施設」である。

エ　養成施設の手続要件

養成施設の認定に関する手続要件は、指圧師法2条2項に、次のとおり定められている。

① 認定申請書に、教育課程・生徒の定員を記載し、

② その他、文部科学省令・厚生労働省令で定める事項を記載した書類を添付して、

③ 両省令の定めるところにより、文部科学大臣又は厚生労働大臣に提出すること。

（2）指圧師法19条による認定拒否実体要件

指圧師法19条1項は、認定を拒否できる要件として、次のとおり定めている。

① あん摩マッサージ指圧師の総数のうちに視覚障害者以外の者が占める割合、

② 生徒の総数のうちに視覚障害者以外の者が占める割合、

③ その他の事情を勘案し、

④ 「視覚障害者であるあん摩マッサージ指圧師」の「生計の維持が著しく困難とならない」ようにするために「必要があると認めるとき」は、

⑤ 視覚障害者以外の者の教育、養成する学校又は養成施設の申請認定をしないことができる。

（3）認定処分の実体的要件と医道審の意見

指圧師法19条2項は、認定にあたり、医道審議会（医道審）の意見を聴かなければならないとするが、以下の理由により、これは、省令基準の具備認定の実体要件ではないというべきであろう。

① 本件認定の実体要件は、省令に定める基準に適合することであるから、医道審の意見はその要件とされていないこと

② 認定権者は文部科学大臣又は厚生労働大臣であって（指圧師法2条1項）、

医道審は養成施設の認定権者ではないこと

③　医道審のメンバーは、消費者の代表が参加しておらず、その意見は、不同意の方向に誘導される可能性が高い。後述する福岡地裁柔道整復師不指定処分取消判決において、柔道整復師に関する医道審議会の構成を検討した上で、不公正な組織であると認定している。

④　同条同項は、「意見を聴かなければならない」という事前手続を規定しているだけで、その文言からみて、医道審の意見は資格認定の実体要件ではない。医道審の意見が不認定相当であっても、かかる意見に大臣が拘束されるわけではなく、医道審の意見に反して認定処分を行っても実体法上は違法でない。

（4）　救済方法

ア　取消訴訟

不認定処分の是正は、同処分の取消訴訟によって実現できる。

不認定処分の是正について、同処分の取消訴訟提起前に処分行政庁の上級庁に対し、不服申立てをなすことができる。処分取消訴訟と不服申立てとは自由選択主義が採用されており（行政事件訴訟法8条1項）、A学校法人において、不服申立てをしないで直接、裁判所へ処分取消訴訟を選択して提起することができる。しかしながら、行政庁に対する異議申立ては将来の訴訟手続へ移行する圧力を前提として、行政庁との協議・和解の機会として利用できる場合もある。

不認定処分取消訴訟は、第1審は訴状提出から1年程度かかる。行政訴訟は、口頭弁論期日の間隔が、通常の民事（約1か月）より長いことが多い（2か月程度）ので、訴訟開始までに速やかな準備をしておかないと、さらに長期間を要することになる。

また、第1審でA学校法人が勝訴した場合に、利害関係団体から国に対し、控訴要求がなされるであろうから、国が控訴する可能性は高い。

むしろ、国が敗訴したにもかかわらず、控訴しなかった下記柔道整復師事件は、例外と思われる。柔道整復師事件において控訴しなかったのは、判決が詳細に理由を述べ、控訴しても判決が変更される可能性が低いと行政側が考えたからではないかと思料される。

これに対し、マッサージ法は、柔道整復師法と異なり、需給調整規定が明定されているから、たとえ1審で原告が勝訴しても、控訴審で覆る可能性は十分あり得るので、国から控訴される可能性は高い。

控訴された場合は、また1年程度はかかると予想される。

上告した場合には、さらに半年程度の期間がかかるであろう。

イ　義務付け訴訟

平成16年改正によって、義務付け訴訟が規定された（行政事件訴訟法3条6項、37条の2、37条の3）ので、上記の取消訴訟に加えて、認定の義務付けを請求できる。

　既に、不認定処分がなされている場合には、上記の処分取消訴訟に加えて義務付け訴訟を提起し、まだ不認定処分がなされていない場合には、認定処分をしない不作為の違法確認の訴えと併合して義務付け訴訟を提起することになる（37条の3第3項）。

　この訴訟の解決に要する期間は取消訴訟と同じであると考えられる。

　　ウ　仮の義務付け申立て

　さらに、平成16年改正では、仮の義務付けの訴えが規定された（行訴37条の5）。この規定により、前述の義務付け訴訟を提起後に、仮の救済手段として仮の義務付けを求めることができるようになった。

　平成18年5月現在、障害児の幼稚園への仮入園が2件認容されている（徳島地決平成17年6月7日判例自治270号48頁、東京地決平成18年1月25日判時1931号10頁）。

　A学校法人が、この仮の義務付けを申し立て、認容された場合には、養成施設として仮に認定を受けたことになる。

　仮の義務付けに要する期間であるが、徳島事件（平成17年（行ク）第4号）は、徳島地裁という事件数の少ない地域であることを考慮しても、平成17年に入って早い時期に提起されたことがうかがえる。そして、決定日が6月7日なので、仮の義務付けから決定までは約5か月から6か月の期間を要したことがわかる。

　　エ　設置計画不承認の違法確認訴訟

　指導要領において、養成施設設置計画書を、授業開始予定日の1年前までに厚生労働大臣に提出することが求められている。先にこの設置計画の承認がなされないと設置認定がなされない。

　この、設置計画書の不承認処分について積極的に取消訴訟、義務付け訴訟を提起することが考えられるが、設置計画書の不承認が行政処分として認められずに却下判決がなされる可能性もあるため、設置計画の不承認のみを争い養成施設不認定処分について争わないことはリスクがある。すなわち、設置計画の不承認が、行政処分ではないと判定された場合、これだけを争っていたら却下判決となる。

　ただし、設置計画が不承認とされた段階において、違法確認訴訟を提起し、その中で、教員の就任承諾書を要求する行政指導の違法性をこの段階で争うことも考えられる。

　しかし、行政指導の処分性について議論の余地があり、また設置計画の不承認を争いAの主張が認められても不認定処分に直接影響を及ぼすかどうは未確定で

ある。

　　オ　期間について

　不認定処分の取消訴訟等の提起から、最高裁において確定するまで、約2年半程度の期間が必要と思われる。

　仮の義務付け申立てについては、取消訴訟等の提起後に申し立て、平行して審議されるので、決定が出るまでに約6か月かかると予想される。

2　行政訴訟判例

（1）　行政庁による許認可の裁量性（先決問題）

　行政法の基本原理の最も重要なものは、「法律による行政の原理」であるが、従来、行政庁による許認可又は法的条件の具備認定や確認に関する行政庁の裁量は、その例外として位置づけられてきた。

　伝統的な学説は、法治行政の例外、又は、内在的限界として、特別権力関係理論、侵害留保理論とともに自由裁量論を挙げている。そして、自由裁量とは「法律自体が、行政機関の行動を詳細・具体的に規律することを放棄し、行政機関（行政庁）の政策的・行政的判断に委ねている」ものをいうとする。そして、「法の覊束の及ぶ覊束行為」と「行政庁に裁量権が認められる裁量行為」の二つがあるとする。「行政裁量は、行政権の専権にまかされた判断事項である」と説明されている。

　裁量問題でも、行政の全くの自由に任されるわけではなく、その濫用・逸脱は違法になるが、これは、裁量の場合、原則は行政の自由、例外として濫用があるという発想を前提としている。この伝統的な理論を法文化したのが行政事件訴訟法30条で、同条は、「行政庁の裁量処分については、裁量権の範囲をこえ又はその濫用があった場合に限り、裁判所は、その処分を取り消すことができる。」としている。

　その後の判例の発展を踏まえ、覊束行為と裁量行為は相対化し、種々の審理方式が議論されている。

（2）　逸脱・濫用審査

　一部判例では、法律が不確定概念を用いて、許認可等の要件（基準）を定めている場合、裁量問題とすれば、行政任せで、原則として違法にならないとの判断をし、また、違法になるとする場合もその理由を示していないものが少なくない。例えば、神戸税関事件（最三小判昭和52年12月20日民集31巻7号1101頁）は、公務員の懲戒処分の裁量について、「広範な事情を総合的に考慮してされるものである以上、平素から庁内の事情に通暁し、部下職員の指揮監督の衝にあたる者の裁量に任せるのでなければ、とうてい適切な結果を期待することができない……。社会観念上著しく妥当を欠いて裁量権を付与した目的を逸脱し、これを濫

用したと認められる場合でない限り、その裁量権の範囲内にある。」としている。いわゆるマクリーン事件（最大判昭和53年10月4日民集32巻7号1223頁）も同様である。

（3）　国家賠償訴訟における統制

行政裁量の統制は抗告訴訟の形だけではなく、国家賠償訴訟の形でも行われる。最二小判昭和53年5月26日民集32巻3号689頁は、「本件の事実関係のもとにおいては、本件児童遊園設置認可処分は行政権の著しい濫用によるものとして違法であり」とするだけで、何ら判断基準を示していない。この事件の刑事事件でも、最二小判昭和53年6月16日刑集32巻4号605頁は、「本来、児童遊園は、児童に健全な遊びを与えてその健康を増進し、情操をゆたかにすることを目的とする施設なのであるから、児童遊園設置の認可申請、同認可処分もその趣旨に沿ってなされるべきものであって、被告会社のトルコぶろ営業の規制を主たる動機、目的とする余目町の……児童遊園設置の認可申請を容れた本件認可処分は、行政権の濫用に相当する違法性があり、被告会社のトルコぶろ営業に対しこれを規制しうる効力を有しない」とする。ここでは、裁判所の判断過程は全く明らかになっていない。

国家賠償訴訟の中でも、いわゆる行政の不作為責任、危険管理責任、危険防止責任に関しては、従来多くの学説とかなりの下級審判例は、いわゆる「裁量のゼロ収縮論」をとっており、行政の不作為が国家賠償法上違法となるためには多くの厳しい要件を満たさなければならないとしてきた。それは裁量濫用の具体的な判断基準を示そうとしたものである。しかし、最高裁の判例は、消極的裁量権濫用論を採っている。水俣病の国家賠償責任を認めた最二小判平成16年10月15日民集58巻7号1802頁は、「国又は公共団体の公務員による規制権限の不行使は、その権限を定めた法令の趣旨、目的や、その権限の性質等に照らし、具体的事情の下において、その不行使が許容される限度を逸脱して著しく合理性を欠くと認められるときは、その不行使により被害を受けた者との関係において、国家賠償法1条1項の適用上違法となるものと解するのが相当である」としている。ここで引用されているのは、宅建業法に関する最二小判平成元年11月24日民集43巻10号1169頁、クロロキン訴訟に関する最二小判平成7年6月23日民集49巻6号1600頁であるが、いずれも責任を否定している。

これは違法となる場合に関し、具体的な要件を定立せずに個別具体的な事情など諸般の事情を総合考慮して判断するもので、国家賠償責任を認める場合も否定する場合も、その判断過程は不明であって、「司法権の裁量」に白紙委任するものである。

（4） 裁量審査の強化

判例には、理由を説明し、また、司法審査の方法を工夫しているものも少なくない。

ア　個人タクシー事件

個人タクシー事件（最一小判昭和46年10月28日民集25巻7号1037頁）は、聴聞のあり方について、「個人タクシー事業の免許に当たり、多数の申請人のうちから少数特定の者を具体的個別的事実関係に基づき選択してその免許申請の許否を決しようとするときには、同法6条の規定の趣旨にそう具体的審査基準を設定してこれを公正かつ合理的に適用すべく、右基準の内容が微妙、高度の認定を要するものである等の場合は、右基準の適用上必要とされる事項について聴聞その他適切な方法により申請人に対しその主張と証拠提出の機会を与えるべきである」とした。判例は、制定法準拠主義を採り、「法治国家だから、法律の文言に沿って判断しなければならない」とすることが多いが、同事件判決は、新しい法創造を行ったものであった。

イ　もんじゅ事件

高速増殖炉「もんじゅ」に係る原子炉設置許可処分を適法とした最一小判平成17年5月30日民集59巻4号671頁は、伊方原発判決（最一小判平成4年10月29日民集46巻7号1174頁）にならい、司法審査の対象を基本設計の安全性にかかわる事項に限定し、また、原子炉等規制法の基準の適合性について、「原子力安全委員会の意見を十分に尊重して行う主務大臣の合理的な判断にゆだねていると解されるから、現在の科学技術水準に照らし、原子力安全委員会若しくは原子炉安全専門審査会の調査審議において用いられた具体的審査基準に不合理な点があり、あるいは当該原子炉施設が上記の具体的審査基準に適合するとした原子力安全委員会若しくは原子炉安全専門審査会の調査審議及び判断の過程に看過し難い過誤、欠落があり、主務大臣の判断がこれに依拠してされたと認められる場合には、主務大臣の上記判断に不合理な点があるものとして、同判断に基づく原子炉設置許可処分は違法と解される」とした。

専門家の判断を経た高度の専門的問題、処分の司法審査である。

ウ　エホバの証人事件

「エホバの証人」に属する学生の進級拒否処分、退学命令の取消処分に関する最二小判平成8年3月8日民集50巻3号469頁は、信仰上の理由により剣道実技の履修を拒否した市立高等専門学校の学生に対し、必修である体育科目の修得認定を受けられないことを理由として2年連続して原級留置処分をし、さらに、それを前提としてした退学処分を「社会観念上著しく妥当を欠き、裁量権の範囲を超える違法なもの」とした。その理由は、「右学生は、信仰の核心部分と密接

に関連する真しな理由から履修を拒否したものであり、他の体育種目の履修は拒否しておらず、他の科目では成績優秀であった上、右各処分は、同人に重大な不利益を及ぼし、これを避けるためにはその信仰上の教義に反する行動を採ることを余儀なくさせるという性質を有するものであり、同人がレポート提出等の代替措置を認めて欲しい旨申し入れていたのに対し、学校側は、代替措置が不可能というわけでもないのに、これにつき何ら検討することもなく、右申入れを一切拒否した」という点にあるとした。判断基準は曖昧であるが、実質的な内容に立ち入って、不合理な考慮を排除した。

　エ　筋ジストロフィー訴訟事件

　筋ジストロフィー障害児の普通高校入学不合格処分取消訴訟では、身体障害を理由に入学の途を閉ざすことは許されない、体育についても、配慮をすることにより履修の可能性がある、高校3年間の就学が可能であるという筋ジスの専門医の判断を、専門家でもなく原告を診断したこともない学校医の一般論で覆すことはできない。したがって、「本件高校の全課程を履修する見通しがない」との判断に基づく本件処分は、校長の重大な事実誤認に基づくもので、裁量権の逸脱又は濫用があったとされた（神戸地判平成4年3月13日判時1414号26頁）。体育必修は、病弱者、障害者を差別するもので、違憲の疑いがある。

　オ　徳島仮の義務付け決定事件

　徳島地決平成17年6月7日判例自治270号48頁は、障害児の就園に関して本邦初の仮の義務付け決定（行政事件訴訟法37条の5）を出した。これは、「学校教育法等に規定がないことなどからすれば、幼稚園の入園許可をするか否かについて裁量権があるが……拒否する合理的な理由がなく不許可としたような場合には、裁量権を逸脱又は濫用になる」との一般論の下に、「当該幼児に障害があり、就園を困難とする事情があるということから、直ちに就園を不許可とすることは許されず、当該幼児の心身の状況、その就園を困難とする事情の程度等の個別の事情を考慮して、その困難を克服する手段がないかどうかについて十分に検討を加えた上で、当該幼児の就園を許可するのが真に困難であるか否かについて、慎重に検討した上で柔軟に判断する必要があるというべきであり」として、入園させるべきと、仮の義務付けを認めたのである。

　カ　東京仮の義務付け決定事件

　吸引器によるたん吸引が必要な5歳の女児が市立保育園に入園できるように仮の義務付け決定がなされた（東京地決平成18年1月25日判時1931号10頁）。

　キ　考慮事項の欠落の違法

　最近、行政計画や事業認定を違法とする画期的な判例が続出している。日光太郎杉事件（東京高判昭和48年7月13日行集24巻6＝7号533頁、それに続くいわゆる

二風谷ダムに関する札幌地判平成９年３月27日判時1598号33頁は、考慮事項の欠落、軽視を違法としたものである。小田急訴訟一審判決（東京地判平成13年10月３日判時1764号３頁）も同様である。

　　ク　永源寺ダム事件

　永源寺ダム訴訟事件の大阪高判平成17年12月８日は、農林水産省が行っている土地改良法に基づくダム計画について、計画決定に基本的に重大な瑕疵があるとして取り消した。

　　ケ　都市計画決定事件

　東京高判平成17年10月20日判例自治272号79頁は、将来、道路を拡張する予定になっている都市計画道路における建築不許可処分の取消訴訟で、道路幅11mを17mに拡張しようという計画変更は「基礎調査に客観性、実証性を欠くものであった」などとして都市計画決定自体を違法とし、それに基づく建築不許可処分を取り消した。

（5）　許認可に対する司法審査の新しい基準

　　ア　最近の流れ

　最近の判例を見れば、許認可等に関する行政裁量に関する傾向が大幅に変わり、司法審査の程度が厳しくなった。しかし、判例の審査手法は明確ではなく、行政裁量を幅広く認め、また、司法審査の裁量も広いものがなお少なくない。原告側は行政処分の違法を主張・立証させられて重い負担を負うこともある。行政事件訴訟法30条は、現在では、司法審査をむしろ制約する結果となっているので、最近の判例や学説は、司法審査の新たな基準を提示している。

　　イ　新しい基準

①　比例原則や合理性の基準を採用する。

②　逸脱・濫用基準は、裁量審査を抑制する効果を持つおそれがあるので、廃止する。

③　費用便益分析手法などの客観的科学的な基準が相応しい分野についてはそのような基準で裁量の審査をする。

④　裁量基準及びその基準の適用の合理性を行政庁に主張立証させて行政庁の判断過程を明確にし、その判断の方法又は過程に誤りがある場合には処分が違法になるという基準を設定する。

　　ウ　裁量審査の困難性の問題点

①　裁量審査の困難性について、以下の問題が指摘されている。行政裁量は行政実体法の解釈の問題であるが、裁量審査方法は多様であるから、考えられるものをすべて規定することは困難である。

②　社会の成熟度や社会の流れによって裁量の幅が変わることに法律の規定が

対応できるか検討する必要がある。

③　費用便益分析手法など、法的（価値）基準として用いるに適さない事例もある。

④　裁量の審査は、実体法の趣旨に沿って個別具体的に検討する手法が判例で確立しており、行政事件訴訟法30条による「逸脱・濫用基準」もなお必要である。

裁量の司法統制の方法は、実体法の問題ではなく訴訟法の問題であり、基本的な方法を採用し、更に概括条項を設定してゆくことになろう。

費用便益分析手法も、行政評価の分野などでは実際に法令上行政手法に組み込まれており、法的利益の比較衡量を求める既存の行政法令の要件解釈や、行政評価の方法として、効果的とされている。

最近の判例は、行政の判断過程に踏み込んでいるものが増え、行政事件訴訟法30条から発展した理論を採用している。

　　エ　行政行為の司法審査の基本的基準

行政庁の裁量とされている行為は、法治国家の例外ではない。

裁量とされている部分は立法者の信託であるから、行政庁としては誠実な実現をしなければならない。

そもそも、裁量という用語は適切ではない。民事事件の医療過誤訴訟では、「医者には、治療方法の選択の裁量がある」とする考え方は廃毀されている。医療過誤事件では、医者が「裁量の範囲だったから適法である」と主張するのではなくて、診療契約上負っている最大限の診断と治療をする義務を果たしたかどうかというのが争点になっている。要するに、原則自由という発想の裁量という概念は適切ではないとされている。

行政の裁量というのは、立法者が将来のすべての場合を規律できないため、具体的な事案において最も適切な処置をとるようにと行政に命じている場合であるから、診療契約の場合と同じであろう。行政は立法者からの委託を誠実に処理する義務を負うのであるから、行政行為に法治行政の例外があるとする見解は妥当ではない。裁量行為とされているものは、法治行政の一環であって、ただ法の覊束度が緩いだけである。裁判所は行政活動を自ら行うという立場ではないが、行政がその委託された職務を誠実に果たしたかどうかを審査することになる。行政は、法律に基づいて行政を行っているのであるから、行政の行為について説明する責任がある。行政手続法は、理由の提示が原則としており、審査基準、処分基準の策定を求めている。審査基準・処分基準の策定は、努力義務であるが、事前には作らなくても、具体的な事案においては処分の基準、少なくとも考え方は説明しなければならない。これはいわゆる裁量処分でも同じである。ドイツの連邦

行政手続法（1976年成立）39条は「裁量決定の理由づけにおいてはさらに、行政庁がその裁量の行使に当たって基礎とした観点を明らかにするものとする。」とされている。我が国においても同様の法治国家における説明責任があるといえよう。行政手続法の適用がない処分においても、訴訟の場において説明責任が果たされなければならない。

　訴訟の当初において、被告・参加行政庁は、その判断の根拠となった事実を主張・立証し、処分に至る理由が合理的なものであることを説明しなければならない。裁判所は、法律の趣旨を、その法体系、個別条文のしくみ、憲法の要請などを検討して、それをできるだけ実現するような解決策が採られているかどうかを吟味すべきである。

　合理的判断基準としては、「比例原則」、「平等原則」、「費用対効果の均衡」など種々のものが考えられるが、他にも多くの合理的基準が考えられる。

　そして、行政庁の「事実と証拠」の説明に結論を左右する瑕疵がある場合には、処分は違法であるということになる。

　　オ　証明責任

　処分の違法性に関する要件事実の証明責任の問題は、処分の内容・性質・要件等を考慮して個別の実体法の解釈により決められる問題である。

　立証責任を完全に一律に定めることは難しいが、行政側は、処分が法律に基づくこと、法律の趣旨に適合することを容易に説明できる地位にある。裁量処分であっても、処分を行う視点、調査した事実、その処分が法の趣旨にもっとも適合していることは説明できる。したがって、主張立証責任は、原則として行政側にあるというべきである。裁量処分（法律の覊束が緩い）の場合でも、それが合理的な判断過程を経た適法なものであることを被告行政側が説明し、その根拠となる事実を立証すべきである。行政の行為には、この意味で裁量はないといえよう。「挙証責任は、行政庁にある」という原則の例外は、原告が行政決定の違法を立証することが容易である事実（例えば、生活保護での収入、所得税における収入、経費など）に限られる。

　法的基準が設定されている場合、（その合理性を前提としてであるが）基本的にはそれを画一的に適用すべきであるが、事案の特殊性を考慮した例外的な判断を要する場合がある。この例外的な特殊事情がある場合でも、当然に被処分者に立証責任があるとは限らない。原告から例外的な事情があるとの主張がなされたら、被告行政側は、それをなぜ考慮すべきでないかを主張立証すべきである。

　このような考え方は、最近の判例の中で採用された審査基準であり、原告適格に関する行政事件訴訟法９条２項の考慮事項でなされたように、司法審査に関する判例の立法化ともいえるものである。

行政裁量の審査は、委任立法の違憲審査と同じではない。委任立法は、法律の委任の範囲内で行うものである。委任立法について、行政は、法律の趣旨に添って、その枠内で行動したかどうかの説明責任がある。その意味では行政裁量に近い。

　しかし、委任立法の違憲審査の場合、法律は、憲法に基づいて作るのではなくて、憲法に違反しない範囲で、憲法の枠内で自由に作るものという理解を前提とする。法律は憲法に基づくものではなく、唯一の立法機関である国会がつくる。しかし、裁判所は法律が憲法に違反するか厳粛に審査しなければならない。

　許認可等に関する行政裁量は、民主主義の理念に沿って解釈されるべきであり、行政庁が行う裁量（法律の拘束が緩やかな行為）は、行政が独自の目標を実現するための純粋な自由行為ではなく、立法者の意思を執行する際に行政に付与された限定的かつ柔軟な判断が許容された領域であるが、合理的なものでなければ、違法とされるといえよう。

（6）　視覚障害者の利益と消費者の利益の調整

　文部科学省等の認定（以下「本件認定」という。）は、視覚障害者の利益と消費者の利益の調整問題として位置づけられる。A学校法人の営業の自由は憲法上の権利であり、これを保障することは、消費者に良質で広汎な指圧等の役務提供を保障することとイコールである。視覚障害者の利益を保護しなければならないが、指圧師法はこの調整を許認可権者に命じている。本件認定は、省令に定める基準に適合すれば、申請に対し、行政庁は必ず適合認定をしなければならないといえる。問題は、認定拒否要件の法的解釈である。「あん摩マッサージ指圧師・生徒の総数の中に、視覚障害者以外の者が占める割合等を勘案し、視覚障害者であるあん摩マッサージ指圧師の生活が困窮しない状況事実」の認定である。これは先に述べたとおり、合理的な基準に基づいて考慮するべき事項を設定し、設定してゆくことになる。合理的考慮事項としては、指圧師法19条1項が求める視覚障害者以外のあん摩マッサージ指圧師や生徒の人数であるが、これ以外に次の事項がありうる。A学校法人は、挙証責任を負っているものではないが、行政庁は自己に都合の良い統計・資料を作成して提出することが十分考えられるので、戦略として、これらの事実について、主張・立証することになろう。

　①　視覚障害者であるあん摩マッサージ指圧師の人数
　②　視覚障害者であるあん摩マッサージ指圧師の所得
　③　あん摩マッサージ指圧師の市場における需要人数
　④　無資格マッサージ店などの状況と取締規制状況

　上記①から④までの事項のうち、②の事項については、理想は視覚障害者複数人の過去3年分程度の確定申告書の写しが必要と思われるが、通常は困難であろ

Ⅱ　行政指導是正要求事件の弁護　　285

うから、3～5人程度の陳述書や聴取報告書での立証も可能と思われる。

③の事項については、④と密接に関連している。無資格業者の数などの新聞記事や公的機関等の統計資料から、需要人数を推計していかざるを得ないであろう。他には、例えば複数の地域で、マッサージ店や類似業者（リフレクソロジー等）の数を調査することなども必要であろう。

（7）　関連行政判例

ア　高周波療法刑事事件（最大判昭和35年1月27日刑集14巻1号33頁）

被告人が、法定の除外事由がないにもかかわらず、H・S式無熱高周波療法とする療法を施し料金を徴収したことで医業類似行為を業としたという事案の上告審において、「あん摩師、はり師、きゅう師及び柔道整復師法が医業類似行為を業とすることを禁止処罰するのも人の健康に害を及ぼす虞のある業務行為に局限する趣旨と解しなければならないのであって、このような禁止処罰は公共の福祉上必要であるから、同法12条、14条は憲法22条に反するものではないが、被告人が本件HS式無熱高周波療法を業として行った事実だけで前記法律12条に違反したものと即断したことは、右法律の解釈を誤った違法があるか理由不備の違法がある」として、原判決を破棄し、本件を原審に差し戻した。

差戻控訴審において、HS式高周波器を使用して、Aらに施療した所為は、人の健康に害を及ぼすおそれのあるもので、右は指圧師法12条の医業類似行為に該当する。また、かかる医業類似行為を業とすることが、公共の福祉に反することも自明の理であるから、前記の法律によって、これを禁止しても憲法22条の保障する職業選択の自由を奪うものでないと、判示している。

この判例によって、健康に害を及ぼすおそれがある行為か否かの判断が難しいとの認識ができてしまい、その後無資格者の摘発が積極的になされず、無資格者が野放しになったといえよう。

視覚障害者であるあん摩マッサージ指圧師の生活を圧迫するとすれば、この無資格者による営業であろう。したがって、この点の証明が重要と思われる。

イ　柔道整復師事件（東京高判平成7年1月30日行集46巻1号30頁）

a　訴えの利益について

平成7年1月30日東京高裁において、柔道養成施設設置計画の不承認自体は取消訴訟の対象にならないと判断している。

したがって、A学校法人も、不認定処分の取消しがなされるまで、処分の取消訴訟は提起できないと判断される可能性が高い。

もっとも、近時行政訴訟の対象となる処分の判断が拡張される判決が平成17年に最高裁において出されている（最二小判平成17年7月15日民集59巻6号1661頁）。この判決の事例は、地域の医療計画で病床数が過剰となった地域では、民

間病院の開設中止の勧告をし、これに従わないときには開院自体は許可されるが、保険医療機関として指定を拒否されるとの事案で、①本件勧告に従わない場合は、相当程度の確実さをもって、病院を開設しても保険医療機関の指定を受けることができなくなる②保険医療機関として指定されなければ、国民皆保険制度のもとでは、病院の開設を断念せざるを得ない、といった事情を考慮して本件勧告を「公権力の行使」（行政事件訴訟法3条2項）にあたるとしている。

したがって、仮にＡ学校法人が、申請前の設置計画書を提出し、不承認処分がなされた場合に、相当程度確実に、申請も受理されず、不認定処分を受けるといえる事情を主張することにより、不認定処分を待たずに訴訟を提起できる可能性がある。

　　b　取消判決について

福岡地判平成10年8月27日判時1697号45頁において以下の理由から柔道整復師養成施設の指定を行わない旨の処分（不指定処分）の取消判決がなされ確定している。

①　原告には、憲法上職業選択の自由が原則として認められているのであるから、指定の条件としては、規則に定められた基準を充たすことで足りる。

②　私立各種学校の設置認可要件とパラレルな関係にあることから解釈として右私立各種学校の設置認可要件の解釈と同様に解すべき。原則として各種学校規程に定められた基準を充たすもので足りる。

③　指圧師法19条1項（需給調整規定）の反対解釈（柔道整復師法にはマッサージ法と違って需給調整規定がないので、需給調整は積極的に禁止されている。）

④　柔道整復師の従事者数は漸次増加する傾向には、国民の柔道整復師に対する需要の増加を裏付けるものである。そして、このことは決して増加の必要性を否定するものではない。

⑤　柔道整復師の数が増大することは国民にとっては、住居の近隣に複数の柔道整復師が存在することになり、その施術内容その他医療的サービスの内容により、柔道整復師を選択できることとなり、利益になることはあっても、不利益になることはない（消費者保護、競争政策的観点）。

⑥　被告は、昭和48年以降、養成施設の指定を一切行っておらず、福岡県等の九州地方やその近隣の地方においては、柔道整復師の供給は不足している。

⑦　養成施設は九州に一校もなく、九州において、柔道整復師試験の受験資格を取得することは不可能である。

⑧　柔道整復師の数は、合格定員次第であること。

　　本件施設の定員は120名であり、この在校生全員が試験を受けたとして、平成9年度の受験者数に右数を加えると1416名となり、右数に年平均合格

率86.46パーセントを乗じると合格者数は1224名となり、不合格者数は差引き192名となるが、右不合格者数は、平成9年度のそれよりも33名増加したにすぎない。

　　また、本件施設新設によって受験者総数に対する合格率の変動を来すことがあるとしても、その範囲に止まる以上、その指定を行わないのは、明らかに既存学校の権益の保護のみに偏った不合理な措置であること。

　　既存学校についての定員の変更割り替えを行えば解消する問題であって、これを一切行えないとするのは、既存学校の権益の保護以外の理由はないこと。

⑨　柔道整復師の過剰、過当競争について

　　人口10万人に対する柔道整復師従事者数が全国平均を上回っている都県において、柔道整復師の経営の著しい不安定化、施術の低下の招来、適切な医療体制への支障が発生した事実がないこと。

⑩　本件審議会の構成員は、本件各申請を審議するについて到底公正な判断を期待できるものではなく既存の柔道整復師を構成する団体及び柔道整復師の業務と近接、関連する業種の代表者であり、柔道整復師の増加によってその属する団体所属員に不利益をもたらすと判断し、これに異を唱えることは容易に推認しうるのであって、到底公正かつ合理的な判断は期待し得ない。

⑪　公正取引委員会事務総局経済取引局総務課長から、厚生省健康政策局総務課長宛に、養成施設の指定に係る被告の指定の運用については、競争政策の観点から極めて問題であるので、このような運用を今後行わないよう強く要請する旨の書面が出された（競争政策的観点）。

以上のような理由から、裁判所は不指定処分の取消判決をなしている。

A学校法人が、養成機関の不認定処分の取消訴訟を提起した場合には、同様の判決がなされるのかは即断できない。本件認定審査は、個別具体的な事情を検討することになるが、通常は事案毎に差異があるのが普通であるから、結論も個別の事案によるところが多く、予測するのが難しい。

柔道整復師の場合との特に不利な差異として見過ごせないのは、「あん摩師の養成施設が東京に複数存在すること」と、「あんま等法の明文で需給調整の条文が規定されていること」である。東京を含む関東地区はあん摩師の養成学校が多いことに加え、あん摩マッサージ指圧師のうち視覚障害者の占める割合も他県より低い傾向があるため（平成14年度衛生行政報告例参照）、A学校法人自身の営業の自由という権利が侵害されている点を強調しても、弱者保護の主張には勝てない。さらに、マッサージ法があえて需給調整の規定を設けているので、需給調整が不合理なことの立証が必要となる。

これに対しては、むしろ、無資格者の施術により国民の健康が害されているのであるから資格者が増えることは国民にとって利益となること（消費者保護）、競争することでサービスが向上するので国民にとって利益となる点（競争政策的観点）を強調することが必要となると思われる。

柔道整復師事件判決は、人口比などの基本的データは原告がそろえているので、ある程度客観的数字で説得できる証拠を、Ａ学校法人側も準備する必要がある。

とりわけ、訴訟を念頭に置くならば、前記(6)でも述べたように、無資格者の数や、無資格者による国民の健康被害状況などの情報収集は必須であると思われる。

　　ウ　京都ＭＫタクシー事件（大阪地判昭和60年1月31日行集36巻1号74頁）

なお、柔道整復師事件以外に、競争政策的観点を取り入れて認可申請却下の取消判決がなされた判決として、京都ＭＫタクシー運賃値下げ訴訟がある。

この事件は、京都でタクシー運賃の値下げの認可申請をしたが、同一地域、同一運賃の原則から却下されたので、この処分の取消しを求めたものである。

この点、大阪地裁は昭和60年1月31日判決で、運賃の値下げ変更認可申請に対して、申請運賃が適正原価、適正原価利潤に合致し、他の事業者との間に不当な競争を引き起こすおそれのないものであるか否かの点について十分な調査を行わないまま、同一地域、同一運賃の原則に反することを理由に申請を却下した処分は、同条に反して違法であると判示し、さらに、<u>公正取引委員会が同一地域、同一運賃の原則が独禁法に違反することを前提に警告をしている点も根拠としている</u>。

　　エ　紀伊長島町水道水源保護条例事件（最二小判平成16年12月24日民集58巻
　　　　9号2536頁）

紀伊長島水道水源保護条例（以下「本条例」という。）は、水道水源保護のため水源に悪影響を及ぼす事業場を規制対象事業場と認定して、かかる事業所の設置を刑罰（罰金10万円以下）をもって規制していた。この規制対象事業場と認定する手続としては、紀伊長島町水道水源保護審議会（以下「審議会」という。）の意見を聴き、町長が認定する手続であった。

平成16年12月24日最高裁第2小法廷は、同条例が認定前に審議会の意見を聴くなど慎重な手続を規定していることを考慮し、町は事業場（本件では産廃処理施設）を設置しようとする事業者と、十分な協議を尽くし、地下水量の限定を促すなど水源保護の目的に適うよう指導するなどして、事業者の地位を不当に害することのないよう配慮すべき義務の存在を認定し、原審に差し戻した。

事業者は、本条例制定前から産廃処理施設設置許可申請の準備に着手しており、町はそのことを了知した上で、事業者を狙い撃つ条例を制定した点も本件判決の根拠となっていることは否めない。しかし、一般論として行政指導等の事業者の

Ⅱ　行政指導是正要求事件の弁護　　289

地位に配慮する義務を認めたような判決であるとの理解が可能である。

この判決は、行政裁量を狭く解する点と、二つの利益が衝突する場合行政庁は、これを調整する義務があるとした点で参考になろう。

（8） 公正な自由市場を構築するための方策

本件認定申請の審査をするにあたり、厚生労働省等は、視覚障害者からの圧力をおそれ、また、医道審が反対とする意見を予想し、認定をしないものと思われる。かかる不公正な行政活動の是正は、自由市場の確立を実現する立場から公正取引委員会との協働と、不認定処分の取消訴訟の提起によって行いうると思料する。

国民や消費者にとって、公正で自由な市場が確立することは、必要なことであり、我が国政府にはこれを実現する義務がある。日本政府は、規制緩和により自由で公正な市場作りを最大の政策目標としている。しかし、この規制緩和政策は、不公正取引等の取り締まりとセットで行わなければ効果がない。最近のライブドア事件、入札談合事件の取締規制をみれば、我が国政府の方針や社会の流れは、不公正取引や自由市場を阻害する要因の除去に向いているといえよう。

3 訴訟外活動

（1） 公正取引委員会との協働

柔道整復師の事件では、公正取引委員会の意見書が証拠として提出され、判決の基礎とされている。

弱者保護の主張に対抗するには、消費者保護、公正競争の観点が重要であるから、公正取引委員会へ公式・非公式に働きかけることは重要と思われる。

他に、平成18年5月22日に、ヤマト運輸株式会社は、平成18年4月21日に公正取引委員会から出された「郵政民営化関連法律の施行に伴う郵便事業と競争政策上の問題点について」の報告書（案）に対して意見書を提出して、積極的に公正取引委員会を活用している。

さらに、別途検討を要するが、独占禁止法24条の規定する差止請求も検討の余地がある（ただし、今まで差止請求が認められた事例は1件もない）。

（2） 消費者団体との協働

弱者救済に理論的に対抗するために、消費者問題としてのアプローチが必要であることは既に述べた。この消費者問題として世論を喚起するためには、消費者団体と協力して無資格マッサージ業者による健康被害事例を収集することが必要である。

平成18年6月1日には、中国人のマッサージ店に対し、入管法違反の摘発という方法で規制措置が発動されている。

（3）　外国政府、団体などとの協働

　マッサージサービスやこれを含むエステサービスに関する営業は、外国人の経営による店舗も多い。アメリカ合衆国政府は、公式ホームページの中で、日本政府による外国人の市場参入障壁の除去を強く求めている。外国政府（例えば、アメリカや中華人民居和国・タイ王国）による日本政府への自由化要望を参考にすることも効果的である。また、マッサージ関連業界団体の健全な発展や、消費者が資格ある者による施術を受ける利益も重要であるから、「健常者であるあん摩マッサージ指圧師」の増加を政府に要請することも効果的であろう。

（4）　マスコミの報道

　無資格者による施術によって、広く国民に健康被害が出ている報道があれば、これも効果的な証拠となろう。

　また、その記事自体が、不認定処分の取消訴訟において証拠として活用できることになる。健康に関連する雑誌は多く存在する。また、健康問題は社会における最大の関心事であり、大きな関心を集めることは間違いないと思われるが、有資格者のマッサージ師を増加させる専修学校の開設は、社会的に有用と思われる。

（5）　取消訴訟継続中の認可申請

ア　ソフトバンクの事例

　電波法6条7項によれば、携帯電話の電波に関する免許申請は、電波帯域ごとに総務大臣が公示し、公示対象の電波帯についてなされる。800MHz帯は、NTTドコモとAuが利用している電波帯で、ビルの谷間や屋内でも電波が届きやすく、基地局の設置数を減らせるため、どの事業社もこの周波数を欲していた。平成16年8月6日、総務省は800MHz帯の再編成を平成24年を目途に進めるため、パブリックコメントの募集を行ったが、その募集文章の中で、「再編後の800MHz帯も、現在利用している事業社に割り当てる」と明示していた。平成16年10月13日、ソフトバンクは、総務省を相手取り「周波数割当方針案の差止め」などを求める仮処分を東京地裁に申請した。裁判の場で総務省は「割当方針はビジョンに過ぎず、法的拘束力を持たない」「ソフトバンクの800MHz帯への免許申請は可能」という答弁をした。これを受けて、ソフトバンクは仮処分を取り下げ、同年12月6日、800MHz帯について免許申請を行った。

イ　農地の農業振興除外申請の事例

　行政庁が、処分を留保する場合、行政訴訟を提起することが効果的な例として、農振除外申請の事例がある。農地を売却する場合、これを宅地化して譲渡すれば売買代金は高くなるので、農振地域に属する農地について、農振除外申請が行われる。農業委員会が除外申請に対し、処分を留保したり棄却処分した場合、不作為の違法確認訴訟や、除外申請の棄却決定の取消訴訟は、申請許可又は再度の申

Ⅱ　行政指導是正要求事件の弁護　　291

請に対する許可につながる可能性がある。

4 情報公開請求

(1) 医道審議会

審議会の議事について、「会議は非公開とし、議事の内容については、その要旨を各委員の了承を得た上で速やかに公表すること」とされ、議事録全部の公開はなされていない。

仮に、A学校法人の案件が医道審議会に諮られた場合も、具体的な会議の内容を知ることはできない。その議事録は、情報公開法に基づいて開示請求をしても、非開示事由として公開されないであろう。その非開示処分に対する是正方法として、非開示処分の取消訴訟があるが、それについては別途検討が必要である。

(2) 柔道整復師不指定処分取消訴訟において福岡地裁に提出された公取委の意見書

柔道整復師事件で、被告より提出された公正取引委員会事務総局経済取引局総務課長の書面を公正取引委員会の情報公開手続にて請求し、その取得が行われている。

5 その他問題点

(1) 法律・指導要領に、A学校法人側の広報を制約する条項がないが、厚生労働省がこれを制約していることは正当か

ア 「社会福祉士養成施設等、介護福祉士養成施設等及び社会福祉主事要請機関の指定等前の広告に係る取扱いについて」との書面について

a 「社会福祉士養成施設等、介護福祉士養成施設等及び社会福祉主事要請機関の指定等前の広告に係る取扱いについて」との題名の書面がある（以下「取扱い書面」という。）。かかる書面の作成者は厚生労働省福祉基盤課福祉人材確保対策室（書面には作成者の記載なし）である。

この書面のタイトルには「あん摩マッサージ指圧師の養成施設」との文言がなく、同養成施設認定申請の際に適用されるか否かは本書面からは明確ではない。しかし、以下の理由から、あん摩マッサージ指圧師の養成施設の認定申請の際にも、この書面と同様の取扱いをする可能性が極めて高い。

① 厚労省側の担当者から、A学校法人の担当者が、同養成施設設立に向けた交渉の際に受領したものであること

② 取扱い書面は、福祉系資格を取得に向けた養成施設の設置の取扱いを規定したもので、状況が類似していること

③ 「私立専修学校各種学校 事務処理手引」（財団法人東京都私立学校教育振興会）110頁中程に「PR活動開始可（ただし、開校1年前になってから）」との記載があること

b　そして、取扱い書面が、A学校法人の申請の際にも適用されることを
前提にすると、同書面には「指定申請中（申請書提出前にあっては、計画中）であ
ることを、大きく明示すること」とあり、下線部を素直に読めば申請書提出前に
おいても「計画中」との文言を大きく明示することによって、広告をすることが
可能としているように読める。

　　c　ここで、取扱い書面の５行目から６行目にかけて、「計画書提出後で
あって、次の条件を満たした場合に限り、指定等の前に広告を行って差し支えな
いこととする。」と記載されていることから、計画書を提出しなければ広告がで
きないかが問題になる。

　この点、社会福祉士の養成施設の指定手続では、「社会福祉士及び介護福祉士
の養成を行う学校の指定について」と題する文部省高等教育局長・初等中等教育
局長通知（昭和63年２月２日文高技第84号）があり、その通知の中で、授業を開
始する日の一年前までに各指導要領中の様式１による計画書を２部厚生大臣に提
出することが規定されている。

　また、「あん摩マッサージ指圧師、はり師及びきゅう師養成施設指導要領」（平
成12年３月31日健政412号）においても同様に、「養成施設を設置しようとする者
は、様式１による養成施設設置計画書を、授業開始予定日の一年前までに養成施
設の設置予定地の都道府県知事を経由して厚生大臣に提出すること」と規定され
ている。

　したがって、社会福祉士等と同様に、厚生労働省からは、設置計画書提出前の
広告を禁止する指導がなされる可能性は高い。

　しかし、前述した東京高判平成７年１月30日（柔道整復師事件）及びその原審
である東京地判平成６年７月19日において、「設置計画書の提出は、本件指導要
領によって初めて定められたものであり、いわゆる行政指導の一環として、養成
施設を設置しようとする者に対し設置計画の内容報告を求めることとした事実上
の手続とみるのが相当である。すなわち、本件指導要領は、養成施設を設置しよ
うとする者から設置計画の概要を提出させることによって、被告が設置計画の段
階でその計画の内容を事実上検討し、予め不適切な施設を設置することを防止す
るとともに、指定申請の審査の円滑化・迅速化を図ることなどを意図したもので
あり、設置計画書の提出は、具体的な法令の根拠に基づかない、いわゆる行政指
導の一環として行われる事実上のものに過ぎないということができる。右のとお
り、設置計画書の提出が行政指導として事実上行われる指定申請の準備的な手続
であることからすれば設置計画書の提出は、指定の申請をするための法律的要件
ではない……（結局、被告の設置計画に対する承認、不承認は、具体的な法令の根拠
に基づかない事実上の意見の表明ないし勧告といったものに過ぎない。）」と判示され

ている（控訴審も同旨）ことを考慮すれば、設置計画書自体は事実上の書面であり、設置計画書の提出不提出によって権利を制限し、法的地位に不利益を与えることはできないであろうと考えられる。

　　イ　さらに、厚生労働省医事課は、「特に、設置計画書提出前、指定申請書提出前の時期については、設置時期を確定したような記載は、混乱を招くため、絶対おこなわないこと。」としている。不認定処分後の混乱回避のため、設置時期を確定する方法での広告に対して難色を示していると思われるが、設置時期を確定したような広告をすることは禁止されているわけではないように思われる。

　　ウ　もっとも、申請書提出前の広告について、慎重な判断が必要なことには変わりない。

　表現内容に誤解を招くような記載をしてはならないことは、重要事項の正確な伝達を要求する消費者契約法の趣旨から当然である。

　仮に入学者が決定されていても、そのことが審議会や裁判所の判断に対して、A学校法人側へ有利に働く可能性は少ない。むしろ、コンプライアンスが低い学校法人との認識を裁判官に与え、不利に働くおそれがある。

　とりわけ、入学予定者を募集する段階については、より一層の注意が要求される。

　仮に、開講に至らなかった場合には、入学予定者からの損害賠償などが予想され、逆に消費者事件の加害者側であるとのイメージを社会に与えかねない。したがって、例えば、願書の中に十分に説明書きを入れて、承諾の署名押印をさせるなど、重要事項の説明は慎重を期すべきである。事後の処理よりも、事前に行き届いた配慮がなされていたかが、とても大切となってくる事案といえる。

　また、開校に至らない場合に受領した金銭（受験料等一切を含む）を返還することは勿論であるが、開校に至るまで金銭は受け取らない方がよりよいと思われる。なお、金銭を一切受領しなかったり、受領した金銭を全額返金したとしても、精神的損害や1年間を棒に振ったことの逸失利益の請求などがなされる可能性があり、そのことで訴訟になった場合には、行政レベルではほぼ確実に不認定となる見込みで生徒を募集したことが、A学校法人側にとってかなり不利な事情となろう。

　また、これらの入学予定者とのトラブルは、その後の裁量逸脱を争う訴訟において、裁判官に不利な心証を抱かせることが十分にあり得る。

　以上の点に十分配慮し、入学予定者にその他迷惑を掛けなければ、A学校法人には表現の自由、営業の自由があるので、広報は基本的に自由といえよう。

　　エ　さらに、広告禁止の違法確認訴訟、通達（あれば）の違法・無効確認訴訟、事務処理手引きの無効確認訴訟を提起する選択肢もあるが、不利益が事実上

の場合には処分性が認められるか不明であるし、無効確認訴訟には補充性（他の手段では目的を達することができないこと）の要件があることから、認定の義務付け訴訟に加えて違法確認訴訟を併合提起する方が妥当であろう。

（2）　広報禁止の意向に従わない場合、厚生労働省が「審査停止」にするとの内規によって、行政指導することの正当性

取扱要領によれば、これに反する行為があったときは、申請書の審査の停止等の処分行う旨の記載がある。

しかし、申請を受理した以上は、認定又は不認定の処分を出すのが行政の義務であるから、例えば、申請書の記載内容を厳格に判断したり、審査に時間を掛けることにより事実上審査を拒否・停止する可能性は否定できない。さらに、認定規則2条16号「管理及び維持経営の方法が確実であること。」といった抽象的要件を不利に解釈し、同号違反で不認定処分を行う可能性もある。

しかし、このような審査停止については、不作為の違法確認の訴え、認定の義務付け訴訟、仮の義務付け訴訟の提起によって是正を求めることが考えられる。

（3）　広報させないため「受理」をしないことの正当性

行政手続法37条によれば、届出の形式上の要件に適合している以上は、届出先に到達している以上は、届出義務の履行がされたものとされている。したがって、法的に不受理ということはない。ただし、要件適合性で争いになるのを防ぐため、書類作成を慎重にすること、書類の控えを残すこと、また、書類が到達したという証拠を保存することは、当然必要である。

届出の受理に関して裁判となった事件では、MKタクシー事件がある。

MKタクシーは、名古屋で無償旅客自動車運送事業の届出に伴い、自動車の新規登録申請を中部運輸局に対して行ったが、中部運輸局長は当該運送事業が無償旅客自動車運送事業にあたらないとして申請を不受理処分をとした。そこで、同社は、かかる不受理処分の取消しを求め、名古屋地判平成13年10月29日判タ1074号297頁でかかる主張は認められた。

理由としては、登録令21条1項各号の規定する不受理事由が外形的・形式的なので実質判断を要しないことを前提に、不受理事由にそもそも該当しないとし不受理処分を取り消している（確定）。

（4）　就任承諾書に所属長の移籍承諾書を付けさせることはそもそも法律・指導要領にないのに、認可申請書式フォーマットで事実上強制されている。営業の自由・職業選択の自由に反する疑いがある。

　　ア　就任承諾書に移籍承諾書を付けさせることの不当性は、不認定処分取消訴訟の中で、裁量を逸脱していることを根拠付ける一要素として主張していくことになるであろう。

もっとも、Ａ学校法人の養成施設設置計画は、利害関係団体や既存の養成施設から多大の妨害が予想されるのであるから、そもそも移籍承諾書を取得できずに、申請を受理してもらえない可能性がある。

　この場合は、行政手続法37条を利用して受理をさせ、不作為の違法確認訴訟、認定の義務付け訴訟を提起することが考えられる。そして、その訴訟の中で申請が適法か争いになるであろうから、そもそも申請書に所属長の移籍承諾書を要求することの違法性について、主張していくことになるであろう。

　イ　また、移籍承諾書の添付は、教員自身の職業選択の自由を侵害している可能性があるが、その場合は教員に対する行政処分が存在しないので、仮に当該教員が訴訟を提起しても、訴えの利益なしとして却下される可能性が高い。

　ウ　所属長の移動承諾書は、当該教員の現在の職場における地位を危険に陥れることとなり、また、解雇される可能性もあり、教員の移籍の自由を不当に侵害するから、憲法や労働法に違反し、これを供用する行政庁の行為や内規は、無効というべきであろう。

　エ　申請書類の添付書類として移籍承諾書が要求されているが、この承諾書を必ず添付しないと受理しないのかは不明である。しかし、「必要書類が不足している場合（中略）申請書は受理しません。」との行政指導があれば、移籍承諾書を添付しない場合、申請書を受理しない可能性が高い。

　そこで、移籍承諾書を要求することについて、移籍承諾書を提出する義務のないことを確認する訴訟を提起することも考えられる。ただし、ここがメインの争点ではないので、訴えを提起する時期などは、義務付け訴訟の提起時期なども含め、別途検討する必要があると思われる。

（5）　無資格営業の放置と消費者被害

　弱者保護が阻害される原因は、晴眼者である資格者の増加ではなく、<u>無資格営業の放置</u>であることと主張することが必要である。

　また、たとえそのような無資格営業取締問題（消費者保護問題）を前面に出した主張をした場合でも、マッサージ法違反の取締と養成施設の不認定はなんら関係がないとされる可能性も十分にあり得るが、無資格営業の規制はマッサージ市場の需給関係に大きな影響を与えることを行政庁又は裁判所へ強く説得しなければならない。

（6）　Ａ学校法人が、あん摩マッサージ指圧師学科を設置した学校又は養成施設の認定を得るためには、健常者と非健常者の調整が必要であるが、過去の判例などを参考にすれば、上記のほか、次の方策が有益と思われる。

①　公正取引委員会に対して、不公正取引の調査を申し出ること

②　アメリカ合衆国政府・中華人民共和国政府・タイ王国などの外国に対し、

自由貿易障害の撤廃要求を行わせること

③　マスコミに対し、健康市場における自由市場を阻害する要因の除去について報道させること

④　マッサージを含む健康増進のサービス供給業界と協働し、健常者であるあん摩マッサージ指圧師の増加をはかり、消費者が資格ある施術者による役務提供を受ける利益の確保を消費者庁に陳情すること

6　対策1：違法な行政指導の是正

（1）　処分性

取消訴訟を提起するには、本件行政行為が「処分」（行政事件訴訟法3条2項）に当たることを要する。ここにいう「処分」とは、公権力たる国又は公共団体が行う行為のうち、直接国民の権利義務を形成し、又はその範囲を確定することをいう（最一小判昭和39年10月29日民集18巻8号1809頁）。

本件の場合、厚生労働大臣により不認定処分がなされてしまうと、あん摩マッサージ指圧師の養成施設を運営することができなくなり、直接A学校法人のあん摩マッサージ指圧師の養成施設を運営する権利の範囲が確定される。

よって、不認定処分は、「処分」に当たり、仮に不認定処分がなされた場合にはA学校法人は取消訴訟を提起しうる。

不認定処分がなされる場合、厚生労働省及び東京都が事前協議においてなした行政指導の内容と同様の理由、若しくはこれらの行政指導に従わなかったことを理由に不認定処分がなされる可能性がある。これらを理由に不認定処分をすることが許されるかどうかを、以下で検討する。

（2）　行政指導に従わなかったことを理由に不認定処分をなすことが許されるか

行政指導は、一定の行政目的を達成するため、法律上の拘束力を有しない手段により、特定の者に一定の作為・不作為を求めるもの（行政手続法2条6号）をいい、あくまでも相手方の任意の協力によってのみ実現されるものである。

よって、行政指導に従わなかったことを理由に不利益な取扱いをしてはならない（行政手続法32条2項）。

（3）　医道審の不同意と行政処分

「視覚障害者の就業確保の必要性を考慮して、医道審は、A学校法人のなす認定申請に対し、同意」せず、医道審の同意がないことを理由に不認定とすることが許されるか。

　ア　まず、医道審に、同意に関する裁量があるかどうか

本件不同意行為をすると予想される医道審の「あん摩マッサージ指圧師、はり師、きゅう師及び柔道整復師分科会」には、あん摩マツサージ指圧師、はり師、きゆう師等に関する法律（以下「法」という。）の規定により審議会の権限に属さ

せられた事項を処理することが権限として与えられている。（法11条１項、厚生労働省設置法４条14号、医道審政令５条）また、養成施設等の不承認をする際に、医道審の意見をきかなければならない（法19条）。

よって、同意について、医道審に一定の裁量が認められる。

　　イ　裁量審査

医道審に、本件同意に関する裁量が認められるとしても、その裁量権の範囲を超え、又はその濫用をすることは許されない（行政事件訴訟法30条）。

裁量権の逸脱又は濫用に当たるかどうかは、①事実誤認、②目的違反、③動機の不正、③平等原則違反、④比例原則違反、の有無で判断する。

「視覚障害者の就業確保の必要性」を理由に不同意としている。これを理由に不同意とすることは、法19条の目的である「視覚障害者であるあん摩マッサージ師の生計の維持」に合致し、これを理由に不同意とすることに特段の動機の不正も認められないため、裁量権の範囲内の行為とも思われる。

しかし、本件の場合、Ａ法人が養成施設を設置することにより、視覚障害者の就業確保が困難になるといった事情は認められず、また、今後あん摩マッサージ師になろうと考える視覚障害者の資格習得機会を奪うことにもなり、法目的に反する。

よって、本件不同意は、裁量権の逸脱又は濫用に当たり、違法である。

　　ウ　医道審の不同意と行政処分の関係

養成施設の認定につき、医道審の同意がないことを理由に不認定とすることは許されるか。

①　厚生労働省には、法２条１項、あん摩マツサージ指圧師、はり師及びきゆう師に係る学校養成施設認定規則２条、５条（以下「認定規則」という。）の要件を満たしているか否かにつき判断する一定の裁量がある。

②　しかし、認定基準を細かに示している趣旨は、養成施設の一定水準の確保、認定の運用における公正の確保にある。このため、具体的根拠もない要件である「医道審の同意」を課すことで、不当に養成施設への新規参入を制限することは、認定の運用における公正に反し、許されない。

③　よって、医道審の同意がないことを理由に不認定とすることは許されないと解する。

（4）　所属長の移籍承諾書の不添付

認定申請書に「教員予定者の就任承諾書のみならず、同人の現在の勤務先の所属長の移籍承諾書を添付しな」かったことを理由に不認定処分をすることは許されるか。

①　所属長の移籍承諾書を添付しなかったことを理由に不認定処分をなすこと

298　第３部　専門的行政手続と行政事件の弁護

は許されないと解する。

② 法2条の申請書類として「教員の氏名、履歴及び担当科目並びに専任又は
兼任の別」を記載した書類を添付しなければならないが、認定申請書に教員
予定者の就任承諾書、同人の現在の勤務先の所属長の移籍承諾書を添付する
ことは求められていないからである（認定規則7条7号）。

申請書に添付する書類についても、前述4（3）と同様に考え、明文にないも
のを新たに付加することは、許されない。

（5） 以上のような裁量権の逸脱・濫用が認められる場合、違法であり、取り
消されるべきであり、取消訴訟は請求認容される。

7　対策2：解決方法と必要期間

（1）　不作為の違法確認の訴え

まず、「認定申請は諦めた方がよい。」との指導が行われたとしても、A法人は
申請を取り下げる必要はない。一旦、申請をすると、行政庁に応答義務（行政手
続法7条）が生じる。

これにもかかわらず、行政庁が相当期間内に何らかの処分をなさない場合は、
不作為の違法確認の訴え（行政事件訴訟法3条5項）を提起することができる。

（2）　義務付け訴訟

不作為の違法確認をするだけでは、認定処分を受けることができないため、義
務付けの訴え（行政事件訴訟法3条6項2号、37条の3第1項1号）を併合提起（同
法37条の3第3項1号）することもできる。

不作為の違法確認に比べ、義務付けの訴えは、審理事項が多岐に渡り、訴訟が
長期化することが予想される。

迅速な紛争解決に資すると認められるとき、裁判所は、審理その他の状況を考
慮して、不作為の違法確認の訴えのみ終局判決をすることができる。（行政事件
訴訟法37条6項）不作為の違法確認の訴えについて判決をすることで、結果とし
て、行政庁が任意に本来なすべき処分をするように促すことができる。

8　対策3：広告を事前規制することの可否

（1）　憲法21条は、思想、良心の表現の外事実の報道その他一切の表現の自由
を保障しているものであって、広告もこれに内包される。

広告が商業的性格を有するからといって、21条の保障する表現の自由の外に
あるとはいえない。

なぜならば、広告の自由は、国民一般が消費者として、広告を通じてさまざま
な情報を受け取ることの重要性にかんがみ、表現の自由に値するからである。

よって、法的根拠なく、広告を制限することは許されない。

（2）　施術所に関する制限（法7条）のみが明文されており、はり師、きゅう

Ⅱ　行政指導是正要求事件の弁護　　299

師養成施設に関する広告規制は何ら設けられていない。同条における施術所に関する制限は、国民衛生上の見地によるものであり、当該規定を本件のような養成施設設立において適用する余地はない。

よって、「はり師、きゅう師養成施設の設立認定申請について、設立認定申請の前に、はり師、きゅう師学科の開設計画をマスコミに発表してはいけない」との広告制限をすることは許されない。

9 対策4：医道審の同意又は所属長の移籍承諾書を取得できない見込みの場合、どうすれば行政指導を変更させることができるか

（1） 司法手続による変更

行政指導は、行政処分に当たらないため、司法の介入により、その指導内容自体を変更させることはできない。

（2） 行政手続法による変更

ア　行政指導と任意協力

① 行政指導とは、一定の行政目的を達成するため、法律上の拘束力を有しない手段により、特定の者に一定の作為・不作為を求めるもの（行政手続法2条6号）をいい、あくまでも相手方の任意の協力によってのみ実現されるものである（同法32条1項）。申請の取下げ又は内容の変更を求める行政指導にあたっては、行政指導に携わる者は、申請者が当該行政指導に従う意思がない旨を表明したにもかかわらず当該行政指導を継続すること等により当該申請の権利の行使を妨げてはならない（同法33条）。

② 本件の場合、あん摩マッサージ指圧師の養成施設の認定を申請にあたって、Ａ学校法人は、医道審の同意又は所属長の移籍承諾書を取得するよう求める本件行政指導に従う意思がない旨を明らかにすることで、行政指導を中止させることができる。

イ　明示義務

行政指導に携わる者は、その相手方に対して、当該行政指導の趣旨及び内容並びに責任者を明確に示さなければならない（行政手続法35条）。あん摩マッサージ指圧師の養成施設の認定に関する行政指導指針を明らかにするように強く求めることで、変更させる可能性もある。

● 第4 関連裁判例

① 柔道整復師養成施設不指定処分取消請求事件　LEX：28040236

（福岡地判平成10年8月27日判時1697号45頁）

1．柔道整復師養成施設の指定を行わない旨の厚生大臣の処分について、柔道整復師学校養成施設指定規則の指定基準が満たされる以上は、厚生大臣は原則として養成施設

の指定を行わなければならず、裁量の余地はない。
2．柔道整復師養成施設の指定申請に対してなした、指定を行わない旨の厚生大臣の処分が違法であるとして取り消された事例。
3．柔道整復師養成施設の指定を行わない旨の厚生大臣の処分について、「あん摩、マッサージ、指圧、はり、きゅう、柔道整復等審議会」の権限は、厚生大臣の諮問に応じ重要事項を審議することにあるが、厚生大臣が養成施設の指定をするに当たっては、<u>右審議会の意見に拘束されることなく判断できる。</u>
【裁判結果】認容／【上訴等】確定

② 柔道整復師養成施設設置計画不承認処分取消請求控訴事件 LEX：27828212
（東京高判平成7年1月30日行集46巻1号30頁）
1．柔道整復師法（昭和45年法律19号）12条に定める柔道整復師養成施設を設置しようとする者のする養成施設設置計画書の提出は、同法14条、柔道整復師学校養成施設指定規則（昭和47年文部・厚生省令2号）2条に定める同施設の指定の申請に先立ち、柔道整復師養成施設指導要領（平成元年9月29日健政発525号各都道府県知事あて厚生省健康政策局長通知）により、行政指導の一環として、その設置計画の内容の報告を求める事実上の準備的な手続においてされるものであって、前記指定の申請をするための<u>法律的な要件ではない</u>と解される。
2．柔道整復師法12条に定める柔道整復師養成施設を設置しようとする者が、指導要領により提出した<u>設置計画書を不承認</u>とした厚生大臣の措置は、法令上の養成施設の指定申請に先立って行政指導の一環としてなされるものであり、取消訴訟の対象となる行政処分に該当しない。
【裁判結果】控訴棄却／【上訴等】確定

③ 私立各種学校設置不認可処分取消請求事件（代々木ゼミナール小倉校設置不許可処分取消訴訟第一審判決） LEX：27804434
（福岡地判平成元年3月22日行集40巻3号268頁）
1．私立各種学校の設置認可を受けるための要件としては、学校教育に類する教育を行うもので原則として各種学校規程（昭和三一年文部省令三一号）に定められた基準を満たすものであることをもって足りるというべきであり、同規程に定める要件を満たすか否かの判断につき、各種学校に学ぶ生徒の教育を受ける権利を実質的に保障するとの観点から知事に一定の裁量権のあることは当然であるが、それ以外の事情を考慮することは許されないとして大学進学予備校の設置不認可処分が、<u>考慮すべきでない事項を考慮</u>してなされたものとして違法であるとされた事例。
【裁判結果】認容／【上訴等】控訴

④　あん摩師はり師きゆう師及び柔道整復師法違反被告事件　LEX：27681102
（最大判昭和36年2月15日刑集15巻2号347頁）

　きゆう業を営む被告人が、きゆうの適応症となる病名を記載したビラを配布し、あん摩師、はり師、きゆう師及び柔道整復師法7条1項各号に列挙する事項以外の事項について広告をしたという事案の上告審において、同法が、いわゆる適応症の広告をも許さないゆえんのものは、もしこれを無制限に許容するときは、患者を吸引しようとするためややもすれば虚偽誇大に流れ、一般大衆を惑わす虞があり、その結果適時適切な医療を受ける機会を失わせるような結果を招来することをおそれたためであって、このような弊害を未然に防止するため一定事項以外の広告を禁止することは、公共の福祉を維持するためやむを得ない措置として是認されなければならないから、同法7条は憲法21条に違反せず、また、憲法11条ないし13条及び19条にも違反しないとされた事例（補足意見及び少数意見あり）。

1．業務または施術所に関して広告制限を規定したあん摩師、はり師、きゆう師及び柔道整復師法七条は、憲法一一条ないし一三条・一九条および二一条に違反しない。
　【裁判結果】棄却／【上訴等】確定

⑤　ごみ焼場設置条例無効確認等請求上告事件　LEX：27001355
（最一小判昭和39年10月29日民集18巻8号1809頁）

1．公権力の主体たる国または公共団体の行なう行為のうち、それが仮りに違法なものであるとしても、正当な権限を有する機関によつて取り消されまたはその無効が確認されるまでは法律上または事実上有効なものとして取り扱われるものでなければ、いわゆる抗告訴訟の対象たる行政庁の公権力の行使にあたる行為とはいえない。

2．国または公共団体の行う行為のうち、それが仮に違法なものであるとしても、正当な権限を有する機関によつて取消されまたはその無効が確認されるまでは法律上または事実上有効なものとして取扱われるものでなければ、いわゆる抗告訴訟の対象たる行政庁の公権力の行使に当る行為とはいえない。

3．東京都によるごみ焼却場の設置行為は、抗告訴訟の対象である行政庁の公権力の行使に当る行為とはいえない。
　【裁判結果】棄却／【上訴等】確定

［山下 清兵衛］

Ⅲ　住民訴訟（財務会計法違反）事件の弁護

● 第1　事案の概要

　乙県A市では、5年前、地域振興を目的として、A市、民間企業及び個人が出資し、テーマパークを運営する第三セクター方式のB株式会社を設立したが、当初から運営はうまくいかず経営は破綻し、ついに営業を停止した。市長であるCは、定例議会に補正予算案を上程して議決を経た上で、Bに対し、営業停止後の債務整理のための補助金として1億円を交付した。

　DはA市の住民であるが、この問題に取り組むために他の住民ら10名とともに、市民オンブズマンEを立ち上げた。

● 第2　法的検討

1　住民訴訟の概要

（1）　監査請求人の資格・住民訴訟の原告適格

　地方自治法により、監査請求人の資格として「普通地方公共団体の住民」であることが要求され（法242条1項）、また、住民訴訟の原告適格に関しては、「普通地方公共団体の住民」であることに加えて、訴訟で問題とする行為・事実について監査請求を行った者であることが要求されている（法242条の2：監査請求前置主義）。

　監査請求及び住民訴訟双方において要求されている「普通地方公共団体の住民」とは、当該地方公共団体に住所、つまり生活の本拠を有する者を意味し（法10条1項）、必ずしも納税者・有権者である必要はなく、外国人も含まれるし、自然人に限られず法人も含まれる。

（2）　監査請求・住民訴訟の対象となる行為

　監査請求、住民訴訟の対象となる行為は基本的には同一である。住民が、問題のある行為、事実として監査請求、住民訴訟の対象とすることができる行為、事実を、法242条1項が規定している。条文上の要件を整理すれば、以下のようになる。

　　ア　誰の行為か

　監査請求、住民訴訟の対象とできるのは、「普通地方公共団体」の「長」「職員」「委員会」「委員」が行う行為である。

　　イ　対　象

　①　監査請求の対象とできるのは、「違法」又は「不当」な行為、

② 住民訴訟の対象とできるのは、「違法」な行為である。

　ウ　対象行為の内容（財務会計行為）

① 公金の支出

② 財産の取得、管理、処分

③ 契約の締結、履行

④ 債務その他の義務の負担を負うこと

⑤ 公金の賦課、徴収を怠る事実

⑥ 財産の管理を怠る事実

　エ　先行行為（一般行政行為）と後続行為（財務会計行為）

　監査請求・住民訴訟の対象となる行為は、これら財務会計上の行為（①～⑥の行為をまとめて財務会計上の行為と呼ぶ。）に限られている。これは、住民監査請求、住民訴訟制度が地方公共団体の行政一般の違法を是正するための制度ではなく、財産管理など地方公共団体の財務会計の適正な運営を住民自身が監視するための制度であることによる。

（3）　住民監査請求の請求内容

　住民は、監査委員に対し、

① 当該行為を防止し、又は是正し、

② 当該怠る事実を改め、

③ 当該行為・怠る事実によって当該地方公共団体が被った損害を補填するために必要な措置を講ずべきことを請求できる。

（4）　住民訴訟でなしうる請求内容

　住民訴訟は民衆訴訟であるため、住民訴訟として提起できる請求は、法242条の2第1項が定める以下の請求に限られ、それ以外の請求は認められない（行政事件訴訟法42条）。したがって、住民訴訟を提起するにあたっては、住民訴訟としていかなる請求が認められているのかを理解する必要がある。そこで住民訴訟として認められている請求類型を整理すれば、以下のようになる。

　ア　1号―差止請求

　当該執行機関又は職員に対する「当該行為」の全部又は一部の差止めの請求である。公金支出など財務会計上の行為が違法に行われようとしている場合に、執行機関を被告として、その行為の差止めを求める訴訟である。

　イ　2号―取消請求、無効確認請求

　行政処分たる「当該行為」の①取消しの請求、②無効確認の請求である。行政処分たる財務会計上の行為が、違法に行われた場合に、行政主体を被告として、その取消しあるいは無効確認を求める訴訟である。

　ウ　3号―怠る事実の違法確認請求

当該執行機関又は職員の「当該怠る事実」の違法確認の請求である。地方公共団体の財産の管理、公金の賦課徴収を違法に怠る不作為が存在している場合に、執行機関を被告として、その怠る不作為が違法であることの確認を求める訴訟である。

エ　4号本文—損害賠償請求、不当利得返還請求の履行請求

「当該職員」あるいは「当該行為」「怠る事実」に係る「相手方」に対する

① 　損害賠償請求

② 　不当利得返還請求

の履行請求

4号請求訴訟の内容：公共団体の長、職員が、違法な財務会計上の行為を行った場合、あるいは違法に財産の管理などを怠った場合に、次のⅰ、ⅱの請求をすることができる訴訟

　　a　①違法な財務会計上の行為を行った職員、②違法に財産の管理などを怠った職員に対して、地方公共団体が有するⅰ損害賠償請求権、ⅱ不当利得返還請求権の履行を地方公共団体の長に請求する訴訟

　　b　①違法になされた財務会計上の行為の相手方、②財産の管理などが適法になされていない場合に、請求の対象とすべき相手方に対して、地方公共団体が有するⅰ損害賠償請求権、ⅱ不当利得返還請求権の履行を地方公共団体の長に請求する訴訟

オ　4号ただし書—賠償命令請求

① 　「当該職員」又は

② 　「当該行為」若しくは「怠る事実」に係る相手方が次の者である場合「会計管理者」「会計管理者の事務を補助する職員」「資金前渡を受けた職員」「占有動産を保管している職員」「物品を使用している職員」（243条の2第1項及び3項)「支出負担行為」「支出又は支払権限等を有する職員」

③ 　賠償命令をすることを求める請求

カ　訴訟要件の解釈

① 　1号・2号・4号の「当該行為」とは、住民訴訟の対象となる上記(2)ウ①～④の行為

② 　3号・4号の「怠る事実」とは、住民訴訟の対象となる上記(2)ウ⑤・⑥の行為

③ 　4号の「当該職員」とは、違法な公金の支出、財産の取得管理処分、契約の締結履行、債務の負担行為を行い、あるいは、違法に公金の賦課徴収、財産の管理を怠った地方公共団体の長、職員、委員のこと。

Ⅲ　住民訴訟（財務会計法違反）事件の弁護　　305

第3　弁護方針

1　原告適格

　Ｄら Ｅのメンバーから相談を受けたＦ弁護士としては、まず、Ｄ又は市民オンブズマンＥに、監査請求人としての資格ないし住民訴訟の原告適格が備わっているか否かを検討しなければならない。

　Ｄは、Ａ市住民であり問題なく監査請求人としての資格並びに住民訴訟の原告適格が認められる。

　一方で、市民オンブズマンＥは、いわゆる「権利能力なき社団」であり、法人格を有さないため、監査請求人としての地位並びに住民訴訟の原告適格が問題となる。

　しかしながら、「権利能力なき社団」といえども、そのことのみで請求人としての地位並びに原告適格が否定されることにはならない。会則及び代表者が明確に定められ、権利能力なき社団としての実体を備えている団体については、請求人たる地位を認めても何ら差し支えない。ただし、もっぱら団体の名で住民訴訟を提起する目的で権利能力なき社団を結成した場合には原告適格が否定された判例がある（福岡地判平成10年３月31日判時1669号40頁）。

　本件についてみるに、市民オンブズマンＥが、会則及び代表者が明確に定められた「権利能力なき社団」としての実体を備えている団体であり、もっぱら団体の名で住民訴訟を提起する目的で結成されたのでなければ、Ｅもまた請求人としての資格並びに原告適格を有するものといえよう（行政事件訴訟法７条、民事訴訟法29条参照）。

　しかしながら、国民の裁判を受ける権利を前提とすれば、訴訟提起する目的は正当なものという考えもある（陣屋の村補助金事件：最二小判平成17年10月28日民集59巻８号2296頁参照）。

2　補助金交付の違法性

　次に弁護士Ｆとしては、監査請求・住民訴訟の対象となる行為を検討しなければならない。

　本件では、Ａ市市長であるＣにより、第三セクター方式のＢ株式会社に対し、補助金１億円が交付されている。したがって、「普通地方公共団体」の「長」により、「公金の支出」がなされていることになる。

　本件における市長Ｃによる公金の支出が、違法になされていれば、監査請求並びに住民訴訟の対象となしうる。

　この点、法232条の２は、「地方公共団体は、その公益上必要がある場合においては、寄附又は補助をすることができる」と規定し、補助金の交付などにつき

「公益上の必要性」の要件を課している。

「公益上の必要性」に関する判断については、事柄の性質上当該地方公共団体の地理的・社会的・経済的事情及び各種の行政政策のあり方などの諸般の事情を総合的に考慮した上での政策的判断を要するものであるから、補助の要否を決定する地方公共団体の長に一定の裁量権があるものと解されている。

しかし、法232条の2が地方公共団体による補助金などの交付について「公益上の必要性」という要件を課した趣旨は、恣意的な補助金などの交付によって当該地方公共団体の財政秩序を乱すことを防止することにあると解される以上、裁量権の範囲には一定の限界があるというべきであろう。そうであれば、当該地方公共団体の長による判断に裁量権の逸脱又は濫用があったと認められる場合には、当該補助金の交付は違法と評価されるべきである。

この点、公益上必要であるか否かの判断基準として、一般的には、当該補助金交付の目的・趣旨・効用・経緯、補助の対象となる事業の目的・性質・状況、当該地方公共団体の財政の規模・状況、議会の対応、地方財政に係る諸規定の事情を総合的に判断することになる。

本問についてみるに、市長Cによる補助金交付は、債務整理を目的としており、これはA市が出資しているB株式会社を対象としていること、また、定例議会の議決を経たうえでなされている点に鑑みれば、公益上の必要性が認められ、裁量権の範囲内であり、違法な公金支出とはいえないと思われる。

しかしながら、A市の出資割合が極端に低かった場合や、また、B株式会社には、もはや再建の可能性がない点を重視すれば、市長Cによる本件補助金の交付は、裁量権を逸脱・濫用した違法な公金支出であったと評価しうる（日韓高速船補助金事件：最一小判平成17年11月10日判時1921号36頁参照）。

3　住民監査請求と請求期間

仮に、本件市長Cによる補助金交付が、違法な公金支出であり、監査請求並びに住民訴訟の対象となりうるとすれば、弁護士Fとしては、まず、補助金交付によって当該地方公共団体が被った損害を補填するために必要な措置を講ずべきことを請求するべく、住民監査請求を提起することをアドバイスすべきである。ただし、住民監査請求は、補助金交付のあった日から1年を経過したときはできなくなる（法242条2項）。

4　住民訴訟と不変期間

住民監査請求をなしたにもかかわらず、

① 　監査委員の監査の結果・勧告、勧告に基づいて長等が講じた措置に不服があるとき

② 　監査委員が監査・勧告を60日以内に行わないとき

Ⅲ　住民訴訟（財務会計法違反）事件の弁護　　307

③　監査委員の勧告に基づいた必要な措置を長等が講じないとき

　いずれかの場合が生じたら、そこで住民訴訟を提起することができる。ただし住民訴訟の提起には、不変期間がある点に注意が必要である（法242条の2第2項・3項）。

5　訴訟類型の選択

　では、住民訴訟を提起する場合、D、市民オンブズマンEが、いかなる請求類型を選択できるかについて検討する。

（1）　差止請求（1号訴訟）

　本問では、すでに市長Cにより補助金の交付がなされている。したがって、1号請求である差止めの請求は意味がない。そこで、本件における住民訴訟による争い方としては、2号請求（補助金交付決定取消・無効確認請求）、又は3号請求（怠る事実の違法確認請求）、ないしは4号請求（履行請求訴訟）が考えられる。

（2）　怠る事実の違法確認請求

　3号請求であるが、違法に交付された補助金の返還を求めるべき地方公共団体がその返還請求権を行使しない場合、「財産の管理を怠る事実（法242条1項）」に該当するので、違法を確認する訴訟を提起することは可能であると解する。

（3）　損害賠償請求の履行請求

　4号本文請求を提起して、違法な財務会計上の行為を行った市長Cに対する損害賠償請求の履行請求訴訟が可能である。

①　不当利得返還請求の履行請求

②　違法になされた財務会計上の行為の相手方である株式会社Bに対する不当利得返還の請求を求めることも可能である。

6　補助金交付の処分性

　2号請求ができるかは問題である。補助金交付決定が違法であるとして、2号に基づきその取消・無効確認請求を求めるためには、補助金交付決定が2号に定める「行政処分」に該当しなければならない。

　2号の規定する「行政処分」は、行政事件訴訟の抗告訴訟の対象となる「行政処分」と同視されており、「行政庁がその優越的地位にたって権力的な意思活動として行い、個人の法律上の地位ないし権利関係に何らかの具体的影響を与えるような対外的な行為」であると一般的には解されている。

　補助金交付決定が行政処分に該当するか否かにつき、東京地判昭和63年9月16日行集39巻9号859頁は「①補助金の交付は非権力的なものであることから、原則として補助金交付決定の行政処分性を否定し、そのうえで、②例外的に補助金交付決定が行政処分に当たる場合として、法令などが一定の政策目的のために一定の者に補助金の交付を受ける権利を与えるなど、法令が特に補助金の交付決

定に処分性を与えたものと認められる場合には、行政処分に当たる」としている。

　したがって、原則的には、補助金の交付決定には処分性が認められないため、2号請求は却下されることになる。しかしながら、問題文からは、必ずしも明らかではないが、仮に、第三セクターに補助金の交付を受ける権利を付与するような法令があるとすれば、当該補助金交付決定は、処分性を有することになるため、2号請求が可能となる。札幌高判平成9年5月7日行集48巻5＝6号393頁は、非権力的なものとして、補助金支出決定の処分性を否定した。また、東京地判平成18年9月12日も補助金不支給決定の処分性を否定している（補助金助成金事件）。

[山下　清兵衛]

Ⅳ 電子取引ディベロッパー査察調査事件の弁護

第1 事案の概要
(1) 調査対象会社（日本G社）と取引の流れ

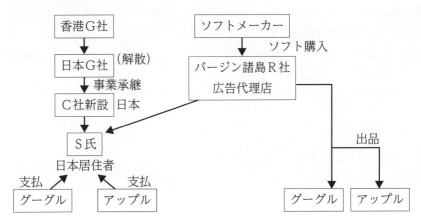

(2) ゲームソフト販売事業
　C社は、R社からゲームソフトの配信権付与（業務委託契約）を受けて、日本を含む全世界で、グーグルとアップルのプラットホームを使ったゲームソフトを配信していた。
　売上は、グーグルやアップルから売り上げの70％がＳ氏個人口座へ入金された。
(3) 新規アカウント申込み
　架空の個人名義で申し込み、アップルストア、グーグルプレイのプラットホームを利用した。

(4) 集金口座
　平成24年〜平成28年の5年間で、Ｓ氏名義の銀行口座へ、約6億3500万円が入金された。Ｓは、Ｒ社の代理で同金員を預かったもので、Ｒ社の売上と主張し

た。

（5）　ユーザーのソフト利用

ユーザーは、クレジット決済などして、グーグルやアップルへソフト利用代金を支払う。

グーグルやアップルのサーバーはアメリカ等海外にある。

（6）　査察調査開始

平成30年3月15日　査察調査が開始された。

差押執行対象場所は、日本G社・C社・取引先企業・S自宅・税理士事務所・マンション分譲業者のオフィス又は居住地であった。

（7）　集　金

S氏個人で6億3500万円を集金し、日本G社で別途7億円を集金したが、これらはすべてR社の売上であると主張した。

（8）　日本G社

日本G社は、広告料・ソフト使用料合計約5億円を香港G社へ送金して、費用計上している。決算書上、日本G社は7億円～6億8000万円の海外払費用を計上している。

2年前に、日本G社は、解散して事業を停止した。

（9）　アップルから解約

Sは、平成27年7月～8月頃、アップルからプラットホーム利用契約を解約されたことがあった。

R社は広告代理店業も行い、グーグルやアップルのプラットホームにおける順位を上げる業務も請け負っている。意図的な順位上げ行為は、利用契約の解除原因とされている。

（10）　個人Sの銀行口座への入金

①　アップル・ドイツから入金している。

②　グーグル・ドイツから入金している。

③　個人SとR社間の金銭消費貸借契約がある。

R社の売上であり、Sは代理受領であると主張した。

（11）　日本G社への入金

日本G社へ入金となった7億円のうち、1億円はアップルやグーグルから回収したもので、他の6億円は直接ユーザーから回収したものであった。

（12）　C社の事業

①　現在、日本G社と異なり、アップルやグーグルのプラットホームは、使っていない。

②　C社は、直接ユーザーから入金がある方式に切り替えた。

（13）　東京国税局査察部門との交渉

査察部門に次の物件の返還要求をした。

① 　パスポート返還要求

② 　ネットバンキング用の銀行トークン返還要求

③ 　子供の入学申込書返還要求

④ 　携帯電話の返還要求

⑤ 　パソコンデータのコピー要求

● 第2　東京国税局査察部門へ出頭

（1）　Ｙ弁護士は、Ｓを同行し、査察部門から、携帯とパスポートの返還を受けた。

（2）　査察部門から、資料提供要求があり、Ｒ社の決算書とＳ・Ｒ間の金銭消費貸借契約書を提出した。

（3）　Ｒ社の活動

① 　日本Ｇ社は、Ｒ社の支配下にあった。

② 　Ｃ社は、Ｓが代表で、Ｒ社へ広告をインターネットで依頼し、Ｒ社のアメリカの銀行口座へ広告料を支払っている。

③ 　Ｒ社は、日本で経済活動していない。

（4）　Ｓ氏がＲ社から預かった２億円の使途の説明

① 　１億円は、Ｃ社の資本金に使った。

② 　残金１億円は、サーバー費や人件費などのＣ社の運営費に使った。

③ 　グーグルとアップルから２億円入金したものは、Ｒ社の売上でこれをＳがＲ社から預かったと主張した。グローバルビジネスで、ユーザーは全世界にいる。出店・出品を、どこでなしたか、ユーザーが誰かわからない、アップルとグーグルに聞かないとわからないと主張した。

④ 　Ｓ氏は、Ｒ社に名義貸しして、グーグルやアップルから金銭を受領したと説明した。

⑤ 　グーグル・アップルへ出店・出品したのはＲ社側であると説明した。

⑥ 　この２億円の入金について、覚書があり、前回税務調査のとき、国税局へ提出していた。

（5）　ライセンスの帰属

日本Ｇ社やＣ社に、ゲームソフトの著作権は帰属しない。Ｒ社その他の海外企業からライセンスを取得している。

（6）　Ｃ　社

資本金１億円で、６期目の日本法人である。現在は、日本法人Ｃ社をベースに、

S氏は日本で仕事をしている。

第3　C社の主張

（1）　主張骨子

C社はR社の経済活動であると主張した。S氏とR社間の覚書にて、R社の売上としている。

アップルやグーグルと架空名義人の名で契約した者は、SであるがR社の指示であると主張した。その売上金回収口座はS氏個人名義であり、R社のものであると主張した。

査察調査開始時、S氏は、帰化申請中であった。

帰化の要件は次のとおり。

- a.　永住権がある人は100％帰化できる
- b.　犯罪歴がないこと
- c.　滞納税金がないこと
- d.　資産状況が良いこと

Sは、告発されたら、それが100％帰化の阻害要因となるから、告発されないことを最大の弁護方針とした。

（2）　本件ビジネスモデル

グーグル、アップルのプラットホームを利用するビジネスモデルである。日本での売上は数％にすぎない。

C社は、中国・日本以外でもソフト販売し、検索キーワードを工夫して順位を上げる方策を利用している。グーグル等は、ソフト販売のランキングを公表しており、査察部門はこれを証拠保存し、売上推計が可能という。

第4　査察部との協議

（1）　修正申告・自白調書の要求

R社とC社の申告書を提出した。R社の代表H氏の出頭要請があった。査察部からC社のその他の財務諸表を出せとの要求がなされた。出店者と利用契約者と入金口座名義人を明確にし、その関係を説明せよと要求がなされた。

K氏は、6月中に異動する。K氏は国税局16年間勤務で、査察調査のベテランであった。

K氏から、「告発しないので、G社とC社で修正申告せよ。」との申出を受けた。「S氏の自白調書をとらせよ。」との条件も付された。

（2）　修正申告の勧奨とその内容

ア　2億5845万円（2期）

IV　電子取引ディベロッパー査察調査事件の弁護　313

S氏口座に約2億5845万円の入金がある。G社からS氏への貸付金として処理した。
　　イ　C社で売上計上
　I氏ほか7人・8か月分の派遣費用がデタラメで、支払の実績がない。1億8755万円を所得加算した。
　日本G社は、R社への支払2億256万円を費用としてよい。2億256万円は、消費税込みとする。
　C社は、消費税1500万円を、別途申告せよ（仕入税額控除は否認される）。
　　ウ　C社は累積赤字があるから、4000万円の所得となる。事業税認定損は認められ、Sへの貸付金の利息を計上した。
　H氏とS氏間のメールがあり、R社からの借入金であると弁明してきたが、売上は日本G社のものとすることになった。
　査察部の申出を受諾し、日本G社とC社で修正申告することにした。

第5　日本G社査察事件の結末
　（1）　2億256万円は、C社の人件費（未払金）とする。日本G社は、法人所得1億8755万円で申告し、C社は消費税1500万円の修正申告をなす。
　（2）　人件費

　平成28年は、6000万円の支払実績があるが、日本G社で人件費を支払っている。平成27年の8200万円は、販管費を計上する。
　（3）　支払広告宣伝費
　2億8000万円の広告宣伝費の計上があったが、日本G社は8000万円の支払をなしたが、その余の2億円は未払いである。
　（4）　2億5845万円の売上のうち、40％程度を粗利益とする。販管費は、5000万円〜8000万円を認める。
　2億5845万円×0．4＝1億338万円
　8300万円（27年3月期の販管費）、28年3月期は、6億円以上の販管費を認める。
　（5）　S氏個人への入金分処理
　平成27年　7436万円　　平成28年　1億8408万円

合計2億5845万円を日本G社の追加法人所得とする。

　これらは、R社のものと主張してきたが、日本G社の所得であるとした（R社は、バージン諸島の法人で、国外源泉所得は、非課税であると主張してきた）。

（6）　解決策

①　2億5845万円は、日本G社の売上とする。

②　国税局査察部は、日本G社の売上にし、S氏の自白調書を要求したので、これを認める。

③　査察部によるC社の未払費用否認を認めるが、I氏らに対する給与支払の一部を費用として認めるよう交渉する。

◎ 第6　国境を越えた労務の提供に係る消費税の課税

　（1）　インターネットを介して行われる役務提供が、消費税の課税対象となる国内取引に該当するかどうか（内外判定基準）が、役務提供者事務所所在地基準から、役務提供受領者住所地基準に改正された（平成27年10月1日以降行われる課税資産の譲渡等及び課税仕入れから適用される）。

　（2）　国内事業者は、国税庁長官の登録を受けた登録国外事業者から受ける消費者向け電気通信利用役務の提供については、その仕入税額控除を可能とすることとされた（登録国外事業者の登録申請は、平成27年7月1日から）。

◎ 第7　徴収共助

　（1）　日本は、平成27年11月3日、G20カンヌサミットにおいて、税務行政執行共助条約に署名した。これは、平成25年10月1日発効した。

　（2）　自国の納税を滞納している納税者が、外国に財産を有する場合、外国の執行管轄権（主権）による制約から、国外資産に対して、滞納処分を実施できない。この場合、財産所在地国の法令に基づき、相手国で滞納処分を行い、徴収額を自国へ送付してもらう制度である。

　（3）　平成24年、条約実施特例法が改正・整備され、外国から徴収共助の要請を受けた場合、国税を徴収する例にならい、外国租税の徴収を日本国内で行えることになった。ただし、我が国の利益を害することとなるおそれがあると認められるときなどは、除外事由が定められている（同法11条）。

[山下　清兵衛]

Ⅴ　建築業許可事件の弁護

第1　事案の概要

（1）　各社の関係性

K社は、N社に対し通信機器の設置工事を発注し、N社は、C社とS社を下請工事会社として施工した。

発注者K社→（発注）→N社→（下請け発注）→C社・S社工事会社

（2）　KN社間における取引基本契約書の内容

①　通信システムに供する通信機器及びサービス供給契約の条件を定める基本契約とする。

②　N社は、その保有するソフトウェアをK社にライセンスする。

③　基本契約書は次の複数契約で構成されている。

　a　通信機器（ハード）の売買契約

　b　通信機器稼働に関するソフトウェアのライセンス契約

　c　通信機器の保守・トレーニングなどのサービス供与契約

④　基本契約書には、電気通信設備工事や電気工事や機械器具設置工事の請負契約に関する直接的かつ明確な条文がない。

⑤　ただし、基本契約は、次のa・bを定める。

　a　基本契約や個別契約の義務履行について、N社は、第三者へ委託又は下請けに出すことができる。

　b　通信機器設置等のサービスを遂行するにあたり、N社は、特定の建設会社と共同企業体を形成できる。

共同企業体は、N社に対して、基本契約上のN社の義務と同内容の義務を負う。

第2　問題点

基本契約添付作業分担表には、N社が設備設置等の工事を行う旨の記載があるが、N社は、建設業の許可を有しないので、機械器具設置工事等の請負人となりうるかが問題となる。

第3　関係法令

・建設業法3条1項

・建設業法施行令1条の2

316　第3部　専門的行政手続と行政事件の弁護

第4　法的分析

1　共同企業体協定書の法的性質

本協定書は、その記載内容から次のとおりのものと分析できる。

① 　N社が（K社のために）、本件通信設備の設置・据付・調整するための活動を行い、かつ、必要な材料を円滑供給するために、基本契約に基づいて共同企業体を結成する。

② 　基本契約には、K社とN社間の作業分担表が添付され、N社は責務を負担する。

③ 　S社は、N社がK社に負担する上記作業分担表記載の建設工事や据付工事を行う。

④ 　C社とS社の行うべき工事は、別紙に記載されている。

⑤ 　本協定は、N社を代表者として、C社及びS社とともに共同企業体（JV）を結成し、a国内輸送、b工事（電気工事）、c現場調査及びdマネジメント等のサービス（役務）を一体としてK社に提供するものである。

⑥ 　提供するサービスの一つであるb工事（電気工事）を営むには、建設業法上の許可を要するところ（建設業法3条）、N社は同許可を有しない。

2　建設業法と共同企業体

（1）　JV方式と建設業法

建設業者（建設業法3条1項の許可を受けて建設業を営む者：建設業法2条3項）でないものを構成員に含むJVが、建設工事を含むサービスの提供を行うことは、建設業法に違反する可能性がある。A工事のみの許可を有する建設業者とB工事のみの許可を有する別会社とがJVを結成して受注し施工することは、一般的に行われているが、構成員は、無資格工事について、施工義務を負担しない共同受注契約でなければならない。

JVの法的性格は民法上の組合であると思われるが、JVと発注者間の契約内容が、提供する複数のサービスの全てについて共同での施工を義務付けるものであるかがポイントである。本件では、K社とJV間の請負契約は締結されていないが、N社は、基本契約24条と作業分担表などによって、K社に対し電気工事等を施工する義務を負担していると思われる。

（2）　本件共同企業体の一括下請

K社との基本契約においては、その文面上、JVの代表者であるN社のみが表示され、その構成員であるC社及びS社は表示されていない。本件では、発注者であるK社は、本協定書の内容自体を熟知している。

N社のJVにおける役割や工事内容が明確でなければ、一括下請けではないかとの批判を受けかねない。その場合は、一括下請負を禁止している建設業法22

条に違反するとの指摘もありうる。仮に、一括下請負に当たるとしても、発注者の書面による承諾を得た場合には、この問題も生じないこととなる（建設業法22条3項）。

（3） 軽微建設工事に該当するか

工事一件の請負代金の額が500万円に満たない工事は軽微な建設工事として建設業の許可を要しないものとされている（建設業法3条1項ただし書、建設業法施行令1条の2第1項）。本件工事は1局あたり百数十万円の額で発注される工事である。

K社の発注書記載の「請負金額」は、建設業法第3条1項及び令第1条の2の所定の金額をはるかに超過しており、発注金額又は請負契約金額の総額は、許可必要条件の除外要件を充足していない。

しかし、同条項の除外要件は、「工事一件の請負金額」で区分しているから、現場毎の個別工事の請負金額が除外要件の決め手として、弁明理由となる可能性がある。

（4） 本件企業共同体構成員の取引先に対する債務

ア　民法の組合契約による共同企業体は、その構成員と別の法人格を持つものではない。したがって、共同企業体が建設工事の請負契約を締結した場合であっても、法的には各構成員が建設工事を請け負っていることになる。

共同企業体の構成員の一部が建設業の許可を有していれば問題ないというわけではなく、各構成員全員が建設業の許可を取得する必要があると思われる。

イ　JVを組むこと自体は建設業法に違反するものではないので、共同企業体が適正に運営できるのであれば、このような形態で共同企業体を結成することは可能である。発注者がこれを理解した上で自らの判断と責任で、無資格者を構成員とする共同企業体に発注することは可能である。しかし、こうした受注形態は、構成員間の役割と責任範囲を明確にして行われるべきで、無資格者が建設工事施工の債務を負担してはいけない。

本件が建設業法3条に違反しないJVであるかどうかはさらに検討の余地がある。

本件では、N社はK社に対し基地局の設置等の電気工事の完成を請け負い、それを反覆継続して行っているのであれば、N社は建設業法第3条の「建設業を営もうとする者」に該当すると考えられる。本件のJVの類型が、電気工事の許可を持つ業者だけが直接K社に工事の完成を請け負うのであり、N社は工事の完成に責任を負わないというのであれば、N社は「建設業を営もうとする者」に該当しない。しかし、基本契約の添付作業分担表によれば、本件ではN社も工事の完成義務をK社に負担している。

JVの法的性格が民法上の組合であるとしても、提供する複数の役務の全てに

ついて共同施工や共同完成を義務付けるものではない。要は、発注者に対する関係で、N社が工事施工完成義務を負わないことが必要である。

ウ　K社とN社間の取引基本契約に従って、N社が契約の履行を委託または下請に出した場合、N社について、K社に対して「本契約及び個別契約の義務を免れる」とする免責条項はない。

本件JVの法的性格を協定書と基本契約によって性質決定し、これを先決問題として、建設業法第3条の適用問題が決定されなければならない。

本件では、N社は、基本契約によって、K社に工事請負責任を負担していると思われるから、建設業の許可が必要というべきであろう。

3　N社を単なる取次人となしうるか

（1）　建設業

建設業とは、元請・下請その他いかなる名義をもってするかを問わず、建設工事の完成を請負う営業をいう（建設業法2条2項）。

建設工事とは、土木建築に関する工事で、建設業法別表の上欄に掲げるものである。

建設業者とは、建設業法3条第1項の許可を受けて建設業を営む者である。

元請負人とは下請契約における注文者で、建設業者である者をいう。

我が国には、500万円に満たない建設工事について、建設業者の資格を有しないで工事請負契約の取次を業とする者が多く存在する。

（2）　作業分担

基本契約添付の作業分担表によれば、N社は、K社に対し、建設・据付工事を施行する債務を負担しているから、建設工事請負契約の単なる取次者ではない。

（3）　通信機器の設置据付に必要な工事とは何か

電気通信機械を設置し、送配電線工事を行い、建物にモルタル工事を行い、また、壁床の内装工事をなし、また、塗装工事や建具取付工事、更に又消防施設工事を行うならば、電気通信工事業・電気工事業のみならず、その他の特定建設業の許可が必要となろう。必要な許可は、現場における具体的に必要な工事内容によって決まる。

K社は通信機器を収容するボックスを自ら用意し、N社側は、ボックスの中に通信機器を設置するのみであれば、比較的狭い範囲の許可を取得すれば良いと思われる。

建設業法の無資格問題は、何等かの事故発生の際に公表されるから、本件請負工事による危険発生は、どの範囲のものかも検討に値する。

Ⅴ　建築業許可事件の弁護　　319

● 第5　対　策

1　複合契約と工事発注指示

基本契約は、売買契約・サービス供与契約・ライセンス契約の混合した複合契約であり、工事請負契約部分については、本文上はその取扱いが不明確である。

しかし、機械設置・据付工事は、K社に対し、N社が実際に実施している。K社が、工事発注指示をN社になしており、これを受けて、N社がS社やC社へ工事指示をなしている。

2　建設業許可

通信用の機械設置・据付工事を行うには、電気通信事業及び電気工事業（場合によっては、一般建設業）の許可が必要である（建設業法3条1項及び2項）。

建設業の許可は、種類ごとに受けなければならないことになっている。

N社が、K社に対し、電気設備据付工事の受注を受け、かつ、その工事完成義務を負うのであれば、必要な建設業の許可を受けなければならない。

3　対策（1）：別請負契約案

基本契約の工事請負契約の効力を停止し、同契約の債務履行ではなく、K社に、全く別の請負契約を、個別に資格ある業者と締結してもらう。

※基本契約の変更は困難であると伺ったので、請負契約部分の効力停止をなし、別請負契約を提案した。

4　対策（2）：発注者取次案

基本契約の請負契約部分の効力停止の方法を採ると同時に、通信機器設置や配線工事について、K社から、資格ある請負工事会社へ直接発注指示してもらう。この場合、N社が、K社の代理人又は、取次代行人として協力することは許容される。

N社は、K社（発注者）の代理人又は代行人とした表示の発注書をS社やC社へ送付することがよいと思われる。

5　対策（3）：軽微建設工事の除外要件充足主張案

（1）　建設業法3条1項は、施行令1条の2に、無資格者が行いうる建設工事の範囲を委任している。これは、講学上の「行政立法への委任」であり、同施行令は、建設業法の委任により法規たる性質を持つところとなり、その範囲を次のとおり定める。

①　「工事」「一件」の「請負代金の額」が、

②　電気通信工事や電気工事（建築一式工事以外の建設工事）にあっては、「500万円に満たない工事」とする。

（2）　同施行令の①要件は、「工事一件の請負代金の額」と定めており、「工事一件」の文言解釈が問われる。行政法である建設業法自体には、これの定義規定

がないが、かかる場合には、建設業界における私法取引の慣行を参考にすればよいから、「工事一件」というのは、工事現場と工事内容によって画される工事単位ということになろう。常識的には、工事現場毎に工事単位を画するのが正しいと思われるから、除外要件の解釈（要件解釈）も、これに沿った解釈がなされるべきである。したがって、複数現場の請負工事を集合した請負契約については、現場毎の工事単位で500万円を超えるかどうかによって判定されるべきであろう。ただし、K社の発注書の記載において、工事の件数と一件あたりの請負額の表示が明示されているのがよい。

　N社は、一件あたり500万円に満たない工事に関与しているにすぎないと主張することが、最も法的根拠のある弁明と思われる。基本契約を変更しない現状において、以上の3対策はすべて並行して採用することが望ましい。

6　参　考

　NTTドコモの減価償却資産行政訴訟判決が参考となる（東京地判平成17年5月13日民集62巻8号2133頁、東京高判平成18年4月20日民集62巻8号2338頁）。

　また、法人税法施行令133条に関する法人税基本通達7-1-11は、「取得価額が10万円未満であるかどうかは、通常1単位として取引されるその単位、例えば、機械及び装置については、1台又は1基ごとに、工具、器具及び備品については1個、1組又は一揃いごとに判定し、構築物のうち、枕木、電信柱等単体では機能を発揮できないものについては、一つの工事等ごとに判定する」としていることも参考となろう。

[山下 清兵衛]

Ⅵ　保険医登録取消事件の弁護

◎ 第1　事案の概要

　開業医Aは、治療報酬に関する不正請求があったとして、保険医登録取消処分を受けた。しかし、かかる不正請求とされた内容は、金額は少額で、単なる記載ミスであった。

◎ 第2　問題点

　①　Aは、上記処分の取消しを求めたいが、どのような手続をとり、どのような主張をすればよいか。

　②　処分取消訴訟の勝訴が確定するまで、Aは何らかの仮の救済の申立てをなすことができないか。

◎ 第3　関係法令

　・健康保険法63条1項・3項（療養の給付）、64条（保険医登録）、80条（保険医療機関又は保険薬局の指定の取消し）、81条（保険医登録取消）、72条1項（保険医又は保険薬剤師の責務）、70条1項（保険医療機関又は保険薬局の責務）、110条4項（家族療養費）、71条1項・2項（5年間の登録拒否）、72条1項（厚労大臣による指導監督）

◎ 第4　法的分析

1　保険医登録取消処分の根拠

　健康保険法（以下「法」という。）は、被保険者の疾病又は負傷に関する診察、薬剤又は治療材料の支給、処置、手術その他の治療等の療養の給付は、厚生労働大臣の指定を受けた病院又は診療所（以下「保険医療機関」）等のうち、自己の選択するものから受けることができる。

　また、保険医療機関において健康保険の診察に従事する医師又は歯科医師は、厚生労働大臣の登録を受けた医師又は歯科医師（以下「登録医」）でなければならないとする（法63条1項・3項、64条）。そして、法81条1項1号は、保険医が法72条1項の「厚生労働省令で定めるところにより」診療を行わない場合は、当該保険医に対する登録を取り消すことができるとしている。

2　裁量審査と裁量基準

　本件においては、開業医Aが診療報酬の不正請求を行ったことは、「厚生労働

322　　第3部　専門的行政手続と行政事件の弁護

省令で定めるところによる診療を行わなかったため法72条1項に違反した」とし、「法81条1条1項に基づいて」保険医の登録取消処分を行っている。厚生労働大臣が、法及び法から委任された規則に基づき、開業医Aの診療状況を監査し、本件において保険医登録取消処分に相当する違反行為があったか否かについては、法81条1項1号の取消要件は、不確定要件を定めており、厚生労働省に裁量審査権限を付与しているといえよう。

国民の権利を奪う処分の要件は、司法審査の及ぶ法規裁量というべきである。法治主義下において、行政庁が自由に行政処分をなしうるものと考えるべきではない。行政庁は、法律の枠の中で裁量権が付与されたとしても、当該法律の趣旨に従って権限を行使する義務がある。行政裁量は羈束行為に比べて、緩い法律の拘束を受けているだけで、自由な裁量を許容しないのが最近の学説である。不確定概念も法概念として法律の趣旨に従って解釈されなければならない。

殆どの不確定概念に関する行政処分は、裁判所が判断代置可能であり、法律の趣旨によっては、例外的に判断代置が困難な場合があるが、かかる場合も判断過程審査方式や手続審査方式によってチェックすることができる。いかなる場合も、重大な事実誤認や他事考慮・法目的違反・比例原則違反があれば、処分は違法となる。

3　神戸地判平成20年4月22日

同裁判例は、開業医である原告が、診療報酬に関する不正請求や監査における事実解明の妨害があったとして保険医登録取消処分を受けたことから、その取消しを求めた事案である。原告の診療報酬の請求には、故意又は過失による不正請求が認められるものの、診療の実態がない架空請求のようにもっぱら自己の経済的利益を得ることを主眼とする悪質な請求とまではいえず、保険医登録の取消しは事実上医業停止にも匹敵する重大な効果があり、保険医登録の取消処分は、原告の所為に比して過酷に過ぎ、社会通念上著しく妥当性を欠くことは明らかで、被告（国）は、裁量権の範囲を逸脱し又はその濫用があったもので、違法があったとして、登録取消処分を取り消したものである。

4　登録医取消処分の違法性に関するAの主張

開業医Aは、診療報酬に関する不正請求があったとして、厚生労働大臣から保険医登録取消処分を受けたのであるから、当該取消処分は行政庁の公権力の行使にあたる行為であり、行政事件訴訟法3条2項による、行政庁の処分（登録医取消処分）の取消しの訴えを提起することができる。

また、訴訟においては、本件保険医登録取消処分の根拠となった診療報酬の不正請求が単なる記載ミスであったこと、及びその金額が小さいことを主張立証し、上記神戸地判にもあるように、登録取消しは医業停止にも匹敵する重大な処分で

Ⅵ　保険医登録取消事件の弁護　　323

あることに比して、本件における不正請求に対する処分は重きに失する点から、行政庁の裁量権の範囲を逸脱し、又はその濫用がある違法な処分であることを主張できる。

5 救済手続の選択

（1） 処分性の検討

Aに対する保険医登録取消処分（以下「本件処分」という。）の取消しを求める手続として、取消訴訟の提起を選択することができる。

取消訴訟を提起するには、本件行政行為が「処分」（行政事件訴訟法3条2項）にあたることを要するところ、本件処分が処分性を有するか否かが問題となる。

行政事件訴訟法3条2項にいう「処分」とは、国又は公共団体が行う行為のうち、直接国民の権利義務を形成し又はその範囲を確定することが法律上認められている行為をいうと解されている。本件保険医登録の取消しは、事実上医業停止と同様の効果があり、Aの権利の範囲を確定することを行政庁に認めていると評価することができるから「処分」（3条2項）に該当するといえよう。

（2） 自由選択主義

本件処分に関する法令である健康保険法には、不服申立前置主義を定める規定がないため、上記1の取消訴訟のみならず行政上の不服申立を選択することもできる（行政事件訴訟法8条1項）。行政不服申立は、取消訴訟に比して手続が複雑ではなく迅速な救済がなされるというメリットはあるものの、必ずしも短期間で裁断されるわけではなく、しかも、処分をした行政庁自身が裁断する場合には、一切の予断のない公正な判断がなされることを期待できない。

仮に処分庁の上級行政庁が裁断する場合であっても、裁断に際して事前調整・事実調査が行われるとすれば、やはり公正さが欠ける不安があること等を考えると、Aの救済方法としては、行政不服申立ではなく取消訴訟を選択することがより妥当であると考える。しかし、登録医取消処分がなされる前の弁明手続等において、弁明が効を奏する場合がある。

（3） 裁量権の逸脱・濫用

保険医登録の取消しについて、その可否の判断を、健康保険法81条柱書は、厚生労働大臣又はその委任を受けた社会保険事務局長の裁量に委ねている。そして、裁判所が、取消処分を違法であると判断することができるのは、処分庁の処分が裁量権を逸脱・濫用して行われた場合に限られる（行政事件訴訟法30条）。

したがって、Aが本件処分の取消しを求めるにあたっては、Aによる不正請求（金額は僅少で、しかも記載ミス）に対して行われた保険医登録の取消処分が、処分庁の裁量権を逸脱・濫用して行われた違法なものであった旨を主張することになり、この裁量権の逸脱・濫用の有無が主な争点となると考えられる。

324　第3部　専門的行政手続と行政事件の弁護

具体的には、本件処分の原因とされる本件不正請求は金額が少額で、しかも単なる記載ミスにすぎないという程度のもので、その動機に悪質性はなく、「不正」請求としての実態ではなかったこと、そして、これに対して保険医登録の取消処分をもってあたるというのは一見して著しく妥当性を欠き、裁量権を逸脱・濫用してなされた違法なものであるから本件処分は取り消されるべきである。

（4）　逸脱・濫用の具体的事実

　裁量権の逸脱・濫用の有無の判断基準が問題となるところ、本件同様保険医の登録取消の取消しを求めた事案で、裁量権の逸脱・濫用を判断するにあたり勘案する事項を示した裁判例（神戸地判平成20年4月22日）によると、以下の場合に、裁量権の範囲を逸脱し又はその濫用があったものとして違法となると判示している。

　「登録取消処分を選択した厚生労働大臣又は地方社会保険事務局長の判断が、<u>重大な事実誤認に基づくものであるか</u>、または、処分理由となった<u>行為の態様、回数、頻度、動機、故意又は過失の有無、過失の程度、利得の有無及びその金額、違反行為の内容と処分との均衡、他の事案との均衡等の諸事情</u>を勘案すると、<u>社会通念上著しく妥当性を欠くことが明らかである</u>」

（5）　本件におけるＡの主張（比例原則違反）

　Ａが行ったとされる不正請求の態様を上記判断基準に照らして評価すると、本件不正請求の金額は少額で、単なる記載ミスというものであるから、診療実態のない架空請求のように経済的利得を図るといった悪質な動機から出たものではなく、単なる過失によりなされたものである。

　このような違反に対しては、個別指導等により適切な診療及び診療報酬の請求を厳守させるように指導することができたはずであるのに、保険医登録の取消処分を選択したことは著しく均衡を欠く。すなわち、Ａは開業医であるから、保険医登録の取消処分は、医業停止と同等の効果があり、その結果、医師としての稼働を認めないに等しいから、行為に対する処分としては均衡を欠く過酷なものであると言わざるを得ない。

　また、上記裁判例においては、本件とは異なり、過失によるものばかりではなく故意に不正な請求をした部分があると認められたにもかかわらず、保険医登録の取消処分は、裁量権の範囲の逸脱・濫用の違法があると認定されているが、Ａの不正請求行為は、上記裁判例における不正請求行為よりも軽度のものである。そうであるとすれば、上記裁判例における結論との均衡上、本件処分が維持されることは著しく比例性を欠くことになる。

　以上の諸点を勘案すると、本件処分は著しく社会的妥当性を欠き、処分の可否の判断に際し、処分庁の裁量権の範囲を逸脱し又は濫用があったものと認めるこ

とができるから違法であったというべきである。

　したがって、Aによる、本件処分が裁量権の範囲を逸脱・濫用してなされた違法なものであるから取り消されるべきである。

（6）　参考裁判例
・神戸地判平成20年4月22日
・最判昭和59年12月18日

[山下　清兵衛]

Ⅶ　電気安全法違反事件の弁護

● 第1　事案の概要

（1）　商流について

本件床暖房の商品の流れは次のとおりである。

A社（メーカー）→T社（販売代理店）→R社（戸建の建設会社）→ユーザー（施主）

平成23年12月1日頃完成、引き渡した。

（2）　事故発生

平成23年12月4日に事故が発生した。R社の建設現場であった。床暖房が原因で、床の一部について火災が発生した。

（3）　現場調査

平成22年12月8日にA社代表Yが現場調査をした。Yが立ち会った際、R社担当者は、施工の非を認めた。

（4）　平成24年1月　R社側は、施工ミスを認めず、代理店に対して債務不履行を主張した。

代理店T社は、残額の支払を求め、弁護士を通じてR社に対し、提訴した。

（5）　NITEからの連絡

平成23年2月10日　NITEから連絡（FAX）があった。

R社よりNITEへ6件の事故の報告があり、NITEからA社へ調査依頼がなされた。この時点で初めて、A社は12月4日以外の5件の事故を知る。

（6）　NITEから再連絡

平成23年2月13日　NITEから連絡があった。

R社よりNITEへ残り5件の事故内容の連絡をなし、A社にもその内容の連絡が入った。

NITEから、2月17日までに資料の送付を求められる。A社は、2月16日14時にNITEへ資料を送付した。

（7）　経済産業省からの呼出

2月13日、経済産業省（霞ヶ関）から2月16日の15時にヒアリングをしたいので、責任者に来省を求める連絡があった。4000㎠毎に1個の安全装置が必要（電気用品の持続上の基準を定める省令及び商務流通審議官発付の省令解釈参照）［別表8の2の（33）の（二）］。

Ⅶ　電気安全法違反事件の弁護　　327

（8） 経済産業省から処分通知

平成24年２月16日、Ａ社の代表取締役宛に電気安全法違反につき、①ユーザーへ使用中止の通達、②該当製品のリコールという処分通知がなされた。経産省からは、安全装置以外に不備なところはないと説明があった。

リコールの箇所は2000か所を超えるが、Ａ社では床暖房の設置場所は不明である。

（9） JET相談

Ａ社は、JETの担当者に相談し、文書で意見書をとりつけたところ、JETは、安全装置は不要との意見であった。

（10） 経済産業省でのヒアリング

Ａ社は、平成24年２月21日15時　経済産業省（霞ヶ関）へ出頭した。

Ａ社は次のとおり弁明した。

① 現場検査をやれば、火災は絶対に起きない。
② JETの適合検査を受けている。
③ 床暖房商品に「くぎ打ちスペース」「くぎ打ち禁止スペース」の明確な表示があるから、メーカーの責任はない。
④ 温度ヒューズ又は温度センサーの設置は不要である。

（11） Ａ社の主張

Ａ社は、処分が不服（不当に重い）であり、実現不能であり、社会正義から見ても受け入れ難いとして、以下の理由により、不服申立てをなした。

① 今回の事故は、安全装置を追加しても防げない施工不良によるものである。
② リコールは、消費者救済にならず、これを受け入れるとＡ社は廃業せざるを得ない。
③ ６件中５件は、Ａ社は事故調査にも参加をしておらず、事故原因も特定できていない。
④ Ａ社商品は、日本各地で販売数が2000を超える。Ｒ社販売＆施工のみについて、６件の事故が発生しており、他地区では消費者＆工務店などの販売者から火災事故の報告は１件もない。
⑤ JETで適合検査試験をしている。
⑥ 工事を行い、検査検収を怠った電気工事士並びに大工、ハウスメーカーへの処分・指導がないのは、不公平である。
⑦ Ａ社の床暖房商品が直接的な原因で火災事故となったケースは今まで１件もない。
⑧ Ａ社は床暖房施工面へ長時間、物を置くなという指示を、パンフレット並びに取扱説明書、そして各所での勉強会や説明会、施工指導の際に徹底して

いる。

⑨ 2000か所のリコールを命じることは、行政法の一般原則である、比例原則及び平等原則に反している。

第2 法令の概要

（1） 電気安全法43条

「特に必要があるとき」処分できるとしている。

（2） 電気安全法の届出

製品の適合性検査を受け、PSEをとっていることを届け出なければならない。

（3） 安全基準（ISIC）

単位面積あたりサーモ14個を必要としている。

（4） JET（電気安全環境研究所）

電気製品などについて、安全認証等を行う機関である。4000cm²に安全装置1個必要かどうかの根拠は不明である。安全装置は不要でA社商品は、JET検査合格していた。安全装置設置は法的義務ではない。

（5） NITE（独立行政法人製品評価技術基盤機構）

電気機器等について、事故調査をなす機関である。

（6） 電気事業法

工場用ヒーターは、安全装置をつけると使えなくなるので、パンヒーターなどには、安全装置は設置されていない。

（7） 事故報告

センサーが足りないので調査した。出荷時違反があるかが問題である。事故との因果関係も考える。

第3 法的分析

（1） 経済産業省処分の違法性

① NITEとの事故調査も全く進捗が無い状態で、本件処分決定がなされた。

② 本件事故原因が特定されていないにもかかわらず、処分がなされ、特に5件に関しては、既にR社にて修繕済みと代理店から連絡があり、A社側に検証＆反論の機会が与えられていない。

③ 経済産業省の高圧的な処分により、A社の製造・出荷業務の責任者である常務取締役が1月20日に辞任した。他社員も退社の意向を示しており、今後リコールの処分にも対応を進めていくことは非常に難しい。

④ 法令に反しているとの一点張りで、杓子定規に処分を行い、A社の経営実態に鑑みると不当に重い処分内容である。

Ⅶ 電気安全法違反事件の弁護 329

⑤　ヒアリングと言って来省させ、R社からのみの申立てに基づきA社に反論の機会を与えず、経済産業省が高圧的に処分を下したことは、正しいものではない。経済産業省が法を根拠に処分を下すのであれば、その流れと判断が適当であるのか司法の場にて最終的な判断がなされるべきである。

⑥　他社商品にも自動スイッチはついていない。

（2）　故　意

PSE届出時の書類や、JETでの試験時に、安全装置の面積あたり取付規定の項目が無く、JETでの電気安全法適合試験検査が形骸化しており、A社の故意による違反とは思えない。

（3）　現場組立

A社の製品は、床暖房用途の場合、シート１枚あたり25Vの電圧で稼動するシステムとなっており、出荷時には商業電源（対地電圧150V以下の単層交流100Vor200V）で稼働する「完成品」ではなく、電気工事士資格者が施工現場で組み立てて（100Vの場合は４枚直列結線、200Vの場合は８枚直列結線）始めてシステムとして完成・稼動する「半完成品」である。

（4）　他社商品

PSEの届出をしていない床暖房商品や輸入商品（韓国製が主）や、PSEを届出しているにもかかわらず、安全装置を4000c㎡に１個という法令を遵守していない商品が多数存在する。

（5）　面状発熱体区分

PSEの電熱シート、面状発熱体の区分にA社の発熱素子の分類項が存在しない。

（6）　安全装置の必要性

A社のヒーターは、規定数の安全装置を必要としない乾燥用途などにも使用されている。

（7）　法的分析

ア　R社の戦略

R社側は弁護士を通じて経済産業省に申立てをしている。

代理店対R社の戦いでは、R社側は不利と考え、行政機関にA社の瑕疵を認めさせて、A社へ損害賠償請求を行う戦略である。

イ　「電熱シート」の「その他のもの」に該当する

本件商品は、免状発熱体ではない。免状発熱体は、ドータイト式（通電性の塗料や接着剤のもの）のものである。

ウ　自動停止機能の設置

12時間で自動停止する機能や、コントローラーの設置で、自動停止を６時間に設定することも提案し、処分の撤回を交渉した。

エ　売上を維持しながら、数年間の改修リコールなら応じられる。ウェブ上で公表されたら、Ａ社は倒産するので、消費者の救済とならないと主張し、処分の回避を要請した。

（8）　Ｒ社告発

　火災事故原因を解明するため、建設業法と電気安全法違反でＲ社を告発するべきであると指摘した。

（9）　本件製品

　Ａ社は、本件製品について以下の弁明をしたところ、本件製品の全面的リコールや改修リコールを命ずる処分は回避された。

①　ヒューズが入ったものはない。

②　自動温度調節器がついていた。

③　温度過昇防止装置（自動スイッチ）もあった。

④　コントローラーもあった。

[山下 清兵衛]

Ⅷ　産廃許可事件の弁護

● 第1　事案の概要

　Xは、Y町内に産業廃棄物処理施設を建設することを計画し、平成5年11月、建設計画施設（以下「本件施設」という。）に関わる事業計画書をA県B保険所長へ提出した。A県とY町は、関係各機関との間で事前協議を開催したが、この協議によってXの本件計画を知ったY町は、平成6年3月、Y町水道水源保護条例を制定した。この条例は、「水質汚濁あるいは水源枯渇をもたらすおそれのある事業場等であると町長に認定された規制対象事業場の設置を、Y町水道水源保護地域において禁止するもの」（以下「本件条例」という。）であった。

　本件施設の建設予定地が水道水源保護地域に指定されたので、Xは、平成6年12月22日、条例の規定に従ってY町に協議を求めた。しかし、Y町は、平成7年5月31日、「地下水取水量が日量95㎥であるから、水道水源の枯渇をもたらし、又はそのおそれのある事業場にあたる」として、本件施設を規制対象事業場に認定（以下「本件認定処分」という。）した。

　一方で、Xは、平成6年12月27日、廃棄物処理法15条1項（以下「本件法律」という。）に基づいて、A県知事に対して、本件施設の設置許可の申請を行い、平成7年5月10日許可（以下「本件許可」という。）を受けた。しかし、本件条例に基づいて規制対象事業場に認定されているので、本件施設を設置することができなかった。

● 第2　問題点

① 本件において、本件条例は本件法律に抵触するか。本件許可は本件認定処分により無効となるか。

② 本件条例の適用にあたり、事業者Xの地位を適切に考慮すれば、本件条例の適用は問題がなくなるか。本件認定処分をなす前に、Y町はどのような事前手続を行うべきか。

③ 本件条例がXの本件施設の建設だけを阻止するために制定された場合、又は本件施設のみの建設阻止をするために規制対象事業場の認定がなされた場合、本件条例の効力はどのように考えるべきか。

④ 本件施設が完成後、本件条例が制定され、規制対象事業場に認定され、Xが事業を継続できなくなった場合、Xに損失補償がなされるべきであろうか。

⑤ 事業者Xは、本件施設を設置するために、どのような訴訟を提起すればよ

332　第3部　専門的行政手続と行政事件の弁護

いか。

※本件法律によれば、廃棄物処理施設の設置に関する規制権限は知事に属しており、市町村長にはない。廃棄物処理法1条と15条1項は別紙のとおりであるが、本件法律と本件条例の各目的・趣旨を考慮して検討されたい。

【検討事項】

① 営業権と環境保護の調整

② 損失補償

③ 訴訟類型の選択

第3 関係法令

・廃棄物の処理及び清掃に関する法律1条、15条

第4 法的分析

1 条例と法律の抵触

A県知事から廃棄物処理法（以下「本件法律」という。）上の設置許可を取得しても、本件条例によって、本件施設の設置が認められない。水道水源保護条例と廃棄物処理法の抵触関係については二つの説がある。

（1） 条例無効説（徳島地判平成14年9月13日判例自治240号64頁）

水道水源保護条例は廃棄物処理法による規制と目的が同じであるから無効であるとするもの。

（2） 条例有効説

安全な水道水を確保する目的で同町が制定した本件条例は廃棄物処理法とではその趣旨・目的が異なるものとする。

本件施設の設置許可処分と本件認定処分とは関連処分であるが、両処分とも本件施設を規制対象としており、処分の抵触が発生する。前記（1）又は（2）のいずれの説に立つかによって結論が異なる。

（3） 条例適用調整説

最二小判平成16年12月24日民集58巻9号2536頁は、（2）説に立ちながら、条例適用調整義務が条例運用者にあることを認めた。

2 条例適用調整

新たに条例を制定して、従前は禁止されていなかった行為を禁止する場合、既に適法に事業活動を行っている者やその準備作業に入っている者の利益に配慮しなければならない。本件条例の適用によって損害を受ける事業者の地位を適切に配慮しない場合、条例の適用は違法となる。

Y町は、Xの地位を保護するため、事前協議手続を行い、Xの権利・利益の内

VIII 産廃許可事件の弁護　　333

容や本件条例を適用することによって、Ｘが蒙る損害の内容を事前調査し、Ｘの意見陳述のための手続をとり、本件条例適用の調整をするべきである（行政手続法12条～14条）。

　また、本件条例適用の調整の方法として、地下水取水量が日量95㎥とされていても、これを減少する指導をなし、水資源が枯渇しないような事業運営を求めることもできよう。

3　狙い打ち条例の効力

　最二小判昭和53年５月26日民集32巻３号689頁において問題となった「個室付浴場事件」では、嫌忌施設の設置阻止を図ったもの（児童遊園設置許可を利用して、個室付浴室の設置阻止を図った事案）であり、行政権の濫用とされた。

　本件においても、本件施設の設置阻止という他事考慮が規制対象事業場の認定過程になされれば、本件認定が違法となる（行政事件訴訟法30条）。

4　損失補償の要否

　本件施設が完成し、Ｘが適法に事業を運営していたときに、本件条例が事後的に制定されたことにより事業継続が不可能となった場合、憲法29条にいう「特別の犠牲」が発生したものとし、Ｙ町はＸに対し、損失補償をなすべきであろう。「特別の犠牲」か「内在的制約」かについて分析することが必要である。また、補償の範囲（正当な補償）も検討する必要性がある。

5　訴訟方法の選択

　Ｘは本件認定処分の取消訴訟を提起することになる。本件条例が違法であることを前提とすれば、本件施設の設置遅延に伴う損害の賠償を請求することも考えるべきであろう。

[山下　清兵衛]

Ⅸ　一級建築士免許取消処分事件の弁護

第1　事案の概要

① Aは、昭和56年1月30日付で一級建築士免許を取得して、株式会社Bの管理建築士として勤務を開始した。

② 平成18年9月1日付で国土交通大臣はAの免許取消処分（本件免許取消処分）をなした。その免許取消理由は、

　a　S市内の建築物について建築基準法令に定める構造基準に適合しない設計を行い、それにより耐震性等の不足する構造上危険な建築物を現出させたというものであった。

　b　また、S市内の建築物について建築士として、構造計算書を偽造して不適切な設計を行ったことの2点による。

③ Aの建築士免許が取り消されたことを理由として、H県知事は平成18年9月26日付でB社の建築士事務所登録取消処分（本件登録取消処分）をなした。

④ 本件免許取消処分がなされた平成18年当時、A建築士に対する上記懲戒処分については、平成11年12月28日付の旧建設省住宅局長通知において処分基準（本件処分基準）が定められ、これが公にされていた。本件ではかかる基準による免許取消ランクに達していなかった。また、本件免許取消処分の理由には、本件処分基準のいずれに該当するかの摘示が示されていなかった。

⑤ Aは、これを不服として、一級建築士免許取消処分の取消訴訟を提起し、B社は建築士事務所登録取消処分の取消しを求める訴訟を提起した。そして、同訴訟において、Aは、

　a　本件のAの行為を本件処分基準に当てはめると免許取消しの基準には達しておらず、本件免許取消処分には裁量権の範囲を逸脱した違法がある、

　b　本件免許取消処分は、公にされている本件処分基準の適用関係が理由として示されておらず、行政手続法14条1項本文の定める理由提示の要件を欠いた違法な処分である、

などと主張した。

第2　問題点

① 本件免許取消処分の理由付記は行政手続法14条1項本文の定める要件を

欠いているか。

② 本件免許取消処分の違法性は、建築士事務所登録取消処分に承継されるか。

③ 理由付記を欠くなどの手続の瑕疵は、本件免許取消処分の取消事由となるか。

● 第3 法的分析

（1） 最三小判平成23年6月7日民集65巻4号2081頁の事案

① 原審及び控訴審は本件理由の提示は行政手続法14条1項本文の定める理由の提示の要件を欠いた違法はないと判断した。

② 最高裁は、行政手続法14条1項本文の趣旨を「名宛人に直接義務を課し又はその権利を制限するという不利益の性質に鑑み、行政庁の判断の慎重と合理性を担保してその恣意を抑制するとともに、処分の理由を名宛人に知らせて不服の申立てに便宜を与えること」であるとしたうえで、具体的にどの程度の理由を提示する必要があるかという点については、「当該処分の根拠法令の規定内容、当該処分にかかる処分基準の存否及び内容並びに公表の有無、当該処分の性質及び内容、当該処分の原因となる事実関係の内容等を総合考慮してこれを決定すべき」として、理由付記における基準を明示した。

③ その上で、同事件における規範として、「処分の原因となる事実及び処分の根拠法条に加えて、処分基準の適用関係が示されなければ」理由付記としては不十分であると判断した。このような基準を同事件に当てはめ、最高裁は処分基準の適用関係を示さない本件理由付記は、行政手続法14条1項本文の趣旨に照らして十分ではないことから、本件処分は理由付記を欠いた違法な処分として取り消すべきと判決した。

（2） 両処分の関係

また、本件免許取消処分を前提とした、B社に対する本件登録取消処分も違法な処分として取り消すべきであるとして、B社の主張も認められた。本件免許取消処分の違法事由は「理由提示要件の不備」であるが、本件登録取消処分の違法事由は「本件免許取消処分の取消し」であり、違法事由が異なる。よって、本件免許取消処分の違法性が承継されたわけではない。

（3） 手続の瑕疵が建築免許取消処分の取消事由となるか

同最高裁判決は、処分基準の下で免許取消処分の当否について事例判断をしたものであるが、行政手続法14条の解釈を最高裁として初めて示したものである。また、その判旨は、建築士法10条に基づく建築士免許取消処分に限らず、行政手続法14条の適用がある不利益処分で、その処分基準が公にされているもの一般に及ぶものであることから、影響は大きい判決であったと考えられる。

第4　関連法令

・建築士法10条、26条2項4号・5号
・行政手続法14条1項

国交省HPより現在の建築士に対する処分基準
(http://www.mlit.go.jp/common/000027072.pdf)
なお、当時の基準
(http://www.mlit.go.jp/puB社com/07/puB社comt51/03.pdf)

[山下　清兵衛]

X 宅建業法違反事件の弁護

第1 事案の概要

　L社は、マリーナの土地・建物（本件物件）を所有していたが、T社に業務委託して買主の紹介を依頼した。本件物件において、船の修理や船の保管に関する営業がなされていた。L社は、S社へマリーナの土地・建物の売買とそこで行われたマリーナ事業（船の保管・修理）の営業権を同時に譲渡した。売買契約書にはT社が仲介業者として記名押印したが、売買契約締結のときに立ち会わなかった。

　S社は、L社及びT社について、K県宅建指導課へ宅建業法違反を理由として処分を求めた。

第2 法的分析

1 宅建業法72条に基づき開催された聴聞手続

　T社は、K県宅建指導課による聴聞手続において、以下の説明をなし、書類を提出した。

① 媒介契約書を提出した。

② S社代表者の氏名・職業の告知をなした。

③ 本件売買物件の特定をなした。

④ 売主と媒介契約をしたが、買主とはしていないことを強調した。

⑤ 宅建業法35条の重要事項説明義務を実行したことを説明した。

⑥ 他のケースでは、重要事項を説明しているとして他のケースの仲介説明書と重要事項説明書の写しを提出した。

⑦ L社が重要事項説明していたことを説明した。

⑧ 港湾法、海岸法がからみ、買主S社はそのプロであった。買主S社は、マリーナ事業のプロであった。

⑨ 買主S社とT社は、媒介契約していない。

⑩ L社の取引主任者がS社へ重要事項を説明している。営業権の譲渡に伴う土地の売買であるから、S社は重要事項を把握していた。L社がS社へ重要事項説明をなし、多くの重要書類を引き渡した。

⑪ 売買契約書には瑕疵担保責任免責（法40条）条項があるが、民事瑕疵担保責任能力がないことを確認したにすぎない。実質的に事業者間取引である。土地売買契約書は、L社と共同で作成した。

⑫ 重要事項説明書の不交付の違法に対する反論を以下のとおりなした。

- ドライドックの存在をＳ社は知っている。
- ドライドックの文字が大きく記載された表示の写真を提出した。
- Ｓ社は診断士と事前協議した。
- ドライドックは汚染土の処分場とされたから、Ｓ社はその存在を知っていた。
- Ｓ社は形質変更届出書と施工工事計画書をＹ市へ提出した。
- 土砂の埋立報告書もＹ市へ提出されている。
- 営業権譲渡がなされて、人・物・書類を渡したから、Ｓ社は、重要事項をすべて把握している。
- 本件マリーナは、元造船所であったから、ドライドックの存在は当然である。
- 土壌汚染の処理は、購入の前提であった。
- Ｌ社とＳ社間において土壌汚染とドライドックの存在について事前協議した。
- 土壌汚染があったから、売買価格が安くなっている。
- Ｓ社は、Ｋ県へ形質変更届を提出している。

2　県宅建指導課による法令違反事項の説明

① 取引主任者が説明していないこと

　　監督処分基準に従ってＴ社を処分する。交付義務違反と瑕疵担保免責制限違反が処分理由である。

② 法35条、40条違反について

　　媒介業者と売主が同等の責任ではなく、重要事項説明はＬ社の責任である。業者間取引でも重要事項説明は必要である。法適用の公平を獲得したい。契約していない相手にもする必要がある。

　　所定フォームによる必要性はないが、重要事項説明書を交付し、口頭で告げる義務がある。主任者が口頭による説明がないことが問題である。

3　Ｔ社の弁明

① 法35条は、契約していない当事者に交付義務はない。売主側のみへの関与は宅建業法の規制対象ではない。

② Ｌ社は民事再生会社となり、Ｔ社がスポンサーとなった。Ｌ社の信用失墜をカバーするため、Ｔ社がすべての物件の売却について与信するところとなった。Ｔ社は、Ｌ社とともに契約書及び媒介契約書を作成したが、重要事項説明はＬ社の責任である。Ｌ社は、Ｔ社に対し、専任媒介を委任する義務があり、民事再生手続におけるスポンサーであるＴ社を排除できなかった。

③ 宅建業法は仲介行為をするときに宅建業者を規制するが、買主への関与が

全くないときは、規制対象ではない。本件では、Ｔ社は売買物件の紹介行為を買主Ｓ社にしていない。

④　宅建業者の土地売買関与行為には、多種多様なものがある。物件紹介、契約書作成、物件調査、与信行為などがある。Ｔ社は、与信行為をなしただけである。

⑤　Ｌ社が重要事項説明をすることになっていた。したがって、Ｔ社には重要事項説明義務違反がない。サービサー・オークションなどでは、倒産会社が売主であることが多く、瑕疵担保責任を実行できない。

⑥　買主代表者は、宅建会社の代表者であった。Ｓ社は、弁護士や土砂調査会社などの専門家を入れて調査していた。

4　Ｋ県宅建指導課による処分

Ｋ県宅建指導課はＬ社及びＴ社に対し、損害の認定困難なので４条の指示処分とし、営業停止等の重い処分は回避された。

Ｓ社は、未払い金を免れるためＫ県宅建指導課に処分を求めた疑いがあるとした。

指示処分のときは公告できない（法70条３項）から、Ｌ社及びＴ社は、公表は法的根拠がない、公務員の守秘義務があるから、Ｋ県のHP公表は不当であることを予め要請したが、HP公表がなされた。

[山下 清兵衛]

XI 介護老人福祉施設公募事件の弁護

第1 事案の概要

① A市は、高齢者施設計画第5期介護保険事業計画（平成24年～平成26年）に基づいて、介護老人福祉施設20床増床施設の設置及び運営を行う事業者の選定をするための公募をなした。社会福祉法人S会と社会福祉法人T会の2法人が応募した。

② 平成25年7月1日、介護老人福祉施設増床につき、「ささえあい長寿推進協議会」が開催され、応募2法人がプレゼンテーションを行った。同日協議会は、A市のY市長も出席し、2時間半の審議の後に、S会を選考する旨を決議した。

③ 平成25年7月5日、同市の生活福祉部長は上記選考決議の報告をS会になした。

④ 平成25年8月1日、Y市長に対し、協議会での選考決議に対する疑義を旨とする意見書（以下「意見書」という。）が提出された。この意見書は、T会関係者から提出されたものであった。S会は、同年8月4日、A市へ呼ばれ、事業者選考決議を留保すると説明された。

⑤ 平成25年8月9日、Y市長の指示により、同市生活福祉部長は、S会に対し、公募及び協議会決議がありながら、事業者選考決定を先送りすると伝えてきた。

⑥ Y市長は、T会の運営母体であるQ医療法人理事長の親族であり、今回の公募手続に強い利害関係を有する。Y市長は、上記意見書があったことを理由に、事実関係を調査することなく協議会の決議を覆し、担当職員に命じて、上記公募をなかったものとすると公言している。

⑦ S会は、上記増床の応募計画において、既存の施設で増床事業をやるのが、低コストであるが、新規でやるとコスト高となると説明しているが、意見書は、新規施設を建設するべきとの内容であった。

⑧ S会は135床を有し、地域密着型施設を運営している。180人スタッフがいる。ライバル事業者T会から、多くの嫌がらせをうけてきたが、今回の意見書もそのライバルT会がやらせているものと思われる。

⑨ 多くの嫌がらせによる投書などにより、最近も県の監査があった。S会に対し、県から70項目の指摘があったが、全く問題はなかった。これはライバル法人T会の仕業と思われる。貧しい人も利用できる施設であるべきであ

るというのが、Ｓ会の提案計画である。

⑩　県は根拠のない中傷文書を出す者がいることを理解し、Ｓ会がＴ会よりも秀でた施設運営をしていると判断している。Ｙ市長は、謀略による意見書に加担し、ライバル法人を施設運営者に指定しようとしている。

◉ 第2　関係法令等

1　関係法令

- ・老人福祉法20条の５
- ・介護保険法42条の２第１項（指定）及び第５項（諮問）、48条１項（支給）、78条の13（公募）、86条（施設指定）、117条１項（介護保険事業計画策定）
- ・行政手続法２条１号及び５号（協議会決定）
- ・地方自治法138条の４第３項
- ・ささえあい長寿推進協議会条例３条（委員委嘱）

2　参考裁判例

- ・最三小判平成23年６月14日裁判集民237号21頁（地方自治判例百選65事件）
- ・最一小判平成21年11月26日民集63巻９号2124号、大阪地判平成22年４月15日判例自治338号57頁
- ・横浜地判平成21年７月15日判例自治327号47頁

3　介護保険法の概要

① 　１条　要介護者に対し、保険医療サービスと福祉サービスの給付を行うため介護保険制度を設けるとする。介護保険法は、保険給付に関する定めである。

② 　２条１項　被保険者の要介護情態又は要支援状態に関し、必要な保険給付を行う。

③ 　３条　市町村又は特別区が保険者である。

④ 　５条　国は、保険医療サービスと福祉サービスを提供する体制の確保に関する施設その他の措置を講じなければならない。

⑤ 　６条　医療保険者の協力

⑥ 　７条　定義　要介護状態　要介護者

　　８条14号：地域密着型サービス、15号：定期介護型サービス、16号：介護予防居宅型サービス、17号：共同生活介護、18号：介護予防支援

　　９条　被保険者

　　23条　市町村の照会権

　　24条　大臣及び知事の調査権

　　27条　要介護認定

　　37条１項　市長は、サービスの金額を指定できる。

342　　第3部　専門的行政手続と行政事件の弁護

38条　県は、福祉事務所や保健所によって技術的事項について必要な援助を行うことができる。

40条　介護給付は、保険給付とする居宅介護サービスである。

42条　地域密着型介護サービスの内容

42条の2　地域密着型介護サービス費の支給

⑦　地域密着型施設

　30人未満の施設は、42条の2（地域密着型）となる。

　78条の14は、42条の2第1項本文による指定（公募指定）をなすものとしている。

⑧　地域密着型施設の指定（78条の2第1項）

　1項　地域密着型施設について

　2項　市町村長が指定できる

⑨　78条の13（公募）

　市長村長は、見込量の確保等必要がある場合、市町村長が指定した区域に所在する事務所に係る指定を、42条の2第1項本文の公募により行う。

◎ 第3　問題点

①　Y市長は、本件協議会決議に拘束されるか。

②　社会福祉法人S会は、A市の公募取消措置に対し、どのような訴訟を提起すればよいか。

◎ 第4　法的分析

1　本件公募内容

①　本件公募は、「地域密着型介護施設」の募集である。

②　介護保険法78条の13（公募）による公募がなされた。同条項は、「必要があると認めるときは」「市町村長が指定した区域」に所在する事務所の事業所に係る同項本文の指定を公募により行うものとしている。

2　地方自治法138条の4第3項（審議会）

①　普通地方公共団体は、法律又は条令の定めるところにより、執行機関の附属機関として、審議会等を置くことができる。

　A市ささえあい長寿推進協議会条例3条によれば、市長が委員を委嘱することになっている。

　これらの規定によれば、S会には、協議会決議により、選考決定を受けるべき法的権利の発生があったといえよう。

　公募はY市長の努力義務ではなく、それに従って処分を行うとの公的義務の発生であり、Y市長は協議会決定に拘束される。協議会決定に違反して、選考処分

をなさないのは、違法である。

② 公募対象の介護計画は市議会の承認を得ており、市長がこれを恣意的に変更することはできない。

3 特養施設の事業者指定

（1） 事業者の要件

特別養護老人施設（老人福祉法20条の5）や介護老人福祉施設（介護保険法86条）の経営者は、地域密着型サービス事業者の指定を受けることができるとされている。

（2） 地域密着型サービス事業者の指定

① 申　請

地域密着型サービス事業者の指定は、介護保険法78条の2第1項に従って申請により、事業所毎に行われる。

② 公　募

介護保険法78条の13第1項により、公募により事業者の指定がなされる。

「市町村長は、第117条第1項の規定により……市町村介護保険事業計画において定める……見込量の確保及び質の向上のために特に必要があると認めるときは……指定を、公募により行うものとする」（介護保険法78条の13）

（3） 公募に対する選考決定

選考を審議する運営委員会（介護保険法42条の2第5項）は、諮問機関としての位置付けであり、同委員会が審議して、選考決議後、一定期間を置いて、市長が最終決定することになっている。

（4） 事業者指定

建築工事が終了後、事業者が指定されることになっている（介護保険法42条2）。

市町村の事業者選考決定に続き、建築工事完了後、事業者が指定される。事業者指定は建築工事完了後なされるので、選考決定の不作為を争うことになろう。

公募 → 協議会決議 → 市長による選考決定 → 建築工事 → 事業者指定

4 協議会選考決議

（1） 協議会の位置付け

協議会は、諮問機関にすぎず、協議会決議は、S会に対する、権利を付与する処分（権利を付与したりする行政行為）ではない。しかし、協議会は、事業者や、公益代表から委員を出しており、本件の審議は、Y市長も出席し、2時間以上を費やし、公正に行われた。

（2） 協議会及び諮問の性質決定

協議会への諮問が、「利害関係人の権利保護」か「処分の適法性確保」かいずれが設置目的かが問われる。群馬バス事件や個人タクシー事件の判例をみると、

344　第3部　専門的行政手続と行政事件の弁護

手続の瑕疵は原則として処分を違法としないとされている。本件は、十分な審議を経ているから、手続上の瑕疵はないといえよう。

本件協議会は、「処分の適法性確保」「市長の恣意的決定の防止」のために設置されているのだから、市長が協議会決議を無視することは介護保険法42条の2第5項に違反する。

5　実体法上の違法性

（1）　既存施設への増床か、新規増床か

「小規模事業所整備が望ましく、S会の計画は大規模施設であるため理念に一致しないかが問われる。」との意見書が市長宛に提出されたが、既存施設への増床は、コストの節約となる。

（2）　手続の公正

白紙化のきっかけとなった意見書には、市が開催した協議会でのプレゼンテーション等が出来レースであったことを疑う内容の記載があるが、市長も出席し、ライバル法人も出席していたから、手続の違法はない。

（3）　協議会決定の撤回の違法性

協議会決定を市長が撤回する権限はない。事業者決定手続を公正に行わせるため、市長ではなく協議会に審議させているのだから、協議会の決定を市長が無視したら、協議会の審議をないがしろにするばかりか、適正手続保障に反することとなる。本件では、協議会決議を無視して、市長が候補者の最終決定をせず、更に指定をしない不作為の違法が問題となる。

（4）　是正を求める措置の特定

「事業者不指定行為」と「諮問に基づく選考決定をしない行為」のいずれかを争うことになる。

病院開設中止勧告と保険医療機関の指定に関する最二小判平成17年7月15日民集59巻6号1661頁が参考となる。また、最三小判平成23年6月14日裁判集民237号21頁（地方自治判例百選65事件）も参考となる。

市長の言動と生活福祉部長の説明を総合し、発生する不利益の内容をみて、是正を求める対象を特定することになる。是正対象が処分でないときは、S会の保護されるべき権利の確認を求めることになろう。

（5）　公募取消しによる次年度繰越等事業計画の変更手続

本件介護保険事業計画は、介護保険法117条1項に基づくもので、その変更は、予め、都道府県の意見を聞かなければならず（9項）、8項は被保険者の意見を反映させるために必要な措置を講じなければならないとしている。

市長は、公募を取り消し、事業計画を変更するならば、都道府県等の意見を聴く必要がある。

第5　弁護方針

（1）　申請不許可

市長による選考決定の先送りは、事業者選定に関する申請の不許可とみなして、その不許可処分の取消訴訟が考えられる。しかし、市長は、公募がなかったものとすると宣言しているが、正当な理由がなく、他の機関による公募選考決議の取消しはできない。適正な公募手続によってＳ会が選考決議されたのであるから、市長にも選考決議を取り消す権限はない。

（2）　確認訴訟（当事者訴訟）

行政処分がないとする場合、「Ｓ会が指定されるべき法的地位を有する確認訴訟」も考えられる。協議会の決議は、特段の事情がない限り、市長も尊重しなければならず、これに市長が拘束され、市長にはＳ会を事業者に決定する義務がある。

（3）　申請型義務付訴訟

Ｓ会を事業者に決定する旨の行政処分はないが、選考決定処分する要件が充足したのだから、Ｓ会を事業者にする決定の義務付け処分を求める訴訟が考えられる。

（4）　不作為の違法確認訴訟（抗告訴訟）

市長が、協議会の決定に従わず、何もしないことは違法である。市長が選考決定をしない不作為の違法確認訴訟の方法が考えられる。

（5）　国家賠償請求訴訟

Ｓ会は、公募取消しがなされたら、準備費用やうべかりし利益の喪失など、相当の損害発生があり、国家賠償法による損害賠償請求が可能である。

第6　その他の問題点

①　本件公募は、指名競争入札である。

②　公的表示として、Ａ市は、Ｓ会を選考する旨の通知をなした。公的表示の信頼保護なども検討しなければならない。

③　選考決定処分前の行為であるが、選考決定の要件は充足しているから、選考決定を求める権利は、発生しているとみられる可能性がある。

④　最高裁は、保険医療機関の不指定通知を処分としたが、本件の不指定通知も、処分に該当する可能性がある。

[山下　清兵衛]

XII 開発事業承認申請の不受理事件の弁護

● 第1 事案の概要

（1） 平成24年10月12日付で宗教法人Xは、M村であるM村に対して墓地公園開発を目的として本件開発事業承認申請（M村むらづくり条例に基づく開発事業承認制度）を行い、M村はこれを受理した。この開発対象地は、都市計画区域外であるが、10,000㎡を超える土地である。

（2） 以後、M村は本件開発事業計画を審査し多くの行政指導を繰り返し、事前協議手続を事実上終了し、M村から地元近隣三地区の区長の同意以外の開発許可の要件はクリアしたとの意見を得た。

（3） Xは、M村の要請により近隣住民に対し開発事業説明会を行い、近接住民2名を除く全員の同意を得たが、地元近隣三地区の区長の同意が得られなかった。

（4） Xは、M村によって指定された三区においてそれぞれ説明会を開催し誠実に住民からの質疑に応答してきた。また、区長らによって村長に提出された住民の意見を集約した反対意見書についても、㋑交通量の増加による交通事故等の危険の増大、㋺野生鳥獣による土葬区画の掘り起こしの危険、㋩立木伐採等による環境の変化による自然災害への懸念等が挙げられていた。これに対して、Xは、反対意見への配慮の為、ⓐ道路幅員の拡張、交通量増加時の警備員の配置、ⓑ土葬区画の撤廃等の措置を提示し、またⓒ自然災害発生の懸念についても、災害の発生が懸念される隣接の川が護岸整備のなされた完成堤防であり、その他設計も行政指導に従って行われていること等を誠実に説明している。

（5） 平成25年5月14日付で、M村はXに対し、地元近隣三地区の区長の同意が得られないことを理由に、今後開発事業承認申請書の申請がなされても、これを受理しない旨の通知（以下「本件不受理通知」とする）を行った。

（6） Xは、墓園事業を施行するため、都市計画法上の開発許可申請（同29条2項）及び、墓地、埋葬等に関する法律上の経営許可申請（同10条1項）を行うに当たり、本件条例で事前に必須の手続きとして要求される開発事業承認申請について、M村から不受理通知を受け、墓園事業の途を現実的に閉ざされた状況にある。

すなわち、M村は、本件条例で規定されている本件事業承認申請書がXから今後提出された場合にも、開発事業についての近隣三地区の区長の同

意が得られていないことを理由に、申請を不受理とする旨の本件不受理通知を行った。

なお、M村は、Xに対し、本件不受理通知は、もっぱら近隣三地区の区長の同意がないことを理由に行うものであるとし、本件申請はその他の法令には適合しているとの認識を有している旨の回答をし、よって、「近隣関係三地区の区長の同意の要否」が本件許可の残された唯一の要件であるという。

この点について、「住民との協議が整ったこと」(M村開発事業等指導要綱. 以下「本件指導要綱」という。)は、開発承認申請の前提として、近隣関係者の同意がなされることを必要要件としている。

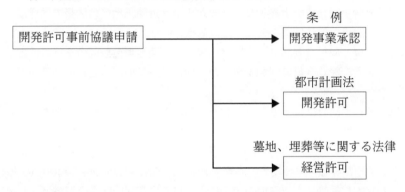

● 第2　問題点

① Xは、本件不受理通知について、M村に対し、開発事業承認申請の受理をさせるためにどうすればよいか。

② 条例に基づく「開発事業承認申請」と「都市計画法29条2項による開発許可申請」と「墓地埋葬法10条1項に基づく墓地経営許可申請」は、どのような関係にあるか。

③ それぞれの承認又は許可の要件として、近隣住民の同意を取得しなければならないか。

● 第3　関係法令

- 自治体のむらづくり条例16条1項(近隣関係者に対する説明会の開催義務)、20条(村長の協議終了確認通知がなければ開発事業承認がなされない)
- 墓地経営許可条例5条2号
- 指導要綱12条(開発許可の要件として関係者の同意を必要とする)
- 都市計画法29条2項

・都市計画法施行令29条2項
・墓地埋葬法1条、10条1項

◎ 第4　法的分析

1　不受理通知

近隣関係者の同意を開発承認の条件とすること自体が事業者の土地利用制限等の権利・利益に不当に過度な制約を課すものであり、近隣住民の同意を許可要件としていない都市計画法や墓地埋葬法から「はみ出す基準」として違法であり、したがって、かかる指導要綱を絶対的な条件とみなして行われた本件不受理通知も違法である。

また、仮に本件指導要綱が適法であるとしても、本件では距離制限規定などの利益調整要件をクリアしているから、同要綱の定める同意がなされたとみなされる場合に該当する事情が認められる事案であり、やはり申請を不受理とする通知は違法と評価される。

したがって、違法な本件指導要綱を根拠としてなされた本件不受理通知は、違法であり、M村にはXによって行われる開発事業承認申請を受理する義務がある。

近隣住民の同意がないとして本件申請を不受理とする通知に対し、本件申請の受理がされるべきことの確認を求める訴えが有効であり、近隣住民の同意なしに、本件申請の受理が認められることを確認することで、紛争の抜本的な解決が行われる。したがって、公法上の確認訴訟（当事者訴訟）として、訴えの利益を有する。

行政処分以外の行政活動による不利益については、公法上の当事者訴訟が適切な救済手段とされている。確認の対象は可能な限り、公的義務や公的権利の存否確認に引き直すことで、確認対象の適格性が確保される。

2　近隣同意を申請の前提条件として義務付ける本件条例規定、指導要綱及びその運用が違法であること

（1）　本件条例について

本件条例（M村むらづくり条例）は、①事業者が開発事業（本件条例3条第2号）を行う場合に、法令等に定められた手続を行うに当たって、関係書類を添えた上、開発事業等事前協議書を村長に提出し、事前協議することとし（本件条例13条1項）、②提出後には近隣関係者に対する説明会の開催を義務付け（同16条1項）、③協議が整ったことを認めた際に、村長が事業者に対し協議終了確認通知を発し、かかる通知を受けて初めて開発事業承認申請書を提出させ（同20条）、開発事業の承認が行われるという手続的規制を独自に設けたものである。

また、本件指導要綱12条は、開発許可を取得するためには、「関係者の同意」

を得なければならない旨を定めている。

本件においてXの行おうとしている墓園事業は、同条例11条１項にいう「土地利用を著しく変更する行為で、その面積が500平方メートルを超えるもの」に該当し、上記の規制を受けるものである。

（2）　近隣住民の同意は、開発許可要件ではないこと

すべての開発許可について、近隣住民の同意を要件とする法律はない。近隣住民の同意を開発許可の要件としたら、都市開発事業の開始は困難となり、また、近隣住民による不当な金銭要求などのゴネ得を誘発する。そこで、都市計画法、まちづくり条例や開発指導要綱は、開発事業者の利益と近隣住民の利益を距離制限などの方法で調整することにしている。許認可庁は、かかる調整基準に従って行政指導を行い、これがクリアされていれば近隣住民の同意の有無にかかわらず許可しなければならない。

（3）　本件条例、本件指導要綱の運用上、住民の同意を各種法令上の申請の絶対条件として義務付けること及び本件不受理通知の違法性について

ア　近隣関係者の同意を要件とする条例の規定並びにその運用が都市計画法の趣旨に反し、違法であること

本件開発事業は、都市計画区域外でも、10,000㎡を超える開発として、都市計画法29条２項の開発許可を要する事業に該当する（同法施行令29条２項）。しかるに、M村は、開発許可について、本件条例、本件指導要綱を根拠に、開発事業等事前協議書の受理を拒むことで、実質的に開発許可申請を拒むものである。

この点について、都市計画区域外の一定規模以上の施設について開発許可が要件とされる趣旨は、都市計画法上の技術基準を及ぼすことで安全で良好な住環境を保護することにある。

本件でも、住民らに良好な住環境を享受する利益があるとしても、墓地が人家等ふくそう地より200メートル以上もの距離を有することを求める距離制限規定（墓地等の経営の許可等に関する条例５条２号）や、一連の協議、行政指導によって周辺住民が被りうる不利益は解消されるに至っている。それにもかかわらず、墓地建設予定地の近接住民は２名が地区の同意を条件に自らの同意を留保しているのを除いて全員が賛成している状況で、近隣三地区の区長の同意を過大に評価し、絶対条件とすることで申請を不受理とし、墓地事業を断念させることは、法律の規制から不当にはみ出した過剰な規制を課し、運用するものと言わざるを得ず、都市計画法の趣旨に反し、違法である。

イ　近隣関係者の同意を要件とする条例の規定並びにその運用が墓地埋葬法の趣旨に反し、違法であること

本件開発事業は、墓地埋葬法10条１項の墓地経営許可を要する事業に該当する。

しかるに、M村は、墓地経営許可について、本件条例、本件指導要綱を根拠に、開発事業等事前協議書の受理を拒むことで、実質的に墓地経営許可申請を拒むものである。

墓地埋葬法1条は、墓地等の設置、管理が「国民の宗教的感情に適合」して行われることを同法の目的として掲げている。しかるに、かかる目的を掲げた理由は、死者をその尊厳にふさわしい儀礼をもって弔葬すべきであるとの国民の宗教的感情に基づき営まれるものであることによるものであって、墓地等の経営許可に関して周辺住民について、住民個々人の個別的利益として住民の健康や宗教感情等について保護したものではない。

この点について、墓地周辺住民の原告適格について、墓地埋葬法10条1項は墓地の周辺に居住する者個々人の個別的利益をも目的としているものとは解しがたいとして、周辺住民は墓地の経営許可の取消しを求める原告適格を有しないとの判例（最二小判平成12年3月17日裁判集民197号661頁）があるところ、住民の意思は、事業者としての適格性や、需要と供給のバランスといった他の考慮要素と並ぶ一考慮要素とはなりえても、個別的利益として保護されるものでない以上、同意を墓地設置の不可欠の要件とすることは、過度に墓地を設置する者の権利・利益を制約するものとして許されない。仮に、墓地周辺住民に個別的利益が認められるとしても、墓地が人家等ふくそう地より200メートル以上もの距離を有することを求める距離制限規定（墓地等の経営の許可等に関する条例5条2号）や、一連の協議、行政指導によって周辺住民が被りうる不利益は解消されるに至る。

したがって、墓地建設予定地の近接住民は2名が地区の同意を条件に自らの同意を留保しているのを除いて全員が賛成している状況で、近隣三地区の区長の同意を過大に評価し、絶対条件とすることで申請を不受理とし、近隣墓地事業を断念させることは、法律の規制から不当にはみ出した過剰な規制を課し、運用するものと言わざるを得ず、墓地埋葬法の趣旨に反し、違法である。

　　ウ　関係者の同意を要件とする規定並びに、同意を絶対条件とする条例の運用が、Xの財産権を不当に制約し憲法29条1項に違反し、また、不合理な扱いをするものとして憲法14条に違反し違憲であること

墓地という性格上近隣住民が、何らの具体的な不利益もないのに、近辺に墓地ができるという漠然とした不快感から同意に応じない可能性は十分にありうるところ、関係法令は、道路、河川、人家等からの距離制限（墓地等の経営の許可等に関する条例5条各号等）によってこのような住民への配慮を行っている。本件事業計画は各距離制限をクリアしており、又、Xは住民との調整をM村の行政指導に従って十分行った以上、さらに三区の区長の同意という主観的な条件を絶対的なものとして要求することは、Xの土地利用を必要以上に強く制限するもので

XII　開発事業承認申請の不受理事件の弁護　　351

あり、比例原則に反し憲法29条1項によって保障された財産権を不当に侵害し、違憲である。

　また、同意条項を設け、若しくは同意条項を設けた上でそれを絶対条件として運用することは、他の市町村では行われていない過剰な規制であり、他の市町村において開発事業を行おうとする者との関係において、法の下の平等に反して合理的な理由なく不必要に過度の制約を課すものとして憲法14条1項に違反し、違憲・違法である。

　したがって、Xは、違憲・違法な条例及びそれに基づく行政指導によって課された「住民の同意を取り付ける義務」を負うものではない。

　　エ　本件は「住民との協議が整った」と認められる場合であること

　仮に、協議及び同意を要件とする規定ないし運用自体が違憲・違法でないとしても、本件は本件条例18条の「住民との協議が整った」と認められる場合に該当し、なおも近隣三地区の区長の同意を義務付けることは、不当にXの各種法令上の申請権を侵害するものとして違法となる。

　一般に、まちづくり条例等によって、新たに設置される施設の周辺住民全ての無条件の同意を、その設置の絶対的な条件とすることは、過剰な財産権行使に対する規制として許されるものではない。一方で、新たに設置される施設の周辺に居住する住民の意向を聴取、反映させる努力義務を課す規定を設けること自体が直ちに違法とはならないとしても、やはり財産権行使を規制するものである以上、その限界は厳格に判断される必要がある。

　すなわち、本条例のように協議を義務付ける規制も、あくまで誠実な協議が行われ、住民の一定の理解を求めることを義務付けたものであるに過ぎないと解すべきである。そして、かかる義務が果たされたか否かについては、開発事業の性質上同意を得ることの難易度、協議の過程における事業者が誠実な対応を行ったか、協議を経た上で住民らの意向等の事情を考慮して決すべきである。

　まず、本件開発事業の性質上の同意を得ることの難易度についてであるが、墓園は、死体を焼却する火葬場等とは異なり、宅地内に墓地が存在することは決して稀なことでないことも公知のとおりであり、住民生活と違和感なく共存することが可能なものである。現に都市部でも、住宅に密着した墓地や寺社が住宅地の中には多く存在し、祖先の霊を崇拝し、人間としての生活を営む上で必要な施設として生活の中に融合している。もっとも、墓地は上記のように生活に溶け込みうる有用な施設であるにもかかわらず、新たに墓地が建設されることに、漠然とした不快感や嫌悪感を抱く住民が存在することも事実であり、実際には住民らに何らの不利益が生じない施設の建設であっても、容易に同意を取り付けることは困難な場合がある。

このように、Ｘは近隣関係者、及び三地区からの要望にも応え、計画の変更、見直しを極めて誠実に行ってきた。

協議を経た上での住民らの意向等についても、墓地近接住民のうち２名が地区の同意がなされることを留保して不同意としている他は、全員からの同意をとりつけられている。そもそも、同意要件の他は、人家等ふくそう地より200メートルもの距離制限を設けた墓地等の経営の許可等に関する条例を含め、法令上の許可要件は全て満たされている以上、住民に対する配慮は十分になされており、住民が反対する理由の根拠も脆弱なものと言わざるを得ない。むしろ、墓地の設置によって、Ｍ村における雇用創出や墓地購入者による墓参りによってもたらされる経済効果も当然に見込まれるのであって、近接住民が２名を除いて同意している中でなされた区長らの不同意は根拠がない。

上記のように、墓地という性質上周辺住民の全面的な同意を得ることは難しいところ、Ｘは法律や条例が求める調整的対応を十分行い、住民らからの要望にも誠実に応えてきた結果、地区の同意を条件に留保する住民２名を除いて、近接住民らの同意も得られており、これらの事情を考慮すれば、本件では本件条例上の「協議が整った」と認められるべき場合に該当し、また、本件規則上の同意がなされたものと見なすべき場合に該当する状況が存するといえる。

しかるに、Ｘの周辺住民との協議に応ずべき義務は既に果たされており、事前協議終了通知が行われるべきであるにもかかわらず、現在に至るまで三地区の区長の同意を得ることを絶対の条件として義務付けることは違法である。

　　オ　行政指導としての本件不受理通知の性質決定と違法性

以上より、本件不受理通知は、本来近隣関係者の同意を絶対条件として要求することが許されず、若しくは協議が整ったといえる場合であるにもかかわらず、Ｘの意思に反して三地区の区長の同意がないことのみを理由として今後許可申請又は承認申請を受理しないことを通知するものであり、違法な行政指導といえ（最三小判昭和60年７月16日民集39巻５号989頁）、Ｍ村には、申請を受理する義務が存する。また、許認可庁は、対立する利益を中立的な立場で法令の距離制限規定などに従って、調整する義務があり、過度に住民の意見を尊重し、かかる調整義務に違反する点でも違法である（紀伊長島町事件：最二小判平成16年12月24日民集58巻９号2536頁）。

3　公法上の確認訴訟としての訴えの利益

確認訴訟（公法上の当事者訴訟）の訴えの利益は、Ｘの有する権利又は法的地位に対する危険、不安が現に存し、これを後の時点で事後的に争うより、現在確認の訴えを認めることが当事者間の紛争の抜本的な解決に資し、有効適切といえる場合には認められ、訴えは適法とされる。

本件では、現に申請を行っても受理をしない旨を告知されていることで、申請に要する労力や費用が無に帰するという危険、不安が現に存し、申請前に住民の同意を得る義務を負わないことが明確にされることで、紛争が抜本的、有効適切に解決できる。

すなわち、本件では、墓地等の経営の許可権限はN県知事からM村村長に委譲されているところ、M村の運用上、開発事業承認申請が受理されず、開発事業の承認が得られない限り、墓地埋葬法10条1項の経営許可についての、墓地等の経営の許可等に関する条例2条の申請も受理されないこととなり、墓地経営許可申請の途を絶たれるという法的地位についての危険・不安が現に存している。

また、事前協議手続において、Xは既に多額の費用を支払い、M村の行政指導のすべてに応答し、本件開発予定地について、M村に対し、多額の特別土地保有税等の公課を支払ってきた。本申請をするためには今後新たに多大な費用が必要となるため、予め開発事業承認申請に当たって近隣三地区の区長の同意が絶対条件であることを前提とする不受理通知が違法であり、既に受理を拒絶されている各種申請を行う前提として、住民の同意を得る義務を負わないことの確認判決がなければ、申請後に不受理の通知を受けてから争うのでは無用に多大な出費及び労力を余儀なくされることとなる。

以上より、上記確認の訴えを認め、同意の要否を明らかにすることが、紛争の抜本的な解決に資し有効適切というべきである（行政調査違法確認事件：長野地判平成23年4月1日）。

また、確認対象の適格性についても、自己の現在の積極的な法律関係について確認することが、紛争解決のため必要である。本件条例によれば、本件開発事業承認申請には、開発事業承認を得てはじめて、都市計画法上の開発許可申請、及び墓埋法上の経営許可申請を行うことができるという法的効果が付与されており、この点からも、Xが各種法令上の申請の前提として住民の同意を得る義務を負うことの存否は確認対象として適格性が認められる。そして、本件は不受理通知が発生させたXの不安定な地位について、関係法令から導かれるM村の公的義務を特定して置き換えて、その確認を求めるものである。また、予備的請求は、Xの法的地位の積極的確認を求めるものである。

以上より、本件訴えは訴えの利益を有する。

4　請求の趣旨の例（公法上の当事者訴訟）

（主位的請求）

① 別紙目録記載の開発事業計画に基づく開発事業について、都市計画法29条2項に基づく許可申請及び墓地、埋葬等に関する法律10条1項に基づく墓地経営許可申請を行うことの条件として、Xは近隣住民の同意を得る義務

を負わないことを確認する。

② 別紙目録記載の開発事業計画に基づく開発事業について、M村むらづくり条例19条1項に基づく開発事業承認申請を行うことの条件として、Xは近隣住民の同意を得る義務を負わないことを確認する。

③ 訴訟費用はM村の負担とする。

との判決を求める。

(予備的請求)

① 別紙目録記載の開発事業計画に基づく開発事業について、XがM村むらづくり条例18条に定める事前協議終了通知を受けるべき地位にあることを確認する。

② 訴訟費用はM村の負担とする。

との判決を求める。

5 不作為に対する審査請求等

行政不服審査法では、不作為に対する審査請求は、申請型に限定されている(新法3条)。非申請型の不作為に対する不服申立ては行政不服審査法では認められておらず、行政手続法36条の3第1項によって、処分又は行政指導請求申出制度を利用することができる。

本件では、不受理通知を行政指導であると性質決定すれば、行政手続法による行政指導請求申出をすることになる。

[山下 清兵衛]

ⅩⅢ 農地賃貸借解除許可申請手続の弁護

● 第1　事案の概要
1　権利関係及び経緯

権利関係及びその経緯は以下のとおりである。

（1）　申請者Aが本件農地を所有していたところ、申請者Aは、昭和24年ころ、相手方Bの父Cに対し本件農地を貸し、その頃からCが耕作を開始した（申請者は当時未成年であったため、実際の手続は申請者の祖母が行った）。

Cは、昭和35年〇月に死亡し、同人の子である相手方Bらが本件農地の借地権を相続した。

（2）　昭和58年ころ、東京電力株式会社から相手方Bらに対して本件農地に電柱を設置したいとの申出があり、相手方らは申請者Aの承諾を得ることなく、東京電力に対して電柱の設置を許可した。東京電力は、昭和58年〇月に本件農地に電柱を設置し、相手方らに対して年額3460円の土地使用料を支払っていた。

（3）　相手方Bは、申請者Aに対し、平成7年〇月ころ、本件農地につき、「耕作を続けられないので、返還する」と申し出た。申請者はこれを承諾して、本件農地の返還を受け、平成8年1月ころから自ら本件農地の管理を始めた。具体的には、シルバー人材センターに草刈りを依頼して、平成8年〇月に2万9202円、平成9年〇月に2万4259円、平成10年〇月に2万5023円、平成10年〇月に2万5023円を支払い、合計で10万3507円を支払った。なお、F市には申請者Aの実兄が居住しているので、同人にシルバー人材センターへの草刈りの依頼、支払手続を行ってもらい、後で同人に対して申請者が代金を支払う形をとった。

（4）　平成11年〇月ころ、相手方から申請者に対し、電話にて、本件農地で再度耕作をさせて欲しいとの申出があった。申請者は、相手方本人が耕作し他人に耕作させないこと、相手方が耕作をしなくなった場合には本件農地を返還することという条件を付けて耕作を許可した。

（5）　平成12年〇月ころ、申請者が本件農地の現状を確認したところ、相手方が耕作している様子が窺えなかった。そこで、申請者は相手方に対して、相手方が耕作していないのではないか、そうだとすれば本件農地を返還してほしいと申し入れたところ、相手方は、「自分で耕作している。兄弟に手伝ってやってもらっている。」と回答してきた。

しかし、その後、申請者が本件農地の状況を確認すると、相手方の親族が耕作を手伝っているのではなく、相手方が複数の第三者に対して、家庭菜園のような

356　　第3部　専門的行政手続と行政事件の弁護

形で使用させていることが判明した。申請者の妻が、平成12年ころに本件農地において耕作をしている者と直接会話をしたところ、次のとおりであった。

　　ア　耕作している者は、相手方の親族ではない。

　　イ　本件農地は、6軒6人で分割して使用している。

　　ウ　耕作者たちは、相手方から自由に使用してよいと言われている。

　　エ　相手方が必要になった時には返還してもらえれば構わないと言われている。

（6）　平成14年〇月、相手方から申請者に対し、平成8年分からの地代を支払いたいとの申出があった。しかし、申請者は相手方に対し、「平成8年から3年間の地代は、土地の返還を受けていたので受領できません。その後の使用については、本人が耕作していないので土地の返還をしてください、今後も地代の受領はできません。」と回答した。

（7）　その後、申請者は相手方に対し、無断転貸等を理由として本件農地の返還を求めたが、相手方は申請者に対し、「F市では土地の権利は地主と小作が五分五分であり、相手方には半分もらう権利がある」などと主張し、本件農地の返還を拒み続けた。

　上記経緯により申請者が地代を受け取らなかったところ、平成15年〇月、相手方は、平成8年から平成10年までの草刈料として年額3万円、平成11年から平成15年までの地代として年額5万円の合計34万円を供託した。その後も、相手方は、毎年年額5万円の地代を供託している。

（8）　相手方が供託を始めた後も、申請者は相手方に対し、無断転貸等を理由として本件農地の返還を求めたが、相手方が耕作を止めろと言えば近所の人は耕作を止めるので問題ないなどと言って、本件農地の返還を拒み続けている。

（9）　平成19年に東京電力から申請者の自宅に電話があり、これからは電柱設置による土地使用料を相手方ではなく、申請者に支払う旨の連絡があった。申請者は、このとき初めて、相手方が申請者に無断で土地の使用を許可し、東京電力から相手方に土地使用料が支払われていたことを知った。その後、東京電力から申請者に対して、昭和58年〇月から平成20年〇月までの土地使用料として8万5348円が支払われた。

（10）　近隣にパチンコ店があり、平成23年ころ、突然、本件農地上にパチンコ店の看板が設置された。申請者は、相手方やパチンコ店から看板設置の承諾を求められたことはないことから、相手方がパチンコ店に看板設置を許可し、パチンコ店から土地使用料を受け取っているものと思われる。

2　農地賃貸借契約の合意解約

　相手方は、申請者に対し、平成7年〇月ころ、本件農地について、「耕作を続

けられないので、返還する」と申し出た。申請者はこれを承諾して、本件農地の返還を受け、本件農地の賃貸借契約は合意解約により終了した。

平成7年〇月に本件農地の賃貸借契約が合意解約により終了したことは、申請者が平成8年から平成10年にかけて本件農地の自主管理を行い本件農地の草刈り等を行ったことについて、相手方が平成15年になってから申請者に対して書面で草刈料の支払を申し入れ、相手方が申請者に対して平成8年から平成10年までの地代を一切支払っていないことから裏付けることができる。また、相手方は、平成15年から地代・草刈料を一方的に供託するようになったが、申請者がこれを一切受領していないことからも、平成7年〇月に本件農地の賃貸借契約が合意解約により終了したことを裏付けることができる。

○ 第2 法的主張

仮に、平成7年〇月に本件農地の賃貸借契約が合意解約により終了していないとしても、本件農地賃貸借契約には、①農地法18条2項1号の信義違反、②農地法18条2項5号の正当事由の解除事由が存在する。

1 相手方の無断転貸及び耕作放棄により「賃借人が信義に反した行為をした場合」（1号）に該当すること

（1）「信義に反した行為」とは、賃貸人にとって当該賃貸借契約を継続することが不当とされるような著しい背信行為が賃借人にある場合をいう（水戸地判平成21年1月28日）。

（2）本件について

ア　無断転貸

相手方は、申請者に無断で、本件農地を6名の第三者（親族ではない）に転貸し、家庭菜園の形で耕作を行わせてきた。現在では、相手方は、申請者に無断で、本件農地を2名の第三者（親族ではない）に転貸し、本件農地のうち約6分の1に相当する範囲をこの2名が耕作している。平成25年〇月〇日に耕作者に対してインタビューを行い、相手方の親族以外の近隣住民2名が、相手方から本件農地の一部の転貸を受け、家庭菜園として耕作を行っていることを確認している。

また、相手方は、昭和58年ころ、申請者に無断で、東京電力に対して、本件農地上に電柱を設置することを許諾し、東京電力に電柱を設置させた。しかも、平成19年までは相手方が東京電力から土地使用料を受け取っていた。

さらに、近隣にパチンコ店があり、相手方は、申請者に無断で、パチンコ店に対して、本件農地上にパチンコ店の看板を設置することを許諾し、パチンコ店に看板を設置させた。

このように、相手方は、本件農地の一部を第三者に無断で転貸するだけではな

358　第3部　専門的行政手続と行政事件の弁護

く、農地という利用目的に反する態様で、本件農地の一部を第三者に転貸して使用させている。

　　イ　耕作放棄

　相手方は、平成７年〇月に本件農地を申請者に返還し、その後の３年間は本件農地で一切耕作を行わなかった。相手方は、平成11年〇月ころに、申請者に対して耕作をさせて欲しいと申し入れ、第三者に耕作を行わせるようになったが、その後、次第に耕作面積が減少していき、本件農地の６分の５程度については、全く耕作が行われておらず、長い間、耕作放棄地となっている。相手方は、本件農地に隣接する自己所有の農地についてさえも、長年に渡って耕作を放棄しており、この農地上には廃車となった自動車等が無造作に放置されている。さらに、相手方は77歳であり相当高齢であることも併せて考えれば、今後も耕作を行う意思及び能力があるとは到底考えられない。

　したがって、相手方は、本件農地の大部分について、長期間、耕作を放棄しており、しかも相手方自身が耕作を再開する見込みは全くない。

　　ウ　相手方の不誠実な対応

　相手方は、平成７年〇月に本件農地を申請者に返還し、その後の３年間は、申請者に地代すら支払わなかった。

　また、申請者は、相手方が無断転貸、耕作放棄を行っていることから、平成12年〇月ころから土地の返還を求めてきたが、相手方は、複数の第三者に転貸しているにもかかわらず、兄弟に手伝ってもらっているなどと明らかに虚偽の主張を行い、不誠実な対応によって、本件農地の返還を拒み続けている。

　　エ　小結

　以上からすると、相手方は、本件農地を自ら耕作する意思を全く有していないことは明らかである。相手方が平成11年に耕作を再開することを申請者に打診してきた目的は、自ら耕作を行う意思がないにもかかわらず、もっぱら離作料目当てに賃借人としての形を整えることにある。

　したがって、賃貸人である申請者にとって、当該賃貸借契約を継続することが不当とされるような著しい背信行為が賃借人である相手方にはあるといえるので、本件は「賃借人が信義に反した行為をした場合」にあたり、賃貸借契約の解除事由が存在する。

２　申請者の経済的な必要性等により「その他正当の事由がある場合」（５号）に該当すること

　（１）　賃貸借契約の解除に当たっての「正当の事由」の存否については、賃貸借契約の解除の必要性や相当性といった事情を考慮して決すべきである。

　具体的には、①所有者の生活の貧困、②賃借人の生計の状況、③農地の地域性、

④その他の背信的な行為の存在などの事情を総合考慮して、「正当の事由」の有無を判断すべきである（大阪高判昭和59年1月25日行集35巻1号32頁）。

（2）　本件について

　ア　①所有者である申請者の生活の貧困

　申請者は、自宅近くの小さな工場で機械部品加工の仕事をしており、土日祝日もほとんど休みを取らず、1年中朝から晩まで働いていた。申請者は、一家の大黒柱として家族5人の生活を支えてきた。申請者は、平成24年末に突然心臓の病気で倒れて、仕事ができなくなり、仕事による収入が途絶えてしまった。申請者は、現在73歳であり、妻と合わせて2か月ごとに18万円支給されるわずかな年金と、これまでの預金を取り崩して生活している状況である。なお、申請者と同居している妻は、仕事のストレスから体調を崩して退職を余儀なくされ、現在はアルバイトによりわずかな収入を得ているのみである。

　また、申請者は、心臓の病気により手術を受けて多額の医療費を支出しており、現在も心臓ペースメーカーを入れて通院を続けており、今後も多額の医療費を支出することが予想されている。申請者は、身体障害1級に相当すると判断されており、自宅において安静にする生活が続いており、仕事を再開できる見込みは立っていない。

　そのため、老後の生活資金の手当て及び今後の多額の医療費のために、本件農地を早期に売却することが急務となっている。

　イ　②賃借人である相手方の生計の状況

　一方で、相手方は、現在、本件農地からは何等の収入も得ておらず、解除が行われても相手方の生活に何らかの支障が生ずることは全く考えられない。また、相手方は、高齢のため今後も耕作を行って収入を得る意思・能力ともに見込まれない状況である。

　ウ　③農地の地域性

　本件農地は市街化区域内に存しており、宅地並み課税が導入されている。賃借人である相手方が地代として毎年供託している金額は5万円であるのに対して、賃貸人である申請者は22万3800円（平成24年度）もの固定資産税等を納付しており、地代収入を大幅に上回る逆ザヤ現象が生じている。そのため、宅地として利用すべき必要性は高いといえる。

　エ　④その他の背信的な行為の存在

　相手方の態度は不誠実であり、このまま賃貸借契約を続けることが信義に反することは前記1（2）で述べたとおりである。

　オ　小　結

　したがって、本件は「その他正当の事由がある場合」（5号）にあたるので、

賃貸借契約の解除事由が存在する。

● 第3　農業委員会への許可申請

次のとおり、農業委員会に許可申請をなしたところ、許可された。

F市農業委員会会長　様

申　請　者　〒○○○－○○○○
○県M市○台三丁目25番地36
A

申請者代理人　〒○○○－○○○○
○県○区○○一丁目○番○号
○○法律事務所
電　話○○－○○○○－○○○○
FAX○○－○○○○－○○○○
弁護士　○○○○
弁護士　○○○○
弁護士　○○○○

下記土地について賃貸借の解除をしたいので、農地法第18条第1項の規定により許可を申請します。

記

1　賃貸借の当事者の氏名等

当事者の別	氏　　名	住　　所	備　　考
賃　貸　人	A	○県M市○台三丁目25番地36	
賃　借　人	B	S県F市○216番地	

2　許可を受けようとする土地の所在等

所在・地番	地　目		面積(㎡)	利用状況	耕作(利用)年数
	台帳	現況			

XIII　農地賃貸借解除許可申請手続の弁護　　361

| S県F市○○町 267番1 | 田 | 畑 | 1440 | 約6分の1が無断転貸され、第三者が家庭菜園として利用しており、残りは耕作放棄地となっている。 | 不明 |
| S県F市○○町 267番2 | 田 | 畑 | 73 | 耕作放棄地となっている。 | 不明 |

3 賃貸借契約の内容　賃貸借契約書を紛失した。賃貸借契約の締結は昭和24年頃である。

4 賃貸借の解除をしようとする事由の詳細　別紙のとおり

5 賃貸借の解除をしようとする日　平成○○年2月21日

6 土地の引渡しを受けようとする時期　平成○○年3月21日

7 賃借人の生計（経営）の状況及び賃貸人の経営能力
（1）土地の状況

	農地の面積									採草放牧地の面積			備　考
	自作地			借入地			貸付地			貸付地以外の所有地	借入地	貸付地	
	田	畑	計	田	畑	計	田	畑	計				
賃貸人	0	0	0	0	0	0	0	1513㎡ (ただし、地目は田となっている)	1513㎡	0	0	0	山林　　a 宅地　　㎡
賃借人													山林　　a 宅地　　㎡

（2）土地以外の資産状況

項目		賃貸人	賃借人
所有大農機具の種類とその数量	種　類	なし	不明
	数　量		

飼養家畜の種類とその頭羽数	種　類	なし	不明
	数　量		
その他			
固定資産税額		22万3800円	
市町村民税の所得決定額		88万5000円 （課税標準額）	

（3）世帯員（構成員）の状況

	世帯員（構成員）15歳以上の者氏　名	性別	年齢	世帯員（構成員）就業等の状況（○印を付す）					備　　考
				農業従事者	農業以外の業務を兼ねる者	農業外の職業従事者	農地法第2条第2項該当者	常時出稼者	
賃貸人	A 妻 長女	男 女 女	73 67 42						年雇（常雇） 男　人、女　人 臨時雇 （年延） 男　人、女　人 15歳未満 の世帯員 （構成員） 男　人、女　人
賃借人	B 長男 長男妻 孫1 孫2	男 男 女 女 女	77 49 48 20 17						年雇（常雇） 男　人、女　人 臨時雇 （年延 ） 男　人、女　人 15歳未満 の世帯員 （構成員） 男　人、女　人

8　賃貸借の解除に伴い支払う給付の種類等　→　なし

土地の別		離作料支給土地の面積10a当り	毛上補償		離作補償		代地補償		備　考
			総量	10a当り	総量	地目	面積		
農地	田								
	畑								
採草放牧地									

9　信託事業に係る信託財産

[山下 功一郎]

ⅩⅣ　士業法人の社員給与事件の弁護
（士業法人が社員に支払う給与の損金該当性）

● 第1　はじめに

　本稿は、士業法人が社員[1]に対して支払う給与・賞与に関する裁判例（東京地判平成29年1月18日）を紹介し、役員への報酬を支払う際の実務上の留意点を説明するものである。

　以下、人件費に対する法人税法の考え方（第2）、上記裁判例の概要（第3）、及び役員給与を検討する際の留意点（第4）の順に説明をする。

● 第2　人件費に対する法人税法の考え方

1　総　論

　法人税法を考察する際には、以下の三つの基本的な視点を持つことが重要である。

（1）　租税法律主義の視点（憲法84条）

　租税法律主義とは、「法律の根拠に基づくことなしには、国家は租税を賦課・徴収することはできず、国民は租税の納付を要求されることはない[2]」という考え方であり、日本国憲法において憲法原理として採用されている（憲法84条）。

　国家が税金の支払を義務付ける際には「法律の根拠」が必要不可欠であり、租税法の論点を考察する際には、このことを念頭に置く必要がある。

（2）　企業会計の視点（法人税法22条4項）

　法人税の金額は、「各事業年度の所得の金額」に基づいて算定される（法人税法66条、21条等）。そして、「各事業年度の所得の金額」とは、「当該事業年度の益金の額から当該事業年度の損金の額を控除した金額」のことである（法人税法22条1項）。

> （法人税法22条1項の式）
> 益金の額－損金の額＝所得の金額

　「益金の額に算入すべき金額」及び「損金に算入すべき金額」は、「一般に公正妥当と認められる会計処理の基準に従って計算される」ものとされており（法人

---

[1]　ここでいう社員とは、士業法人の各設立根拠法に定められた社員のことであり、単なる従業員とは一線を画する概念である。

[2]　金子宏著『租税法』（弘文堂、第18版）71頁参照。

税法22条4項)、所得の計算の基礎となる「益金」と「損金」は、企業会計に準拠して算定されることになる。そのため、法人税法を検討する際には、企業会計の考え方を理解することも不可欠である。

例えば、企業会計においては、「収益」から「原価・費用・損失」を控除することによって「利益（欠損）」を計算している（企業会計原則　第二　一等参照）。

（企業会計における利益（欠損）の算定式）
収益の額－原価・費用・損失の額＝利益（欠損）の金額

（3）　法人税法の視点（法人税法22条1項）

法人税の金額は、実務上、企業会計に準拠して計算された「当期利益（欠損）」を出発点として、法人税法独自の観点から当該利益（欠損）に加算・減算等の修正を加えることによって求められる（法人税法施行規則別表4参照）。

そして、その修正は、企業会計上の概念である「収益」及び「原価・費用・損失」と、法人税法22条2項及び3項で定義されている「益金」及び「損金」の違いに起因するものであり、法人税法の論点を検討することは、法人税法による利益（欠損）の修正過程を検討するに他ならない。

実際に検討するにあたっては、まずは企業会計上の「収益」等の概念を念頭に置き、「法人税法が企業会計上の概念にどのような修正をなぜ加えているのか」という視点を持つことが有用である。

2　人件費に対する法人税法の考え方

続けて、三つの基本的な視点に留意しながら、人件費に対する法人税法の考え方を整理する。

（1）　企業会計の視点からみる人件費

「収益」とは、営業活動によって達成された成果のことをいい、「費用」とは、その成果を得るために費やされた努力を金額的に表したもののことを言う[3]。

人件費（賃金等）は、勤務実態のない従業員への賃金等の支払を除き、一般的に収益を得るために費やされた努力を金額的に表したものと評価できるから、原則として企業会計上の「費用」に該当する。

（2）　法人税法の視点からみる人件費

　ア　法人税法22条3項[4]

企業会計上の「費用」が法人税法上の「損金」に該当するためには、①「債務

---

[3]　桜井久勝著『財務会計講義［第16版］』（中央経済社、2015年）23頁参照。
[4]　租税法律主義の視点は、条文を議論の出発点に設定し、条文の文言を検討する姿勢として現れる。

366　第3部　専門的行政手続と行政事件の弁護

の確定しない費用」ではないこと（法人税法22条３項２号括弧書）、及び、②「別段の定め」がないこと（法人税法22条３項柱書）、という二つの条件を充足する必要がある。

　　　a　債務の確定について
　「債務の確定しない費用」は「損金」に含まれない（法人税法22条３項２号括弧書）。「債務の確定しない費用」が「損金」から除外されている理由は、「その発生の見込みとその金額が明確でないため、これを費用に算入することを認めると、所得金額の計算が不正確になり、また所得の金額が不当に減少するおそれがある」からである[5]。

　次に「債務の確定」について、国税庁が公表している法人税法基本通達２-２-12に基づいて検討する[6]。

　（債務の確定の判定）
　２－２－12　法第22条第３項第２号《損金の額に算入される販売費等》の償却費以外の費用で当該事業年度終了の日までに債務が確定しているものとは、別に定めるものを除き、次に掲げる要件の全てに該当するものとする。（昭55年直法２－８「七」、平23年課法２－17「五」により改正）
　（１）　当該事業年度終了の日までに当該費用に係る債務が成立していること。
　（２）　当該事業年度終了の日までに当該債務に基づいて具体的な給付をすべき原因となる事実が発生していること。
　（３）　当該事業年度終了の日までにその金額を合理的に算定することができるものであること。

　人件費について考えると、雇用契約等の契約を締結することによって「当該費用に係る債務が成立」（上記（１））しており、従業員が労務を提供することで「当該債務に基づいて具体的な給付をすべき原因となる事実が発生している」といえる（上記（２））。そして、人件費は、通常、給与規程等の客観的な支給基準に基づいて「合理的に算定」することもできる（上記（３））。
　したがって、人件費は、原則として「債務の確定しない費用」に該当しない。
　そのため、人件費は、「別段の定め」（法人税法22条３項）がない限り、「損金」

---

[5]　前掲注２・291頁参照。
[6]　通達は租税法律主義の要求する法律ではないため、通達のみを根拠とした課税は許されない。もっとも、国税庁の解釈を示す文書として実務上重要な意義を有するため、特段不合理な内容でない限り、参照して差し支えない。

XIV　士業法人の社員給与事件の弁護　　367

に算入することができる。

　　　ｂ　別段の定めについて

　法人税法は、「内国法人がその役員に対して支給する給与……は、損金の額に算入しない」（法人税法34条１項）という「別段の定め」を置いており、「役員に対して支給する給与」は、原則として「損金」に算入できないという修正を施している。その理由は、一般に役員自身が自らの給与額を決めることができるからである[7]。

　例えば、Ａが代表取締役を務めるＢ社のＡに対する役員報酬について、Ｂ社が１億円を稼いだ年には１億円、５億円を稼いだ年には５億円というように期末に役員報酬を調整できるとしたら、Ｂ社は法人税法を支払う必要がなくなってしまう（恣意的な所得調整が行われてしまう）。法人税法34条１項の修正は、このような恣意的な所得調整を予防するためのものであると理解することができる。

　このように、「役員」に対する人件費については、原則として「損金」に算入できない（法人税法34条１項。ただし、①同項柱書括弧書に該当する場合、又は、②同項各号に該当する場合には、「役員」に対する人件費であっても「損金」に算入することができる）。

　法人税法上の「役員」に該当するか否かは、法人税法34条１項の定めが適用されるか否かを分ける分岐点になるところ、従前、士業法人の社員が「役員」に該当するか否かは法律の定め（法人税法２条15号、法人税法施行令７条）からは必ずしも明らかではなかった。続けて紹介する東京地判平成29年１月18日は、士業法人の一つである特許業務法人の社員（弁理士法39条等参照）が法人税法上の「役員」に該当することを判示したものである。

● 第3　東京地判平成29年１月18日

1　事案の概要

　特許業務法人である原告が、同法人の社員３名（以下「本件社員ら」という。）に支給した実績給及び賞与（以下「本件各歩合給」という。）について、所轄の税務署長が、①本件社員らが「役員」（法人税法２条15号、34条１項）に該当し、②本件社員らが「使用人としての職務を有する役員」（同法34条旧５項（現６項））（以下「使用人兼務役員」という。）に該当しないとした上、③本件各歩合給が法人税法１項各号の給与のいずれにも該当しないことから、本件各歩合給を損金の額に算入することができないと判断したことに対し、原告が①について本件社員らは「役員」に該当せず、②について本件社員らは「使用人としての職務を有する役

---

[7]　前掲注7・128頁参照。

368　　第３部　専門的行政手続と行政事件の弁護

員」に該当すると主張し、争った事案である。

本件の争点は、①本件社員らの役員該当性、②本件社員らの使用人兼務役員該当性である[8]。

2　判決の要旨

（1）　本件社員らの役員該当性について

本件社員らが法人税法2条15号の「これら以外の者で法人の経営に従事している者」に該当するか否かが争点となったところ、以下のように判示した。

ア　判断枠組み

「「法人の経営に従事している」者とは、法人内における地位・職責からみて法人の経営に従事していると一般的・類型的に評価し得る者を指し、このような者に該当する者であれば、当該個々の法人における具体的な職務の内容を問わない」との判断枠組みを用いた。

イ　あてはめ

弁理士法上、特許業務法人の社員に業務執行権が与えられていること（弁理士法46条）、及び、特許業務法人の社員が無限責任を負うものとされていること（弁理士法47条の4第1項）に言及した上で、「上記の権限や責任を伴う特許業務法人の社員は、法人の経営に従事していると一般的・類型的に評価し得るものであり、役員に該当すると解される」と判示した。

（2）　本件社員らの使用人兼務役員該当性について

本件社員らが法人税法34条旧5項（現6項）の「使用人としての職務を有する役員」に該当するかが争点となった[9]ところ、以下のように判示した。

ア　判断枠組み

「使用人としての職制上の地位を有さず、又は、使用人としての立場でその職務に従事しているものではないと一般的・類型的に[10]評価し得る役員は、……使用人兼務役員に該当しない」との判断枠組みを用いた。

イ　あてはめ

特許業務法人の社員と特許業務法人との関係には「民法の委任に関する規定が準用され（弁理士法55条1項、会社法593条4項）、両者は一般には雇用契約等に基づく使用人と事業主との関係に立つものではない」とした上で、仮に当該社員の業務のうちに、社員以外の使用人が行う職務と同種の職務が含まれていたとし

---

[8]　なお、法人税法34条1項の合憲性も争われた。

[9]　使用人兼務役員に該当すれば、使用人としての「職務に対する」給与は損金に算入することができる（法人税法34条1項括弧書）。

[10]　「一般的・類型的に」という文言を用いていることから、個々の法人における個別の事情は重視しないとの意図が読み取れる。

ても、それは「使用人としての立場で従事するものではないと一般的・類型的に評価し得るものである」と判示し、結論として「特許業務法人の社員は、一般には、使用人としての立場でその職務に従事するものではないと一般的・類型的に評価し得る役員として、使用人兼務役員に該当しないものというべきであ」るとした。

3 考 察

本判決の特徴は、特許業務法人の社員の「役員」該当性、及び、「使用人兼務役員」該当性を判断するにあたって、原告の個別具体的な事情に踏み込まず、主に弁理士法の規定を根拠として論旨を展開したところにある。

そのため、他の士業法人の根拠規定（弁護士法、税理士法等）にも同趣旨の規定がある場合、本判決の影響は当該他の士業法人にも及ぶものと考えられる。

このような観点から、本判決が特許業務法人以外の士業法人に与える影響を検討する。

（1） 役員該当性

本判決は、特許業務法人の社員が有する①業務執行権（弁理士法46条）、及び、特許業務法人の社員が負担する②無限責任（弁理士法47条の４第１項）に着目をし、特許業務法人の社員が「役員」に該当するものとしている。

他の士業法人の権限等を定める法律[11]を見ると、①業務執行権（弁護士法30条の12、税理士法48条の11）、及び、②無限責任（弁護士法30条の15、税理士法48条の21が準用する会社法580条１項）の定めが置かれており、他の士業法人の社員が「役員」に該当すると判断される可能性は高い。

（2） 使用人兼務役員該当性

本判決は、特許業務法人の社員と特許業務法人との関係に、民法の委任に関する規定が準用されること（弁理士法55条１項、会社法593条４項）を重視し、特許業務法人の社員が「使用人兼務役員」に該当しないものとしている。

他の士業法人の権限等を定める法律を見ると、当該法人の社員と当該法人との関係に、民法の委任に関する規定が準用されており（弁護士法30条の30第１項及び税理士法48条の21、並びに会社法593条４項）、他の士業法人の社員が「使用人兼務役員」に該当しないと判断される可能性も高い。

● 第4 実務上の対応

以上のとおり、士業法人の社員は、法人税法上の「役員」（２条15号）に該当し、「使用人兼務役員」（34条６項）に該当しないものと判断される可能性は高い[12]。

そのため、士業法人が社員に対して給与・賞与を支給する際には、法人税法34条１項をはじめとした、役員給与に関する規制を念頭に置く必要がある。

そこで、法人税法上の「役員」に対して給与・賞与を支給する際の一般的な注意点を説明する。

1　原則として損金算入はできない

国内に本店又は主たる事務所を有する法人が「その役員に対して支給する給与」（以下「役員給与」という。）については、原則として損金の額に算入することはできない（法人税法34条1項本文）。

なお、役員給与を計算するにあたっては、「給与には、債務の免除による利益その他の経済的な利益を含むもの」とされている点に注意が必要である（法人税法34条4項）。

2　損金算入をするための方法

役員給与は原則として損金に算入することができないため、役員給与を支給する場合には、法人税法34条1項本文の適用を回避することができないかを検討することになる（代表的な方法は以下の3点である）。

（1）　法人税法34条1項各号

役員給与が、①定期同額給与（法人税法34条1項1号）、②事前確定届出給与（同項2号）又は③業績連動給与（同項3号）のいずれかに該当する場合、法人税法34条1項が適用されず、当該役員給与を損金に算入することができる。

ア　定期同額給与（法人税法34条1項1号）

1か月以下の一定の期間ごとに「定期」的に支給されるものであって、事業年度において各支給時期における支給額が「同額」であることを特徴とする給与である。

典型的には、役員の毎月の給与を支給するために用いられることが多い。

この方法を用いる場合、事業年度の開始から3か月を経過した場合、特別な理由がない限り当該役員給与の金額を改定することができないことに注意が必要である（法人税法施行令69条1項1号）。

イ　事前確定届出給与（法人税法34条1項2号）

役員給与の金額を株主総会等において事前に確定し（「事前確定」）、所定の期限までに「届出」を行うことを特徴とする給与である。

典型的には、役員に対する年1回の賞与を支給するために用いられることが多い。

---

[11]　代表的な例として、弁護士法と税理士法を紹介する。

[12]　国税庁は、税理士法人の社員が法人税法上の「役員」に該当し、「使用人兼務役員」に該当しないとの見解を示している（国税庁ウェブサイト、質疑応答事例「税理士法人の社員に係る使用人兼務役員への該当性」(https://www.nta.go.jp/law/shitsugi/hojin/11/02.htm)）。

XIV　士業法人の社員給与事件の弁護　　371

この方法を用いる場合、以下の点に注意をする必要がある。

・過去の役務提供（功績）に対する給与（賞与）は事前確定届出給与の対象には含まれない（法人税基本通達９－２－15の２）

・役員給与の確定については、「株主総会、社員総会その他これらに準ずるもの……の決議」によって行われなければならない（法人税法施行令69条３項１号）

・届出については、「株主総会、社員総会その他これらに準ずるもの……の決議」をした日から「１月を経過する日」、又は事業年度の開始の日から「４月」のいずれか早い日までに行わなければならない（法人税法施行令69条４項本文・１号）

　ウ　業績連動給与（法人税法34条１項３号）

この方法は、「有価証券報告書」を提出している上場会社を前提とした特殊な方法であり、大多数の会社では採用することは難しい。

（２）　使用人兼務役員

役員給与が、「使用人としての職務を有する役員」（法人税法34条６項）（以下「使用人兼務役員」という。）に対するものである場合、使用人兼務役員の使用人としての職務に対する給与については、法人税法34条１項が適用されず、当該役員給与を損金に算入することができる（同条１項括弧書）。

使用人兼務役員とは、「役員（社長、理事長その他政令で定めるものを除く。）のうち、部長、課長その他法人の使用人としての地位を有し、かつ、常時使用人としての職務に従事するもの」（法人税法34条６項）のことである。

この方法を検討する場合、特定の職制上の地位（専務、常務等）にあることのみを理由として使用人兼務役員には認められない場合があること（法人税法34条６項、法人税法施行令71条１項２号）、及び、保有する持株割合からみて当該会社への高い支配力が認められることを理由に使用人兼務役員には認められない場合があること（法人税法34条６項、法人税法施行令71条５号）に注意が必要である。

（３）　退職給与

役員給与が、「退職給与」である場合、法人税法34条１項は適用されず、当該役員給与を損金に算入することができる（同条１項括弧書）。

退職給与の意義については、基本的には所得税法上の退職所得の意義と同じであり[13]、「退職手当、一時恩給その他の退職により一時に受ける給与及びこれらの性質を有する給与」（所得税法30条１項）が退職給与に該当するものと考えられる。

この方法を検討する場合、株主総会の決議等によりその金額を具体的に確定す

---

[13]　谷口勢津夫著『税法基本講義［第5版］』（弘文堂、2016年）439頁参照。

る必要があること（法人税基本通達 9 - 2 -28）、及び、「不相当に高額な部分の金額として政令で定める金額」については、損金への算入が認められないことに注意が必要である（法人税法34条 2 項）。

退職給与が「不相当に高額」であるか否かは、当該役員のその内国法人の業務に従事した期間、その退職の事情、その内国法人と同種の事業を営む法人でその事業規模が類似するものの役員に対する退職給与の支給の状況等に照らして判断されることになる（法人税法施行令70条 2 号）。

3 仮装経理規制

法人が、売上除外等の不正経理によって捻出した資金から、役員給与を支給することについて、隠ぺい仮装経理に係る役員給与の額は、全額損金の額に算入しないこととされる[14]（法人税法34条 3 項）。そのため、役員給与を支給するにあたっては、適切な会計処理を行うように注意を払う必要がある。

4 過大役員給与規制

ある役員給与が定期同額給与や事前確定届出等に該当し、当該役員給与には法人税法34条 1 項が適用されない場合であっても、「不相当に高額な部分の金額として政令で定める金額として政令で定める金額」については、損金への算入が認められないことに注意が必要である。

なお、この場合の役員給与が「不相当に高額」であるか否かは、以下の 2 つの金額を踏まえて判断されることになる（法人税法施行令70条 1 号）。

① 実質基準：当該役員の職務の内容、その内国法人の収益及びその使用人に対する給与の支給の状況、その内国法人と同種の事業を営む法人でその事業規模が類似するものの役員に対する給与の支給の状況等に照らし、当該役員の職務に対する対価として相当であると認められる金額を超える場合におけるその超える部分の金額

② 形式基準：定款の規定又は株主総会等の決議により役員に対する給与として支給することができる金銭の額の限度額等を定めている内国法人が、各事業年度においてその役員に対して支給した給与の額の合計額が当該事業年度に係る当該限度額等に相当する金額の合計額を超える場合におけるその超える部分の金額

5 士業法人における対応

以上のとおり、役員に対する給与の支給については、法人税法34条 1 項等の損金算入制限規定が設けられており、士業法人における社員が法人税法上の「役員」に該当するか否かは重要なポイントである。

---

[14] 前掲注13・445頁参照。

XIV 士業法人の社員給与事件の弁護　373

しかしながら、前記第3において紹介した裁判例では特許業務法人における社員が法人税法上の「役員」に該当する旨判示されており、今後、士業法人においては、当該士業法人における社員が法人税法上の「役員」に該当する可能性が高いものとして取り扱うことが求められる。

このような現状を踏まえると、士業法人の経営者としては以下の三つの対応が考えられる。

（1）　定期同額給与や事前確定届出の制度を活用し、できる限り社員に対する給与・賞与を損金算入できるようにする

この方法は、士業法人の社員が法人税法上の「役員」に該当することを前提として、法人税法上の役員給与に関するルールを最大限に活用するものである。

（2）　社員の数を必要最低限の数に抑える

士業法人の「社員」には法人税法34条1項が適用される可能性が高く、給与・賞与を支払うにあたって煩雑である。そのため、社員の数を必要最低限の数に抑え、法人税法34条1項が適用される対象を必要最小限の数に抑えるというものである。

（3）　定款において社員の権限を制限する

東京地判平成29年1月18日では、法律上定められた業務執行権に着目して社員の役員該当性を判断している。

ここでいう業務執行権とは特に権限の範囲に限定がないことが前提になっているところ、士業法人の中には、社員の業務執行権を定款で限定することができる法人もある（弁護士法30条の12参照）。そのため、そのような法人においては、定款において社員の業務執行権を限定することによって、当該社員の「役員」該当性を争うというものである。

◉ 第5　関係法令

- ・日本国憲法84条
- ・法人税法2条15号、22条1項〜4項、34条
- ・法人税法施行令7条、69条1項〜4項、70条、71条1項
- ・弁理士法46条、47条の4第1項、55条
- ・会社法580条1項・4項・5項
- ・弁護士法30条の12、30条の15、30条の30
- ・税理士法48条の11、48条の21
- ・所得税法30条1項

[小野　淳也]

XV　保険医療機関指定取消処分事件の弁護

第1　本件決定の基本的事項

1　事案の概要

　　原告は、保険医療機関の指定を受け、神経内科クリニックを経営していた。九州厚生局長は、平成30年3月9日付で、同月15日をもって原告の保険医療機関の指定及び保険医の登録を取り消す旨の各処分（併せて「本件各処分」という。）をなした。原告は、本件各処分の取消しを求める本案事件を提起し、行政事件訴訟法25条2項本文に基づき、執行停止申立てをなした。

2　関係法令

- ・行政事件訴訟法25条2項本文（執行停止）
- ・医療保険法76条2項（厚生労働大臣による告示）（診療報酬点数票）、医療保険法80条及び81条（非行に対する保険医の登録取消）
- ・監査要綱

3　法的論点

① 　本件診療収入の占める割合
② 　事後的な金銭賠償によって回復することが著しく困難であるかどうか
③ 　改善した事実の影響
④ 　保健医療機関の業務から排除する必要性
⑤ 　公共の福祉に重大な影響を及ぼすおそれの有無
⑥ 　監査要綱に基づく故意又は重大な過失の存否

第2　本件決定の要旨

1　保険診療収入の割合

　　本件クリニックにおける収入の約98％は、保険診療収入であった。自由診療を行うことができることを考慮しても、本件クリニックの経費を賄うことはできない。

2　改善したことの影響

　　原告は、個別指導において、不正又は不当と指摘された点について改善した。不適当な診療等により患者の生命・身体が害されるといった事態が発生するわけではない。原告を保険医療機関の業務から排除する必要性はない。

3　公共の福祉との関係

　　原告の申立てを認容しても、公共の福祉に重大な影響を及ぼすことはない。

4 診療報酬点数表及び監査要綱について

① 医療保険法76項2項は、厚労大臣が定める告示に記載された診療報酬点数表により、療養の給付費用額を算定するとしている。

② また、同法80条及び81条は、保険医療機関の指定及び保険医の登録を取り消すことによって適正な保険医療の実現を期することを趣旨としている。

③ かかる取消処分は、厚生労働大臣又はその委任を受けた地方厚生局長の裁量判断に委ねられている。

④ そこでの考慮要素は、処分の原因となる事実の内容、利得の有無と金額、診療報酬の不当請求を行った頻度や動機、代替措置の有無等である。同法80条及び81条は、監査要綱を定めさせて、これによって地方厚生局長は保険医療機関又は保険医などの指定又は登録を取り消すことにしている。

⑤ 故意による不正診療

故意による診療報酬の不正請求、重大な過失による不正診療、重大な過失による診療報酬の不当請求に該当するときは、地方社会保険医療協議会に諮問をして、指定又は登録の取消しを行うことにされている。

⑥ 本件取消処分は、行政手続法12条1項の不利益処分に該当するから、また、監査要綱は同条項の不利益処分に係る処分基準に該当する。したがって、行政庁がかかる処分と異なる処分をすることは許されない。

● 第3 法的検討

1 監査における質問検査権行使

質問検査権行使に対して、黙秘権はない。

2 緊急の必要性

① 保険診療収入が98%である。

② 給料・賃料の経費を支払わなければならない。

③ 自由診療では経費をまかなえない。

3 群馬大事件

不正請求13億円であったが、戒告処分であった。これとのバランスを欠く。

4 改 善

改善したことは、考慮して処分をなすべきである。

5 仮の差止め

本件では、審査請求も仮の差止申立ても差止訴訟もしなかったが、先に仮の差止申立てをするべきであった。

6 猶予期間

「15日をもって取り消す」

3月9日（取消処分）

3月15日（効力発生日）

4月3日（執行停止決定）

猶予期間を長くするのも弁護士活動として必要である。

7　処分は必ずするとの行政側の態度

①　地方社会保険協議会に諮問している。

②　弁明書を提出するなど抵抗を試み、処分させないことが重要である。

8　大阪戸籍消除差止事件

①　生活本拠が争われた事件である。

②　大阪高裁が差止決定を出したケースである。

9　弁護士の立会い

①　「学識経験者」は医師会を指すとされており、弁護士は含まれないとされている。

②　本件では、弁護士の立会いが拒否されず、聴聞手続を8回行った。

10　実施要領、監査要領

これらに違反した取消処分かが検討されることになる。

[山下 清兵衛]

XVI 滞納処分と弁護

● 第1 はじめに

　滞納処分を規律する法律関係については、「XI　滞納処分の手続」で概観されるところであるので、本稿では、課税庁が行う具体的な滞納処分に代理人弁護士として対応した事例を具体的に紹介することとする。

● 第2 差押債権に基づく第三債務者に対する金員支払請求事件

1 事案の概要

　Y国税局長が滞納者Bの有する貸付金債権を差し押さえ、第三債務者であるX（依頼者）に対し金員支払を請求した事案。

2 関係法令及び参考裁判例

> ○国税徴収法
> （差押えの手続及び効力発生時期）
> 第62条　債権（電子記録債権法第2条第1項（定義）に規定する電子記録債権（次条において「電子記録債権」という。）を除く。以下この条において同じ。）の差押えは、第三債務者に対する債権差押通知書の送達により行う。
> 2　徴収職員は、債権を差し押えるときは、債務者に対しその履行を、滞納者に対し債権の取立その他の処分を禁じなければならない。
> 3　第1項の差押の効力は、債権差押通知書が第三債務者に送達された時に生ずる。
> 4　税務署長は、債権でその移転につき登録を要するものを差し押えたときは、差押の登録を関係機関に嘱託しなければならない。
> （差し押えた債権の取立）
> 第67条　徴収職員は、差し押えた債権の取立をすることができる。
> 2　徴収職員は、前項の規定により取り立てたものが金銭以外のものであるときは、これを差し押えなければならない。
> 3　徴収職員が第1項の規定により金銭を取り立てたときは、その限度において、滞納者から差押に係る国税を徴収したものとみなす。
>
> ○国税徴収法基本通達
> 第62条関係　差押えの手続及び効力発生時期
> （第三債務者）
> 23　法第62条の「第三債務者」とは、滞納者に対して金銭又は換価に適する財産の給付を目的とする債務を負う者をいう。

378　第3部　専門的行政手続と行政事件の弁護

（債権の特定）

24　債権の差押えにおける被差押債権の特定は、既に発生した債権については、債権者（滞納者）、第三債務者、債権の数額、給付の内容、発生日時等の要素を表示することにより、また、将来生ずべき債権については、債権者（滞納者）、第三債務者、債権の発生原因、債権の種類、発生期間（始期及び終期）等を表示することによる。なお、被差押債権の表示については、具体的事実によって第三債務者が被差押債権を確知できる程度に表示されておれば、その債権の差押えは有効である（昭和13.7.2大判、昭和30.5.19大阪高決、昭和46.11.30最高判参照）。

第67条関係　差し押さえた債権の取立て

（取立ての方法）

4　第三債務者が被差押債権をその履行期限までに任意に履行しないときは、徴収職員は、遅滞なくその履行を請求し、請求に応じないときは、3の債権取立てに必要な方法を講ずるものとする。なお、被差押債権の取立てについては、給付の訴えの提起、支払督促の申立て、仮差押え又は仮処分の申請等をする必要がある場合には、法務省の関係部局に依頼して行う（法務大臣の権限法第1条）。

第80条関係　差押えの解除の手続

（差押えの取消しの手続）

13　税務署長が、差押えの全部又は一部を取り消す場合（不服申立てに対する取消しの決定若しくは裁決又は判決があった場合を含む。）の手続については、法第80条の規定に準ずるものとする。

○民法

（弁済の充当の指定）

第488条　債務者が同一の債権者に対して同種の給付を目的とする数個の債務を負担する場合において、弁済として提供した給付がすべての債務を消滅させるのに足りないときは、弁済をする者は、給付の時に、その弁済を充当すべき債務を指定することができる。

2　弁済をする者が前項の規定による指定をしないときは、弁済を受領する者は、その受領の時に、その弁済を充当すべき債務を指定することができる。ただし、弁済をする者がその充当に対して直ちに異議を述べたときは、この限りでない。

3　前2項の場合における弁済の充当の指定は、相手方に対する意思表示によってする。

（法定充当）

第489条　弁済をする者及び弁済を受領する者がいずれも前条の規定による弁済の充当の指定をしないときは、次の各号の定めるところに従い、その弁済を充当する。

一　債務の中に弁済期にあるものと弁済期にないものとがあるときは、弁済期に

XVI　滞納処分と弁護　　379

あるものに先に充当する。

二 すべての債務が弁済期にあるとき、又は弁済期にないときは、債務者のために弁済の利益が多いものに先に充当する。

三 債務者のために弁済の利益が相等しいときは、弁済期が先に到来したもの又は先に到来すべきものに先に充当する。

四 前2号に掲げる事項が相等しい債務の弁済は、各債務の額に応じて充当する。

（数個の給付をすべき場合の充当）

第490条 一個の債務の弁済として数個の給付をすべき場合において、弁済をする者がその債務の全部を消滅させるのに足りない給付をしたときは、前2条の規定を準用する。

（元本、利息及び費用を支払うべき場合の充当）

第491条 債務者が一個又は数個の債務について元本のほか利息及び費用を支払うべき場合において、弁済をする者がその債務の全部を消滅させるのに足りない給付をしたときは、これを順次に費用、利息及び元本に充当しなければならない。

○東京地判平成23年7月15日（第三債務者が差押処分の取消訴訟を提起したところ、却下された事案）

「滞納者に代わり債権者の立場に立って被差押債権を行使することになる差押債権者と第三債務者との間における実体面の問題（当該債権の帰属ないしその存否、抗弁権の存否等）については、取立てのための訴訟等の民事訴訟手続においてこれを決着させることが予定されているものというべきである。……総合考慮すると、債権差押処分に係る第三債務者は、当該差押処分の取消しを求めるにつき法律上の利益を有しないものというべきであるから、その取消訴訟における原告適格を有しないものと解するのが相当である。」

3 事案の経過

平成15年5月 　AがXに対し貸金等返還請求訴訟を提起（1500万円及び訴訟提起の日から支払済まで年5分の割合による金員の支払を求めるもの）……Xは、1500万円のうち500万円は費用の立替分であり、1000万円は贈与であるとして、返還義務を否認。

平成16年8月 　Aの請求を認容する判決確定。

平成16年12月 　AとXの間で支払方法について合意（A、X双方代理人弁護士が署名押印した合意書が存在する。以下「本件合意」という。）

〈合意内容の要旨〉

①1500万円を振込みの方法により分割支払（平成16年12月から平成23年4月まで毎月）とする。

②分割支払を２回以上怠ったときは期限の利益喪失。

③完済した場合は、年５分の割合による遅延損害金を免除。

④②の期限の利益喪失のときは、分割金残額及び遅延損害金に関し強制執行の認諾。

平成19年１月　Ｘの代表取締役がＡに対し、分割金減額の申出を書面で行う。

平成23年３月　Ｘの代表取締役がＡに対し、さらなる分割金減額の申出を書面で行う。

平成27年７月　Ａが死亡。相続放棄を経てＢが唯一の相続人となった（当職ら調査により確認。Ｘはこの事実を知らず、後記債権差押通知書が送達されるまでＡ名義の口座に分割金を振り込んできた）。

平成29年４月　Ｙが滞納者であるＢの有するＸに対する貸付金債権を差押え。ＹからＸに債権差押通知書が送達される。

財産目録の記載「滞納者が、○○地裁○年（ワ）第○号貸金等返済請求事件における下記判決に基づき、債務者に対して有する金員元金1234万5678円及び本日までの未収利息234万5678円の支払請求権」

平成29年７月　Ｘより依頼を受け、Ｙあて税務代理権限証書を提出。判決書、返済履歴の資料から、これまでの返済額に争いはなく、争点は、元本と利息（遅延損害金）のいずれに先に充当するかという点であると認識。→上申書及び資料（本件合意に係る書面の写し、徴収法基本通達62条及び67条関係）を提出。

主　張　「利息」の定めはなくあくまで「遅延損害金」であり、財産目録の記載は誤りである。

また、確定判決の後、ＡとＸは本件合意（①ないし③の記載がある）をした上、ＸがＡに分割金減額の申出をしＡがこれに異議を述べなかったことから減額についても合意が成立し、期限の利益はいまだ喪失していないから、先に元本に充当されるべきである。

平成29年８月　Ｙ担当者より電話で、主張は認めない旨。上記の記載誤りの主張を受け、４月の債権差押えに係る差押解除通知書及び、記載を修正した債権差押通知書がＸに送達される。

平成29年９月　Ｙに、Ｘ代表取締役、取締役及び当職らが臨場し、Ｙ担当者と面談。

補充主張　分割金返済について生前のＡに書面を提出したり、電話で話をしていたＸ代表取締役が、「５分の利息は特にいらない。気にしなくていいよ。」と言われていたことなど、当時のＡとのやりとりを具体的に陳述。

元本先充当の計算によれば、元本残額は567万5678円である。この額であれば、Xは年内に完済をすることができる。Yの主張は、AとXで黙示に成立していた合意を無視するものであり、到底許容できず、仮に取立訴訟が提起されれば、証人尋問でX代表取締役が上記の証言を行い、Xの主張が認められるはずである。

平成29年9月　　Y担当者より連絡。

Y提示案　元本先充当で構わない。ただし判決を無視できないので、Aの訴訟提起日から本件合意が成立する日の前日までの確定遅延損害金100万1234円は請求することとしたい。

平成29年10月　　Xの主張及び補充主張も踏まえたY提示案で受け入れることとする。現在の債務額（元本額及び確定遅延損害金の額）を記載した債務承認書（民事執行法147条1項参照）をYに提出。

4　分析・検討

- 第三債務者が被差押債権の存否等を争うときは、債権差押処分の取消しを求める行政　訴訟ではなく、民事手続（訴訟としては、取立訴訟に対する応訴か債務不存在確認訴訟の提起となる）による。
- 課税庁が行う差押処分において被差押債権の記載に誤りが見られた場合、差押解除の方法による差押えの取消手続を求めるべきである。
- 課税庁は書面の形式的な記載のみから私法上の法律関係を事実認定することが多いため、当事者の合理的意思を他の証拠関係も踏まえて積極的に主張するべきである。

◎ 第3　滞納処分停止事件

1　事案の概要

Y国税局長がXに対し差押不動産の公売処分を行った後、残りの滞納国税に関し、滞納処分の執行の停止を行った事案。

2　関係法令

○国税徴収法

（滞納処分の停止の要件等）

第153条　税務署長は、滞納者につき次の各号のいずれかに該当する事実があると認めるときは、滞納処分の執行を停止することができる。

一　滞納処分の執行及び租税条約等（租税条約等の実施に伴う所得税法、法人税法及び地方税法の特例等に関する法律（昭和44年法律第46号）第2条第2号（定義）に規定する租税条約等をいう。）の規定に基づく当該租税条約等の相手国等（同条第3号に規定する相手国等をいう。）に対する共助対象国税（同法

第11条の２第１項（国税の徴収の共助）に規定する共助対象国税をいう。）の徴収の共助の要請による徴収（以下この項において「滞納処分の執行等」という。）をすることができる財産がないとき。

二　滞納処分の執行等をすることによつてその生活を著しく窮迫させるおそれがあるとき。

三　その所在及び滞納処分の執行等をすることができる財産がともに不明であるとき。

2　税務署長は、前項の規定により滞納処分の執行を停止したときは、その旨を滞納者に通知しなければならない。

3　税務署長は、第１項第２号の規定により滞納処分の執行を停止した場合において、その停止に係る国税について差し押さえた財産があるときは、その差押えを解除しなければならない。

4　第１項の規定により滞納処分の執行を停止した国税を納付する義務は、その執行の停止が３年間継続したときは、消滅する。

5　第１項第１号の規定により滞納処分の執行を停止した場合において、その国税が限定承認に係るものであるとき、その他その国税を徴収することができないことが明らかであるときは、税務署長は、前項の規定にかかわらず、その国税を納付する義務を直ちに消滅させることができる。

3　事案の経過

平成５年６月　　　A死亡。相続人Bは相続税申告をせず。

平成７年３月　　　○○税務署長（Z）がBに対し相続税決定処分。

平成10年２月　　　ZがBに対し相続税増額更正処分。Bは上記各処分による相続税をほとんど納付せず（以下これによる滞納の相続税を「本件滞納相続税」という。）。

平成13年１月　　　YがZより徴収の引継ぎを受ける。

平成13年５月　　　YがB所有の土地（以下「本件土地」という。）を差押え。

平成19年８月　　　Bが死亡。X及びBとXの間の子（以下「X子」という。）が法定相続により、Bの本件滞納相続税の納税義務を承継。

平成23年２月　　　YがXとX子がB死亡による法定相続により取得した土地建物（Xの居住用不動産であり、以下「X居住不動産」という。）を差押え。

平成26年頃　　　　X及びX子は、本件土地の差押解除及び任意売却による売却代金を本件滞納相続税の納付に充てる。

平成27年８月　　　Yが、X居住不動産に係る公売公告（以下「本件公売処分」という。）を行う。

平成27年9月	Xの関与税理士が本件公売処分は違法不当であるとして国税不服審判所に審査請求。
平成28年3月	上記審査請求棄却。
平成28年5月	Yは、上記棄却により国税通則法105条1項ただし書による公売処分続行の停止の理由がなくなったとして、売却決定をする。Xより依頼を受け、本件公売処分の取消訴訟を提起するとともに執行停止の申立てを行うも（行政事件訴訟法25条2項参照）、同申立ては却下（主張は、滞納処分の停止事由に該当すべき状態で行う公売は違法である等）。
平成28年10月	Xと買受人との間で、本件居住不動産の明渡猶予等に関する合意（以下「本件合意」という。）
平成28年12月	本件公売処分の取消訴訟につき、請求棄却判決。

判決要旨 「徴収法153条1項は、滞納処分の執行の停止の要件を定めるものの、それが「できる」と規定して、税務署長等に滞納処分の執行の停止をするかどうかの裁量権を付与しているのであり、……仮に原告について徴収法153条1項2号に該当する事実があるとしても、そのことから直ちに本件処分が違法となるものではない。……本件においては、滞納処分の執行の停止に係る裁量権の範囲の逸脱又はその濫用の有無を論ずるためのそもそもの前提となる執行停止の要件自体を欠くものというべきである。」（東京地判平成28年12月21日租税関係行政・民事判決集（徴収関係判決）平成28年1月～平成28年12月順号28-42）

平成29年1月	本件合意に基づき、Xが本件居住不動産を買受人に明渡し。Xに係る滞納処分の執行の停止を求める上申書をYに提出。
平成29年4月	Yが徴収法153条1項2号に基づき、Xに係る滞納処分の執行の停止処分（Xに一定の財産があったものの、これ以上の差押換価はなし）。

4 分析・検討

・滞納処分の中でも居住用不動産の差押えに続く公売処分は、納税者に与える影響が大きいから、代理人が早期の段階で関与する必要性がある。公売処分それ自体の違法性を主張することは概して困難である。

・債権取立てや公売など換価がされた後は、納税緩和措置である滞納処分の執行の停止処分が速やかに行われるよう、納税者の資産負債や収支状況など事実関係を整理して当該停止の要件に当てはまることを積極的に主張するべきである。

[丸地 英明]

XVII 食品衛生法違反事件の弁護

第1 事案の概要

　Y県G市は、「G市立給食センター」（以下「本件センター」という。）を設置している。X社は、G市から委託を受けて食品衛生法52条1項の飲食店営業の許可を受けた。X社は、本件センターから飲食店営業許可を（以下「本件許可」という）を受け、給食用副食の調理法の業務（以下「本件業務」という。）を行う。X社は、保健所所長から、同法6条違反を理由とする同法55条1項の営業停止処分（平成29年1月28日から同年2月10日までの14日間。以下「本件処分」という。）を受けた。そこでX社は、本件処分は違法であると主張して、G市に対し、本件処分の取消しを求めた。

第2 前提事実

1 当事者

①　X社は、学校、病院、寮、保養施設、社会福祉施設等の給食業務の請負等を業とする株式会社である。

②　処分行政庁は、G市が地域保健法5条1項に基づき設置した保健所の所長であり、Y県知事から食品衛生法52条による飲食店営業許可及び同法55条1項によるその停止処分等の事務の委任を受けている（Y県地方機関事務委任規則（昭和63年Y県規則第20号）4条18号キ）。

2 業務委託契約等

①　G市は、学校給食法6条にいう学校給食の共同調理場として、「G市立給食センター」（本件センター）を設置している。

②　処分行政庁は、平成24年8月1日、X社に対し、食品衛生法52条1項に基づき、営業所の名称を「G市立給食センター」、営業の種類を「飲食店営業」とする営業許可をした。

③　G市とX社は、平成24年8月1日、業務委託期間を同日から平成27年7月31日までとして、G市立の幼稚園、小中学校等に係る「給食用副食の調理・配缶、コンテナ及び配送車輛への積込みとその配送並びに給食後の食器・備品の回収・洗浄・消毒・整理整頓」の業務委託契約を締結し、さらに、平成27年8月1日、業務委託期間を同日から平成30年7月31日までとする同内容の業務委託契約を締結した。

XVII 食品衛生法違反事件の弁護　385

3 食中毒の発生及び本件処分について

① 処分行政庁は、平成29年1月26日午後10時頃、G市内の医療機関から、G市内の小中学校生十数名が、嘔吐、下痢等の症状を呈して受診したとの連絡を受け、調査を開始した。

② 処分行政庁は、平成29年1月28日、X社に対し、食品衛生法55条1項に基づき、同日から同年2月10日まで14日間の営業停止を命ずる処分をした（本件処分）。

● 第3 関係法令

1 食品衛生法の定め等

① 同法1条は、同法の目的について、食品の安全性の確保のために公衆衛生の見地から必要な規制その他の措置を講ずることにより、飲食に起因する衛生上の危害の発生を防止し、もって国民の健康の保護を図ることである旨規定する。

② 同法6条3号は、病原微生物により汚染され、又はその疑いがあり、人の健康を損なうおそれがある食品は、これを販売し（不特定又は多数の者に授与する販売以外の場合を含む。以下同じ。）、又は販売の用に供するため、採取し、製造し、輸入し、加工し、使用し、調理し、貯蔵し、若しくは陳列してはならない旨規定する。

③ 同法52条1項、51条は、飲食店営業を営もうとする者は、厚生労働省令で定めるところにより、都道府県知事の許可を受けなければならない旨規定する。

また、同法55条1項は、都道府県知事は、営業者が上記②の規定に違反した場合においては、上記許可を取消し、又は営業の全部若しくは一部を禁止し、若しくは期間を定めて停止することができる旨規定する。

④ 同法62条3項は、同法55条1項の規定は、営業以外の場合で学校、病院その他の施設において継続的に不特定又は多数の者に食品を供与する場合に準用する旨規定する。

2 処分基準の定め

G市は、食品衛生法等の事務を円滑に処理するために必要な事項を定める要綱として、「食品衛生事務処理要綱」（平成12年4月1日施行。以下「本件要綱」という。）を定めているところ、本件要綱13条及び別表第1は、同法に基づく不利益処分に関する処分基準（以下「本件処分基準」という。）を、定めている。

3 学校給食衛生管理基準について

文部科学大臣は、学校給食法9条1項に基づき、学校給食の適切な衛生管理を

図る上で必要な事項について維持されることが望ましい基準として、「学校給食衛生管理基準」（平成21年文部科学省告示第64号）を定めている。

そして、学校給食を実施する義務教育諸学校の設置者は、同基準に照らして適切な衛生管理に努めるものとされている（同条2項）。

4　食中毒処理要領

厚生労働省は、食中毒の適正な処理を図ることを目的として、食中毒処理要領（昭和39年7月13日付け環発第214号）を策定し、各都道府県知事等に通知している。

◉ 第4　和歌山食品衛生法違反事件

上記事案について和歌山地方裁判所は、次のとおり判示した（和歌山地判平成29年10月27日判例自治438号81頁）。

1　業務停止期間経過後の法律上の利益

行政手続法12条1項の規定により定められ公にされている処分基準において、先行の処分を受けたことを理由として後行の処分に係る量定を加重する旨の不利益な取扱いの定めがある場合には、上記先行の処分に当たる処分を受けた者は、将来において上記後行の処分に当たる処分の対象となり得るときは、上記先行の処分に当たる処分の効果が期間の経過によりなくなった後においても、当該処分基準の定めにより上記の不利益な取扱いを受けるべき期間内はなお当該処分の取消しによって回復すべき法律上の利益を有するものと解される（最高裁平成26年（行ヒ）第225号同27年3月3日第三小法廷判決・民集69巻2号143頁）。

本件処分基準は、「営業者が初めて（食品衛生法6条に）違反したとき」に課す処分よりも、「営業者が再度（同条に）違反したとき」に課す処分を重く定め、同様に、「（同条）違反の結果人体に被害を与えたとき」に課す処分よりも、これを「1年以内に再度犯したとき」に課す処分を重く定めている。

2　理由の提示と原因事実の記載

本件処分は書面（本件書面）によってなされているところ、本件書面には原告が食品衛生法6条に違反したため同法55条1項に基づき営業停止処分をした旨記載されているにとどまり、本件食中毒に関し、原告が本件センターにおいて行ったいかなる行為をもって同法6条所定の違反行為と評価したかについて全く記載されていない。

すなわち、本件書面には本件処分の根拠法条しか記載されておらず、本件処分の原因となる基本的な事実関係すら記載されていないのであるから、行政手続法14条1項本文、3項の要求する書面による理由の提示がなされたということはできない。よって、本件処分には取消事由となるべき手続的違法性が認められる。

本件処分について、同法14条1項ただし書にいう「理由を示さないで処分をすべき差し迫った必要」があったとはいえない。そして、前記理由の提示の趣旨に鑑みると、本件処分後に理由の提示が追完されたとしても、同項本文違反の違反性は治癒されるものではないというべきである（最高裁平成4年12月10日第一小法廷判決参照）。

厚生労働省作成の食中毒処理要領に、営業者等「に対する措置は、できるだけ速やかに実施しなければならない。原因食品及び原因施設がはじめから確認し得る場合はもちろん、一応推定しか出来ない場合、あるいは疑わしい場合においても、危害の拡大防止のため、必要にして十分な措置を直ちに講じなければならない。」との記載がある。

● 第5　理由の提示について

1　理由提示の趣旨

行政手続法14条1項本文は、「行政庁は、不利益処分をする場合には、その名あて人に対し、同時に、当該不利益処分の理由を示さなければならない。」と、理由提示義務を定めている。

その趣旨は、恣意の抑制と、申請者に不服申立ての便宜を与えることにある。このような理由付記制度の趣旨にかんがみれば、付記すべき理由としては、いかなる事実関係に基づきいかなる法規を適用して拒否されたかを、申請者においてその記載自体から了知しうるものでなければならず、単に拒否の根拠規定を示すだけでは、それによって当該規定の適用の基礎となった事実関係をも当然知りうるような場合を別として、法の要求する理由付記として十分でない（最三小判昭和60年1月22日民集39巻1号1頁）。

行政調査手続においても、調査庁に対して、予定される行政指導や行政処分の根拠（理由）を聞かないと、効果的な弁明ができない。

2　理由提示の程度

さらに、どの程度の理由を提示すべきかについて、最三小判平成23年6月7日民集65巻4号2081頁は、「上記のような同項本文の趣旨に照らし、当該処分の根拠法令の規定内容、当該処分に係る処分基準の存否及び内容並びに公表の有無、当該処分の性質及び内容、当該処分の原因となる事実関係の内容等を総合考慮してこれを決定すべきである。そして、処分の原因となる事実及び処分の根拠法条に加えて、処分基準の適用関係が示されなければ、処分の名宛人において、上記事実及び根拠法条の提示によって処分要件の該当性に係る理由は知り得るとしても、いかなる理由に基づいてどのような処分基準の適用によって当該処分が選択されたのかを知ることは困難である。」と判示した。

上記判例からすれば、理由提示の際には、原則として、審査基準の適用関係が示されることが必要である。

3　理由提示の瑕疵と処分の取消しとの関係

　理由提示の瑕疵は、あくまでも手続的な誤りであって、処分の内容が誤っていたというわけではないので、処分の取消事由とはならないのではないかとも考えられる。

　しかし、この点について、判例は、理由提示の瑕疵を理由に処分を取り消しており、手続的瑕疵の中でも理由提示については厳格な立場をとっている。

　したがって、処分の原因となる基本的な事実関係が記載されていない理由提示は瑕疵があるものとして、処分の取消事由となる（もっとも、手続的瑕疵を理由に処分が取り消されても、手続を遵守した上で再度の処分がされうることには留意しなければならない）。

[山下 清兵衛]

XVIII　金商法違反（インサイダー取引）事件の弁護

● 第1　証券取引等監視委員会の勧告

　金融庁は、内閣府設置法及び金融庁設置法に基づき内閣府の外局として、設置されている（金融庁設置法2条1項）。なお、証券取引等監視委員会（以下「監視委員会」という。）は、金融庁設置法6条の規定により設置されている。

　金融庁設置法20条1項の規定により、監視委員会は、金融商品取引法（以下「金商法」という。）等の規定に基づき、検査、報告若しくは資料の提出の命令、質問若しくは意見の徴取等を行った場合において、必要があると認めるときは、その結果に基づき、金融商品取引の公正を確保するため、又は投資者の保護その他の公益を確保するため行うべき行政処分その他の措置について内閣総理大臣及び長官に勧告することができるとされている。そして、当該勧告を受けた金融庁長官は、例えば「金商法第175条第1項に該当する事実」があると認めるときは、当該事実に係る事件について審判手続開始の決定を行う（金商法178条1項）。審判の対象となった者は「被審人」と呼ばれる。

　勧告と審判の開始の関係についての基本的な運用は、「勧告日＝審判開始決定日」が定着している。すなわち、監視委員会が勧告をした後は、金融庁長官が独自の分析を加えたりすることはなく、直ちに自動的に開始決定がなされるシステムとなっている。

【手続の流れ】

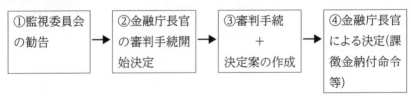

● 第2　課徴金納付決定

　金商法185条の7第1項は、金融庁長官は、審判手続を経た後、同法「178条第1項各号に掲げる事実のいずれかがあると認めるとき」は、被審人に対し、課徴金を国庫に納付することを命ずる旨の決定をしなければならないと定めている。この課徴金納付を命じる決定は、取消しの対象となる「処分」である（同法185条の18（取消しの訴え））。

　ただし、審判開始決定がなされるのは、「金融庁長官が」「次に掲げる事実（178

条第 1 項各号に掲げる事実）のいずれかがあると認めるとき」（金商法178条 1 項本文）とされている。しかも、金商法178条 1 項も<u>金商法185条の 7 第 1 項</u>も、「事実のいずれかがあると認めるとき」は、決定を「しなければならない」と定めており、全く同じ条文構造である。

また、金商法185条の 7 第19項は、「第 1 項、第 2 項、第 4 項から第 8 項まで及び第10項から前項までの決定は、文書によって、前条の規定により審判官が提出した決定案に基づいて行わなければならない。」としている。

第3　インサイダー取引と関連する金商法の規制条文

1　関連する金商法の条文

・金商法166条 1 項 4 号・ 5 号、166条 3 項、175条 1 項 、178条 1 項 16号、194条の 7

2　インサイダー取引規制違反の成立要件

例えば、A 社の公募増資の主幹事証券会社の一つであった B 証券株式会社（以下「B 証券」という。）のセールスの従業員（当時）が、社内で、A 社の業務執行決定機関が公募増資を行うことについての決定をしたという「事実」を「知った」上で、X 社に対して、当該「事実」を「伝達」したかどうか等が問題となる。

金商法の定める要件に当てはめると、X 社について、インサイダー取引規制違反が成立するためには、

① 重要事実を知ったこと：B 証券の従業員が「A 社の業務執行を決定する機関が株式の募集を行うことについての決定をした旨の重要事実」（以下「本件重要事実」という。）を「その者の職務に関し知った」こと（金商法166条 1 項 4 号・ 5 号）

② 重要事実の伝達：X 社のファンド・マネージャーであった者が、「平成○○年○月○日」に、「本件重要事実の伝達を受けた」こと（金商法166条 3 項）が必要である。

第4　審判手続（課徴金手続）

課徴金制度及び審判制度は、平成18年の金商法改正で導入された。金融商品取引法に基づく審判制度は、かつて刑事罰しか規定されていなかったいわゆるインサイダー取引や相場操縦について、迅速な解決を目指す課徴金制度を導入したことに伴い、法令違反を疑われた者の手続保障のために導入された。

インサイダー取引規制違反の事案を、刑事事件として立件するのか、課徴金処分の行政事件として処理するかは、監視委員会の裁量で決まる。インサイダー取引規制違反の構成要件は、両者で全く同じである。したがって、課徴金処分を課

XⅧ　金商法違反（インサイダー取引）事件の弁護　　391

す前提となる審判手続における適正手続の保障は極めて重要である。

○ 第5　取引推奨と重要事実の告知

　　取引推奨を受けた者が売買をすることは何ら違法ではない。

　　平成25年の金商法の改正によって新設された167条の2第1項は、会社関係者が、上場会社等に係る重要事実の公表前に、他人に対し、当該上場会社等の特定有価証券等に係る売買等をさせることにより当該他人に利益を得させ又は損失の発生を回避させる目的をもって、当該重要事実を伝達すること（重要事実の伝達）、又は当該売買等をすることを勧めること（取引推奨）を禁止していた。したがって、改正法施行前は、上記の改正法が対象とする行為を行っても、重要情報の伝達者／取引推奨者の行為は違法ではなかった。

　　平成25年改正以降は、取引推奨を受けた者が売買を行なうことは、全く法的に問題がないということである。これは、仮に、取引推奨者が重要事実を知っていたとしても、同じである。なぜならば、取引推奨を受ける側は、取引推奨をする側が重要事実を知っているのかどうかを確認する方法がないからである。「取引推奨を受けた者」が売買をした場合、インサイダー取引規制違反となる可能性があるのであれば、投資アドバイザー業界は成立しなくなる。取引の推奨は受けたが、重要事実の伝達を受けることなく取引をした者と、重要事実の伝達を受けて取引した者は明確に峻別されなければならない。

　　「取引推奨」としか考えられない行為が、重要事実の伝達に当たるとしたら、投資アドバイザーは、株取引について助言することを停止しなければならなくなる。

○ 第6　課徴金納付命令が取り消された事例

（野村證券インサイダー事件：東京地判平成28年9月1日判時2369号47頁）

1　事案の概要

　　本件は、原告が、処分行政庁から、金融商品取引法175条1項1号、166条3項に基づき、課徴金6万円を納付すべき旨の決定を受けたのに対し、同決定の取消しを求めた事案である。

　　原告は、複数の証券会社にトレーダー等として勤務した後、投資運用会社であるA株式会社に勤務し、平成22年1月20日、新たに設立されたB株式会社の代表取締役に就任した。

　　Cは、複数の証券会社等に勤務した後、平成19年、D株式会社に入社し、平成22年9月時点において、D社の機関投資家営業二部営業員として勤務していた。

　　Bは、平成22年当時、米国法人E社とコンサルティング契約を締結していた

392　第3部　専門的行政手続と行政事件の弁護

ところ、Fは、同社のトレーダーであった。

　T株式会社は、電力の供給を目的とする株式会社であり、その発行する株式は東京証券取引所市場第一部に上場されている。

　原告は、平成22年9月27日から29日にかけて、自己名義の証券口座によりT社株式について4回取引を行った。

　T社は、9月29日に開催された取締役会において、新株式の発行及び株式の売出し（以下「本件公募増資」という。）を行うことを決議した。

　T社は、9月29日、東京証券取引所に対し、TDnet（適時開示情報伝達システム）を利用して、「新株式発行及び株式売出しに関するお知らせ」と題する文書により、本件公募増資の実施を決定した旨通知した。東京証券取引所は、○日午後×時××分、これを同取引所のウェブサイトに掲載して公衆の縦覧に供した（以下、この公表を「本件公募増資の公表」又は「本件公表」という。）。

　その後、内閣総理大臣から権限の委任を受けた処分行政庁は、平成25年6月27日付けで、原告に対し、課徴金6万円を同年8月28日までに国庫に納付することを命ずる旨の決定（以下「本件決定」という。）をした。本件決定においては、本件売付けが法175条1項1号、166条3項に該当するとされた。

　そこで、原告は、平成25年7月26日、本件決定の取消しを求め本件訴えを提起した。

2　争　点

　Cが、本件公表前に、職務に関し本件公募増資に係る重要事実を知ったか否か。

3　判決要旨

①　CはG及びG以外のアナリストと接触したことがうかがわれるが、その結果、当該アナリストから、どのような情報を伝えられ、又は、伝えられなかったのかを認定するに足りる証拠はない。

②　Cが本件経営ビジョンの発表を受けて送付した電子メールの内容にも照らせば、Cは、この頃、T社よりもH社の公募増資の可能性の方が高いと考えていたことが認められ、Gからアナリスト・リポートに関する確たるコメントを得られなかったことも踏まえると、この時点において、Cが、T社が公募増資を実施すると決定したことを知ったものとは認められない。

③　Gは、T社が公募増資を実施する可能性を否定しなかったといえるのみであり、T社が公募増資をすると決定したことを示唆したということもできない。

④　Cは、T社の本件経営ビジョンの内容やデッドエクイティレシオに係る分析から、T社の公募増資の可能性について推測したとも考えられ、Cが、同日時点で、T社が公募増資を実施すると決定したことを知ったものとは認め

られない。

⑤ Cは、Iとの各会話により、T社が公募増資を実施すると決定したことや、それが9月29日に公表されることを知ったとは認められない。

⑥ 9月27日の原告とFのチャットの内容から、Cは、同日までの間に、T社の公募増資の公表が同月29日にされるといううわさに接したり、複数の情報を総合したりしてC自身がそのように推察したと考えうるものの、それ以上に、Cの認識を具体的に推認することはできない。

⑦ チャットの内容により、Cが、T社が公募増資を実施すると決定したことや、その公表が同日にされることを知ったとは認められない。

以上のとおりであって、本件証拠上、Cが、本件公表前に、T社が公募増資を実施すると決定したことや、それが9月29日に公表されることを知ったとは認められない。

したがって、本件売付けは、その余の点について判断するまでもなく法166条3項に該当せず、本件決定は違法であり、原告の請求は理由があるからこれを認容することとして、主文のとおり判決する。

（①～⑦は、執筆者が整理のために付番した。）

4　課徴金納付決定

審判手続において、証券会社D社の機関投資家営業部のC従業員が、公募増資の公表前に「重要事実を知った」かどうかの事実認定は、電子メール、チャット等を精査して行われる。

［山下 清兵衛］

XIX ネット上誹謗中傷事件の弁護―ツイッターを例に挙げて

第1　はじめに

　今や、我々の生活は、インターネット抜きにしては考えられない。弁護士の中にも、自らの情報発信の場として、また、顧客開拓のツールとして、インターネットを積極的に活用し活躍されている方々も多いと思われる。しかしながら、インターネット上の世界は、未だ魑魅魍魎の跳梁跋扈する半匿名の無法地帯の感も拭えず、誹謗中傷やいわゆる「炎上」の事案も後を絶たない。

　そこで、本稿では、インターネット・サービスの代表としてツイッターを例に挙げ、インターネットの仕組みや、いわゆるプロバイダ責任制限法（「特定電気通信役務提供者の損害賠償責任の制限及び発信者情報の開示に関する法律」（平成13年法律第137号））に基づく発信者情報開示請求から民事上・刑事上の法的手段に至る手続の概観を紹介することで、インターネット誹謗中傷対策の入門編としたい。これまで、弁護士向けの既存の優れた解説書はいくつか存在するものの、インターネットの仕組みの初歩から解説したものは見当たらないようであるので、本稿では、インターネットのごく基本的な仕組みの解説に重点を置くこととしたい。

　なお、本稿でツイッターを例に挙げることとしたのは、ツイッターが広く利用されているサービスであるだけでなく、海外法人の資格証明書の取得方法や、ログイン時刻と投稿の時点のIPアドレスの不一致の論点など、他のコンテンツ・プロバイダーに対する請求の際にも参考になり得る問題点を含むためである。

第2　インターネットの仕組み

　後述のプロバイダー責任制限法に基づく発信者情報開示請求は、現在では優れた文献が存在し、インターネットの仕組みを全く知らずともマニュアルに従い機械的に行うことも可能なのであるが、発信者情報開示請求において、手続上、何が行われているのかを理解するためには、インターネットのごく基本的な仕組みを簡単に知っておく必要がある。

　インターネットの「インター」とは、英語で「間の」を意味する接頭辞であり、このことからわかるように、インターネットとは、複数の「ネット」（コンピューター・ネットワーク）同士の結合である。

　そこで、まず、インターネットの下にあるコンピューター・ネットワークとは何であるかを、一般家庭やオフィスを例に挙げて紹介する。我々が一般家庭やオフィスなどでインターネットを利用する際、最近では、無線LANルーター（Wifi

ルーター）といった機器に接続していることが多いであろう。ルーターの下には、パソコンだけでなく、スマートフォンやタブレット、プリンターなどが接続されることもある。この状態が、ルーターを中心にしたコンピューター・ネットワークが形成されているということである。なお、ルーター自身も、１個のコンピューターである。ルーターは、インターネットへの「門」となる。

　次に、一般家庭などの小さなコンピューター・ネットワークの先がどうなっているのかを概観する。前述のルーターは、インターネット・サービス・プロバイダーのネットワークに接続している（我々は、このようなインターネット・サービス・プロバイダーと契約することにより、インターネットの閲覧が可能となる。）。このプロバイダーは、さらに上位のプロバイターのネットワークに接続しており、小さなネットワークを繋げた大きなネットワークが、さらに大きなネットワークとして世界全体に広がる。このようなコンピューター・ネットワークの複数の結びつきを称してインターネットという。

　インターネット上でやり取りされるのは、デジタル・データである。インターネット上のデジタル・データのやり取りには「取り決め」があり、取り決めを守ることでデジタル・データの通信が可能となる。この取り決めのことを「プロトコル」という。そして、このインターネット上の数多くのプロトコルの中で、インターネット上を流れるデータの宛先（住所のようなもの）のことを、「IP（インターネット・プロトコル）アドレス」という。インターネットに接続されているコンピューターには、すべて、IPアドレスが付与されている。IPアドレスは、通常、ドットで区切った10進法の数字の列で表される（本稿では、従来のIPアドレスであるIPv４のみを扱う。）。

　インターネットの通信は、すべて、IPアドレスを使って行われる。例えば、我々がインターネット上でウェブ・ページを閲覧している際、我々のコンピューター（「クライアント」）とウェブ・ページの存在するウェブ・サーバー（サーバーもコンピューターである。）との間では、クライアントから「私（のIPアドレス宛てに）にデータを送れ」というリクエストが行われ、ウェブ・サーバーは、このリクエストに応じて、クライアントのIPアドレスに宛ててデータを送信しているのである。

　ところが、IPアドレスの数は、約43億種類であり、全世界のインターネットのユーザー数の増加に従い、IPアドレスが不足することとなる。そこで、有限のIPアドレスを効率よく使用する工夫として、ルーターに二つのIPアドレス（プライベートIPアドレスとグローバルIPアドレス）を持たせる仕組みが取られている。所属するネットワークが異なれば、IPアドレスは重複しても構わないので、家庭内などのルーターの内側では、「門」の内側でのみ通用するプライベートIPアド

レスが与えられ、同時に、ルーター自身は、インターネットに接続する「門」としてのIPアドレス、すなわち、グローバルIPアドレスが与えられる。そして、我々がコンピューターを使ってインターネットに接続している際、あたかもその機器が直接インターネットに接続しているように見えるが、実際には、「門」の役割を果たすルーターがインターネットに接続しているのである。

ここで問題となるのは、インタネット・サービス・プロバイダーによって与えられるグローバルIPアドレスは、一般的には、「動的IPアドレス」であり、IPアドレスが刻々変動するということである。動的IPアドレスとは、インターネット・サービス・プロバイダーが利用者に一時的に割り当てるIPアドレスであり、インタネット・サービス・プロバイダーが保持しているIPアドレスのうち、空いている（接続に利用されていない）IPアドレスが順次割り当てられていくものである。そのため、IPアドレスはインターネットに接続するたびに変動し、さっきまで他のコンピューターが使っていたIPアドレスを今度はまた別のコンピューターが使うという現象が発生することに留意しなければならない。

● 第3 プロバイダ責任制限法に基づく発信者情報開示請求
1 コンテンツ・プロバイダーに対する請求（ここではツイッター・インターナショナル社）

ツイッター上に何らかの記事が投稿される際も、ウェブ・サーバーとクライアントのコンピューター（実際にはルーター）との間で、それぞれのIPアドレスを通じたリクエストとデータのやり取りが行われる。そこで、ツイッター上に誹謗中傷等の記事が投稿された場合に、その記事を投稿した者のIPアドレスがウェブ・サーバー上保存されていれば、そのウェブ・サーバー管理者であるツイッター・インターナショナル社（Twitter International Company）に記事の投稿時のIPアドレスを開示してもらうことで、記事の投稿を行った者の特定の手掛かりとできそうである。

法的手段を選択する場合、実務上は、プロバイダ責任制限法を利用し、記事の投稿者のIPアドレスの開示をツイッター・インターナショナル社に請求することが定着した一般的な手順となっている。なお、念のために確認すると、プロバイダ責任制限法4条1項は、「特定電気通信による情報の流通によって自己の権利を侵害されたとする者は、次の各号のいずれにも該当するときに限り、当該特定電気通信の用に供される特定電気通信設備を用いる特定電気通信役務提供者（以下「開示関係役務提供者」という。）に対し、当該開示関係役務提供者が保有する当該権利の侵害に係る発信者情報（氏名、住所その他の侵害情報の発信者の特定に資する情報であって総務省令で定めるものをいう。以下同じ。）の開示を請求するこ

とができる。」と定め、この総務省令（特定電気通信役務提供者の損害賠償責任の制限及び発信者情報の開示に関する法律第4条第1項の発信者情報を定める省令）で定める発信者情報として、「侵害情報に係るアイ・ピー・アドレス」及び「侵害情報が送信された年月日及び時刻」（いわゆるタイムスタンプ）などが規定されている。ところが、ツイッター・インターナショナル社は、アカウントへの最終ログインの時刻とその際のIPアドレスは保存しているが、投稿が行われた際のIPアドレスは保存をしていないといわれているので、発信者情報開示請求手続によってツイッター・インターナショナル社から開示を得られるのは、投稿を行ったアカウントへの最終ログインの時刻とその際のIPアドレスだけである。

　前述のとおり、グローバルIPアドレスは動的IPアドレスであることが多く、そのIPアドレスは、最終ログインの時刻と記事の投稿の時点との間でも変動する可能性がある。しかも、ツイッターのアカウントは、複数の端末による重複ログインが可能であるとされている。これらのことから、最終ログインの時刻のIPアドレスが記事の投稿の時点で一致するとは限らないことには、十分注意しなければならない。発信者情報開示請求手続によってツイッター・インターナショナル社から最終ログインの時刻のIPアドレスの開示を受けられれば、そのIPアドレスから、インターネット上のIPアドレスのサーチ・サービス（「whois情報検索」など）を利用し、グローバルIPアドレスの管理者であるインターネット・サービス・プロバイダーを割り出すこととなる。

2　海外法人の資格証明書の取得について

　ツイッターには日本法人も存在するが（Twitter Japan株式会社）、この日本法人を開示請求等の相手方とすることはできない。ツイッターに関する法的請求は、アメリカ合衆国以外の国から行う場合（つまり、日本から行う場合）は、アイルランド共和国法人であるTwitter International Companyを相手方として行わなければならない[1・2]。

　そこで問題となるのが、同社の資格証明書の取得である。同社は、アイルランド共和国法人であるから、同国のCompanies Registration Officeのウェブサイト[3]を通じて資格証明書の請求をすることとなる。同ウェブサイトのSearch / Purchase Company Info[4]のページで「Company Name」の欄に「Twitter International Company」と入力して検索（「Search」をクリック）すると、検索結果が現れ（Your Company and Business Name search for "Twitter International

---

[1]　https://help.twitter.com/ja/rules-and-policies/twitter-law-enforcement-support#8
[2]　https://twitter.com/en/tos
[3]　https://www.cro.ie/en-ie/
[4]　https://search.cro.ie/company/CompanySearch.aspx

Company" returned 1 result.)、ここでさらに「TWITTER INTERNATIONAL COMPANY」の文字をクリックすると、同社の詳細（Company Details）のページに辿り着く[5]。ここで、「What would you like to do?」の下の「Order Signed Printout (EUR12.00)」をクリックすると、資格証明書の請求（Shopping Basket＝買い物かご）の画面に辿り着くことができる。そして、この買い物かごのページで「Go to Checkout」をクリックすると、支払（Payment）の画面が現れる。ここでは、クレジットカード及びEメールアドレスとともに、「Your Reference」の入力が求められる。これは、任意の文字で構わないが、事件番号や当事者名などが便宜であろう。これらすべての手続を完了すると、Eメール経由で、PDFファイルの資格証明書が手に入ることとなる。費用は12ユーロである。インターネット上では、ツイッターを始めとする各サービスの海外法人の資格証明書の取得の代行や資格証明書の販売も行われているようであるが、少なくとも、ツイッターのようなアイルランド共和国法人の資格証明書の取得であれば、自力で行った方が、費用も期間も少なくて済むであろう。

　なお、この情報は、2019年4月の執筆現在の情報であるが、ツイッターの利用規約の変更等により、今後も変更となる可能性があるので、実際に請求をされる際には、常に最新の情報を参照されるよう、注意していただきたい。

3　経由プロバイダー（インターネット・サービス・プロバイダー）に対する請求

　ツイッター・インターナショナル社から最終ログインの時刻のIPアドレスの開示を受け、そのIPアドレスから、「whois情報検索」などを利用し、グローバルIPアドレスの管理者であるインターネット・サービス・プロバイダーを割り出せれば、今度は、そのインターネット・サービス・プロバイダーに対し、プロバイダー責任制限法に基づき、対象となる記事の投稿が行われた時刻にそのインタネット・サービス・プロバイダーが当該IPアドレスを割り当てていた契約者の「発信者情報」（プロバイダ責任制限法4条1項）、具体的には「発信者その他侵害情報の送信に係る者の氏名又は名称」及び「発信者その他侵害情報の送信に係る者の住所」（総務省令）の開示を請求することとなる。ツイッターの場合、最終ログインの時刻のIPアドレスが記事の投稿の時点で一致するとは限らないことに十分注意しなければならないことは、前述のとおりである。

4　発信者の特定後の手続

　このようにして発信者が特定されれば、その後は、事案に応じ、民事上の損害賠償等の請求や刑事告訴といった手続に着手することとなる。

　なお、中澤佑一弁護士が『インターネットにおける誹謗中傷法的対応マニュア

---

[5]　https://search.cro.ie/company/CompanyDetails.aspx?id=503351&type=C

ル』で言われるとおり、発信者情報開示請求は、情報発信に使用されたインターネット通信契約の契約名義人に関する情報を開示するだけであるから、厳密にいえば、投稿者が誰であるかは確定しない。この点について、中澤弁護士は、東京地裁平成27年1月28日（判例集未登載、筆者も内容を確認できていない。）を紹介され、「通信端末に係る契約者……は侵害情報を流通させた発信者本人であるとの推定を受ける」と主張されるが（同60頁）、筆者はこれに反対である。なぜなら、前記第2において述べたとおり、グローバルIPアドレスは、「門」であるルータにのみ付与されるものであり、発信者情報開示請求により開示される契約者は、無線LANルーター（Wifiルーター）などを設置してインターネット・サービス・プロバイダーと契約した者であるにすぎない。前述のとおり、インターネットとは、ルーターを中心にしたコンピューター・ネットワークの形成であり、ルーターの下にある個々のパソコン、スマートフォンやタブレットなどの端末機器は、インタネットと接続する際には、ルーターのグローバルIPアドレスのいわば「仮面」を被るのであるから、中澤弁護士の主張されるような「契約者＝発信者」との高度の経験則は存在せず、事実上の推定が作用するとされるのは、早計に過ぎるのではないだろうかと考える。民事上の不法行為に基づく損害賠償等の請求や刑事告訴といった手続は、インターネット上の紛争であっても、それ以外の一切の紛争と何ら変わることなく、民事上の要件事実の検討や（従前の民法上の名誉棄損・プライバシー侵害等に関する議論がそのまま妥当する。本稿では触れることができなかったが、これらに関する議論は、静岡県弁護士会編『情報化時代の名誉棄損・プライバシー侵害をめぐる法律と実務』に詳しいので、参照されたい。）、刑事上の構成要件該当性を厳密に検討しなければならないことはいうまでもない。

あくまで筆者の私見であるが、インターネット上の誹謗中傷の事案で、弁護士が当初から介入して発信者情報開示請求から民事上・刑事上の法的手続を行うべきであるのは、民事上の不法行為の要件事実の検討や刑事上の構成要件該当性の厳密な検討に耐えうる、重大な損害がすでに発生している犯罪的な事案や、許しがたいヘイトスピーチの事案等に限られるのではないだろうかと考える。

参考文献

・草野真一著『メールはなぜ届くのか：インターネットのしくみがよくわかる』（講談社、2014年）
・中澤佑一著『インターネットにおける誹謗中傷法的対策マニュアル［第2版］』（中央経済社、2016年）

[西潟 理深]

編集後記
（行政手続学会）

　我が国において、企業や国民の公法上の権利は、殆どが裁判所の外で協議によって実現されています。法律家が行政法上の許認可手続に関与し、また、行政庁による不利益処分が出される前に行政手続に関与すれば、企業や国民は迅速に許認可を取得し、また、不利益処分を回避する確率が極めて高くなります。本書は、法律家の行政手続関与に関する解説書です。

　法律家が行政手続に関与することは、適正手続の保障の意味があり、民主主義国家においては必須です。法律家の行政手続関与を推進するため、専門家のネットワーク作りと情報交換をするため、行政手続学会（http://soshou.org/）が設立されました。本書は、その会員らによる出版物であり、参加された執筆者は、今後、行政手続関与を推進して、我が国における法の支配と法治主義の普及に向けて努力する法律家といえましょう。

　本書は、行政手続における国民の権利を実現する方法を解説しており、士業事務所において、また、企業や国民にとって、行政庁から迅速に許認可を受け、また、不利益処分を回避するため、必要不可欠なガイドブックになると思われます。

　令和元年5月吉日

行政手続学会事務局
弁護士法人マリタックス
代表弁護士　山下　清兵衛

執筆者一覧

【編著者】

山下 清兵衛（やました・せいべえ）／弁護士・税理士
マリタックス法律事務所／03-3586-3601／HZS00325@nifty.com
●第1部Ⅰ～Ⅴ、第2部Ⅲ・ⅩⅡ・ⅩⅦ～ⅩⅨ、第3部Ⅰ～ⅩⅡ・ⅩⅤ・ⅩⅦ・ⅩⅧ　行政手続・
　行政事件の弁護全般

【執筆者】

石川 美津子（いしかわ・みつこ）／弁護士
初風法律事務所（米国留学中）／03-5919-3592／m-i-ishikawa@mint.odn.ne.jp
●第1部Ⅵ　組織における違法行為の是正

早川 和宏（はやかわ・かずひろ）／弁護士・東洋大学法学部教授
法律事務所フロンティア・ロー／03-6256-9400／k.hayakawa@frontier-omiya.jp
●第2部Ⅰ　公文書利用の手続

山本 修三（やまもと・しゅうぞう）／弁護士・日本公証人連合会顧問・前会長
マリタックス法律事務所／03-3586-3601／yamamoto@maritax.com
●第2部Ⅱ　公証人が提供する法的サービスの活用手続

平 裕介（たいら・ゆうすけ）／弁護士・日本大学大学院法務研究科助教
鈴木三郎法律事務所／03-3567-2616／yusuke_taira@kym.biglobe.ne.jp
●第2部Ⅳ　公務員に対する不利益処分等の行政手続

田代 政弘（たしろ・まさひろ）／弁護士
八重洲総合法律事務所／03-5221-8881／tashiro@yaesulaw.jp
●第2部Ⅴ　公正取引委員会による調査等

藤原 宏髙（ふじわら・ひろたか）／弁護士　　葛山 弘輝（かつらやま・ひろき）／弁護士
ひかり総合法律事務所／03-3597-8702／MGG00175@nifty.com（藤原）
●第2部Ⅵ　電子取引規制手続と仮想通貨規制手続

竹内 俊一（たけうち・しゅんいち）／弁護士
竹内法律事務所／086-270-8448／take1999@takeuchi-l-o.jp
●第2部Ⅶ　医療保険法調査手続

山口 雄也（やまぐち・ゆうや）／弁護士
マリタックス法律事務所／03-3586-3601／yamaguchi@maritax.com
●第2部Ⅷ　行政調査と義務付け訴訟及び差止訴訟の活用手続

濱 和哲（はま・かずあき）／弁護士・税理士
共栄法律事務所／06-6222-5755／hama@kyoei-law.com
●第2部Ⅸ　不利益処分差止請求・仮の義務付け申立手続

植木 康彦（うえき・やすひこ）／公認会計士・税理士
Ginza会計事務所／03-3562-2688／y.ueki@ginzakaikei.co.jp
●第2部Ⅹ　税金還付請求手続

西潟 理深（にしがた・まさみ）／弁護士
マリタックス法律事務所／03-3586-3601／m_nishigata@maritax.com
●第2部ⅩⅠ　滞納処分の手続／第3部ⅩⅨ　ネット上誹謗中傷事件の弁護

髙橋 美香（たかはし・みか）／行政書士
のぞみ国際法務行政書士事務所／03-6438-0935／mika0628@i.softbank.jp
●第2部ⅩⅢ　入管法事件

浅野 幸恵（あさの・さちえ）／行政書士
フェリシア行政書士法務経営事務所／03-5411-5431／s_asano_office@yahoo.co.jp
●第2部ⅩⅣ　風営法許可手続

山岡 裕明（やまおか・ひろあき）／弁護士
八雲法律事務所／03-5843-8190／https://www.ykm-law.jp/contact.html
●第2部ⅩⅤ　情報漏えい事件に関する行政手続

安藤 壽展（あんどう・かずのり）／弁護士
長島・大野・常松法律事務所／070-1479-4279／kazunori_ando@noandt.com
●第2部ⅩⅥ　国際取引の税務調査手続

山下 功一郎（やました・こういちろう）／弁護士
マリタックス法律事務所／03-3586-3601／k_yamashita@maritax.com
●第3部ⅩⅢ　農地賃貸借解除許可申請手続の弁護

小野 淳也（おの・じゅんや）／弁護士
東京六本木法律特許事務所／03-5575-2490／ono@lawoffice-tr.com
●第3部ⅩⅣ　士業法人の社員給与事件の弁護

丸地 英明（まるち・ひであき）／弁護士
マリタックス法律事務所／03-3586-3601／maruchi@maritax.com
●第3部ⅩⅥ　滞納処分と弁護

[令和元年5月現在]

法律家のための行政手続ハンドブック
類型別行政事件の解決指針

令和元年6月30日　第1刷発行

編　著　山下　清兵衛

発　行　株式会社 **ぎょうせい**

〒136-8575　東京都江東区新木場1-18-11

電話　編集　03-6892-6508

営業　03-6892-6666

フリーコール　0120-953-431

URL:https://gyosei.jp

〈検印省略〉

印刷　ぎょうせいデジタル株式会社　　　　　©2019 Printed in Japan

＊乱丁・落丁本はお取り替えいたします

＊禁無断転載・複製

ISBN978-4-324-10659-4

(5108529-00-000)

〔略号：法律家行政手続〕